reinhardt

Walter Hollstein, Michael Matzner (Hg.)

Soziale Arbeit mit Jungen und Männern

Mit 4 Abbildungen und 20 Tabellen

Mit Beiträgen von
Gerhardt Amendt, Harald Ansen, Alexander Bentheim, Martin Buchmann, Heinz Cornel, Lu Decurtins, Heike Diefenbach, Toni Faltermaier, Jörg Fichtner, Wolfgang Heckmann, François Höpflinger, Markus Hofer, Walter Hollstein, Jürgen Mansel, Michael Matzner, Xaver Pfister, Wolfgang Rosenthal, Dieter Schmoll, Peter Schröter, Uwe Sielert, Hans Stapelfeld, Matthias Stiehler, Ahmet Toprak, Angela Venth, Arnulf Vosshagen, Eduard Waidhofer, Christoph Walser

Ernst Reinhardt Verlag München Basel

Prof. Dr. *Walter Hollstein*, Professor für politische Soziologie
Dr. phil. *Michael Matzner*, Lehrbeauftragter an der Universität Heidelberg, der Päd. Hochschule Heidelberg und der Fachhochschule Frankfurt

Cover unter Verwendung eines Fotos von Alexander Kreher, Bayreuth

Bibliografische Information der Deutschen Nationalbibliothek

Die Deutsche Nationalbibliothek verzeichnet diese Publikation in der Deutschen Nationalbibliografie; detaillierte bibliografische Daten sind im Internet über <http://dnb.d-nb.de> abrufbar.
ISBN 978-3-497-01895-6

Printed in Germany
Reihenkonzeption Umschlag: Oliver Linke, Augsburg
Satz: Fotosatz Reinhard Amann, Aichstetten
Druck und Bindung: Friedrich Pustet, Regensburg

Ernst Reinhardt Verlag, Kemnatenstr. 46, D-80639 München
Net: www.reinhardt-verlag.de E-Mail: info@reinhardt-verlag.de

Inhalt

Beispielgebende Projekte und Ansätze der Sozialen Arbeit mit Jungen und Männern

Vorwort

Männer wurden über lange Zeit als Wesen ohne Probleme wahrgenommen. Dazu haben sie sich nicht zuletzt selber stilisiert. Sie beherrschten die Welt und sich selber, verfügten über die Macht, vor allem die äußere, verdienten das meiste Geld und konnten sich die schönsten Dinge kaufen. Männer galten als potent rundherum – sozial, politisch, sexuell, gesundheitlich und beruflich. Daran, dass sie das starke Geschlecht verkörperten, zweifelte niemand. Die philosophische und schöngeistige Literatur bekräftigte diese Bilder seit der Antike bis spät in das zwanzigste Jahrhundert.

Inzwischen ist dieses öffentliche und innere Bild von Männlichkeit erschüttert. Es gilt zwar immer noch, und die meisten Männer halten krampfhaft oder verzweifelt daran fest, weil gesellschaftlich verbindliche Alternativen fehlen. Anstrengende Maximen, wie das Wort vom Indianer, der angeblich keinen Schmerz kennt, machen in Jungen- und Männerkreisen nach wie vor die Runde und sorgen dafür, dass viele Männer in einem Käfig traditioneller Männlichkeit von Leistungszwang, Machtstreben, Konkurrenz und Stärke gefangen bleiben.

Gleichzeitig wird aber doch sukzessive bekannt, dass diese Männlichkeit durchaus nicht ohne Probleme ist. Seit geraumer Zeit wissen wir, dass das angeblich starke Geschlecht in den Industrienationen ca. sieben Jahre früher stirbt als das vermeintlich schwache. Dreimal so viele Männer wie Frauen bringen sich um; in der Pubertät ist die Anzahl der männlichen Suizide fast um ein Zehnfaches höher als die der weiblichen. Je mehr die Gesundheitsforschung den Mann zum Gegenstand ihrer wissenschaftlichen Arbeit macht, desto deutlicher wird, wie krank Männer in Wirklichkeit sind und wie krankmachend auch die Bedingungen, unter denen Männlichkeit gelebt und exerziert werden muss. Trotz solcher Erkenntnisse ändert sich nichts. So stellt sich auch die Politik stur und verweigert den Männern z. B. einen Gesundheitsbericht, den es für Frauen schon lange gibt. Gleichstellungsarbeit und sogar das neue Instrument des „gender mainstreaming“ werden als Frauenpolitik verstanden und dementsprechend einseitig umgesetzt.

Auch in anderen Bereichen wird zunehmend am Lack der traditionellen Männlichkeit gekratzt. Meldungen über erfolglose Manager, gescheiterte Politiker und andere Führungskräfte häufen sich. Noch schlechter als im öffentlichen Bereich präsentiert sich die männliche Bilanz im Privaten. Liebeskonflikte, Gewalt, Trennungen und Scheidungen entstehen in ihrer Vorgeschichte häufig aufgrund einer männlichen Beziehungsunfähigkeit. Sextourismus, Pornographie, Pädophilie und Kinderschändung lassen sich weithin dergestalt begreifen, dass innerlich infantil gebliebene Männer nicht mit erwachsenen, emanzipierten Partnerinnen umgehen können. Aktuelle Umfragen unter Schülern belegen, dass sie später einmal keine Beziehung zu einer „starken Frau" möchten. So deutlich offenbar dieser Widerstand ist, so heftig ist auch immer noch der Widerwille der meisten Männer, sich mit ihrer Verfassung und ihrer Rolle auseinander zu setzen. Von den gesellschaftlichen Institutionen wird eine solche Reflexion ebenfalls nicht unterstützt – im Gegensatz zu dem, was den Frauen in ihrer Aufbruchphase an vielfältiger staatlicher Hilfe zugute gekommen ist.

Aber nicht nur die Frauen, auch die Männer haben ein Geschlecht. Männer sind nicht nur Menschen, sondern sie sind gewordene und damit spezifische Männer. Diese banale Erkenntnis ist im deutschsprachigen Raum weder in der Öffentlichkeit noch in den Wissenschaften Allgemeingut. Das hat seine Tradition. Männer haben sich im Laufe der langen menschlichen Geschichte nicht mit den Facetten von Mannsein und Männlichkeit beschäftigt. Sicher haben Männer der Geschichte ihren Stempel der Macht und den Wissenschaften ihren eigenen Blickwinkel aufgedrückt; doch das impliziert mitnichten, dass sich die Männer als solche damit auch wahrgenommen hätten. Präziser: Männer setzten und setzen ihr Handeln zwar als allgemeingültige Norm, aber nicht im Bewusstsein, dies auch als Männer zu tun. Männer haben sich auf eine unbewusste, jedenfalls aus dem Bewusstsein verdrängte, Art und Weise verallgemeinert. Das historische Subjekt „Mann" in der Geschichte objektiviert sich damit quasi und erscheint als Neutrum, das es faktisch aber nicht ist. Allerdings bleibt diese Faktizität dem Mann kognitiv und psychologisch verborgen – und nicht nur ihm.

Die deutschsprachige Geschlechterforschung und das mit ihr verbundene wissenschaftliche Denken hat an diesem Tatbestand nichts geändert. Es steht auch in Frage, ob sie daran überhaupt etwas ändern will. Die Geschlechterthematik ist fest in Frauenhand; den meisten (forschenden) Männern ist das nicht einmal unrecht. Auch wenn Begrifflichkeiten von Frauenforschung und Frauenstudien, feministischer Wissenschaftsmacht etc. inzwischen von neuen Termini wie *gender studies* oder Geschlechterforschung abgelöst wurden, ist das Geschlechterthema monopolisierte Frauensache geblieben und letztendlich auch Frauenforschung, in der Männer allenfalls peripher erscheinen.

Das gilt mutatis mutandis auch für die Sozialarbeit als Disziplin und Profession. Was den Aspekt des Geschlechts im Prozess der Hilfeleistung betrifft, hat man sich zumal in Forschung und Ausbildung bisher auf Frauen und Mädchen in den Rollen als Adressatin und Helferin konzentriert.

Tatsächlich handelt es sich bei den (potentiellen) Adressaten Sozialer Arbeit aber nicht nur um Mädchen und Frauen, sondern auch um Jungen und Männer. Neben Faktoren wie persönlich-charakterliche Merkmale, Lebens- und Milieuerfahrungen, soziale Herkunft oder ethnisch-kulturelle Zugehörigkeit können auch das biologische und soziale Geschlecht einen wesentlichen Einfluss auf die jeweiligen Lebenslagen, Bedürfnisse, Problemkonstellationen und Bewältigungsstrategien nehmen. So existieren beispielsweise spezifische Zusammenhänge zwischen dem Geschlecht der Hilfebedürftigen und dem quantitativen und qualitativen Bedarf an Unterstützung, Therapie, Bildung und Erziehung sowie der Art und Weise des Umgangs mit kritischen Lebenssituationen, Problemen, Entwicklungsaufgaben und Belastungen.

Die Dimensionen des biologischen und des sozialen Geschlechts sind auch bezüglich der professionell Helfenden von Relevanz. In den verschiedenen Handlungsfeldern und Funktionsbereichen der Sozialen Arbeit sind Frauen und Männer innerhalb einer eigentümlichen Geschlechterordnung und -kultur tätig, wobei sich die Tatsache der Geschlechtlichkeit der beruflichen Akteure auf den Prozess des Helfens in verschiedenster Art und Weise auswirken kann.

Diese Erkenntnisse sind nicht neu und haben in Deutschland schon seit mehr als zwanzig Jahren ihren Eingang in Theorie und Praxis Sozialer Arbeit gefunden. Allerdings hat man sich – wie gesagt – dabei bis in die Gegenwart hinein auf Mädchen und Frauen konzentriert. Auf der Basis einer florierenden sozialwissenschaftlichen Frauenforschung entstanden innerhalb der Sozialen Arbeit diverse theoretische und praktische Konzepte, welche sich der spezifischen Mängellagen, Probleme, Bedürfnisse und dem Bewältigungsverhalten von Mädchen und Frauen widmen. Dies zeigt sich in Form umfangreicher Forschung, Literatur und Sozialberichterstattung, in diversen Forschungsverbünden und Netzwerken, Zeitschriften, der Etablierung in der Praxis innerhalb verschiedener Handlungsfelder, womit auch die Bereitstellung von finanziellen und personellen Ressourcen in Ausbildung und Berufspraxis verbunden ist.

Im Unterschied dazu hinkt die Entwicklung, was das Thema Jungen und Männer in Theorie und Praxis Sozialer Arbeit betrifft, noch weit hinterher. Trotz allgemein wachsender interdisziplinärer deutschsprachiger Männerforschung gibt es – mit Ausnahme der Jungenarbeit – bislang nur wenige Arbeiten, Ansätze und Problematisierungen aus dem Bereich der Wissenschaft Sozialer Arbeit. Es fehlt an einer systematischen theoretischen Erarbeitung der Gegenstandsbereiche „Soziale Arbeit mit Jungen und Männern" bzw. „Soziale Arbeit und Männlichkeit" sowie daran anknüpfender Handlungskonzepte. Von einer Institutionalisierung in Disziplin und Profession ist man – auch was die Jungenarbeit betrifft – noch sehr weit entfernt. Dies hat sicher nichts damit zu tun, dass Jungen und Männer einen deutlich geringeren Bedarf an professioneller Hilfe, Bildung, Therapie und Erziehung hätten. Die spezifischen Risiken männlicher Sozialisation werden in Deutschland seit geraumer Zeit thematisiert.

Unser Buch soll dazu beitragen, das beschriebene Defizit für den deutschsprachigen Raum etwas abzubauen und weiterführende Auseinandersetzungen mit der Thematik zu initiieren. Im ersten Einführungskapitel beschreibt zunächst Michael Matzner die Vernachlässigung von Jungen und Männern in Forschung, Theorie, Ausbildung und Praxis der Sozialen Arbeit. Walter Hollstein zeigt danach im zweiten Einführungskapitel „Männlichkeit als Macht und Ohnmacht" die Ambivalenzen der männlichen Rolle auf.

Anschließend werden durch Expertinnen und Experten die potentiellen Problem- und Handlungsbereiche einer jungen- und männerbezogenen Sozialarbeit dargestellt und diskutiert. Neben der jeweiligen Darstellung der quantitativen und qualitativen Betroffenheit von Jungen und Männern als Voraussetzung der Ermittlung des potentiellen Bedarfes an Hilfe, Beratung, Therapie, Bildung oder Erziehung werden in den Beiträgen auch die Zusammenhänge zwischen dem männlichen Geschlecht und der mitunter besonderen Art und Weise des Umgangs mit kritischen Lebenssituationen, Problemen, Entwicklungsaufgaben oder Belastungen aufgezeigt.

Im zweiten Hauptteil werden beispielgebende Projekte und Ansätze der Sozialen Arbeit mit Jungen und Männern kurz dargestellt. Sie dokumentieren, wie sinnvoll und exemplarisch mit Jungen und Männern gearbeitet werden kann.

Im Schlusskapitel wird auf der Grundlage der Einzelbeiträge Bilanz gezogen. Zudem werden Vorschläge zur Realisierung einer innovativen Sozialen Arbeit mit Jungen und Männern unterbreitet.

Berlin und Heidelberg, im Februar 2007

Walter Hollstein und Michael Matzner

Das vernachlässigte Geschlecht – Jungen, Männer und Männlichkeit in der Sozialen Arbeit

von Michael Matzner

Die These von der Vernachlässigung von Jungen und Männern in Theorie, Ausbildung und Praxis der Sozialen Arbeit ist kein Widerspruch zu der Tatsache, dass neben Mädchen und Frauen natürlich auch Jungen und Männern geholfen wurde und wird. Arme, elternlose, vernachlässigte, kranke, behinderte, obdachlose oder sozial auffällige Jungen oder Männer erfuhren und erfahren Hilfe durch die Soziale Arbeit – kein Zweifel. Trotzdem ist der Bedarf an diversen Angeboten in Form von Hilfe, Beratung, Erziehung, Therapie und Bildung von Jungen und ganz besonders von Männern wesentlich größer als das bestehende Angebot. Für manche Problemlagen von Männern gibt es nahezu keine oder nur in einigen Städten Angebote bzw. es existieren vermeintlich geschlechtsneutrale Angebote, die faktisch aber auf die Bedürfnisse von Frauen ausgerichtet sind, während die spezifischen Belastungen, Motivationen und Problematiken von Jungen und Männern oft außer Acht bleiben.

Die Thematik der Vernachlässigung von Jungen und Männern in der Sozialen Arbeit wird im Folgenden aus drei Perspektiven diskutiert. Nach einem kurzen Blick auf den Forschungsstand, wird sich Jungen und Männern als (potentiellen) Adressaten Sozialer Arbeit zugewandt. Das bestehende Angebot diverser Hilfen wird daraufhin überprüft, inwieweit es dem spezifischen Bedarf von Männern und Jungen gerecht wird. Danach wende ich mich der Frage zu, ob und auf welche Weise die Thematik Eingang in Theorie, Ausbildung und Praxis Sozialer Arbeit gefunden hat, um anschließend den Aspekt „Männer als Berufstätige in der Sozialen Arbeit“ zu thematisieren.

Forschungsstand

In der Forschung Sozialer Arbeit hat man sich, was den Aspekt des Geschlechts im Prozess der Hilfeleistung betrifft, bisher auf Mädchen und Frauen als Adressatinnen und Helferinnen konzentriert, während die Erforschung der männlichen Akteure noch in ihren Anfängen steckt (Hasenjürgen/Nückel 2005; Matzner 2005). Die „Frage nach der Relevanz von Männern und Männlichkeit in der Sozialen Arbeit“ ist „abgesehen von den Teilbereichen Jungenarbeit, Mädchenarbeit und Frauenarbeit – bislang kein

Gegenstand der fachöffentlichen Diskussion" (Bentheim u.a. 2004, 91). Trotz zunehmender deutschsprachiger Männerforschung gibt es, im Unterschied zu den USA und Großbritannien (Cavanagh/Cree 1996; Christie 2001; Curran 2003), mit Ausnahme der Jungenarbeit und der Thematik gewalttätiger Männer und Jugendlicher, nahezu keine männerspezifischen Arbeiten und Problematisierungen aus dem Bereich der Wissenschaft Sozialer Arbeit. Einige haben dies erkannt und angemahnt, ohne dass sich bisher etwas geändert hätte (Bentheim u.a. 2004; Brandes 1998; Hollstein 1991; Matthies u.a. 2004; Plociniak 1990; Scherr 2002; Sielert 1996; Winter 2001).

Jungen und Männer als Adressaten Sozialer Arbeit

Im Zuge des Ausbaus der kommunalen Wohlfahrtspflege entstanden nach dem Ersten Weltkrieg so genannte Spezialfürsorgen. Dabei erlangten die Familien- und die Gesundheitsfürsorge mit den Hauptzielgruppen Kinder und Mütter die größte Bedeutung. Dies war auch die Folge der Etablierung Sozialer Arbeit als weibliches Berufsfeld. „Geistige Mütterlichkeit" wurde als Kulturaufgabe der Frau verstanden, wobei die praktische „Bemutterung" eine Konzentration auf hilfebedürftige Kinder, Frauen und Alte unausgesprochen implizierte. Nur in außergewöhnlichen Notlagen, zum Beispiel im Krieg als Verwundeter, wurden „normale" Männer zu Adressaten einer solchen „mütterlichen" Zuwendung.

Trotzdem gab es einige Spezialfürsorgen, in denen Männer und Jungen sehr stark vertreten waren. Dies waren die Jugendfürsorge, die Trinkerfürsorge, die Wandererfürsorge, die Arbeits- und Erwerbslosenfürsorge sowie die Kriegsbeschädigtenfürsorge. Während in den beiden letzteren die Gewährung materieller Hilfen im Mittelpunkt stand, wandte man sich in der Jugend-, der Trinker- und der Wandererfürsorge jungen und älteren Männern unmittelbar zu. Sie wurden dabei zumeist einseitig als Problemverursacher, „Asoziale", „Psychopathen", „Gemeinschaftsfremde", „Halbstarke" oder „Kriminelle" verstanden. Männer und männliche Jugendliche wurden oft erst dann zu Adressaten der Wohlfahrtspflege, wenn sie als gesellschaftlich schädlich eingeschätzt wurden oder wenn sie sich in extremen Notlagen befanden. Dies galt beispielsweise für die Nachkriegszeiten, in denen sozial entwurzelte und traumatisierte Männer als Krüppel, psychisch Kranke, Alkoholiker, Obdachlose oder Arbeitslose eine gewisse Unterstützung erfuhren. Darüber hinaus waren für „normale" Männer in der Regel allenfalls materielle Hilfen denkbar, da psychosoziale Hilfebedürftigkeit im Widerspruch zu dominierenden Bildern von Männlichkeit stand. Es scheint für damals typisch gewesen zu sein – bislang existiert hierzu keinerlei Forschung – dass in der Wohlfahrtspflege bei der Arbeit mit Männern eine kontrollierende und repressive „Fürsorge“ dominierte. Infolgedessen war der Alltag in den Einrichtungen und Anstalten oft durch eine die Individualität vernachlässigende „Gemeinschafts- und Arbeitserziehung“ gekennzeichnet. Für Mädchen oder Frauen galt meist ähnliches, beispielsweise im Rahmen der Fürsorgeerziehung. Gleichwohl konnten die „verdorbenen“, „schwachen“, „gefühlvollen“ oder „gefallenen“ Frauen und Mädchen durchaus auch mit Empathie, positiver Anleitung oder gar Nächstenliebe durch ihre Geschlechtsgenossinnen rechnen. Dagegen waren die „asozialen“ Männer und älteren Jungen vor allem mit Kontrolle, Disziplinierung und Bestrafung durch ihre männlichen Aufseher konfrontiert. Ausnahmen wie die reformpädagogischen Ansätze von Carl Mennicke, Curt Bondy oder Karl Wilker bestätigen die Regel (Matzner 2004; Peukert 1986). Mit der Dominanz männlicher Strenge korrespondierte die unterstellte „Zuchtlosigkeit“ und „Verwahrlosung“ vor allem männlicher Arbeiterjugendlicher, welche man mittels der Fürsorgerziehung bekämpfen wollte. Dabei kam es zu Heimskandalen und -revolten, Quälereien und gar Todesfällen, und zwar auch in „modernen“, reformorientierten Einrichtungen (Peukert 1986).

Viele der Zöglinge waren obdachlos als so genannte „männliche jugendliche Wanderer“ (Hartmann 1925) aufgegriffen worden. Ende der zwanziger Jahre ging man von ca. 200.000 obdachlosen jungen Menschen aus, die sich oft als „Strichjungen“ prostituierten oder Diebstähle begingen. Schon in den Zwanziger Jahren, stark zunehmend ab 1933 wurden „Wanderer“ und „heimlose Männer“ (Schaidnagl 1932) reglementiert, sanktioniert oder gar verfolgt. Dazu wurden beispielsweise in Bayern so genannte Wanderhöfe eingerichtet, mit deren Hilfe die Wanderarmut „wegorganisiert“ werden sollte. Es wurden Bettlerrazzien durchgeführt, wobei Männer ohne offizielle Wandererlaubnis zunächst in das Konzentrationslager Dachau gebracht wurden, um anschließend in einen der Wanderhöfe eingewiesen zu werden. Insgesamt gab es dort Plätze für 1.550 Männer, 100 „alte“ Menschen und 200 Plätze für „asoziale“ Mädchen und Frauen (Institut für Zeitgeschichte, ED 728). Im April 1938 wurden im Rahmen der Gestapo-Aktion „Arbeitsscheu Reich“ „über 10.000 Asoziale“ verhaftet und in Konzentrationslagern eingesperrt. Dabei handelte es sich ausschließlich um Männer (Ayaß 1995, 158, 184). „Als asozialer Haupttyp der dreißiger Jahre galt zunächst der arbeitsscheue Vagabund bzw. der seine (unter Umständen unauffällige) Familie vernachlässigende, alkoholsüchtige Familienvater. Natürlich klagten Behörden und Fürsorgeämter viel über „pflichtvergessene Mütter“, „bazillenstreuende“ Prostituierte und „sich herumtreibende“ junge Mädchen. Im Zentrum der aktiven Asozialenbekämpfung standen jedoch zunächst hauptsächlich Männer“ (Ayaß 1995, 184).

Die Trinkerfürsorge wurde seit den zwanziger Jahren zu einer „Instanz umfassender sozialer Disziplinierung von Alkoholikern aus den Unter-

und unteren Mittelschichten“, die alkoholkranke Männer in der Regel repressiv disziplinierte, was bis zur Entmündigung und seit 1933 im Falle der „unheilbaren“, „böswilligen“ oder „arbeitsscheuen“ „Trinker“ gar bis zur Sterilisierung und der Einweisung in Arbeits- oder Konzentrationslager gehen konnte. Schätzungen kommen auf 15.000 bis 30.000 sterilisierte „Trinker“. Statt erhoffter Beratung und Hilfe erfuhren viele betroffene Männer vor allem Bestrafung (Hauschildt 1995, 94, 147, 162, 235; Willeke 1914). Alkoholismus war schon damals vor allem ein Männerproblem. Beispielsweise waren 92,4 % der in den Jahren 1925 bis 1927 bei der Hamburger Trinkerfürsorge gemeldeten Alkoholiker männlich (Hauschildt 1995, 72).

Obwohl in den angesprochenen Spezialfürsorgen Männer auffällig dominierten, wurde dies theoretisch und konzeptionell nicht aufgegriffen. Daran änderte sich auch in den Nachkriegsjahrzehnten nichts. Die Sozialarbeit blieb mit Ausnahme von Heimerziehung und Jugendpflege eine Domäne von Frauen. Bis in die siebziger Jahre hinein existierte kein spezifisches Bewusstsein bezüglich des Geschlechts der Klienten. Außerdem „machte“ bzw. „hatte“ der „typische“ Mann noch keine entsprechenden Probleme bzw. wenn er sie hatte, hatte er sie irgendwie selbst zu lösen. Wenn überhaupt, wurde ihm eher materiell als immateriell geholfen.

Im Zuge der Ausdifferenzierung der Sozialen Arbeit entstand seit den siebziger Jahren eine flächendeckende Infrastruktur sozialer Hilfen, die sich auch „neuer“ Probleme und Zielgruppen zuwandte. Dabei nahmen gesellschaftskritische Personen und Gruppen wie beispielsweise die Frauenbewegung auf das Geschehen Einfluss. Zumal in Städten entstand im Zuge eines regelrechten „Gründungsbooms“ (Brückner/Rose 2002, 15) eine Infrastruktur sozialer Hilfen für Frauen, die mittlerweile auch vielfältige Eingänge in traditionelle Einrichtungen der Wohlfahrtspflege gefunden hat (Brückner 2002, 371). Die entstandenen Einrichtungen und Projekte wenden sich folgenden Bedürfnissen und Problemlagen zu: Gewalterfahrung, Wohnungslosigkeit, Migration, Gesundheit, Schwangerschaft, Bildung, Prostitution, Behinderung, Freizeitangebote, Arbeitslosigkeit/berufliche Förderung. Eine regionale Untersuchung der Frauen- und Mädchenarbeit in der Stadt Frankfurt am Main verdeutlicht beispielhaft und stellvertretend für andere Städte und Regionen die Entwicklung. Existierten dort bis 1975 lediglich vier Einrichtungen für Frauen, so waren dies im Jahr 2000 bereits 50 Einrichtungen sowie weitere 28 Einrichtungen mit der Zielgruppe Mädchen (Brückner/Rose 2002, 15f).

Berücksichtigt man noch die spezifischen Angebote und Hilfen für Frauen außerhalb der klassischen Sozialen Arbeit wie diejenigen der kommunalen und betrieblichen Frauen- und Gleichstellungsbeauftragten, der Agenturen für Arbeit, der Volkshochschulen, der Wirtschafts- und Wissenschaftsverbände und weiterer Organisationen, so kann man feststellen, dass für Mädchen und Frauen vielfältige Angebote und Hilfen verschiedenster Institutionen weitgehend flächendeckend bereit stehen.

Untersucht man das Angebot an psychosozialer Hilfe, Beratung, Therapie und Bildung für Männer, so stößt man auf diverse Angebote und „Männerprojekte", die sich nur zu einem kleinen Teil der etablierten Sozialarbeit bei öffentlichen und freien Trägern und zu einem größeren Teil einer „psychosozialen Männerszene" zuordnen lassen. Bislang widmet man sich in Theorie und Praxis der Männerarbeit vor allem den Themen und Problemen Männerberatung allgemein, Gewalt, männliche Sozialisation und Identität, Vaterschaft, (Homo-)Sexualität, psychische Probleme, Arbeit mit Sexualstraftätern, Trennung und Scheidung, Körper/Gesundheit, Männerbildung, Spiritualität. Recherchiert man intensiver, so stellt man schnell fest, dass ein Grossteil der insgesamt doch wenigen Hilfen nur an einigen Orten angeboten wird, oft in Universitäts- und Großstädten.

Die Projekte und Angebote zeichnen sich durch verschiedenste theoretische und methodisch-praktische Ausrichtungen aus. Je nach individueller Perspektive werden entsprechende Ansätze als „profeministisch", „antisexistisch", „maskulinistisch", „individualistisch" oder „identitätsorientiert" verstanden bzw. verstehen sich selbst so (Brandes/Bullinger 1996b, X sowie 1996a; Broszka 1996). Insgesamt überwiegt vor allem in der Theorie, wohl aber auch in der Praxis eine profeministische Zugangsweise im Sinne von „Männlichkeitskritik" sowie die damit verknüpfte Anlehnung an die so genannte „kritische Männerforschung". Dies galt schon für das „Handbuch Männerarbeit" (Brandes/Bullinger 1996b, X) sowie auch für das aktuelle Buch „Jungen- und Männerarbeit" (Krall 2005). Vom Mainstream abweichende, ergänzende oder differenziertere Ansätze und Initiativen müssen damit rechnen, als „maskulinistisch" diffamiert zu werden.

Projekte für Männer haben es schwerer, öffentlich gefördert zu werden, wenn sie nicht profeministisch orientiert, also „politisch korrekt" sind und damit von der Seite der Frauenarbeit oder der weiblichen Gleichstellungsbeauftragten sowie der von ihnen beeinflussten Gremien keine Akzeptanz oder gar Förderung erfahren. Insofern bekommen vor allem solche Männerprojekte, die unmittelbar auch für Frauen nützlich sind (zum Beispiel „Jungenarbeit im Frauenhaus", „Männer gegen Männergewalt") mehr öffentliche Aufmerksamkeit oder gar finanzielle Unterstützung als Projekte bei denen es „nur" darum geht, Männern zu helfen (Rose 2003, 17).

Trotz der politischen Vorgabe des Gender Mainstreamings existiert in Deutschland bislang keine Interessenvertretung für Jungen und Männer. Gender Mainstreaming hat oft nur marginale Bedeutung oder bleibt einseitig auf Frauen bezogen, wobei manche „Gender-Expertin" auch im Gender Mainstreaming den Schwerpunkt auf Fraueninteressen legt (z.B. Werthmanns-Reppekus 2004, 68). Die mangelnde Lobby für Männer zeigt sich nicht nur symbolisch – zum Beispiel in der Benennung des Bundesministeriums für Familie, Senioren, Frauen und Jugend. Das Ministerium umfasst vier Fachabteilungen, wobei sich die Abteilung 4 „Gleichstellung" mit sechs Referaten – jeweils von einer Frau geleitet – ausschließlich um die Belange von Frauen kümmert. Auch das Deutsche Jugendinstitut hat bisher seine geschlechtsbezogenen Forschungsbemühungen recht einseitig auf Mädchen und Frauen ausgerichtet. In Österreich ist man dagegen fortschrittlicher und hat im Sozialministerium eine „Männerpolitische Grundsatzabteilung" installiert, was in feministischen Kreisen auf Ablehnung stieß.

Die mangelnde Lobby der psychosozialen Arbeit mit Männern bewirkte, dass sich diese bislang weitgehend nur auf der Ebene einzelner, schlecht abgesicherter Projekte realisieren ließ. Im Unterschied zur Arbeit mit Frauen konnte sie sich noch nicht im Rahmen öffentlicher und freier Träger institutionalisieren. Dies hat zur Folge, dass es vor allem in folgenden Problembereichen an männerspezifischen Angeboten und Hilfen deutlich mangelt: lebenslange Bildung, Arbeitslosigkeit/Beschäftigungsfähigkeit, Familie und Vaterschaft, Scheidung und Trennung, Angebote und Hilfen für Männer mit Migrationshintergrund, Angebote für alte Männer, Angebote für allein erziehende Väter, Umgang mit Aggressionen und Misserfolgen.

Während der Umfang psychosozialer Hilfen für Männer absolut unzureichend ist, sieht es für Jungen, männliche Jugendliche und junge Erwachsene etwas besser aus. Hier hat die Kinder- und Jugendhilfe ein umfassendes Netz diverser Hilfen geknüpft, die für Mädchen und Jungen gleichermaßen offen stehen und in steigendem Umfang genutzt werden (vgl. Tabelle 1).

Schaut man sich die Zahlen an, so stellt man fest, dass Jungen und männliche Jugendliche oft überrepräsentiert sind. Dieses auffällige Phänomen wurde noch nicht erforscht. Es fehlt an Adressaten- und Wirkungsforschung insgesamt, erst recht in Bezug auf das Geschlecht. Haben und machen Jungen tatsächlich mehr Probleme oder gibt es weitere Gründe für die Überrepräsentanz? Gibt es beispielsweise einen geschlechtsspezifisch unterschiedlichen Umgang mit Belastungen, der dann zu unterschiedlichen Reaktionen der Umwelt und damit der Hilfesysteme führen kann? So könnten Jungen in Erziehungshilfen auch deswegen überrepräsentiert sein, da sie aufgrund ihrer nach außen gerichteten Verhaltensweisen, zum Beispiel in Form von Gewalt, mehr Aufmerksamkeit erfahren (Hartwig 2004, 209).

Die mangelnde geschlechtsbewusste und -gerechte Handlungspraxis gilt nicht nur für Erziehungshilfen, sondern auch für die Kinder- und Jugendarbeit (Rose 2003, 42). Es fehlt an Angeboten, an Fachliteratur, an Dialogbereitschaft zwischen Jungenarbeit und Mädchenarbeit, an Aufgeschlossenheit von Fachkräften sowie manchmal auch am Interesse von Jungen und Mädchen. Wenn in der Kinder- und Jugendarbeit überhaupt geschlechtsbewusst gearbeitet wird, dann gilt auch hier, dass dies zumeist mädchenbezogen ist. „Mädchenspezifische Jugendarbeit [ist] zu einem Synonym für geschlechtsspezifische Jugendarbeit geworden" (Rose 2003, 41).

Tab. 1: Inanspruchnahme von Leistungen der Kinder- und Jugendhilfe nach dem Geschlecht (Statistisches Bundesamt 2000, 15; Statistisches Bundesamt 2005, 217, 222; eigene Berechnungen)

Bereich	Jahr	männlich	Anteil in %	weiblich	Anteil in %
Institutionelle Beratung	2003	169.714	56,3	131.936	43,7
Soziale Gruppenarbeit	31.12.2003	4.376	68,7	1.995	31,3
Unterstützung durch Erziehungsbeistand	31.12.2003	8.402	63,4	4.858	36,6
Erziehung in einer Tagesgruppe	31.12.2000	11.845	74,3	4.089	25,7
Vollzeitpflege in einer anderen Familie	31.12.2000	24.966	51,0	24.027	49,0
Heimerziehung, sonst. betreute Wohnformen	31.12.2000	40.164	57,6	29.559	42,4
Intensive Sozialpädagogische Einzelbetreuung	31.12.2000	1.447	53,8	1.245	46,2
Unterstützung durch Betreuungshelfer	31.12.2003	3.103	72,5	1.179	27,5
Inobhutnahmen	2003	12.228	44,7	15.150	55,3

Recherchiert man zum Thema Jungenarbeit, so kann man den Eindruck bekommen, dass diese flächendeckend etabliert sei. Es gibt eine größere Zahl von Monographien und Sammelbänden, Internetauftritten, Arbeitskreisen sowie die Zeitung „Switchboard". Tatsächlich kommen Experten zu anderen Auffassungen. Demnach ist die Akzeptanz der Jungenarbeit „in der Praxis nach wie vor eher gering", insgesamt komme ihr „eher ein marginaler Stellenwert in der Kinder- und Jugendhilfe" zu (Scherr/Sturzenhecker 2004, 303f), „weder die fachliche Etablierung, noch die praktische Umsetzung [sind] wirklich stabil erfolgt" (Bentheim u. a. 2004, 10). Mundings Expertise

(2005) stellt fest, dass die Dichte der Angebote bundesweit sehr unterschiedlich ist. Außerdem konzentriere man sich auf Jungen in der Pubertät, während jüngere und ältere Jungen und Jugendliche vernachlässigt würden. Die mangelnde Etablierung der Jungenarbeit hat auch mit ihrer Verortung in einem „ideologisch oder moralisch überlagertem Fachghetto" (Bentheim u. a. 2004, 29) und damit korrespondierenden eindimensionalen, „patriarchatskritischen" Ansätzen und Begründungen zu tun. Diese sind sowohl für Jungen als auch für viele Sozialpädagogen nicht attraktiv. Außerdem konzentrierte sich Jungenarbeit lange auf besonders „problematische" oder „harte" Jungen, was die Isolation weiter verstärkte. Der Jungenarbeit ist es bislang nicht gelungen, weite Kreise der Fachöffentlichkeit, der Praktiker sowie der potentiellen Adressaten anzusprechen, sie hat ein „Akzeptanz- und Vermittlungsproblem" (Bentheim u. a. 2004, 71). „Jungen haben Interesse an Jungenarbeit – aber eben nur dann, wenn sie so gestaltet ist, dass sie für Jungen interessant ist" (Bentheim u. a. 2004, 86f).

Männer und Männlichkeit in Theorie und Ausbildung der Sozialen Arbeit

Seit Ende des 19. Jahrhunderts wurde die berufliche Ausübung Sozialer Hilfe, zumal in Form von unmittelbarer menschlicher Zuwendung, als primär weibliche Tätigkeit verstanden, da nur Frauen ausreichend über Eigenschaften wie Emotionalität, Geborgenheit und Wärme verfügen würden. In diesem Sinne verstand beispielsweise Jeanette Schwerin Soziale Arbeit als „angewandte, auf die Welt übertragene Mütterlichkeit" (Sachße 1986, 306). Mitte der zwanziger Jahre entstand eine Debatte um den Einsatz von Männern allgemein und speziell in der Familienfürsorge. Viele einflussreiche Frauen wie Adele Beerensson, die Geschäftsführerin des Deutschen Verbandes der Sozialbeamtinnen, lehnten Männer als Fürsorger grundsätzlich ab und plädierten für ihren Einsatz ausschließlich im Umgang mit gefährdeten männlichen Jugendlichen und Männern. Auch unter männlichen Wohlfahrtspflegern entstanden Diskussionen über das berufliche Selbstverständnis. Es wurde diskutiert, ob männliche Sozialarbeit einer eigenen, am Geschlecht der Wohlfahrtspfleger orientierten Legitimation bedurfte. Letztendlich blieb die Frage ungeklärt. Damit verfügten männliche Jugendpfleger und Fürsorger im Gegensatz zu ihren Kolleginnen über keine geschlechtsspezifische berufsethische Bezugslinie. Während sich in der Figur der Volkspflegerin, der Fürsorgerin und später der Sozialarbeiterin – ausgehend von der Idee der geistigen Mütterlichkeit – ein genuin weibliches Berufsbild sozialer Arbeit entwickeln konnte, fehlt den Männern ein entsprechendes Pendant bis heute (Matzner 2004; Sachße 1986, 302f).

Was die Definition des Adressatenkreises sozialer Hilfe betrifft, so lassen sich nur wenig Hinweise darauf finden, dass das jeweilige Geschlecht der Adressaten und Adressatinnen sowie sich daraus ergebende Implikationen in der Theorie und Ausbildung reflektiert worden wären. Allerdings lässt sich feststellen, dass nicht nur die Praxis, sondern auch Publikationen und die Ausbildungsinhalte der sozialen Frauenschulen vor allem auf die Lebenslagen und Probleme von Mädchen und Frauen abzielten. Dies macht beispielsweise das schriftliche Werk Alice Salomons (Feustel 1997–2004) deutlich. Andererseits war Salomon eine derjenigen Protagonistinnen, die sich nicht nur auf Frauen, Kinder und Jugendliche konzentrierten. So betont sie in ihrem Lehrbuch „Soziale Therapie“ bezüglich der Familienfürsorge: „Der Mann und Vater sollte in jedem Fall aufgesucht werden. Im allgemeinen beschäftigen wir uns viel zu viel mit Frau und Kindern. Aber auch der Mann muß wissen, daß Unterstützungs- und Fürsorgeangelegenheiten ihn angehen und seine Sache sind“ (Salomon 1926, 22f). Bekannterweise schrieb Salomon ihr Buch in enger Anlehnung an Mary Richmonds Lehrbuch „Social Diagnosis“ (1917). Richmond war nicht auf Frauen und Kinder fokussiert und berücksichtigte innerhalb ihrer methodischen Konzepte die Geschlechterverhältnisse der Adressaten. So betonte sie die Notwendigkeit, Väter innerhalb der Familienhilfe gebührend mit einzubeziehen. In Bezug auf Einwandererfamilien verwies sie auf die Bedeutung der Geschlechterrollen und -verhältnisse in den Familien. In ihrem Lehrbuch widmete sich Richmond umfassend „flüchtigen Vätern“ bzw. Vätern von vernachlässigten bzw. unehelichen Kindern. Ein weiteres Kapitel handelte von männlichen Obdachlosen und Trinkern. Richmonds Bezug auf Männer und Väter war eher untypisch für die damalige Zeit. Insgesamt betrachtet hat in Theorie, Ausbildung und Publikationen bis in die siebziger Jahre des 20. Jahrhunderts eine weitgehende „Geschlechtsblindheit“ geherrscht, zumal in Bezug auf das männliche Geschlecht.

Die Dimension des Geschlechts geriet erst im Kontext der Zweiten Frauenbewegung sowie der entstehenden Frauen- und Geschlechterforschung explizit in die Diskussion Sozialer Arbeit, indem Frauen aus Praxis und Lehre sich mit den Lebenslagen, Problemen, Bedürfnissen und dem Bewältigungsverhalten von Frauen und Mädchen theoretisch und praktisch auseinander setzten und die Gründung von Frauen- und Mädchenprojekten initiierten. Damit ging in Theorie und Ausbildung das Entstehen einer frauenorientierten, feministischen und damit „parteiischen“ Sozialarbeit einher. Deren Konzepte postulieren u.a. die besondere Fähigkeit von Frauen zur Fürsorglichkeit und zum zwischenmenschlichen Verstehen (Brückner 2002). Mittlerweile hat sich Frauen- und Mädchensozialarbeit in Form umfangreicher Forschung, Literatur, Zeitschriften und Sozialberichterstattung gut etabliert, womit auch die Bereitstellung von finanziellen und personellen Ressourcen verbunden ist. Innerhalb der akademischen

Ausbildung konnte sich die Thematik an vielen Hochschulen in Form von Professuren und Studienschwerpunkten institutionalisieren. So gibt es Professuren für „Frauen- und Geschlechterarbeit“, „Frauenarbeit“, „Mädchenarbeit“ oder für „Recht in der sozialen Praxis unter besonderer Berücksichtigung frauenspezifischer Problemstellungen“.

In letzter Zeit findet allmählich – auch unter der politischen Vorgabe des Gender Mainstreamings sowie des großen, nicht wegzuleugnenden Problemdrucks – eine gewisse Perspektivenerweiterung statt. Zunehmend fällt der Blick auf beide Geschlechter. So wendet man sich in der Literatur dem Aspekt „Soziale Arbeit und Geschlecht“ zu (z.B. Böhnisch/Funk 2002; Gruber/Fröschl 2001; Hasenjürgen/Rohleder 2005; Mogge-Grotjahn 2004; Zander u.a. 2006). Allerdings stehen zumeist unter dem Etikett „Gender“ frauen- und mädchenorientierte Themen mehr oder weniger deutlich im Vordergrund bzw. die Beiträge über Männer und Männlichkeit sind teilweise einseitig – oft profeministisch – orientiert. Dies führt manchmal dazu, dass der systematische Bezug auf die Hilfebedürftigkeit von Männern und damit auf ihre Bedürfnisse und Probleme vernachlässigt wird. Diese weitgehende Ignoranz von Männern und Jungen bzw. deren einseitige Wahrnehmung gilt auch für viele Handbücher und Sammelbände zum Thema Gender und Gender Studies. Matthies/Mingerzahn (2004, 6) nennen dies „Möchte-Schon-Genderisierung“. „Es wird ein Gender-Ansatz deklariert, jedoch werden mit starker Mehrheit primär frauenspezifische Aspekte umfangreich diskutiert und Themen über Männer sind erst ansatzweise mit einbezogen“.

Bisher wurden die Lebenslagen von Männern, die Aspekte Mannsein und Männlichkeit in Diskursen Sozialer Arbeit eher am Rande thematisiert, oft aus einem feministischen Blickwinkel. Dabei wurden und werden Jungen und Männer eindimensional als über Mädchen und Frauen Herrschende sowie als potentielle Täter verstanden. Für klar und unbefangen Denkende waren dagegen schon immer längst nicht alle Jungen und Männer „privilegiert“, „Gewinner“ oder „Täter“, sondern nicht selten auch „Verlierer“ oder „Opfer“ bestehender Verhältnisse bzw. viele Jungen und Männer kann man weder der einen noch der anderen Kategorie eindeutig zuordnen.

Der Mangel an differenzierter und mehrperspektivischer Forschung zum Thema Männer und Männlichkeit erleichterte es einer starken Frauenlobby, dass ihre Sicht der Dinge sowie ihre Interessen bislang die Diskurse bestimmten. Einige Themen wurden und werden recht einseitig wahrgenommen. Zum Beispiel wurde Gewalt an Frauen durch Männer berechtigterweise zu einem großen Thema. Im Unterschied dazu gelangte das Thema Männer als Opfer von Gewalt selten in die Diskussion, was sehr erstaunlich ist, wenn man weiß, dass nicht Frauen, sondern tatsächlich (junge) Männer einer deutlich größeren Gefahr unterliegen, zum Opfer von Gewalt zu werden (z.B. Hagemann-White/Lenz 2002; Hollstein 2002; Lenz 2002). Für den englischsprachigen Raum kommt Kosberg in seiner empirischen Studie

„Heterosexual males: a group forgotten by the profession of social work", die auf der systematischen Auswertung von Fachbüchern und Fachzeitschriften beruht, zu der Schlussfolgerung, dass heterosexuelle Männer nahezu ausschließlich in einer negativen Art und Weise als Missbraucher oder abwesende Väter dargestellt würden. „Yet, limiting the focus of males for social work literature to such populations reflects a stereotypical (and, in most cases, negative) picture of males for social work students and practitioners. Most males are not delinquent, neglectful, abusers, AIDS victims, or gay" (Kosberg 2002, 61).

In der entstehenden Wissenschaft Sozialer Arbeit fehlt es noch weitgehend an einer systematischen Erarbeitung der Gegenstandsbereiche „Soziale Arbeit mit Jungen und Männern" sowie „Soziale Arbeit und Männlichkeit". Von einer Institutionalisierung in Disziplin und Profession ist man noch sehr weit entfernt. Zwar entstanden in letzter Zeit einzelne Beiträge zu Männern in der Sozialen Arbeit (siehe die Bibliographie von Hasenjürgen/Nückel 2005), gleichwohl fehlt es an theoretischer und praktischer Auseinandersetzung aus der Profession heraus. Obdachlose, arbeitslose, strafgefangene, kranke, behinderte, alte oder geschiedene Männer interessierten die Forschung im Unterschied zu Frauen in entsprechenden Situationen bisher wenig. Ein Beispiel: Im aktuellen „Handbuch der Resozialisierung" (Cornel u. a. 2003) wird in einem Beitrag das Thema „Resozialisierung straffälliger Frauen" sinnvollerweise auch geschlechtertheoretisch reflektiert behandelt, während die Resozialisierung der Hauptzielgruppe, also der Männer, in keinem Kapitel des sehr umfangreichen Handbuches geschlechtertheoretisch thematisiert wird. Die meisten Strafgefangenen sind männlich, trotzdem wird der Zusammenhang von Männlichkeit und Straffälligkeit anscheinend überhaupt nicht wahrgenommen.

An Fachhochschulen gibt es bislang eine einzige Professur mit einer (profeministischen) Ausrichtung auf Jungen und Männer (Katholische Fachhochschule Berlin), entsprechende Studienschwerpunkte existieren so gut wie überhaupt nicht. In den Curricula wird das Thema Männlichkeit oft nicht berührt bzw. nur dann tangiert, wenn Männer einseitig als Problemverursacher thematisiert werden.

> Probleme, die Männer machen und die sie haben, gelten eher als normal und werden als Themen bearbeitet, deren Deutung und Behandlung nicht auf Ursachen der Probleme in Geschlechtskonstruktionen rekurriert. Es werden dann Gewalt, Rechtsextremismus, Drogengebrauch, sexuelle Gewalt, Kriminalität, Gesundheitsprobleme isoliert von ihrem Zusammenhang mit Männlichkeitspraxen thematisiert. Entsprechend gibt es vielerlei „Programme" gegen diese einzelnen Problemstellungen, die sich dann, weil diese Probleme in der Mehrzahl Männer betreffen, tatsächlich auch mit dieser Klientel auseinandersetzen, aber diese Arbeit selten als geschlechtsbewusst gestalten (Bentheim u. a. 2004, 94).

Männer als Berufstätige in der Sozialen Arbeit

Natürlich wäre es falsch, hilfreiches Handeln allein Frauen zuzuschreiben. So gibt es viele Situationen, in denen vor allem Männern in der Funktion des „wagemutigen Helden" die Aufgabe zugewiesen wird, zu helfen – beispielsweise als Polizist oder Feuerwehrmann. Dagegen sind Männer als Helfer im Bereich der privaten und öffentlichen Fürsorge relativ selten ein Thema. So ist weitgehend unbekannt, dass immerhin 20–25 % der Hauptpflegepersonen in Familien männlich sind, bei einem Männeranteil von insgesamt 40 % (Bartjes/Hammer 2006, 140f). Zu denken ist auch an die mehr als 2,2 Millionen jungen Männer, die seit 1961 Zivildienst geleistet haben.

Neben Frauen waren schon immer auch Männer als fürsorgliche Helfer berufstätig. So wurde die sich seit dem 14. Jahrhundert etablierende öffentliche Armenpflege zum Tätigkeitsfeld von Männern in der Funktion als Hausvater, Hospitalmeister, Lehrer, Arbeitsmeister oder Armenknecht. Als Ehrenamt durfte die öffentliche Armenpflege bis zum Beginn des 20. Jahrhunderts nur von Bürgern mit Wahlrecht, also von Männern, ausgeübt werden. Auch in der kirchlichen Armenpflege engagierten sich Männer und Frauen (Matzner 2004, 409). Der Theologe Johann Hinrich Wichern kann als Begründer der Sozialpädagogik als Männerberuf verstanden werden. Als Mitglied eines „Männlichen Besuchsvereins" wurde er mit dem Leid armer Menschen konfrontiert, was ihn dazu führte, eine Rettungsanstalt für „sittlich verwahrloste Kinder", das spätere Rauhe Haus, in Hamburg zu gründen. Dort lebten die Kinder in familienähnlichen Kleingruppen, denen ein „Gehülfe" oder „Bruder" genannter Mann vorstand. Die Entstehung der beruflichen Sozialarbeit von Männern ist auch eng mit dem Inkrafttreten des Reichsjugendwohlfahrtsgesetzes verknüpft. Carl Mennicke, Karl Wilker, Walter Herrmann oder Curt Bondy stehen repräsentativ für weitere Männer, denen es um die Entwicklung einer modernen reformpädagogisch orientierten Jugendhilfe ging. Diese Männer engagierten sich vor allem für innovative Ansätze einer Jugenderziehung in Form der Gemeinschaftserziehung im Bereich der Jugendhilfe.

In der Zeit vor dem Zweiten Weltkrieg lag der Männeranteil bei den Berufstätigen in Wohlfahrtspflege und Jugendämtern bei ca. 10 bis 12 %, wobei sich die Tätigkeiten auf Leitungs- und Verwaltungsfunktionen und die erzieherische Arbeit mit Jungen und männlichen Jugendlichen konzentrierten. Darüber hinaus wurden Männer in den Bereichen Geschlechtskrankenfürsorge, Kriegsbeschädigtenfürsorge sowie Wanderarmen- und Trinkerfürsorge eingesetzt. Die Gründung von Wohlfahrtsschulen für Männer stieß zunächst eher auf Ablehnung, gerade auch bei Leiterinnen der Sozialen Frauenschulen, sodass die endgültige staatliche Anerkennung der wenigen versuchsweise zugelassenen Schulen in Preußen erst im Juli 1932 erfolgte. Während der Zeit des Nationalsozialismus und auch danach hat neben der Tätigkeit als Funktionär oder Sozialbeamter in der „Volkspflege" die unmittelbare erzieherische Tätigkeit mit Jugendlichen weiterhin im Mittelpunkt männlicher Sozialarbeit gestanden. Die wenigen Männer im Berufsfeld mussten schon in der Ausbildung damit rechnen, mit klassischen Konstruktionen von Männlichkeit konfrontiert zu werden. So wurde zum Beispiel in den fünfziger Jahren in Berlin von männlichen Bewerbern für die zweijährige Ausbildung zum Erzieher anstatt des für Bewerberinnen obligatorischen hauswirtschaftlichen Halbjahres ein Praktikum beim Hausmeister eines Heimes oder in einer Werkstatt gefordert. Oft wurden Männer ganz abgelehnt. Im Jahr 1960 akzeptierten in Westdeutschland lediglich vier von 100 Ausbildungseinrichtungen für den Beruf „Kindergärtnerin und Hortnerin" auch Männer als Auszubildende (vgl. Matzner 2004).

Erst die Akademisierung der Ausbildung in Form des Fachhochschulstudiums führte seit Anfang der siebziger Jahre dazu, dass sich Männer verstärkt für soziale Berufe entschieden. In den siebziger und achtziger Jahren war ca. ein Drittel der Studierenden männlich, mittlerweile sank ihr Anteil auf ca. ein Fünftel. Im Jahr 2002 waren in Deutschland ca. 1.255.000 Menschen in einem sozialen Beruf tätig, davon waren ca. 1.034.000 weiblich (82,4 %). Innerhalb der einzelnen sozialen Berufe ist der Männeranteil, je nach Tätigkeitsbereich und Qualifikationsprofil, sehr unterschiedlich. So waren 34,6 % der unter den Bezeichnungen Sozialpädagoge/Sozialarbeiter erfassten Berufstätigen männlich, während der Männeranteil in der Altenpflege bei 14,9 % und im Beruf Erzieher/Erzieherin bei 7,7 % lag (Statistisches Bundesamt 2003, 49). Damit stellt sich die Frage, warum noch immer so wenige Männer in einem sozialen Beruf tätig sind.

Soziale Arbeit gilt noch immer als Frauenberuf

Bis in die Gegenwart hinein gilt Sozialarbeit als Domäne der Frau. Das Ideal der geistigen Mütterlichkeit wurde mittlerweile durch neue, gleichfalls frauenzentrierte Konzepte ersetzt. So identifizierte Carol Gilligan eine spezifisch „weibliche Moral", die sich insbesondere in den Bereichen Verantwortung und Fürsorge für andere Menschen realisiere. Arlie Hochschild entwarf das Konzept einer spezifisch weiblichen „Gefühlsarbeit", Elisabeth Beck-Gernsheim prägte den Begriff „weibliches Arbeitsvermögen", sprach von der „weiblichen Kultur" und verstand die Frau als Expertin für „Erziehungs-, Gefühls- und Beziehungsarbeit" (Matzner 2004).

Frauen haben einen Sozialisationsvorsprung, wenn es um fürsorgliche Tätigkeiten geht

Ab dem Kindergartenalter entwickeln Jungen und Mädchen recht klare Konzepte von Männlichkeit und Weiblichkeit, welche sie mit spezifischen spielerischen Tätigkeiten und Verhaltensweisen verknüpfen und die sich dann in Schule und jugendlicher Peergroup fortsetzen. Dabei lassen sich geschlechtsspezifisch unterschiedliche Raumaneignungen, Körperpraktiken und sozial-kommunikative Verhaltensweisen wahrnehmen. Während Jungen lernen, „ihre dominante Position durchzusetzen, Zuhörer zu fesseln und sich auch gegen das Rederecht anderer durchzusetzen", lernen Mädchen „enge und gleichberechtigte Beziehungen zu schaffen, andere angemessen zu interpretieren und akzeptabel zu kritisieren" (Bilden 1991, 287). „Emotionale Expressivität und Sensibilität von Frauen für die Gefühle anderer entsprechen ihren gesellschaftlichen Funktionen als Mütter und „Beziehungsarbeiterinnen" (Bilden 1991, 286). Im Unterschied zu Mädchen erfahren Jungen und männliche Jugendliche bislang keine gesellschaftlich gesteuerte Erweiterung ihrer Selbstkonzepte und sozialen Spielräume in Richtung „neuer" Dimensionen wie beispielsweise Fürsorge für Mitmenschen. Wenn ein Mann in einem als weiblich verstandenen Bereich – beispielsweise als Kinderpfleger – arbeiten möchte, muss er über eine hohe Selbstsicherheit verfügen, um eigene und fremde Zweifel zu überwinden.

Geschlechtsspezifisches Berufswahlverhalten von Männern

Frauen und Männer orientieren sich bei der Berufswahl auch an der Nähe eines Berufes bzw. einer Fachkultur zu „typisierten Geschlechtsrollen" wie beispielsweise Heilen und Helfen, Fürsorglichkeit, Karriere, Technik oder Macht (Windolf 1992, 96). Außerdem „wissen" Männer, dass von ihnen erwartet wird, ihren Unterhalt sowie den ihrer Familie zu erwirtschaften. Insofern ist es plausibel, dass sich weniger Männer als Frauen für einen sozialen Beruf entscheiden bzw. falls sie einen solchen gewählt haben, zielstrebig die besser bezahlten Positionen anstreben. Auch das geringe Prestige wird gerade Männer, die mehr als Frauen über ihren Beruf als Persönlichkeit „definiert" werden bzw. dies selbst tun, nicht unbedingt für eine solche Tätigkeit motivieren. Mit der Entscheidung für einen sozialen Beruf treten Männer geschlechtsspezifischen Rollenerwartungen entgegen, während Frauen mit dieser Berufswahl ihre Weiblichkeit bestätigen.

Welche Männer entscheiden sich für einen sozialen Beruf?

Handelt es sich bei Erziehern und Sozialarbeitern vor allem um eine „Sondergruppe“ von Männern, die eine „größere Distanz zum traditionellen Muster beruflicher Arbeit aufweisen“ (Beck-Gernsheim 1981, 159)? Die Erkenntnisse von Williams (1995), Strohmaier (2003), Fell (1999) und Kasiske u. a. (2006) deuten darauf hin, dass ein größerer Teil der männlichen Sozialpädagogen, Erzieher und Pfleger sich aus einer Distanz zu konventionellen männlichen Erfahrungswelten für dieses Berufsfeld entschieden hat. In ihren qualitativen Untersuchungen gab es häufiger ältere „Seiteneinsteiger“, die schon eine andere Berufsausbildung hinter sich hatten. Sie entschieden sich weniger aus rationalen Erwägungen, sondern eher aus Intuition im Zuge männlicher Identitätsfindung für den (neuen) Beruf. Fell (1999) zufolge hat die Berufsentscheidung für oder gegen Soziale Arbeit sehr viel mit der Nähe oder Distanz von Männern zu traditionellen Rollenstereotypen zu tun. Sozialarbeiter hätten einen größeren Spielraum, wenn es darum ginge, eine untypische männliche Identität zu entwickeln, die Freisetzung aus männlichen Rollenzuschreibungen werde erleichtert. Gleichwohl existiere nicht die eine, typische Identität des männlichen Sozialarbeiters. Sollte sich der Berufswechsel auf die „weibliche Seite“ als zu „heftig“ erweisen, und der Mann aufgrund ambivalenter Reaktionen verunsichert werden, ergäben sich zwei Optionen. Ein Berufswechsel oder der Weg in einen Teilbereich „der weniger fürsorglich ist“, wie beispielsweise eine Leitungsposition (Fell 1999, 26). Als Sozialplaner, Referatsleiter, Professor oder Supervisor wird man durchaus gängigen Geschlechtsrollenzuschreibungen gerecht und kann damit seine Männlichkeit „beweisen“. Vielleicht sind auch deswegen in den Managementfunktionen Sozialer Arbeit Männer noch deutlich überrepräsentiert, wenngleich sich in den letzten Jahren eine Veränderung zugunsten der Frauen abzeichnet (Matzner 2005, 16).

Männer leisten vor allem personenbezogene Dienstleistungen, die ihre habituelle Sicherheit fördern

Sozialarbeiter und Erzieher sind eher selten präsent, wenn es sich bei den Hilfebedürftigen um (Klein-)Kinder, Mädchen, Frauen sowie Familien handelt und wenn die Art der Hilfe den Aufbau enger sozialer Beziehungen voraussetzt. So bleiben die Bereiche, in denen es darum geht, mit kleinen Kindern zu arbeiten, mit gewissen Ausnahmen im therapeutischen Bereich, nahezu „männerfrei“. Wenn Männer überhaupt einmal in Kindertageseinrichtungen arbeiten, ihr Gesamtanteil betrug im Jahr 2002 3,8 %, dominiert bei ihnen die „organisationsbezogene Arbeit“ (Hauswirtschaft, Verwaltung). So lag im Jahr 2002 der Anteil der als Pädagogen tätigen Männer in Kindertagesstätten im Bereich der frühkindlichen Erziehung bei 0,88 % (155 Männer und 17.496 Frauen), im Kindergarten bei 1,6 % (3.408 Männer und 209.754 Frauen) und in der Horterziehung bei 7,53 % (1.940 Männer und 23.813 Frauen). In der Verwaltung betrug der Männeranteil 12,99 % (143 Männer), in der Hauswirtschaft 15,97 % (5.130 Männer) und in der Leitung 4,78 % (939 Männer) (Kasiske u. a. 2006, 20). Der Konnex von Weiblichkeit – Mütterlichkeit – Kleinkindbetreuung hat zur Folge, dass sich Männer nur äußerst selten für den beruflichen Ort und sozialen Raum der Kindertageseinrichtung entscheiden. Sie suchen sich, oft mit Unterstützung von Frauen, innerhalb der Frauenberufe einen Bereich oder eine Tätigkeit, die von Männern geprägt bzw. als männlich verstanden wird. Beispielsweise setzen Männer ihre physische Kraft beim Umplazieren von Patienten oder im Rahmen freizeit- und sportpädagogischer Massnahmen ein. Man spricht in diesem Zusammenhang von „Segregation“ als einer Strategie von Männern in Frauenberufen.

Immerhin ein Drittel aller Jugend- und Heimerzieher ist männlich, viele arbeiten mit (männlichen) Kindern und Jugendlichen. Dabei setzt die Art der Hilfe nicht immer die Existenz enger persönlicher Beziehungen voraus. So lag in der Jugendberufshilfe der Männeranteil im Jahr 1998 auffällig hoch bei 50,3 %. In diesem Handlungsfeld unterstützt man junge Menschen – das männliche Geschlecht ist überrepräsentiert – bei der Passage von der Schule in die Berufswelt. Der männliche Sozialpädagoge hilft dem männlichen Jugendlichen beim Übergang in den „Ernst des Lebens“ und kann dabei einen konventionellen männlichen Habitus wahren. Dies gilt auch in der Jugendgerichtshilfe. Delinquenten männlichen Jugendlichen sinnt man oft eine Grenzen setzende pädagogische Bezugsperson an, dabei denkt man vor allem an Männer (Matzner 2005).

Als Fazit lässt sich schlussfolgern, dass die geschlechtsspezifisch unterschiedliche Repräsentanz von Männern und Frauen in vielen Teilbereichen den Interessen der Adressaten nicht gerecht wird. Diese erleben die Helfer und Helferinnen oft in relativ traditionellen Rollen, sodass das mittels Gender Mainstreaming angestrebte „Aufbrechen überlieferter starrer Festlegungen von Mädchen/Jungen und Frauen/Männer auf bestimmte geschlechtsbezogene Muster der Lebensführung, Geschlechterideale und Identitäten“ (Scherr 2001, 22) gerade in dem Bereich, der maßgeblich an diesen Veränderungen mitwirken soll, nicht verwirklicht ist. Dies geht nicht nur zu Lasten der männlichen Klientel, sondern begrenzt auch Mädchen und Frauen bei der Wahrnehmung neuer Perspektiven. Sozial kompetente, empathische und helfende Männer könnten eindimensionale Männlichkeitserfahrungen von Mädchen und Frauen relativieren.

Literatur

Ayaß, W. (1995): „Asoziale" im Nationalsozialismus. Klett-Cotta, Stuttgart

Bartjes, H., Hammer, E. (2006): Männer und Altenpflege. Analysen und Ansätze für mehr Männer in der Pflege. In: Krabel, J., Stuve, O. (Hrsg.): Männer in „Frauen-Berufen" der Pflege und Erziehung. Barbara Budrich, Opladen, 135–160.

Beck-Gernsheim, E. (1981): Der geschlechtsspezifische Arbeitsmarkt. Zur Ideologie und Realität von Frauenberufen. 2. Auflage. Campus, Frankfurt/New York

Bentheim, A., May, M., Sturzenhecker, B., Winter, R. (2004): Gender Mainstreaming und Jungenarbeit. Juventa, Weinheim und München

Bilden, H. (1991): Geschlechtsspezifische Sozialisation. In: Hurrelmann, K., Ulich, D. (Hrsg.): Neues Handbuch der Sozialisationsforschung. 4., völlig neubearbeitete Auflage. Beltz, Weinheim/Basel, 279–301

Böhnisch, L., Funk, H. (2002): Soziale Arbeit und Geschlecht. Juventa, Weinheim und München

Brandes, H. (1998): „Problemfall" Mann. Plädoyer für einen männerorientierten Ansatz in der Sozialarbeit. In: Ders., Roemheld, R. (Hrsg.): Geschlechterverhältnisse in der sozialen Arbeit. Evangelische Verlagsanstalt, Leipzig, 99–113

–, Bullinger, H. (1996a) (Hrsg.): Handbuch Männerarbeit. Beltz, Weinheim

– (1996b): Einleitung. In: Dies. (Hrsg.): Handbuch Männerarbeit. Beltz, Weinheim, IX–XII

– (1996c): Männerorientierte Therapie und Beratung. In: Dies. (Hrsg.): Handbuch Männerarbeit. Beltz, Weinheim, 13–17

Broszka, G. (1996): Männerpolitik und Männerbewegung. In: Brandes, H., Bullinger, H. (Hrsg.): Handbuch Männerarbeit. Beltz, Weinheim, 74–89

Brückner, M. (2002): Soziale Arbeit mit Frauen und Mädchen: Auf der Suche nach neuen Wegen. In: Thole, W. (Hrsg.): Grundriss Soziale Arbeit. Leske und Budrich, Opladen, 367–375

Brückner, M., Rose, L. (2002): Innovative Frauen- und Mädchenarbeit. Untersuchung am Beispiel Frankfurt am Main. Fachhochschulverlag, Frankfurt

Cavanagh, K., Cree, V. (Hrsg.)(1996): Working with Men. Routledge, London/New York

Christie, A. (Hrsg.)(2001): Men and Social Work. Theories and Practices. Palgrave, Houndmills

Cornel, H., Kawamura-Reindl, G., Maelicke, B., Sonnen, B. (Hrsg.) (2003): Handbuch der Resozialisierung. 2. Auflage. Nomos, Baden-Baden

Curran, Laura (2003): Social Work and Fathers: Child Support and Fathering Programs. In: Social Work, vol. 48, No. 2/2003, 219–227.

Fell, F. (1999): Männer in der Sozialen Arbeit. Zur Identität männlicher Sozialarbeiter. Unveröffentliche Diplomarbeit, Fachhochschule München. Teile der Arbeit sind im Internet verfügbar: www.florian-fell.de/dipteil.pdf

Feustel, A. (Hrsg.)(1997–2003): Alice Salomon: Frauenemanzipation und soziale Verantwortung. Ausgewählte Schriften. 3 Bände. Luchterhand, Kriftel

Gruber, C., Fröschl, E. (Hrsg.)(2001): Gender-Aspekte in der Sozialen Arbeit. Czernin Verlag, Wien

Hagemann-White, C., Lenz, H.J. (2002): Gewalterfahrungen von Männern und Frauen. In: Hurrelmann, K., Kolip, P. (Hrsg.) Geschlecht, Gesundheit und Krankheit. Männer und Frauen im Vergleich. Haupt, Bern, 460–487
Hartmann (1925): Fürsorge für männliche jugendliche Wanderer vom Standpunkt der Jugendfürsorge. Vorbericht für den 39. Fürsorgetag in Breslau. Braun, Karlsruhe
Hartwig, L. (2004): Erziehungshilfen in Zeiten des Gender Mainstreaming. In: Bruhns, K. (Hrsg.): Geschlechterforschung in der Kinder- und Jugendhilfe. VS Verlag, Wiesbaden, 203–218
Hasenjürgen, B., Nückel, J. (2005): Soziale Arbeit – Profession und Geschlecht. Eine Arbeitsbibliographie. www.kfhnw.de/bindata/BibApril2005-August.pdf
Hasenjürgen, B., Rohleder, C. (Hrsg.)(2005): Geschlecht im sozialen Kontext. Perspektiven für die Soziale Arbeit. Barbara Budrich, Opladen
Hauschildt, E. (1995): „Auf den richtigen Weg zwingen ..." Trinkerfürsorge 1922 bis 1945. Freiburg, Lambertus
Hollstein, W. (1991): Männlichkeit als sozialpädagogisches Problem. In: Neue Praxis, 3/91, 200–210
– (2002): Der Mann als Täter und Opfer. In: Hurrelmann, K., Kolip, P. (Hrsg.) Geschlecht, Gesundheit und Krankheit. Männer und Frauen im Vergleich. Haupt, Bern, 53–65
Institut für Zeitgeschichte–Archiv. Bestandssignatur ED 728. Insassenakten Wanderhöfe und Wanderarbeitsstätten, Wandererzählungen 1934–1945. Akz. Nr. 8823/97
Kasiske, J., Krabel, J., Schädler, S., Stuve, O. (2006): Zur Situation von Männern in „Frauen-Berufen" der Pflege und Erziehung in Deutschland. Eine Überblicksstudie. In: Krabel, J., Stuve, O. (Hrsg.): Männer in „Frauen-Berufen" der Pflege und Erziehung. Barbara Budrich, Opladen, 11–101
Kosberg, J. (2002): Heterosexual males: a group forgotten by the profession of social work. In: Journal of Sociology and Social Welfare, 39, September 2002, 51–68
Krall, H. (Hrsg.)(2005): Jungen- und Männerarbeit. Bildung, Beratung und Begegnung auf der „Baustelle Mann". VS Verlag, Wiesbaden
Lenz, H.J. (Hrsg.)(2000): Männliche Opfererfahrungen. Problemlagen und Hilfeansätze in der Männerberatung. Juventa, Weinheim und München
Matthies, A., Mingerzahn, F., Armbruster, M. (Hrsg.)(2004): Weiblichkeit und Männlichkeit in der Sozialen Arbeit. Schriften der Hochschule Magdeburg-Stendal. Band 14. Verlag der Erich-Weinert-Buchhandlung, Magdeburg
Matthies, A., Mingerzahn, F. (2004): Jenseits eines Neutralitätsmythos: Sensibilisierung für die Geschlechterdimensionen Sozialer Arbeit. In: Matthies, A., Mingerzahn, F., Armbruster, M. (Hrsg.): Weiblichkeit und Männlichkeit in der Sozialen Arbeit. Schriften der Hochschule Magdeburg-Stendal. Band 14. Verlag der Erich-Weinert-Buchhandlung, Magdeburg, 5–10
Matzner, M. (2004): Soziale Arbeit als Beruf von Frauen und Männern. Zur historischen Entwicklung der Geschlechterordnung im Berufsfeld Soziale Arbeit. In: Zeitschrift für Sozialpädagogik, 2. Jg., 4. Vj., 407–427
– (2005): Männer in einem Frauenberuf. Zur Geschlechterordnung des Personals der Sozialen Arbeit am Beispiel der Kinder- und Jugendhilfe. In: Sozialmagazin, H. 1/2005, 14–30

Mogge-Grotjahn, H. (2004): Gender, Sex und Gender Studies. Eine Einführung. Lambertus, Freiburg
Munding, R. (2005): Sexualpädagogische Jungenarbeit. Eine Expertise im Auftrag der Bundeszentrale für gesundheitliche Aufklärung. Köln
Peukert, D. (1986): Grenzen der Sozialdisziplinierung. Aufstieg und Krise der deutschen Jugendfürsorge von 1878 bis 1932. Bund-Verlag, Köln
Plociniak, H. (1990): Die Männerfrage – Kein Fall für die Sozialarbeit? In: Sozialmagazin 9/1990, 14–16.
Richmond, M. (1917): Social Diagnosis. Sage, New York
Rose, L. (2003): Gender Mainstreaming in der Kinder- und Jugendarbeit. Beltz, Weinheim/Basel/Berlin
Sachße, C. (1986): Mütterlichkeit als Beruf. Suhrkamp, Frankfurt
Salomon, A. (1926): Soziale Therapie. Carl Heymann, Berlin
Schaidnagl, V. (1932): Heimlose Männer. Band IX der Forschungen über „Bestand und Erschütterung der Familie in der Gegenwart". Deutsche Akademie für soziale und pädagogische Frauenarbeit. Verlagsgesellschaft Müller, Eberswalde bei Berlin
Scherr, A. (2001): Gender Mainstreaming – Chance und Herausforderung für die Kinder- und Jugendhilfe, in: Ginsheim, G. von, Meyer, D. (Hrsg.): Gender Mainstreaming. Neue Perspektiven für die Jugendhilfe, Berlin, 17–24
– (2002): Männer als Adressatengruppe und Berufstätige in der Sozialen Arbeit. In: Thole, W. (Hrsg.): Grundriss Soziale Arbeit. Leske und Budrich, Opladen, 377–385
–, Sturzenhecker, B. (2004): Was blockiert die Etablierung von Jungenarbeit? Zum Forschungsbedarf über Jungenarbeit in der Jugendhilfe. In: Bruhns, K. (Hrsg.): Geschlechterforschung in der Kinder- und Jugendhilfe. VS Verlag, Wiesbaden, 303–315
Sielert, U. (1996): Die Entdeckung der Männlichkeit als soziales Problem: Herausforderungen an die Sozialpädagogik. In: Sturzenhecker, B. (Hrsg.): Leitbild Männlichkeit. Was braucht die Jungenarbeit?! Votum, Münster, 135–147
Statistisches Bundesamt (Hrsg.) (2000): Sozialleistungen. Jugendhilfe – Erzieherische Hilfen außerhalb des Elternhauses am 31.12. – Fachserie 13/Reihe 6.1.4., Metzler-Poeschel, Stuttgart
– (2002): Sozialleistungen. Jugendhilfe – Institutionelle Beratung, Einzelbetreuung und sozialpädagogische Familienhilfe. Metzler-Poeschel, Stuttgart
– (2003): Bevölkerung und Erwerbstätigkeit. Beruf, Ausbildung und Arbeitsbedingungen der Erwerbstätigen 2002. Fachserie 1/Reihe 4.1.2, Wiesbaden
– (2005): Statistisches Jahrbuch 2005. Wiesbaden
Strohmaier, J. (2003): Sind Sozialpädagogen „neue" Männer? Konstruktion von Männlichkeit im Feld Sozialer Arbeit. Verlag Dr. Kovac, Hamburg
Werthmanns-Reppekus, U. (2004): Under construction: Die Kategorie Geschlecht in der Kinder- und Jugendhilfe – Gender-(Mainstreaming-)Debatte und der Elfte Kinder- und Jugendbericht. In: Bruhns, K. (Hrsg.): Geschlechterforschung in der Kinder- und Jugendhilfe. VS Verlag, Wiesbaden, 51–71
Willeke, P. (1914): Entwicklung und Bedeutung der Trinkerfürsorge unter besonderer Berücksichtigung der Armenpflege. Breer & Thiemann, Hamm
Williams, C. (1995): Still a Man's World. Men Who Do „Women's Work". University of California Press, Berkely/Los Angeles/London

Windolf, P. (1992): Fachkultur und Studienfachwahl, in: Kölner Zeitschrift für Soziologie und Sozialpsychologie, Jahrgang 44, Heft 1, 76–98

Winter, R. (2001): Männer, In: Otto, H.U., Thiersch, H. (Hrsg.): Handbuch Sozialarbeit – Sozialpädagogik. 2., erweiterte und aktualisierte Auflage. Luchterhand, Neuwied/Kriftel, 1160–1168

Zander, M., Hartwig, L., Jansen, I. (Hrsg.)(2006): Geschlecht Nebensache? Zur Aktualität der Gender-Perspektive in der Sozialen Arbeit. VS Verlag, Wiesbaden

Männlichkeit als Macht und Ohnmacht. Ambivalenzen der männlichen Rolle

von Walter Hollstein

Das Thema, mit dem wir uns im folgenden beschäftigen, ist einigermaßen neu. Männer haben sich im Laufe der langen menschlichen Geschichte nicht kritisch mit den Facetten von Mann-sein und Männlichkeit beschäftigt. Das hat sich erst mit der Zweiten Frauenbewegung Ende der sechziger Jahre des vor kurzem zu Ende gegangenen Jahrhunderts geändert.

Der Feminismus und die ihm verbundene Frauenforschung haben die Macht-Orientierung traditioneller Männlichkeit herausgearbeitet und damit – direkt oder indirekt – verbunden den Täter-Aspekt der männlichen Rolle: Männer usurpieren Macht, sichern sich Privilegien, unterdrücken Frauen und Kinder, üben Gewalt und sexuellen Missbrauch aus usw. (Eisenstein 1984). Als Antwort auf die Frauenforschung hat sich die Männerforschung konstituiert. In ihren Anfangszeiten hat sie sich quasi vollumfänglich an den Erkenntnissen der Frauenforschung orientiert und sich überdies explizit als pro-feministisch verstanden (Edley/Wetherell 1995; Connell 1999). Die Lebenszusammenhänge von Männern wurden im Selbstverständnis und in den Kategorien feministischer Wissenschaft interpretiert. Dementsprechend argumentierte diese Männerforschung nicht nur häufig an den pragmatischen Bedürfnissen der realen Männer vorbei, sondern nahm auch deren vielfache Bedürftigkeiten nicht wahr. Ein Beispiel dafür ist der repräsentative Sammelband von Michael S. Kimmel und Michael A. Messner, der männliches Leben im wesentlichen reduziert auf Machterwerb, Gewalt, Krieg, die Unterdrückung von Mädchen und Frauen, sexistische Witze, sexuellen Missbrauch, Vergewaltigung, Pornographie und Konkurrenz (Kimmel/Messner 1995).

Der empirische Blick auf die Lebenswelten von Männern muss indessen neben der unleugbaren Macht-Seite auch einen Ohnmachts-Aspekt feststellen. Dementsprechend stellt sich neben die männliche Täter-Rolle auch eine Opfer-Rolle (Hollstein 2002). Inzwischen konzedieren auch Feministinnen, dass die Männer-Rolle vielfältige selbst-einschränkende und selbstunterdrückende Qualitäten besitzt und nicht eindimensional auf Macht- und Gewaltausübung zu fokussieren ist (Faludi 2001; Badinter 2004); im deutschsprachigen Raum hält der Feminismus indessen nahezu obsessiv an seinem einseitigen Täter-Bild von Männlichkeit fest.

Nebst dem Tatbestand, dass Mann-sein in unseren Tagen nicht mehr auf eine einzige Form von Männlichkeit zu reduzieren ist, sondern nur noch im Plural verstanden werden kann, gehört zum Mann-sein substantiell die Ambivalenz der Geschlechterrolle.

Die Macht-Seite von Männlichkeit

In den letzten Jahren haben sich im Machtgefüge zwischen den Geschlechtern wichtige Veränderungen ergeben, die zum Teil auch einen symbolischen Signalwert besaßen. So ist seit einigen Jahren in Österreich und der Schweiz das Außenministerium in weiblicher Hand; in Deutschland regiert eine Frau und selbst die „harte Domäne" des Bundeskriminalamts wird inzwischen weiblich geführt. Nichtsdestotrotz gilt weiterhin das patriarchale Gesetz, dass gesellschaftliche Spitzenpositionen weithin von Männern besetzt sind. Der Arbeitsmarkt im deutschsprachigen Raum dokumentiert eine geschlechtsspezifische Segregation, die die Männer in nahezu allen materiellen Bereichen bevorteilt und die Frauen proportional dazu benachteiligt. Eine jahrzehntelange Gleichberechtigungsrhetorik hat an diesem Tatbestand prinzipiell wenig verändert. Die Daten über die Erwerbstätigkeit zeigen die Konsequenzen der gesellschaftlichen Arbeitsteilung und ihrer sozialisatorischen Bedingungen: Männer steuern überwiegend technische Anlagen und warten sie, bauen, installieren und stellen her, planen, konstruieren und forschen, leiten, organisieren und führen, sichern, bewachen und wenden Vorschriften an. Frauen hingegen verkaufen, kassieren, beraten Kunden, arbeiten im Büro, bewirten, reinigen und packen, erziehen, helfen, pflegen und versorgen (Hollstein 2004).

Nach wie vor fällt auch die Einstellungspraxis vieler Betriebe zuungunsten der Frauen/Mädchen aus. Überdies wird von Betrieben und gesellschaftlich generell das weibliche Arbeitsvermögen noch immer niedriger bewertet als das männliche (Engelbrech/Nagel 2002).

Im Gegensatz zu Männern sind Frauen auf Beruf *und* Familie orientiert. Diese Doppelorientierung bedeutet, dass sie zum einen signifikant häufiger Teilzeit arbeiten und dass sie zum anderen ihre Erwerbsbiografie unterbrechen, um für Kinder und Familie präsenter zu sein. Diese Brüchigkeit weiblicher Erwerbsbiografien – auch wenn sie sich in den vergangenen Jahren abgeschwächt hat – tritt deutlich ab dem 25. Lebensjahr ein. Die Rückkehr in die Erwerbstätigkeit ist für Frauen trotz gestiegener Motivation nach wie vor schwierig. Jede fünfte Frau verbindet den Wiedereinstieg mit einem Karriereknick.

Die tradierte Ungleichheit zwischen den Geschlechtern in der häuslichen Sozialisation, der Berufsvorbereitung, den Berufsvollzügen und den Karrieremöglichkeiten dokumentiert sich nur konsequent in erheblichen Lohnunterschieden zwischen Männern und Frauen (Hollstein 2004).

Frauen ballen sich in den unteren Lohnskalen, Männer in den gehobenen und besonders deutlich in den obersten, in denen Frauen bisher noch kaum repräsentiert sind.

Trotz zäher Bemühungen in den vergangenen drei Jahrzehnten ist es den Frauen auch nicht gelungen, sich den öffentlichen Raum von Politik, Verwaltung, Kultur, Kirchen und Medien entsprechend ihrem demographischen Anteil zu erobern. Trotz aller weiblichen Fortschritte ist die Öffentlichkeit im deutschsprachigen Raum weithin männlich geblieben. Frauen sind nach wie vor häufig nur Zuträgerinnen für männliche Herrschaftspositionen oder Alibis für dieselben. Das gilt sogar für Berufsfelder, die – wie Schulen, Krankenhäuser, Pflegeinstitutionen oder Soziale Arbeit – als weiblich etikettiert sind. Selbst in diesen Bereichen lebt noch das traditionelle Prinzip, dass Männer beaufsichtigen müssen, was Frauen tun.

Bis zum Ende der achtziger Jahre des 20. Jahrhunderts ist der Anteil weiblicher Parlamentarier im deutschsprachigen Raum im Regelfall unter zehn Prozent geblieben, obwohl es in Deutschland, Österreich und der Schweiz mehr Frauen als Männer gibt. Erst in jüngster Zeit nähert sich die weibliche Repräsentation in der Politik der Ein-Drittel-Quote oder erreicht diese (Hoecker 1999).

Von grundsätzlicher Ungleichheit geprägt ist auch die Verteilung von Männern und Frauen in Ämtern, Gremien und Funktionen, auf deren Besetzung die Regierungen direkten Einfluss haben. Insonderheit die Leitungsfunktionen bei den obersten Bundesbehörden sind hegemonial männlich.

Die rigide Rollenverteilung der Vergangenheit scheint sich am ehesten im Privatbereich aufzulösen. Bei den Männern hat sich der Anteil derer, die im Haushalt mithelfen, signifikant erhöht. Von Mitverantwortung wird man indessen nur bei einem kleinen Prozentsatz sprechen können. Trotz dieser positiven Entwicklung obliegt die Hauptlast der häuslichen Arbeit noch immer den Frauen. Neue Männeruntersuchungen belegen, dass es vor allem den jüngeren Männern keinesfalls an den nötigen Fähigkeiten und Fertigkeiten im Haushalt fehlt, um traditionelle Konstellationen zu ändern. Insofern Männer allein leben, nutzen sie auch dieses neue Fähigkeitsprofil; in Beziehungen und Ehen beginnen sie indessen rasch, die meisten Haushaltstätigkeiten ihren Partnerinnen zu überlassen – das gilt insbesondere dann, wenn Kinder geboren werden. Auch im Bereich der Erziehung leisten die Frauen nach wie vor mehr als die Männer; selbst dann, wenn beide Partner erwerbstätig sind. Immerhin darf nicht übersehen werden, dass sich heutige Männer als Väter weit mehr engagieren als es noch ihre eigenen Väter bei ihnen getan hatten. Auffällig ist, dass nur eine kleine Minderheit von Vätern sich zusammen mit ihren Kindern an jenen Aufgaben der Erziehung beteiligen, die direkt mit Hausarbeit verbunden sind. Deutschsprachige Väter widmen sich bei ihren Kindern vor allem den hedonistischen Freizeitbeschäftigungen: den unangenehmen, belastenden und mit Mühe und Schmutz verbundenen Tätigkeiten geht nach wie vor die übergroße Mehrheit der Väter aus dem Wege (Cornelißen u. a. 2002; Hollstein 2004).

Die bisher unbewältigten Traditionen der geschlechtsspezifischen Arbeitsteilung bedingen Machtverhältnisse in Ehe, Familie und Beziehung, die zuungunsten der Frauen verschoben sind. Solche Statusunterschiede führen zu einem Machtgefälle, das auch Misshandlungssituationen provozieren kann. Die bestehende Geschlechterhierarchie fördert auch nach wie vor Gewalt zur Lösung von Konflikten (Lamnek/Ottermann 2003).

In den gegenwärtigen Geschlechterverhältnissen zeigt sich männliche Macht auch in subtilerer Form. Empfängnisverhütung und Schutzmethoden gegen Geschlechtskrankheiten und HIV-Infektionen scheitern oft daran, dass Frauen nicht in der sozialen Gleichberechtigungsposition sind, um mit ihrem Partner über sexuelles Verhalten zu verhandeln. Das gilt in Sonderheit für den Bereich der Prostitution. Ein anderer Beleg dafür ist das männliche Verhalten bei Schwangerschaftskonflikten. Untersuchungen belegen, dass der Abort durchaus keine autonome weibliche Entscheidung ist, sondern in hohem Maße die positive oder negative Einstellung des männlichen Partners zur Schwangerschaft reflektiert.

Solche Tatbestände hat vor allem die feministische Frauenforschung herausgearbeitet und die pro-feministische Männerforschung verstärkt (Connell 1999). Dabei ist vielfältig übersehen worden, dass männliche Macht auch einen Opfer-Aspekt beinhaltet. Selbst in der Täter-Rolle impliziert Männlichkeit eine Einschränkung von Lebensmöglichkeiten. Diese Dialektik von Täter/Opfer und Macht/Ohnmacht verdeutlicht sich auch bei Männern, die männliche Macht in Reinkultur verkörpern. So hat zum Beispiel Janice Halper in ihrer empirischen Untersuchung über erfolgreiche Männer feststellen müssen, dass fast drei Viertel der untersuchten Präsidenten, Direktoren und Top-Manager depressiv sind (Halper 1992); auf eine andere Art weisen männliche Straftäter eine eigene Opfergeschichte auf (Lenz 2000).

Der Ohnmachts-Aspekt der traditionellen Männerrolle

Die äußere Machtstellung des Mannes in der Gesellschaft bedingt die Negativseite innerer Ohnmacht. Der Mann zahlt psychisch und physisch einen hohen Preis für seine Fixierung auf Macht und Erfolg. Insofern impliziert die traditionelle Männerrolle eine fatale Dialektik von Gewinn und Einbuße. Dabei muss angemerkt werden, dass nur eine kleine Minderheit von Männern jenes Machtprofil erwerben kann, das die feministische Kritik generell mit Männlichkeit verbindet. Die übergroße Mehrheit der Männer ist selber dem sozialen Diktat einer kleinen Minderheit des eigenen Geschlechts unterworfen, muss sich aber aufgrund der gesellschaftlichen Zwänge am generellen Macht- und Erfolgsbild von Männlichkeit orientieren (Faludi 2001; Hollstein 2004).

James M. O'Neil hat in einer verdienstvollen Arbeit alle vorliegenden medizinischen, psychologischen und sozialmedizinischen Untersuchungsergebnisse zu den Auswirkungen der traditionellen Männerrolle in der gegenwärtigen Gesellschaft zusammengefasst (O'Neil 1982; Klotz 1998; Hurrelmann/Bründel 1999; Clare 2002); er benennt dabei exemplarisch sechs Zwänge der männlichen Rolle:

1. **Das eingeschränkte Gefühlsleben.** Männer haben Schwierigkeiten, sich emotional frei und offen auszudrücken und gestehen aus einer tiefen eigenen Angst diese Fähigkeit auch anderen Männern nicht zu. Das bedingt, dass Männer ihre emotionale Kontrolle nicht aufgeben, sich nicht verletzlich zeigen wollen und vor neuen emotionalen Erfahrungen zurückschrecken. Als Folge der unterdrückten Gefühlsregungen entstehen Verärgerung, Frustration, Feindseligkeit und Wut, die sich dann nicht selten explosionsartig in Aggressivität und Gewalt äußern.
2. **Die Homophobie.** Hierbei handelt es sich um die männliche Angst vor der Nähe zu anderen Männern. Eng verbunden ist damit die Abwehr von Homosexualität. Auch hier dominiert die Furcht, für weiblich, weich, unmännlich und damit für schwul gehalten zu werden. Im Vordergrund der homophobischen Abwehr steht jedoch das Konkurrenzverhältnis zu anderen Männern. Erscheint der andere Mann prinzipiell als potentieller Konkurrent, darf auch keine emotionale Öffnung ihm gegenüber stattfinden.
3. **Die Kontroll-, Macht- und Wettbewerbszwänge.** Sie dienen dazu, den Mann Situationen und Mitmenschen beherrschen zu lassen. Alle drei Attribute sind Gradmesser für die eigene Männlichkeit. Bereits im Kindesalter erhalten Jungen viel mehr Ermutigung, Lob und Feedback als Mädchen, um dominant, aktiv, erfolgsorientiert und kontrolliert zu sein. Die andere Seite ist, dass sie auch viel häufiger bestraft, sanktioniert und verachtet werden, wenn sie sich nicht zur Genüge an die männliche Leistungsnorm halten. Jungen/Männer lernen früh, ihren Selbstwert über die fremdgesetzten Erfolgsmuster von Konkurrenz, Machterwerb und Dominanz zu bestimmen. Niederlagen sind mit Entmännlichung identisch. Wer nicht siegt, ist kein Mann (Doyle 1989). Kontrolle, Macht und Wettbewerb sind auch die entscheidenden Indikatoren, nach denen Männer ihre persönlichen Beziehungen bewerten, was notwendigerweise zur Abwertung von sozialer Verantwortung, Ethos, Mitmenschlichkeit und Fürsorge führt.
4. **Das gehemmte sexuelle und affektive Verhalten.** Traditionelle Männlichkeit ist von der Angst besetzt, die eigenen weiblichen Seiten zuzulassen. Das verhindert Gefühle, Sinnlichkeit, Intimität und Liebe und bedingt, dass die eigene Sexualität oft von Zärtlichkeit und Emotionalität abgespalten

wird. Stattdessen stellt sich der Mann unter den gelernten Aspekt von Leistung und Dominanz. Die Forschung ist sich einig, dass der Mann dabei sexuell zum Opfer seiner eigenen Obsession von Leistung und Erfolg wird. Nicht Herrschaft, sondern Hingabe ist das Essential von Liebe und Sexualität.

5. Die Sucht nach Leistung und Erfolg. Dabei handelt es sich um die zwanghafte Notwendigkeit, das eigene Mannsein immer wieder neu erfahrbar zu machen und messen zu müssen. Die Konsequenz ist, dass Männer wenig Zeit und Energie für Entspannung, Vergnügen und wirkliche Befriedigung aufzubringen in der Lage sind. Männer erleben ihr Selbstwertgefühl und ihre Erfahrung von Glück und Lebenssinn primär oder sogar exklusiv über ihre Arbeit und deren Gratifikationen. Eine besondere Bedeutung kommt dabei der Verknüpfung der männlichen Arbeitsrolle mit der des Familienernährers zu. Je mehr ein Mann für seine Frau und Kinder erwirtschaftet, desto sicherer fühlt er sich in seiner Männlichkeit. Doch diese materielle Erfolgsorientierung beinhaltet logischerweise, dass der Mann den Großteil seiner Zeit und Kraft in seine Arbeitsleistung investiert, sich dementsprechend sukzessive von Frau und Kindern emotional entfernt und schließlich zwar erfolgreich ist, aber menschlich entfremdet und distanziert gegenüber seiner Familie.

6. Der unsorgsame Umgang mit der eigenen Gesundheit. Männer entspannen unzureichend, bewegen sich zu wenig, gehen zu selten zum Arzt, missachten körperliche Warnsignale und verfügen kaum über Gesundheitskenntnisse. Auch hier wird die Sorge um den eigenen Zustand als weiblich oder gar weibisch betrachtet und abgetan. Dementsprechend sind Männer im Durchschnitt kränker als Frauen und haben eine um mehr als sechs Jahre kürzere Lebenserwartung.

Der Gesundheitsbereich ist nur ein Beispiel für die Ohnmachtsseite der männlichen Rolle. Inzwischen sind Jungen und Männer auch in den Lebenssphären von Schule, Bildung und Ausbildung zum Teil deutlich hinter Mädchen und Frauen zurück gefallen. Selbst im Sektor von Wirtschaft und Arbeit, der männliche Macht begründet und stabilisiert hat, verschlechtern sich die Aussichten von Jungen und Männern rapide; so steigt seit einigen Jahren die Quote männlicher Arbeitslosigkeit, während die weibliche Erwerbsquote weiterhin steigt. Generell werden die Lebensperspektiven für Männer für die kommenden Jahrzehnte schlechter eingeschätzt als die von Frauen (Clare 2002; Hollstein 2004; Badinter 2004).

Trotz dieser Entwicklungen wird der Ohnmachts-Seite traditioneller Männlichkeit nach wie vor wenig Aufmerksamkeit zuteil. Der Leistungs- und Erfolgsaspekt dieser Männlichkeit hindert Männer daran, den eigenen Blick auf ihre Schwierigkeiten und Probleme zu richten; die frauendominierte Geschlechterforschung im deutschsprachigen Raum fokussiert nach wie vor auf die Machtseite der Männerrolle und nimmt deren negative Auswirkungen für ihre Träger nicht wahr oder bagatellisiert sie.

Zum Zeitgeist gehört inzwischen vielmehr, Männlichkeit nur noch mit den negativen Assoziationen von Gewalt, Krieg, Naturzerstörung, sexueller Belästigung und Missbrauch zu verbinden. Auch einstmals positive Qualitäten von Mann-sein werden mittlerweile gesellschaftlich umgedeutet. Männlicher Mut wird als männliche Aggressivität denunziert, aus Leistungsmotivation wird Karrierismus, aus Durchsetzungsvermögen männliche Herrschsucht, aus sinnvollem Widerspruch männliche Definitionsmacht und das, was einst als männliche Autonomie durchaus hoch gelobt war, wird nun als die männliche Unfähigkeit zur Nähe umgedeutet. Angesichts des pro-feministischen Mainstreams in Politik, Wissenschaft und Medien werden solche Auswirkungen im deutschsprachigen Raum auch nicht problematisiert. Unbedacht bleiben so zum Beispiel die verheerenden Folgen für die männliche Identitätsbildung von Heranwachsenden. Zusammenhänge eines negativen Bildes von Männlichkeit und männlicher Verwahrlosung, Suchtanfälligkeit, Gewalttätigkeit, Kriminalität oder Schulversagen werden allenfalls peripher thematisiert, aber von der weiblich bestimmten Bildungs-, Gesundheits- und Geschlechterpolitik nicht zum Politikfeld gemacht.

Die Forschung zu dieser Entwicklung aus dem anglo-amerikanischen Sprachbereich spricht bereits von einer öffentlichen „Verachtung der Männer“ und – parallel zur Misogynie – von der gezielten Ausbreitung von Männerfeindlichkeit (Misandrie) (Nathanson/Young 2001; siehe auch Badinter 2004). Das gilt in besonderem Maße auch für die Soziale Arbeit und deren weiblich besetzte Arbeitsfelder.

Die Einübung der traditionellen Männerrolle

Die traditionelle Männerrolle besteht aus Leistung, Erfolg, Härte, Macht, Konkurrenz, Distanz und Beherrschung (Doyle 1989). James M. O’Neil, der in den USA Hunderte von Untersuchungen über den männlichen Erziehungsprozess ausgewertet hat, kommt zu dem Ergebnis, dass Jungen/Männer sozialisiert werden, um wettbewerbsbetont, leistungsorientiert und (arbeits)kompetent zu sein. Dementsprechend sind (erwachsene) Männer davon überzeugt, dass persönliches Glück und Sicherheit exklusiv von harter Arbeit und Erfolg abhängig sind. Nach den Forschungsergebnissen von O’Neil haben bereits achtjährige Jungen diese Maximen verinnerlicht und wissen, dass sie kämpfen müssen und dass sie nicht schwach und passiv sein dürfen, wenn sie Männer werden wollen, die sie ja werden müssen (O’Neil 1982; Pollack 1998; Faludi 2001).

Die New Yorker Wissenschaftler Robert Brannon und Deborah David haben das männliche Leitbild der industriellen Gesellschaft auf eine vierteilige Kurzformel gebracht:

> „No sissy stuff": Der Junge und spätere Mann muss alles vermeiden, was auch nur den Anschein des Mädchenhaften, Weichen und Weiblichen hat. Seine männliche Identität erreicht er ausschließlich in der eindeutigen Absetzung vom anderen Geschlecht.
>
> „The big wheel": Der Junge und spätere Mann muss erfolgreich sein. Erfolg stellt sich ein über Leistungen, Konkurrenz und Kampf. Erfolg garantiert Position, Status und Statussymbole („tolle Klamotten", teures Auto u. a.). Nur wer Erfolg hat, ist ein richtiger Mann.
>
> „The sturdy oak": Der Junge und spätere Mann muss – wie eine Eiche im Erdreich – im Leben verwurzelt sein. Er muss seinen Mann stehen – zäh, unerschütterlich, hart, jedem Sturme trotzend, sich immer wieder aufrichtend, unbesiegbar.
>
> „Giv'em hell": Der Junge und spätere Mann ist wie ein Pionier im Wilden Westen oder ein Held auf dem Baseball-Feld. Er wagt alles, setzt sich rückhaltlos ein, ist aggressiv und mutig, heftig und willensstark; er ist der „winner", der Sieger (Brannon/David 1976).

Es kann kein Zweifel daran bestehen, dass Männer als liebende, zärtliche und polymorph sinnliche Kinder eine erste Zeit ihres Lebens verbringen. Ebensowenig kann Zweifel daran bestehen, dass Männer wie Frauen Glück, Liebe und Erfüllung von ihrem Dasein erwarten (Astrachan 1992). Doch die gesellschaftliche Erziehung zur Männlichkeit, innerhalb derer Persönlichkeitsanteile verleugnet werden müssen, die sozial als weiblich etikettiert sind, zwingt Männer im Laufe ihres frühen Lebens in eindimensionale Entwürfe. Männlichkeit ist dabei gesellschaftlich definiert als Ausübung von Macht, Kontrolle, Führung und Dominanz; Weiblichkeit wird assoziiert mit Gefühl, Intuition, Schwäche, Fürsorge, Liebe und Nachgiebigkeit.

Um das eine zu werden, darf der Junge das andere nicht sein. Nancy Chodorow hat zu den ersten gehört, die darauf hingewiesen haben, dass männliche Identität sich insofern negativ definiert, als sie sich von dem absetzen muss, was als weiblich gilt. Männlichkeit ist damit erkauft durch den Verzicht auf weibliche Eigenschaften (Chodorow 1985).

Frühzeitig wird der Junge in das gesellschaftliche Korsett so beschriebener Männlichkeit gesteckt. Im Rahmen seiner Familie lernt der Heranwachsende, was männlich ist. Die Männerforschung belegt im Rückgriff auf Untersuchungen aus unterschiedlichen Wissensgebieten, dass schon Buben unerbittlich auf Leistung und Erfolg getrimmt werden (Pollack 1998).

Entgegen dem Tatbestand, dass weibliche Neugeborene viel weniger anfällig sind als männliche, behandeln Väter ihre Söhne kräftiger und „gröber“ als ihre Töchter. Von Anbeginn konfrontieren Väter ihre Söhne mit einer erbarmungslosen Realität von Anstrengung, Leistung und Konkurrenz (Seidler 1997). Geschlechtsspezifische Aktivitäten von Jungen werden deutlicher gefördert als jene von Mädchen; umgekehrt werden Jungen aber viel entschiedener für ein Verhalten bestraft, das als nicht männlichkeitsadäquat gewertet wird.

Nach wie vor verlangt die Erziehung zur Männlichkeit eine Härtedressur der Jungen. Pollack weist daraufhin, dass Buben bereits im Alter von fünf Jahren aus der Familie gestoßen werden, damit sie sich nicht zum Nesthocker entwickeln. Ferienlager, Härtetests, Aufenthalte fern der Familie u. a. sind probate Mittel, um Jungen frühzeitig zu autonomisieren. Einen zweiten Schub solcher fragwürdiger „Verselbständigung“ macht Pollack zu Beginn der Adoleszenz aus. „Der Fehler ist nicht, dass wir unseren Jungen die Welt zeigen (...), sondern **wie** dies geschieht. Ohne die nötigen Vorbereitungen auf das, was vor ihnen liegt, müssen sie die Familie abrupt verlassen. Man verweigert ihnen die seelische Unterstützung und verwehrt ihnen die Möglichkeit, in die Geborgenheit zurückzukehren, wenn sie sich überfordert fühlen“ (Pollack 1998, 12f).

Diese Überforderung wird zum lebenslangen Begleiter des Mannes, der dementsprechend ständig unter dem zumindest unbewussten Stress steht, seine einmal zwanghaft übergestülpte Männlichkeits-Maske tragen zu müssen. „Die Sorge, nicht für einen Mann gehalten zu werden, versetzt Männer in einen Zustand fast ständiger Wachsamkeit und Angst (...). Sie haben Tag und Nacht einen Panzer zu tragen und sind buchstäblich nur blasse Schatten ihrer selbst oder dessen, was sie sein könnten“ (Zilbergeld 1994, 22; Faludi 2001). Überforderung gehört per se zur Ausformung der traditionellen Männlichkeit; das impliziert ein gefährliches und im übrigen auch gesundheitsgefährdendes Risikoverhalten (Kolip 1997).

Identitätsstiftende und tragende Qualitäten wie Introspektion, Empathie oder Beziehungsfähigkeit werden in der männlichen Sozialisation eindeutig vernachlässigt. Dergestalt entstehende Vakua werden dann nicht selten mit Suchtverhalten gefüllt.

Jungen werden zu einer Körperlichkeit der äußerlichen Stärke, Auseinandersetzung und „Unversehrtheit“ erzogen, die auf Kosten einer sanften, beziehungsorientierten Körperlichkeit geht: Schmusen, Küssen und andere Bereiche von Zärtlichkeit werden Jungen abtrainiert; auch Mütter stellen diesen Austausch bei ihren Söhnen frühzeitig und häufig anlässlich bestimmter „symbolischer“ Daten wie zum Beispiel dem Schuleintritt ein (Zilbergeld 1994).

Ebensosehr wird von den Jungen verlangt, dass sie ihre Gefühle kontrollieren und vor allem Emotionen unterdrücken, die, wie Nachgiebigkeit,

Trauer oder Schwäche, als weiblich etikettiert sind (Real 1999). Im Gegensatz zu Mädchen wird von Jungen auch vorschnell erwartet, dass sie ihre Probleme autark lösen, obwohl sie noch gar nicht die altersadäquaten Kompetenzen besitzen, um solchen Erwartungen auch gerecht zu werden. Dies ist ein zentraler Grund dafür, dass Männer im erwachsenen Alter ihre Probleme allein angehen, statt sie mitzuteilen und gemeinsame Lösungsmuster zu finden oder sie zum Beispiel auch „wegtrinken“ (Vosshagen 1996).

Der andere Mann erscheint bereits als kleiner Junge vor allem als Gegner und Konkurrent (Pollack 1998). Dieses Kampfbild verfestigt sich in der Schule, der Lehre, im Militär, Sportclub und im Beruf. Wenn aber der andere Junge primär Konkurrent ist, dann muss ihm mit Vorsicht, Misstrauen und einer Maske von Undurchschaubarkeit begegnet werden. Dies hat nicht nur die Folge, dass dem anderen die eigene Authentizität verborgen bleiben muss, sondern auch, dass Männer – im Gegensatz zu Frauen – kaum über gleichgeschlechtliche Freundschaften verfügen und praktisch privat keine sozialen Netze besitzen (Hollstein 1990).

Während Mädchen attestiert wird, dass sie in der Einheit von Lernen und Fühlen aufwachsen, entwickeln Jungen offenbar eine positionale Identifizierung mit Aspekten von Männlichkeit; bei ihnen scheint die Verbindung zwischen affektiven Prozessen und Lernen getrennt (Chodorow 1985; Olivier 1989).

Die Folge des Geschilderten – im Aufriss – ist, was als männliches Syndrom (Hollstein 1998) bezeichnet werden kann. Damit ist eine männliche Fixierung auf äußere Werte wie Erfolg, Geld, Status und Statussymbole gemeint und folgerichtig eine Identität, die auf Arbeit und deren Gratifikationen gründet. Das provoziert nicht nur eine Unfähigkeit zur Introspektion, sondern prinzipieller noch eine Art Ignoranz, wer man wirklich ist. Konsequenzen sind Wertverlust, innere Orientierungslosigkeit, Leere und nicht selten Borderline-Symptome. Die Leere wird häufig mit Suchtverhalten kompensiert, wobei viele männliche Abhängigkeiten und Zwänge wie Arbeits- oder Machtsucht auch noch gesellschaftlich legitimiert sind (Fett 1996; Real 1999; Lenz 2000; Hollstein 2001).

Die Folgen dieser Sozialisation zeigen sich zunehmend in Männergewalt, scheiternden Beziehungen, erhöhten Suizidraten, Impotenz, fehlenden Freundschaften und defizitären sozialen Netzwerken, schlechter Gesundheit, Alkoholismus u. a.; Delikt-, Unfall und Kriminalstatistiken ergeben dementsprechend eine eindeutig männliche Dominanz. Ausschließlich männlich sind Deliktformen wie z. B. Amokläufe, Vandalismus, Vergewaltigungen mit Todesfolge, organisiertes Verbrechen, Entführungen, Geiselnahme; überwiegend männliche Deliktformen sind Mord, Körperverletzung, schwerer Raub, Erpressung, Kinder- und Frauenhandel, rechtsextreme Gewaltausschreitungen, Drogenhandel, schwere Verkehrsunfälle, Beziehungskonflikte mit Todesfolge. Dementsprechend beträgt denn auch das Verhältnis von Männern zu Frauen in Haftanstalten 25:1.

Trotz dieser drastischen Augenscheinlichkeit werden diese geschlechtsspezifischen Tatbestände bisher kaum zur Kenntnis genommen und vor allem nicht auf ihre Folgen untersucht. Dabei belasten sie auch zunehmend die öffentlichen Haushalte. Pionierstudien aus Holland und der Schweiz beziffern allein häusliche Männergewalt gegen Frauen auf Jahresausgaben von einigen Hundert Millionen der jeweiligen Landeswährung. Erweitert man den Begriff der Männergewalt als Fremd- und Selbstschädigung und bezieht die Leistungen aller sozialen Dienste ein, die – wie Verwaltungen, Gerichte, Polizei, Spitäler, Sozialarbeit u. a. – damit kontrollierend und therapierend beschäftigt sind, erhöht sich die Summe auf einige Milliarden pro Jahr. Schätzungen für Deutschland nennen einen Betrag von 29 Milliarden (Deutsche Mark) jährlich (Bundesministerium für Familien, Senioren, Frauen und Jugend, 6. bundesweite Gleichstellungskonferenz, 1998).

Perspektiven

Männlichkeit ist eine tradierte gesellschaftliche Festlegung von Werten, Verhaltensweisen und Zielen, die durch eine vielschichtige Dynamik von Institutionen wirkt. Der einzelne Mann ist in diese gesellschaftliche Festlegung eingebunden (Connell 1999).

In Kindheit und Jugend erlernte Männlichkeit muss primär in der Arbeitswelt bewiesen werden. Seine Definition erwirbt der Mann, arbeitend und sich durchsetzend, erst in der Distanzierung von der Privatsphäre und den dort vorherrschenden Werten der Intimität, Emotionalität und Nähe (Seidler 1997).

Der Mann wird gemessen an jenen Leistungs- und Erfolgsstandards, die die Gesellschaft ihm gesetzt hat. Sein Wert als Mann hängt vom erworbenen Status ab. Das maskuline Dilemma in diesem Kontext entsteht dadurch, dass nur relativ wenige Männer die oberen Stufen der sozialen Erfolgsleiter zu erklimmen in der Lage sind. Die übergroße Mehrheit der Männer kann den gesellschaftlichen Vorstellungen von Karriere und Erfolg gar nicht gerecht werden (Goldberg 1986; Doyle 1989; Hurrelmann/Bründel 1999). Die Folge ist andauernder Stress. Die Männerforschung geht soweit, traditionelle Männlichkeit prinzipiell als „lebensbedrohend" zu definieren (Goldberg 1986; Real 1999). Viele medizinische und sozialmedizinische Untersuchungen bestätigen diesen Befund, indem sie männliche Isolationsgefühle, Sinnverlust, Versagensängste, Depression, Selbstverachtung und Gewalt, Frustration und Suchtverhalten ausweisen. Die Männerforschung bezeichnet Männer von daher in gesundheitspolitischer Optik inzwischen als das „schwache Geschlecht" (Luck u. a. 2000).

Besonders alarmierend ist die Situation der männlichen Heranwachsenden. Jungen sind übermäßig von Identitätskonflikten und Rollen-Unsicherheit betroffen und damit Gefahren von Kriminalität, Suchtkarrieren, Krankheit, Verhaltensstörungen, Schulschwierigkeiten und vielem anderen ausgesetzt (Pollack 1998). Populärere Darstellungen sprechen in diesem Kontext bereits von der „Jungenkatastrophe“ (Beuster 2006).

Das gesellschaftlich vorgegebene Verständnis von Männlichkeit und Männerrolle erschwert noch einmal deutlich den realitätsgerechten Umgang mit der eigenen Verfassung. Dementsprechend dokumentieren Erfahrungsberichte aus Männergruppen und Männerzentren ein umfängliches Arsenal von männlichen Verdrängungsstrategien und Rationalisierungen. Dazu gehört der Widerstand, sich ein Problem einzugestehen und anschließend um Hilfe zu bitten. Männer sind in ihrer übergroßen Mehrheit nach wie vor überzeugt, dass es ihnen die männliche Rolle verbietet, überhaupt in eine Krisensituation zu geraten. Nur folgerichtig bagatellisieren Männer auch manifeste Schwierigkeiten. Nur nach der Überwindung heftigster Widerstände sind Männer im Regelfall bereit, sich auf die Ursachen ihrer Problematik einzulassen. Nach der Anerkennung eines Problems wollen sie schnell Abhilfe schaffen (Hollstein 2004).

Minoritäten von Männern setzen sich seit den siebziger Jahren des vergangenen Jahrhunderts kritisch mit der Männerrolle auseinander. 1970 veröffentlichte die amerikanische Zeitschrift „Liberation“ einen Aufsatz des Psychologen Jack Sawyer, der mit der folgenden Kernaussage begann: „Männliche Befreiung ruft die Männer auf, sich selbst von jenen Geschlechterrollen-Stereotypen zu befreien, die ihr Vermögen, menschlich zu sein, eingrenzen“ (Sawyer 1970, 7). Sawyer forderte insbesondere den Kampf gegen das männliche Erfolgs- und Dominanzstreben und entwickelte einen neuen männlichen Lebensentwurf, in welchem Männer ihr ganzes menschliches Potential von Gefühl, Ausdruck, Spiel, Schaffenskraft und Freiheit entfalten können.

Im gleichen Jahr entstand im kalifornischen Berkeley mit dem „Berkeley Men’s Center“ der erste emanzipatorische Treffpunkt für Männer. In einem Manifest formulierten damals die Gründer: „Wir als Männer wollen unsere volle Menschlichkeit wiederhaben. Wir wollen nicht mehr länger in Anstrengung und Wettbewerb stehen, um ein unmögliches, unterdrückendes, männliches Image zu erreichen – stark, schweigsam, cool, nett, gefühllos, erfolgreich, Beherrscher der Frauen, Führer der Männer, reich, brillant, athletisch und <heavy> (…). Wir möchten uns selbst gern haben. Wir möchten uns gut fühlen und unsere Sinnlichkeit, unsere Gefühle, unseren Intellekt und unseren Alltag zufrieden erleben“ (Pleck/Sawyer 1974, 126).

Auch im deutschsprachigen Raum gibt es inzwischen Männerzentren und Männerberatungsstellen, die sich der männlichen Schwierigkeiten und der Veränderung der traditionellen Männerrolle annehmen. Allerdings ist diese „Männerarbeit" bisher gesellschaftlich peripher geblieben. Damit Männer generell andere Lebensentwürfe und -möglichkeiten zur Verfügung hätten, wäre die öffentliche Problematisierung ihrer Rolle und auch die Hilfe der Politik nötig.

Literatur

Astrachan, A. (1992): Wie Männer fühlen. Ihre Reaktionen auf emanzipierte Frauen. Kösel, München

Badinter, E. (2004): Die Wiederentdeckung der Gleichheit. Ullstein, Berlin

Beuster, F. (2006): Die Jungenkatastrophe. Das überforderte Geschlecht. Rowohlt, Reinbek

Brannon, D. (1976): No „Sissy Stuff". In: David, D.S., Brannon, R. (Hrsg.): The forty-nine percent majority – The male sex role. Addison-Wesley, Reading/Mass.

Bundesministerium für Familie, Senioren, Frauen und Jugend (1998): Konzertierte Aktion. Gleichberechtigung für die 90er Jahre. Bonn

Chodorow, N. (1985): Das Erbe der Mütter. Frauenoffensive, München

Clare, A. (2002): Männer haben keine Zukunft. Scherz, Bern

Connell, R.W. (1999): Der gemachte Mann. Leske + Budrich, Opladen

Cornelißen, W., Gille, M., Knothe, H., Queisser, H., Meier, P., Stürzer, M. (2002): Junge Frauen – junge Männer. Daten zu Lebensführung und Chancengleichheit. Leske und Budrich, Opladen

Council of Europe (1998): Promoting Equality. Strassburg

David, D.S., Brannon, R. (1976): The forty-nine percent majority – The male sex role. Addison-Wesley, Reading/Mass.

Doyle, D. (1989): The male experience. Brown Publishers, Dubuque/Iowa

Edley, N., Wetherell M. (1995): Men in Perspective. Prentice Hall, London, New York

Eisenstein, H. (1984): Contemporary Feminist Thought. Unwin, London/Sydney

Engelbrech, G., Nagel, E. (2002): Einkommen von Männern und Frauen beim Berufseinstritt. In: IAB Werkstattbericht 17

Faludi, S. (2001): Männer – Das betrogene Geschlecht. Rowohlt, Reinbek

Fett, A. (Hrsg.)(1996): Männer – Frauen – Süchte. Lambertus, Freiburg i.Br.

Goldberg, H. (1986): Der verunsicherte Mann. Rowohlt, Reinbek

Halper, J. (1992): Stille Verzweifelung. Die Wahrheit über erfolgreiche Männer. MVG, München

Hoecker, B. (1999): Frauen, Männer und die Politik. Dietz, Bonn

Hollstein, W. (1990): Die Männer. Vorwärts oder zurück? Eine empirische Untersuchung. Deutsche Verlagsanstalt, Stuttgart

– (1998): New roles for men and the benefit for themselves and their children: Council of Europe (1998): Promoting Equality. Strassburg

– (2001): Potent werden. Das Handbuch für Männer. Huber, Bern

– (2002): Der Mann als Täter und Opfer. Die Erkenntnisleistung der Männerforschung für den Kontext von Gesundheit und Krankheit, in: Hurrelmann, K., Kolip P. (Hrsg.): Geschlecht, Gesundheit und Krankheit. Huber, Bern

– (2004): Geschlechterdemokratie. Männer und Frauen: Besser miteinander leben. Verlag für Sozialwissenschaften, Wiesbaden
Hurrelmann, K., Bründel, H. (1999): Konkurrenz, Karriere, Kollaps. Männerforschung und der Abschied vom Mythos Mann. Kohlhammer, Stuttgart
Hurrelmann, K., Kolip, P. (2002): Geschlecht, Gesundheit und Krankheit. Huber, Bern
Kimmel, M. S., Messner, M. A. (Hrsg.) (1995): Men's Lives. Allyn and Bacon, Boston/London
Klotz, T. (1998): Der frühe Tod des starken Geschlechts. Cuvillier, Göttingen
Kolip, P. (1997): Geschlecht und Gesundheit im Jugendalter. Leske und Budrich, Opladen
Lamnek, S., Ottermann, R. (2003): Tatort Familie. Leske und Budrich, Opladen
Lenz, H. J. (2000): Männliche Opfererfahrungen. Juventa, Weinheim
Luck, M., Bamford, M., Wiliamson, P. (2000): Men's Health. Blackwell Science, Oxford/London
Nathanson, P., Young, K. A. (2001): Spreading Misandry. Mc Gill-Queen's University Press, Montreal/London
Olivier, C. (1989): Yokastes Kinder. Dtv, München
O'Neil, J. M. (1982): Gender-role Conflict and Strain in Men's Lives. In: Solomon, K., Levy, N. (Hrsg.): Men in Transition. Plenum Press, New York/London
Pleck, J. H., Sawyer, J. (1974): Man and Masculinity. Eaglewood Cliffs
Pollack, W. F. (1998): Richtige Jungen. Scherz, Bern
Real, T. (1999): Mir geht's doch gut. Männliche Depressionen. Scherz, Bern
Sawyer, J. (1970): On Male Liberation. In: Liberation, New York, 15
Seidler, V. (1997): Man Enough. Embodying Masculinities. Sage, London
Solomon, K., Levy, N. (Hrsg.) (1982): Men in Transition. Plenum Press, New York, London
Vosshagen, A. (1996): Männeralkoholismus – Das starke Geschlecht und seine Abhängigkeit, in: Fett. A. (Hrsg.): Männer – Frauen – Süchte. Lambertus, Freiburg i.Br.
Zilbergeld, B. (1994): Die neue Sexualität der Männer. DGVT, Tübingen

Methoden und Arbeitsformen der Sozialen Arbeit mit Jungen und Männern

von Uwe Sielert

Ein eigenes Kapitel über Methoden und Arbeitsformen der Sozialen Arbeit mit Jungen und Männern ist keine Selbstverständlichkeit. Zahlreich sind in der Fachliteratur die Hinweise darauf, dass Jungen- und Männerarbeit eine spezifische Sichtweise, eine Perspektive, eine Haltung bedeutet und gerade kein eigenes Methodenarsenal enthält, dessen korrekte Anwendung Jungen und Männern zu mehr Lebensqualität verhilft (Drogand-Strud u. a. 2003, 40; Vogel 2004, 16). Natürlich gilt das für jedes professionelle Arbeiten (Galuske 1999, 15ff). Aber der Argwohn ist groß, dass gerade Männer zu einem technischen Methodenverständnis neigen und leicht in Versuchung kommen, durch die Anwendung von Handlungstricks Probleme aus der Welt zu schaffen. Die eigene Person als Jungen- und Männerarbeiter bliebe dann außen vor und Männer als Pädagogen könnten sich um die Veränderung der eigenen Person, persönliches Engagement, und Beziehungsarbeit herumdrücken (LJA Westfalen-Lippe 1998, 6; Sturzenhecker/Winter 2002, 37ff).

Zudem wird die Angst geäußert, dass Wünsche nach einfachen Rezepten oder spektakulären Methoden manche Kollegen anfällig werden lässt für maskulinistisch-autoritäre Konzepte der Jungen- und Männerarbeit, in denen außergewöhnliche Rituale und Methoden der Initiation enthalten sind. „Zu einer offenen und pluralistischen Gesellschaft passt eher ein offener Prozess des Annehmens und Aushaltens von Verunsicherung darüber, was Männlichkeit ausmacht sowie die Förderung der Begegnung untereinander. Rituelle Inszenierungen können durchaus einen Platz haben, dann jedoch sollen sie mit den Jungen (und Männern; U. S.) gemeinsam entwickelt werden" (Vogel 2004, 17). Und richtig ist sicherlich der Hinweis: „Viele Kollegen unterschätzen ihre (methodischen) Vorkenntnisse und zahlreichen beruflichen Erfahrungen, aus denen sie für die Jungenarbeit (und Männerarbeit; U. S.) schöpfen könnten" (Vogel 2004, 17).

Das alles ist richtig und zu bedenken, wenn Methoden und Arbeitsformen für die Jungen- und Männerarbeit in den Blick genommen werden sollen. Und gerade um diese unguten Nebenfolgen zu vermeiden, lohnt sich der geschlechtsbewusste Blick nicht nur auf Institutionen, Interaktionen und Curricula sondern insbesondere auch auf Konzepte, Methoden und Techniken. Ein solcher Versuch kann helfen,

- den Implikationszusammenhang von Zielen, Inhalten und Methoden besonders herauszustellen (Weniger 1962, 56)[1]
- Methoden und die Kombination bestimmter Arbeitsformen weiter zu geben, die sich in einer kritisch-reflexiven Jungen- und Männerarbeit bewährt haben,
- zur Variation vorhandener Methoden und zur Entwicklung neuer Verfahrensweisen anzuregen und letztlich
- die auch methodisch verursachte „Feminisierung“ des Bildungs- und Sozialsystems so zu rekonstruieren, dass dem Anspruch eines geschlechtsreflektierten Gender Mainstreaming entsprochen wird.

Der damit formulierte Anspruch soll im Folgenden dadurch eingelöst werden, dass gerade nicht nur isolierte Methoden und Arbeitsformen in wie auch immer geordneter Weise präsentiert werden. Gewählt wurde ein Klassifikationsmodell, das die potenziell vielfältig in Frage kommenden Methoden, Konzepte und Techniken der Sozialen Arbeit an die spezifischen Problematiken und Grundprinzipien der Jungen- und Männerarbeit anbindet. Diese Themen und Grundprinzipien resultieren aus den Sozialisationsbedingungen von Jungen und Männern in einem hegemonialen Männlichkeitskontext. Sie sind gekennzeichnet durch ein spezifisches Verhältnis von Jungen und Männern zu sich selbst, zu anderen, zu den in diesem Handbuch entfalteten Themen, Bedürfnissen, Interessen und natürlich auch Lernwegen und methodisch bevorzugten Arbeitsweisen.

Potenziell wären auch andere Systematiken oder ein noch viel feingliederiges System möglich gewesen, um Methoden und Arbeitsformen der Jungen- und Männerarbeit vorzustellen. Es hätten die klassischen oder neueren Methoden der Sozialen Arbeit als Grundlage dienen können (etwa in Anlehnung an Galuske 1999) oder eine Einteilung getrennt nach Arbeitsformen der Jungenarbeit und Männerarbeit oder nach Körper-, Interaktions- und auf den Sozialraum bezogenen Methoden. Alle diese Alternativen hätten jedoch die geschlechtsbewusste Perspektive zu wenig in den Mittelpunkt gerückt, sodass das eigentliche Anliegen dieses Kapitels in den Hintergrund getreten wäre.

Mir erschien eine Kombination aus geschlechtsrelevanten Lernbereichen, normativen Kräftefeldern zur Entwicklung von Intentionen und jeweils zugeordneten exemplarischen Methoden und Arbeitsformen am brauchbarsten. Damit gelang es, verstreut in der Jungen- und Männerliteratur vorfindbare Aufzählungen von Themen, Arbeitsprinzipien und Handlungsfeldern aufzugreifen und einen plausiblen Implikationszusammenhang von Zielen, Inhalten und Methoden herzustellen.

Die **Lernbereiche mit ihren Themen und Problemfeldern** enthalten zum einen die in diesem Handbuch entfalteten Problem- und Handlungsbereiche, sortieren sie jedoch anders und gehen in Teilbereichen darüber hinaus. Sie bilden die erste und grundlegende Dimension des didaktischen Strukturgitters. Sehr häufig sind pädagogische Handlungsfelder nach solchen Lernbereichen strukturiert, sodass diese Dimension helfen kann, mit Hilfe der Systematik die entsprechend zutreffende didaktische Arbeit in Augenschein zu nehmen.

Methoden und Arbeitsformen werden in der Regel nicht um ihrer selbst willen gewählt, sondern sollen in den durch sie strukturierten Möglichkeitsräumen zu bestimmten Erfahrungen anregen, die eine Erweiterung der Wahrnehmungs- und Handlungspotentiale von Jungen und Männern führen. Das heißt, sie bieten Lernmöglichkeiten an in einem **Kräftefeld von individuellen Defiziten, Bedürfnissen und Kompetenzen**. In der Regel werden die Ziele der pädagogischen Intervention von den Veranstaltenden gesetzt und sind auch in verschiedenen Konzepten der Jungen- und Männerarbeit unterschiedlich akzentuiert. So existieren Konzepte der antisexistischen, emanzipatorischen, geschlechtsbewussten, geschlechtsreflektierten und mythopoetische Jungen- und Männerarbeit. Wie das jeweilige Etikett schon zum Ausdruck bringt, fallen die Hauptintentionen unterschiedlich aus.

Ein offenes Genderkonzept der Jungen- und Männerarbeit auf einer kritisch-reflexiven, dekonstruktiven Basis (Sielert 2002) geht davon aus, dass Jungen und Männer je individuell unterschiedlich sind und die Kategorie Geschlecht grundsätzlich in Frage gestellt, zumindest verfremdet werden soll. „Doing gender" kann als analytische Kategorie im Kopf zwar nützlich sein, um geschlechtstypische Ausprägungen nicht zu übersehen, als didaktische Kategorie sollte sie jedoch eine geringe Rolle spielen. Eine bipolare Gegenüberstellung von männlich und weiblich aber auch die Unterscheidung in verschiedene Männlichkeiten und Weiblichkeiten auf bipluraler Basis stehen nämlich immer in der Gefahr, die Geschlechtsrollen in ihrer Existenz und Wirkung festzuschreiben.

Insofern wurde hier ein Triadenmodell zur Diagnose individueller Männlichkeit und zur Orientierung für Bildungsprozesse aufgegriffen, dass ich als Weiterentwicklung des Variablenmodells „balanciertes Junge- und Mannsein" von Winter und Neubauer verstehe (Winter/Neubauer 2001). Es kam ihnen darauf an, ein begriffliches Instrumentarium für diagnostische und pädagogische Intentionen zur Verfügung zu haben, mit dem Jungen und Männer in ihrer Persönlichkeit möglichst ausgewogen beschrieben werden können. „Ausgewogen" meint nicht ein Ideal des Immer-im-Gleichgewicht-Seins, wohl aber eine dynamische Balance zwischen dialektisch aufeinander bezogenen Kräften, die auf acht unterschiedlichen Dimensionen liegen. Der große Fortschritt gegenüber bisherigen Modellen der Androgynie ist z.B. der Verzicht auf die Kennzeichnung einzelner Merkmalsgruppen als männlich und weiblich und das Bemühen um Begriffspaare, die keine hierarchischen Wertigkeiten nahe legen. Jedem der acht Begriffspaare wurde in der Erweiterung ein dritter Begriff zugeordnet, so dass ein Triadenmodell entstanden ist. Die begriffliche Ergänzung der Antinomien von Winter und Neubauer ist keinesfalls zwingend notwendig, eröffnet aber einen Möglichkeitsraum der Persönlichkeitsbildung um ein energetisches Potential, das in jeder einzelnen Dimension zur Weiterentwicklung in eine meist als positiv erfahrene Richtung animiert:

Konzentration	– Integration	– Glück
Aktivität	– Reflexivität	– Flow
Präsentation	– Selbstbezug	– Spiritualität
(kulturelle) Lösung	– (kulturelle) Bindung	– Inspiration
Leistung	– Entspannung	– Freude
Heterosozialer Bezug	– Homosozialer Bezug	– Zärtlichkeit
Konflikt	– Schutz	– Achtsamkeit
Stärke	– Begrenztheit	– Sehnsucht

Nicht nur Personen, sondern auch Gruppen, Inhalte, offene und heimliche Intentionen, gewohnte Strukturen (Medien, Methoden, Sozialformen) und ganze Einrichtungen können aus der Balance kommen und somit ungünstige Einflüsse auf die Menschen ausüben, die davon betroffen sind. Die Triadenbegriffe zur Persönlichkeit können zur Erstellung von Profilen eingesetzt werden, die Balancen und Unbalancen des Ichs, der Themen, Gruppe, Intentionen, Strukturen und der Einrichtung aufzeigen (siehe dazu die Anregungen im Anhang dieses Kapitels).

Damit ist ein themen- und problemübergreifendes Konzept der Jungen- und Männerarbeit angedeutet, mit dem die Hauptthemen der pädagogischen Arbeit zunächst diagnostiziert werden können, um dann die entsprechenden Methoden und Arbeitsformen anzubieten und auszuwerten. Die dazu notwendigen Instrumente und Handlungsanregungen sind im Anhang dieses Artikels enthalten.

An dieser Stelle soll zunächst die Erläuterung des didaktischen Strukturgitters fortgesetzt werden. Jedem Lernbereich ist das dominante normative Kräftefeld zugeordnet, mit dem das jeweilige Thema intentional erschlossen werden kann. Eine Erläuterung der jeweiligen Begriffs-Triaden wird im Kontext der jeweiligen Unterkapitel gegeben. Sowohl dem Lernbereich als auch dem jeweils dominanten normativen Kräftefeld sind **exemplarische Methoden und Arbeitsformen** zugeordnet, die wiederum in die Bereiche Bildung, Beratung und Begegnung untergliedert sind. Diese Feingliederung strukturiert den Bereich der Sozialen Arbeit auf angemessene Weise und hilft zugleich die potenzielle Fülle an Einzelmaßnahmen zu sortieren.

Im Bereich Bildung finden sich:
a) spezifische Angebote für Jungen und Männer zu relevanten Themen
b) Beispiele für integrierte jungen- bzw. männerspezifische Arbeit in allgemeinen Bildungskontexten (Jugendarbeit, Schule)
c) Aus- und Weiterbildungsangebote für Mitarbeiter der Jungen- und Männerarbeit

Beratung umfasst
a) mediale Angebote durch Zeitschriften und Internetangebote
b) formelle Angebote in speziell für Jungen und Männer konzipierten Einrichtungen und Initiativen
c) Beratung in Kontexten des Erziehungs-, Sozial- und Gesundheitswesens
d) Sozialpädagogische Beratung und Peer-Beratung in Lebenswelten von Männern und Jungen

Begegnung enthält
a) professionalisierte, bewegungsimmanente Formen (Selbsthilfegruppen, Urlaubsangebote, Vater-Sohn-Wochenenden ...)
b) offene Angebote im sozialpädagogischer Einrichtungen
c) alte traditionelle Männergruppen und Männerbünde (Feuerwehr, Burschenschaften)

Wie jede Systematik im pädagogischen Bereich kann und soll auch dieses Strukturgitter nicht alle Sektoren trennscharf voneinander unterscheiden, denn es geht nicht um ein empirisches Analyseraster zu Forschungszwecken sondern um ein Anregungsreservoir, das im Einzelfall viele Querverbindungen zwischen Themen, normativen Dimensionen und Methoden zulässt und zu kreativen Impulsen geradezu herausfordert. Natürlich lässt sich z.B. ein Vater-Sohn-Wochenende auch mit dem Dreieck Konflikt – Schutz – Achtsamkeit gestalten (vor allem dann, wenn für einen der Beteiligten gerade hier eine dauernde Unbalance vorliegt) und sollte auch daraufhin durchgespielt werden. Und doch ist das „Für-sich-sein" (Konzentration) und das „Miteinander-sein" (Integration) im gerade richtigen Verhältnis ein wichtiger Schlüssel für Glücksmomente in diesem Kontext.

Als Methoden und Arbeitsformen sind verschiedene komplexe Beispiele genannt, die an dieser Stelle nicht genau beschrieben werden können. Manche didaktische Anregung stammt aus der Rubrik „Die Buschtrommel" der Jungen- und Männerzeitschrift „Switchbord" und wurde mit dem meist originellen Ankündungstitel übernommen, aus dem Intention und Inhalte sowie Organisationsformen hervorgehen. Bei anderen Methoden und Arbeitsformen wurden entsprechende Quellenangaben dazugesetzt, um dem an der konkreten Beschreibung interessierten Lesenden weiter zu helfen.

Lernbereich: Familie und Beziehungen

Gemeint ist alles, was in den Kontext von Beziehungs-, Haus- und Erziehungsarbeit fällt und sowohl Partnerbeziehungen als auch Vater-Kind-Beziehungen, das Aufbauen und Aufrechthalten von Verwandtschafts- und Freundschaftsnetzen und die Vereinbarkeit von Beruf und Familie betrifft.
Als Konfliktthemen gehören mangelnde Kompetenzen zur Selbst- und Fremdsorge, zur emotionalen Perspektivenverschränkung sowie die Bewältigung von Zurückweisung, Trennung, Vereinsamung und Obdachlosigkeit in den Bereich der Sozialen Arbeit.

Kräftefeld individueller Bedürfnisse, Defizite und Kompetenzen:
Konzentration meint in diesem Zusammenhang vor allem, für sich allein zu sein, sich auf sich selbst zu konzentrieren und dabei achtsam zu werden gegenüber den eigenen Körperreaktionen, Gedanken, Gefühlen, Fantasien und Tätigkeiten.
Integration bedeutet Teilhabe an einem größeren Ganzen aber auch die Fähigkeit, Zusammenhänge zu stiften, in Beziehung zu sein, Netzwerke herzustellen und aufrecht zu halten.
Glück als Zufriedenheit mit sich selbst und der Welt erklärt sich fast von selbst und ist in der Regel ein Ergebnis der persönlich angemessenen Balance von Konzentration und Integration.

Exemplarische Methoden/Arbeitsformen:
Die hier genannten didaktischen Impulsbeispiele sind niedrigschwellige Angebote, mit denen Jungen und Männer Selbstsorge und Beziehungsleben auf wirksame Weise erleben können. Es geht nicht um die Aufarbeitung von Defiziten mit Hilfe von metakommunikativ-verbalen Kommunikationsmethoden, sondern um praktisch Erfahrungen von Neuem in halböffentlichen Räumen. Jungen und Männer unterliegen keinem Aufmerksamkeitsterror, sondern können sich entziehen und wieder zuwenden, je nachdem, ob sie die Erfahrungen für sich als hilfreich erfahren.

Bildung:
- Freizeitangebot in der Ganztagsschule: „Jungen können mehr: Kochen, Reden und Genießen"
- Bildungsurlaub: „Kinder machen Väter stark!"
- Crash-Kurs für werdende Väter: „Start Up!"
- Trainings für betriebliche Multiplikatoren zu „Frauen und Männer im Betrieb" (BZgA 2001c)
- Männertag in der Familienfreizeit (BZgA 2003)

Beratung:

- Themenspezifische Telefonberatung: Trennungstelefon
- Halboffene Männerberatung: Experten-Jour-Fixe (Kontakt zu Rechtsanwälten, Beratern, Mediatoren, Pädagogen in zwangloser Runde gegen symbolisches Eintrittsgeld)
- Männer in der systemischen (Paar- und Familien-)Therapie (Richterich/Lukas in: Brandes/Bullinger 1996, 195–200)

Begegnung:

- Internet–Foren zum zwanglosen Meinungs- und Erfahrungsaustausch z.B. „Väterportal NRW" und „Meet Some Friends" Chatrooms zu „Die meisten Männer leben nicht ..." / Macht macht einsam ... / „Wo ist Papa eigentlich den ganzen Tag?" Vom Mann zum Vater, Väter in der Arbeitswelt ...
- Väter-Kinder-Frühstück – Jeden Samstag im Jugendzentrum und einer Familienbildungsstätte
- Vater-Sohn-Wochenenden (Bildhauen/Kanutour/Fantasiefiguren aus Lehm ... „einmal ohne die Mutter den Alltag organisieren, für das Essen sorgen, die Kinder ins Bett bringen")
- Vater-Tochter-Wochenende: Austausch und Begegnung „unter Vätern" und „unter Töchtern"
- Hüttenwochenende: Thema: Frauen
- Zufluchtstätten: In Bozen ist z.B. das erste Männerhaus für verarmte geschiedene Väter in Italien eröffnet worden.

Lernbereich: Leib und Leben

Körper und Bewegung, Erlebnis und Risiko, Sucht und Gefahr

Kräftefeld individueller Bedürfnisse, Defizite und Kompetenzen:

Aktivität meint die Möglichkeit, etwas „in Angriff zu nehmen", etwas zu gestalten, in Form zu bringen.
Reflexivität ist ein innerer Prozess des Nachdenkens, der Erinnerung und Bewertung.
Flow bedeutet, im Tun versunken sein, Einssein mit der momentanen Tätigkeit, mit sich selbst und der Situation.

Exemplarische Methoden/ Arbeitsformen:

Arbeit mit Jungen und Männern heißt, in verschiedener Hinsicht „bewegte Sozialarbeit" zu praktizieren. Körperlichkeit, Bewegung und kreative Gestaltung sind wichtige Schlüssel für bewegende Erlebnisse und die langsam wachsende Bereitschaft vieler Jungen und Männer zu ganzheitlichem Lernen. Funktional äquivalente Kicks können die Lust an gewalttätigen Grenzgängen mindern.

Bildung:

- Ambulante Maßnahme der Jugendhilfe: Anti-Aggressions-Kurs mit türkischen Jugendlichen (Toprak in: Weidner u.a. 2003, Kap. 11)
- Anstoß – Fußball-Wochenende für Jungen ab 13 Jahre
- Box-, Ringerworkshops – „zielgerichtet, nicht destruktiv – und viel Gefühl. Sich selbst im Kampf erleben und mit anderen reden".
- Vater-Sohn-Seminar: „Der geBALLte Mann"
- Foto-Workshop: „Entdeckungsreise mit den Kameras zu unseren Kindern"

Beratung:

- Beer Education – zur Kultivierung von Alkoholtrinken mit Jungen: Der Bier(dosen)-Turm, Gespräche mit Fachleute, Fotoaktion (Sturzenhecker/Winter 2002, 228ff)
- Aufsuchende Sozialarbeit: Stricher-Beratung (Fink/Werner 2005)
- Körperorientierte Therapien mit Männern (Scheskat in: Brandes/Bullinger 1996, 165–180)

Begegnung:

- Besuch beim Training der Bundesliga-Mannschaft oder bei Frauenfußball-Stars: Zuschauen – Fragen stellen – Fanclubpräsentation
- Besuch im Museum der Weltkulturen: „Fußball in aller Welt"
- Zeltlager für Jungen: „Die Welt der Indianer"
- Eine Nacht für Männer zum Austoben und Ausloten: Umgang mit Feuer, Opferzeremonie, Jagd, Schluchtenüberquerung, Höhlenleben und Kampf
- Segelwoche für Männer („... mit viel Zeit für sich selbst und Gesprächen mit anderen Männern")
- Wochenende für Väter und Kinder: z.B. Hochseilgarten und Höhlen, Rundflug über die Elbe – „einmal Co-Pilot sein", Pfeil und Bogen selber bauen, Trommelbau

Lernbereich: Schein und Sein

Selbstverständnis, Selbstinszenierungen, Selbstwert, Outfit und Körperstyling

Kräftefeld individueller Bedürfnisse, Defizite und Kompetenzen:

Präsentation meint das Sich-darstellen, inszenieren, ausdrücken, zeigen

Selbstbezug bezeichnet das In-sich-hineinschauen, die Fähigkeit, die inneren Wünsche und Kräfte wahrzunehmen.
Spiritualität weist auf die Verbindung zwischen dem persönlichen Selbst und anderen umfassenderen Kräften hin, meint die Verbindung mit einem größeren Ganzen.

Exemplarische Methoden/ Arbeitsformen:
Jungen und Männer externalisieren und meiden oft den Blick nach innen. Viele didaktische Anregungen sollen das nach innen sehen und fühlen fördern, ohne die positive Kraft zur Präsentation zu mindern. Meist gelingt das durch inhaltliche Niedrigschwelligkeit, indem die Stufen des Kontaktes vom gewohnten, sachbezogenen Erstkontakt zur gefühlsbetonten Selbstexploration voranschreiten. Wenn das gelingt, besteht die Möglichkeit, ganz eigene neue Präsentationsweisen auszuprobieren; vor allem wirken sie dann authentischer als vieles, was vorher nur hohles Gehabe war. Vorsicht: Rückzug in gewohnte Gefilde des Männlichen dienen der punktuellen Entlastung.

Bildung:
- „Selbstbehauptungstraining im Jugendhaus: „Kein Weichei sein, dein Rambo werden“ (Riederle in: Sturzenhecker/Winter 2002, 195–206)
- MännerKulturAbend: „In einem angenehmen Ambiente nach Feierabend, die Beine Lang machen, einen interessanten Film sehen …“
- Selbstinszenierungsverfahren: Kreativer Ausdruck: Obertongruppe, Theater, bodymodification
- Fortbildung für Multiplikatoren. Die in gleichgeschlechtlichen Gruppen arbeiten: Jungen sind anders. Mädchen sind anders. Und ich?
- Fortbildungsworkshop: Arbeit mit Jungen zur Spiritualität? (Gnielka in: LJA 1998)

Beratung:
- Schülerberatung im Kontext von Schulsozialarbeit: Förderung einer akzeptablen Feed-back-Kultur (auch) unter den Jungen in der Schulklasse (Zusammenarbeit mit der Lehrperson) und individuelle Beratung im geschützten Rahmen zur Verbesserung des persönlichen Standings in der Clique
- Gesprächsangebote nach existenziellen Erfahrungen: Krankheit, Drogen und kollektive Ekstasen: Was törnt mich wirklich an – Was ist mir heilig?
- „Training on the job“, Praxisberatung für Jungenarbeiter: „Erweiterte Lebensentwürfe für Jungen mit Migrationshintergrund“ – Bestandsaufnahmen, Planung und Gestaltung von Jungengruppen, Austausch und Entlastung.

Begegnung:
- Männertag: „Männer ganz privat": Workshops im Freien: Skulpturen aus Holz, Trommeln, Bogenschießen, Hindernisparcours, Tipi-Aufbau
- Offene, geleitete Männergruppe: „Träume, Wünsche, Ziele"
- Besinnungswoche: Kreative Auszeit in der Provence – „ein Rastplatz für die Männerseele"
- Schwitzhütte für Männer – „Der geeignete Weg für den Übergang zu Neuem, das mit Kraft und Mut begonnen werden soll"
- Labyrinth der Männer: „Bauphase und Einweihungsfest"

Lernbereich: Biografische Metamorphosen

Veränderungen, Brüche und Kontinuierliches im Lebenslauf

Kräftefeld individueller Bedürfnisse, Defizite und Kompetenzen:
Biografische Veränderungen erfordern immer De-Konstruktionen. Das meint einerseits die **(kulturelle) Lösung** von Mustern des Denkens, Fühlens, Glaubens und Verhaltens im Rahmen der traditionellen Jungen- oder Männerrolle, andererseits aber auch die **(kulturelle) Bindung** an neue übernommene oder selbst gewählte Umgangsformen und Grundhaltungen der persönlichen Identität.
Letzteres geht nicht ohne **Inspiration**, bei der das Vorhandene in eine noch nicht bekannte Sphäre überschritten wird. Wir brauchen dieses schöpferische Element der Inspiration, um uns als lebendig und sinnvoll erleben zu können.

Exemplarische Methoden/ Arbeitsformen:
Das Biografieprinzip der Sozialen Arbeit kommt in den meisten Anregungen in allen seinen Varianten zur Anwendung. Das heißt es geht um die Bewusstwerdung der eigenen Wurzeln, auch der meist unbedachten Übernahme von traditionellen männlichen Kulturmustern und die Reflexion der Dividende bzw. negativen Folgen für sich selbst und für Andere. Eine Besonderheit ist die immer wichtiger werdende Arbeit mit Jungen und Männern mit Migrationshintergrund, die mit deutlichen Brüchen und kulturellen Loslösungs- und Bindungsprozessen zu tun haben.

Bildung:
- gestaltpädagogische Gruppe: „Männer gestalten ihr Leben"
- Tagespilgertour: „Wohin sollen wir gehen? – In Bewegung sein, innehalten, wach und lebendig werden."
- Kompetenztrainings zur Interkulturalität und Vielfalt: Begegnung mit dem Fremden in uns und beim Anderen

- Bildungsurlaub: „Und wo bliebe ich? – Männer zwischen Arbeit, Familie und Herzinfakt“

Beratung:
- Erfahrungen aus einem gescheiterten Beratungsprojekts für Jungen („Versuch macht kluch!“ (Vogel in: LJA 1998, 129–133)
- Jungen beraten Jungen: Peer-Education auch im interkulturellen Kontext: BZgA (2001a)
- Salon-Gespräche zur Verlangsamung und Selbstbesinnung im Lebenslauf: „Slow down your life“
- Gruppenberatung (auch) durch Frauen: „Meine Frau ist im Wechsel“

Begegnung:
- Männer-Café: „Reden und sich austauschen, über Krisen, Lebens- und Lösungserfahrungen – oder einfach so.“
- Nacht der Bestimmung – Jungen auf ihrem Weg begleiten: „Wir bauen eine Maske, sitzen am Lagerfeuer, lauschen Geschichten …“
- Stammtisch für alle: „Männerbilder – Söhne, Väter, Großväter“

Lernbereich: Bildung und Arbeit

Schulerfolg und Schulversagen, Arbeit und Arbeitslosigkeit, Freizeit und Hobbys

Kräftefeld individueller Bedürfnisse, Defizite und Kompetenzen:
Leistung bedeutet, mit den eigenen Fähigkeiten und Fertigkeiten etwas zuwege zu bringen. **Entspannung** wird zu Recht oft als der Gegenpol benannt, bei dem wir loslassen, ausruhen und Kräfte sammeln.
Freude stellt sich dann ein, wenn ein Wunsch in Erfüllung geht, wenn Leistung gelingt, Entspannung genossen wird und jemand einen Zugewinn an Kraft, an persönlichem Sinn erfährt.

Exemplarische Methoden/ Arbeitsformen:
Die didaktischen Impulse für Jungen in der Schule haben das Ziel, Spaß an der Leistung zu wecken und dadurch auch das jungenfeindliche Biotop Schule positiv zu beeinflussen. Viele Anregungen sollen die Ausbildungsmöglichkeiten von Jungen insofern erweitern, indem sie zu Bereichen motiviert werden, die entweder mit Noch-nicht-können (Arbeit mit Kindern) oder Hilflosigkeit konfrontieren (Arbeit mit alten Menschen und solchen, die behindert sind). Immer geht es darum Erfolgserlebnisse und Selbstwirksamkeit erfahrbar zu machen, wie auch die Entspannung und den Genuss zu fördern.

Bildung:

- Jungenprojekttag im Gymnasium (Hellbusch in: LJA 1998, 115–127)
- Schweißkurs im Jugendzentrum: „Von Heavy Metal zu Happy Metal“ (Schmidt in: Sturzenhecker/Winter 2002, 187–194)
- Boys Day: Besuch von Jungen in Altersheimen, Vorschulklassen, Kinderkrippen, Krankenhäusern
- Schulhoffunk/Jugendhausfunk/Kneipenfunk: „Boyz Voice – Radiomachen als Jungenarbeit (Sickinger, in: Sturzenhecker/Winter 2002, 207–216)
- Videofilmprojekt „Little Hollywood“: Werbespots, Nachtaufnahmen, Blue-screen, „Schlägereien“, Trickfilme
- Diskussionsforum: „Männer gegen länger“ (gegen Arbeitszeitverlängerung!)
- Vortrag: Man(n) teilt Zeit – Vereinbarkeit von Familie und Beruf für Väter
- Fachtag zur Jungen- und Mädchenarbeit: „Gegeneinander? Nebeneinander – Miteinander?“

Beratung:

- Seminare zur Berufsorientierung: Methoden und Themen (Wiemeyer in: LJA 1998, 99–114))
- Präventionsarbeit gegen Gewalt mit allen Jungen, besonders auch den „unauffälligen“ in der Schule. Auch Eltern werden erreicht und Lehrer fortgebildet! (Kabs, in: Sturzenhecker/Winter 2002, 143–156)
- Coaching von arbeitslosen Männern mit pädagogischer Ausbildung und/oder Erfahrung: Projekt „Erzieherbörse“ beim Potsdamer MANNE e.V. Informationen: www.mannepotsdam.de
- Stress- und Stressverarbeitungsprogramme für Männer (Gallisch u.a. in: Brandes/Bullinger 1996, 201–220)

Begegnung:

- Raumaneignung durch Jungen und Jungentage als Highlights im Jugendzentrum (Jähnigen in: Sturzenhecker/Winter 2002, 157–170)
- Seniorenwerkstatt: Übernahme von handwerklichen Diensten in sozialen Einrichtungen

Lernbereich: Sex, Gender und Begehren
Sexualität, Männlichkeiten, persönliche Geschlechtsidentität

Kräftefeld individueller Bedürfnisse, Defizite und Kompetenzen:
Homosozialer Bezug deutet Kontakte und Beziehungen an, die Jungen und Männer zu Angehörigen ihres eigenen Geschlechts haben. Und das nicht oberflächlich sondern freundschaftlich, auch in liebender Identifikation mit anderen Jungen oder Männern.
Heterozialer Bezug meint die Fähigkeit und Möglichkeit, als Junge oder Mann Beziehungen zu Mädchen und Frauen aufzubauen. Das bedeutet meist die Anerkennung von differenten Erlebnisweisen und Bedürfnissen und die Achtung von Gleichheit und Gleichberechtigung in der Differenz.
Zärtlichkeit kann als „Eros der Distanz" bezeichnet werden, die liebende Bejahung des auch völlig anderen, eine sinnliche Form der Spiritualität, die sich auf mehr Menschen als die unmittelbaren Partner/innen, sogar auf die ganze Umwelt beziehen kann.

Exemplarische Methoden/ Arbeitsformen:
Jungen- und Männerarbeit vollzieht sich weitgehend in geschlechtshomogenen Gruppen und die methodischen Anregungen dienen dazu, die Kommunikation miteinander zu qualifizieren. Dabei geht es auch um die Überwindung der Angst vor dem gleichen Geschlecht und die Erfahrung von Solidarität auch dann, wenn Schwäche vorherrscht. Wenn Jungen und Männer auf diese Weise etwas „ganzer" werden, gelingt der Kontakt zu Mädchen und Frauen meist leichter und befriedigender. Als Bezugsperson sollten vor allem Männer zur Verfügung stehen, die in sozialen Bereichen oft nicht im direkten Klientenkontakt arbeiten. Für sie bedeutet das gleichzeitig, die eigene Person und Männlichkeit einzubringen.

Bildung:
- Sex! Sex! Sex! – Seminar mit Jungen in einer Förderschule: Klopfmassage, Balance-Übungen, Begriffe sammeln und Lover-Test (Winter in: Sturzenhecker/Winter, 172–186)
- Videoproduktionen mit Jungen – „Das war Sex – Nein, das war Gewalt.", „Der Schwanz im Kopf" und „Anal Okay?" (Hören in: Sturzenhecker/Winter 2002, 229–245)
- Wochenenden für Frauen und Männer: Lebenslust und Liebe
- Wochenende für junge Erwachsene: „Vom Coming Out zum Coming Home" – Mit Methoden der Gestalt- und Theaterarbeit schaffe ich mir mein eigenes „Coming Home"
- Fortbildungsseminare „Sexuelle Biographie" (Valtl in: BZgA 2001b, 83–110) und „Geschlechtsspezifische Jugendarbeit" (Pawellek u.a. in: BZgA 2001a, 111–128)

Beratung:

- Sexualpädagogische Beratung Online: Angebote von Pro Familia und der Bundeszentrale für gesundheitliche Aufklärung.
- Selbsthilfegruppe für Männer, die als Jungen sexuell missbraucht wurden: „Wir sind zur Zeit zwei männliche Betroffene, die den Wunsch verspüren, von anderen, die Ähnliches erlebt haben, zu hören…"
- Erfahrungsaustausch unter Professionellen: Vernetzungstreffen des Arbeitskreises „Männer und Sexualität in der Sexual- und Männerberatung"

Begegnung:

- Weihnachts- und Pfingsttreffen homosozialer Jungen (Akademie Waldschlösschen, www.waldschlösschen.org)
- Sommercamps zur homosozialen Begegnung als Alternative zum heteronormativen Alltag. Angebote des bundesweiten Jugendnetzwerks Lambda (www.lambda-online.de)
- Männergruppen erfüllen in der Regel den Anspruch der dichten Begegnung mit dem gleichen Geschlecht. Strukturierte Übungsprogramme helfen bei der Gründung und Erhaltung der Initiativen, so z. B. mit Hilfe der Männer-Radikale-Therapie, die neue Wege im Kontakt mit Männern einüben hilft (Faber u. a. in: Brandes/Bullinger 1996, 154–155). Allgemeines zu Männergruppen: Lenz in: Brandes/Bullinger 1996, 93–102

Lernbereich: Konflikte, Krisen, Katastrophen

Kommunikation, Mediation, Gewalt, Kriminalität

Kräftefeld individueller Bedürfnisse, Defizite und Kompetenzen:
Konflikt ist eine Grundkategorie des persönlichen Wachstums und sozialer Veränderung, ein persönlicher und sozialer Motor zur Emanzipation von Unterordnung, Gleichklang und Harmoniesucht.
Schutz des eigenen und fremden Körpers, der persönlichen Integrität lässt erst sensibel werden für die Achtung vor der Integrität Anderer und lässt Konflikte damit nicht in unnötige oder kalte Aggression abgleiten.
Achtsamkeit ist nötig, um unterscheiden zu können, wann Konflikt und wann Schutz angesagt ist. Sie meint die Präsenz des Augenblicks und der Mut zur Verantwortung für das, was geschieht.

Exemplarische Methoden/ Arbeitsformen
Die Anregungen gestalten Möglichkeitsräume, damit Jungen und Männer ihre Kraft kennen lernen und Zugang zu ihren Aggressionen bekommen, um bewusster und gezielter damit umzugehen. Vor allem geht es

um die Arbeit an und mit Grenzen seiner selbst, zur Clique hin, zwischen den Geschlechtern und Generationen. Zielrichtung ist die Entwicklung der dazu notwendigen Empathie und die Bereitschaft, sich Regeln zu geben und Verantwortung zu übernehmen.

Bildung:
- Übungen zur pädagogischen Arbeit mit männlichen Aggressionen (Liermann, in: LJA 198)
- Workshop für Väter, die bewusst und gewaltfrei mit Streit und Aggressionen umgehen wollen: „Gleich platzt mir der Kragen!"
- Fortbildung für Männer: Gewaltprävention mit Jungen durch Kampfesspiele (Riederle 2003)
- Freizeitgruppe in der Ganztagsschule: Kräftemanagement für Jungen
- Kommunikationstraining für Jungen durch Rollenspiel, Theater, methodischen Dialog, Psychodrama

Beratung:
- Beratung von Jungen in einer Erziehungsberatungsstelle hat viele Gesichter: z. B. Arbeit am Familiensetting: Verbesserung der Kommunikation in der Familie, mit einer Teilfamilie (Folgen elterlicher Trennung) oder mit einer Gruppe Pubertierender (Zahn in: Sturzenhecker/Winter 2002, 81–92) – Supervision mit dem Fokus Jungenarbeit: Reflexion von Interventionen unter dem Aspekt der Geschlechtsrollenentwicklung (Reuter in: Sturzenhecker/Winter 2002, 93–105)
- Beziehungsarbeit mit Jungen in der Familienhilfe: biografische Integration unguter Vatererfahrungen und imaginärer Rollenbilder durch einen männlichen Begleiter (Nagel in: Sturzenhecker/Winter 2002, 107–115)
- Jugendgerichtshilfe: Projekt mit Pferden und harten Jungs (Merten-Melching, in: Sturzenhecker/Winter 2002 127–141)

Begegnung:
- Trainingscamp „Lothar Kannenberg": Ein ehemaliger Boxer hilft jungen Männern im Auftrag des Jugendamts, ihr Leben wieder in den Griff zu kriegen.
- Jungenwochenende: „Die Nacht des Feuers", Rituale erfinden zur Loslösung, Kraftübertragung, Mutprobe und Heilung.
- Fanprojektarbeit, Sport gegen Gewalt

Lernbereich: Können und nicht mehr können
Kraft, Gesundheit, Krankheit, Altern

Kräftefeld individueller Bedürfnisse, Defizite und Kompetenzen:
Stärke meint das Vorhandensein und das Bewusstsein der eigenen körperlichen, seelischen und geistigen Kraft, mit der etwas bewirkt werden kann. Sie kann sich auch gerade darin zeigen, dass Kraft nicht eingesetzt wird.
Begrenztheit gehört existenziell zum Leben, auch wenn es insbesondere Männern und Jungen es schwer fällt diese Einsicht über das bloße Wissen hinaus emotional nachzuvollziehen.
Sehnsucht ist ein dynamischer, energiegeladener Begriff, der nach vorn drängt, noch nicht Mögliches, noch nicht Gelebtes erahnen lässt und über vorhandene Grenzen hinausweist. Sie ist eine Kraft, die mit Begrenzung umzugehen weiß.

Exemplarische Methoden/Arbeitsformen:
Die meisten Anregungen sollen dazu dienen, sowohl die eigene Stärke als auch die Begrenztheiten zu spüren und die Sehnsucht nach mehr zu wecken und im Prozess des Erwachsenwerdens lebendig zu halten. Gemindert werden soll vor allem bei Männern das Sich-einrichten im gemütlichen Elend des Alltäglichen, was Jungen meist abschreckt, erwachsen zu werden. Schmerzlich ist meist die Erfahrung von Hilflosigkeit und vor allem die Bitte um Hilfe. Jungen und Männer können lernen, eine eigene Gefühlssprache zu entwickeln und auf ihre Weise die notwendige Trauerarbeit zu leisten, um Neues zu erfahren.

Bildung:
- Tagesseminar: „Endlich Zeit für mich!" – Entlastungsstrategien für Männer
- Shiatsu-Wochenende Körper- und Leibbewusstheit „Wohlbefinden in Männerhand"
- Wochenendseminar: Medizinwanderung für Männer „Kraft schöpfen und Klarheit finden in der Natur..."

Beratung:
- Beratungskolumnen in Männerzeitschriften z.B. Sprechstunde in der Zeitschrift Switchboard, www.maennerzeitung.de
- Sozialraumerkundung: z.B. Besuch beim Männerarzt mit Jungen aus einem sozialen Brennpunkt

Begegnung:
- Praktika in männeruntypischen Kontexten: Altenheim, Krankenhaus, Hospiz
- Segelwoche: „Sehnsucht nach mehr – Meer-Sehnsucht"
- Väter-Sohn-Wochenende: Wandern, steigen, Gipfel stürmen

Anhang

Variablenmodell zum Persönlichkeitslernen

Wie stark sind die folgenden Aspekte in der eigenen Persönlichkeit/bei den Jungen und Männern/in meiner Einrichtung ausgeprägt?
Bewerten Sie auf einer Punkteskala von 1 bis 10.

Persönlichkeitsaspekt	1–10	Persönlichkeitsaspekt	1–10
Konzentration Für sich sein, etwas hervorheben, analysieren, einem Teil zuwenden		***Freude*** Beschwingt sein, Lebensmut im Alltag	
Reflexivität Sich betrachten, nachdenken, erinnern, bewerten		***Homosozialer Bezug*** Anziehung, Attraktivität des gleichen Geschlechts leben	
Spiritualität Verbindung mit größerem Ganzen, Weltvertrauen		***Schutz*** von Körper und Seele	
(kulturelle) Lösung Lösen von Vorgegebenem, Mustern des Denkens, Fühlens		***Sehnsucht*** Vorwärts-fühlen, Wunsch nach mehr Leben, Intensität	
Entspannung Nichtstun, ausruhen, brachliegen, Ruhe, aktive Passivität		***Stärke*** Wissen um eigene körperliche, seelische und geistige Kraft	
Zärtlichkeit Intimität/Eros der Distanz gegenüber sich selbst, anderen, der Umwelt		***Flow*** Versenken in ein Tun, Gefühl des Einssein, Glück des Augenblicks	
Konflikt Auseinandersetzung wagen und durchstehen		***Aktivität*** Gestalten, zupacken, auf etwas zugehen, etwas tun	
Begrenztheit Umgehen können mit Grenzen, Nichtmachbarem		***Selbstbezug*** In sich hineinschauen, innere Wünsche, Kräfte wahrnehmen	

Persönlichkeitsaspekt	1–10	Persönlichkeitsaspekt	1–10
(kulturelle) Bindung Anerkennen vorhandener Symbole und Regeln		***Inspiration*** Eingebung, Fantasie, Traum, Kreation von Neuem	
Integration In Beziehung sein, Zusammenhänge stiften		***Leistung*** Etwas zuwege bringen, bewirken, produktiv sein	
Glück Ganz mit mir und der Welt „im Reinen sein“		***Heterosozialer Bezug*** Anziehung, Attraktivität des anderen Geschlechts leben	
Präsentation Sich darstellen, ausdrücken, zeigen, inszenieren		***Achtsamkeit*** Dasein im Augenblick, gewahr-werden aller Gefühle, Gedanken	

Die jeweiligen Punktwerte bitte an die jeweiligen Ecken der folgenden Dreiecke eintragen. So werden Unbalancen deutlich, die zur Diskussion anregen können

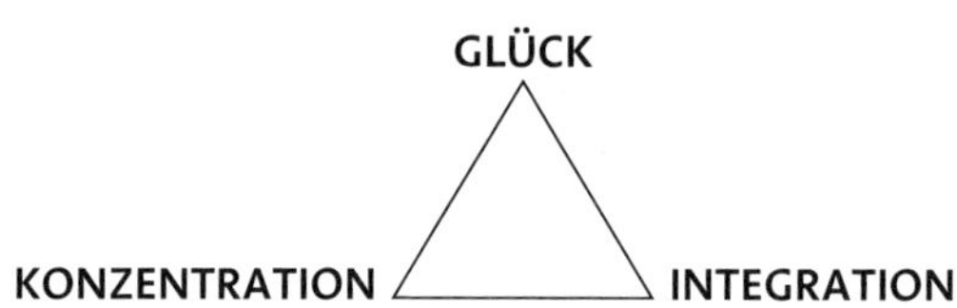

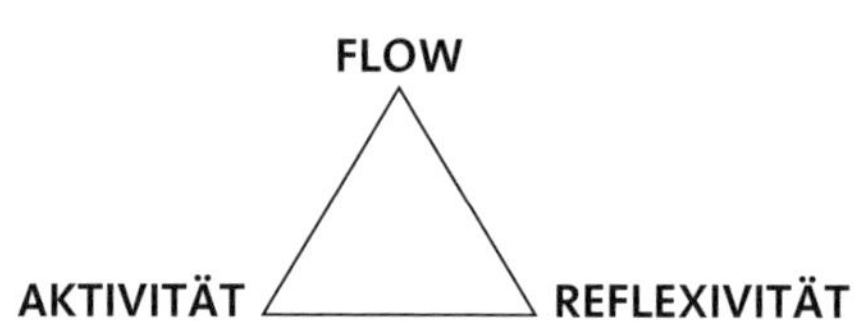

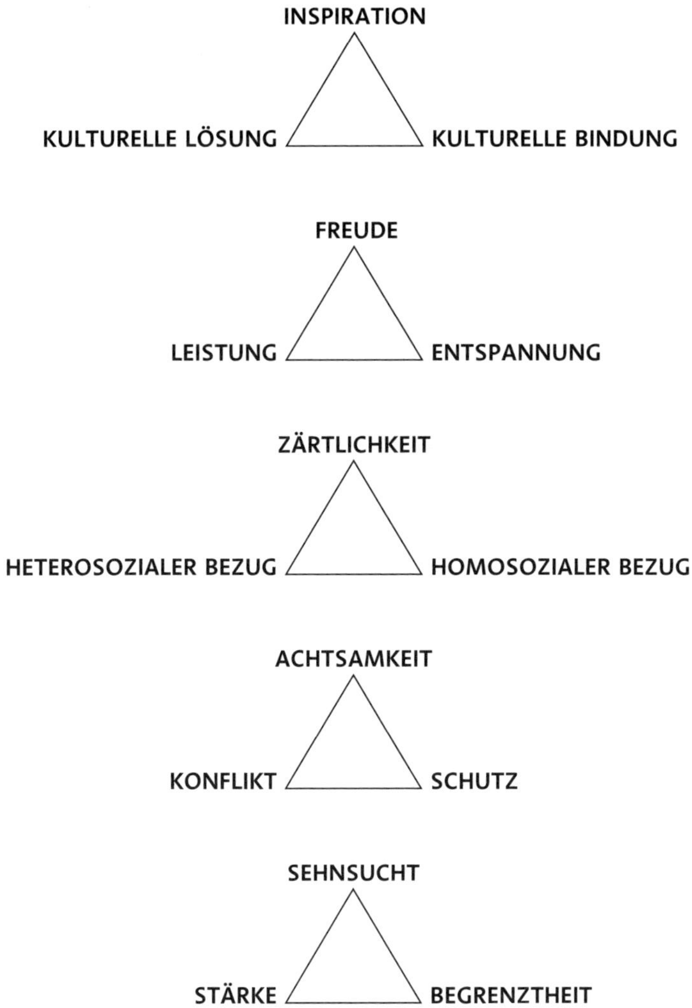

Anmerkung

1 Erich Weniger schreibt in seiner „Didaktik als Bildungslehre“: „Erzieherische Methoden sind keine bloßen Techniken, keine bis ins einzelne festgelegte Verfahrensweisen, sondern Formen menschlicher Begegnung, variabel nach Zeit, Ort, Individualitätssituation und Stimmung der Beteiligten … Und unsere methodische Freiheit gewinnen wir, indem wir jeweils die Gebundenheit erkennen, die wir in der Wahl dieser oder jener Methoden auf uns nehmen müssen“ (Weniger 1962, 56).

Literatur

Brandes, H., Bullinger, H. (Hrsg.) (1996): Handbuch Männerarbeit. Beltz, Weinheim

BZgA (2001a): Peer Education – ein Handbuch für die Praxis. Köln

– (2001b): Sexualpädagogische Kompetenz. Köln

– (2001c): Partnerschaftlich handeln. Ein Bausteinmanual für TrainerInnen und AusbilderInnen. Köln

– (2003): Bildung, die Spaß macht. Familienfreizeit für Eltern mit kleinen Kindern. Ein Handbuch für die Praxis.

Drogand-Strud, M., Ottemeier-Glücks, F. (2003): Jungenleben bereichern. In: Jantz, O., Grote, C. (Hrsg.): Perspektiven der Jungenarbeit. Konzepte und Impulse aus der Praxis. Leske und Budrich, Opladen, 31–49

Fink, K., Werner, W. (2005): Stricher. Ein sozialpädagogisches Handbuch zur mannmännlichen Prostitution. Pabst Science Publishers, Lengerich

Galuske, M. (1999): Methoden der Sozialen Arbeit. Juventa, Weinheim

LAG Jungenarbeit NRW (Hrsg.) (2003): Projekte in der Jungenarbeit. Dortmund

LJA (1998): Landesjugendamt Westfalen-Lippe. Fachberatung Jugendarbeit: Methoden aus der Jungenarbeit. Redaktion: Dr. Benedikt Sturzenhecker. Münster: Fachheftreihe Nr. 13

Riederle, J. (2003): Kampfesspiele. Hg. von der Gewaltakademie Villigst. www.gewaltakademie.de

Sielert, U. (2002): Jungenarbeit. Praxishandbuch für die Jugendarbeit Teil 2. Juventa, Weinheim

Sturzenhecker, B., Winter, R. (Hrsg.) (2002): Praxis der Jungenarbeit. Modelle, Methoden und Erfahrungen aus pädagogischen Arbeitsfeldern. Juventa, Weinheim

Switchbord – Zeitschrift für Männer und Jungenarbeit. Verlag männerwege GbR Alexander Bentheim & Andreas Haase. Postfach 658120, 22374 Hamburg.

Vogel, G. (2004): Zum Stand der Jungenarbeit. In: Reader zur Fachtagung „Interkulturelle Verständigung – interkulturelle Jungenarbeit". Sozialreferat Stadtjugendamt München (Hrsg.). München

Weniger, E. (1962): Didaktik als Bildungslehre. Beltz, Weinheim

Weidner, J., Kilb, R., Kreft, D. (2003) (Hrsg.): Gewalt im Griff. Neue Formen des Anti-Aggressivitätstrainings. Beltz, Weinheim

Winter, R., Neubauer, G. (2001): dies und das – Das Variablenmodell „balanciertes Junge- und Mannsein" als Grundlage für die pädagogische Arbeit mit Jungen und Männern. Neuling-Verlag, Tübingen

Potenzielle Problem- und Handlungsbereiche einer männerspezifischen Sozialarbeit

Ganze Männer, keine Wohnung, wenig Hilfe? Männlichkeit und Wohnungslosigkeit in der Sozialen Arbeit

von Jörg Fichtner

„Die Adressaten der Hilfe wurden nicht schon immer als ‚Nichtsesshafte' bezeichnet: Wanderer, Wanderarme Vagabunden, Landstreicher, Tippelbrüder, Kunden, Berber oder auch Brüder der Landstraße, so lauten einige der früheren Namensgebungen" (von Treuberg 1990, 19)

Maßnahmen für „Landstreicher", „Nichtsesshafte", „Wohnungslose" waren – ob repressiv oder supportiv – über hundert Jahre lang selbstverständlich Maßnahmen, die sich an Männer richteten. Das spiegelt sich in der öffentlichen Wahrnehmung dieser Gruppe ebenso wider wie in der wissenschaftlichen Debatte. Betrachtet man heute die Praxis der Wohnungslosenhilfe, so finden sich weiterhin altehrwürdige Anbieter wie der „Katholische Männerfürsorgeverein"; ansonsten richten sich ausdrücklich geschlechtsspezifische Hilfen meistens an Frauen. Und für den wissenschaftlichen Diskurs gilt im Großen und Ganzen das Gleiche: Das Feld ist geprägt durch eine Forschungstradition, die als geschlechtsblinde Männerforschung bezeichnet werden könnte. Männer mögen die Wohnungslosenhilfe praktisch dominieren (von Treuberg 1990; Specht-Kittler 2000; Busch-Geertsema/Ruhstrat 2003), Männlichkeit als Erkenntnisperspektive bleibt darin aber meist heimatlos.

Seit Mitte der siebziger Jahre wird der Genderbias von Armut zum Thema gemacht, allerdings fast ausschließlich durch die damals aus der Frauenbewegung hervorgegangene Frauenforschung. Seit Anfang der achtziger Jahre ist auch die Wohnungslosigkeit für die bundesdeutsche Frauenforschung ein Thema (Enders-Dragässer/Sellach 1999). Am Ende dieser Dekade wurde eine erste bundesweite Studie zu wohnungslosen Frauen von der Bundesregierung in Auftrag geben (Geiger/Steinert 1991). Wenig später initiierte die Bundesregierung ein erstes Modellprojekt für diese Zielgruppe (Enders-Dragässer/Sellach 1999). Im Rahmen dieser Untersuchungen wurde deutlich, wie defizitär das Datenmaterial zu den sozialen Lebensverhältnissen der Bevölkerung für eine dezidiert geschlechtssensible Betrachtung meist ist (Huber u.a. 2004). Insbesondere liegen entsprechende Forschungsergebnisse für die Gruppe extrem marginalisierter Männer gerade aus der Bundesrepublik kaum vor; für eine stärkere Einbeziehung dieser Gruppe in die bundesdeutsche Männerforschung wurde schon vor Jahren vergeblich plädiert (z.B. Schroeder 1996). Studien zu marginalisierten Männlichkeiten finden sich zwar häufiger im angloamerikanischen Sprachraum, untersuchen allerdings ganz überwiegend die Situation von schwarzen Männern, sodass sich hier die Einflüsse der sozialen Kategorien „Klasse“ und „Ethnie“ mischen und die Ergebnisse nur schwer auf die Bundesrepublik übertragbar sind (zusammenfassend: Walter 2000).

Damit existiert hierzulande neben einer traditionellen Wohnungslosenforschung, die implizit auf die Situation von Männern fokussiert ist, ohne Geschlecht zum Thema zu machen, eine seit gut zwei Jahrzehnten bestehende sozialwissenschaftliche Frauenforschung, die explizit Frauen ins Zentrum ihrer Betrachtung stellt. Eine systematische Geschlechterforschung, die beide Geschlechter zum Thema macht, steht weiterhin aus (Institut Wohnen und Umwelt 2002).

Immerhin bieten neuere statistische Untersuchungen zur Situation in der Wohnungslosenhilfe (z.B. BAGW 2005; Nothbaum u.a. 2004) zumindest in vielen Fragestellungen geschlechterspezifische Daten an. Auch findet sich eine ganze Reihe von Untersuchungen, deren Ergebnisse auf einer ausdrücklich rein männlichen Stichprobe beruhen, ohne dabei allerdings den Genderaspekt selbst zu untersuchen (z.B. GFS 1989; Albrecht u.a. 1990; Griese 2000). Und zum Dritten existieren zumindest einige wenige Studien, die explizit Männlichkeit und Wohnungslosigkeit in Beziehung setzen (z.B. Fichtner 2005a; Friebel 1995; Lutz 1987; Specht 1988).

Ergebnisse geschlechterspezifischer Datenauswertung

Aktuelle Zahlen zu Ursachen von Wohnungslosigkeit liegen zum einen durch den Datensatz der Bundesarbeitsgemeinschaft Wohnungslosenhilfe (BAGW 2005) aus dem Jahr 2003 vor, mit dem versucht wird, eine vollständige Erhebung von Daten aller Nutzer und Nutzerinnen der Wohnungslosen- und Straffälligenhilfe zu gewährleisten. Zum anderen legte die evangelische Obdachlosenhilfe mit der GOE-Studie (Gesellschaft für Organisation und Entscheidung) eine eigene Fragebogenerhebung in der Wohnungslosenhilfe vor (Nothbaum u.a. 2004). Schließlich fand im Rahmen des Verbundprojekts „Wohnungslosigkeit und Hilfen in Wohnungsnotfällen“ eine Teiluntersuchung statt, bei der in 44 Städten über sechs Wochen lang Daten zu Klientinnen und Klienten der Hilfeeinrichtungen erhoben wurden (Busch-Geertsema u.a. 2005).

Einen Überblick über die Gründe des Wohnungsverlusts aus den drei genannten Studien gibt Tabelle 1. Bei rechtlichen Gründen zeigen sich zwischen den Daten der BAGW und der GOE-Untersuchung erhebliche Unterschiede in der Bedeutung von verschiedenen Faktoren. Beide Studien

Tab. 1: Anlass des Wohnungsverlustes wohnungsloser Männer (** Daten liegen nicht männerspezifisch vor)

Anlass	**Männer in BAGW Daten**	**Männer in der GOE-Studie**	**allein stehende Männer in GISS-Daten**
Haushaltszuwachs (z.B. weiteres Kind, Partner/in zieht ein, Gruppe zieht ein etc.)	1,4 %	**	
höhere Gewalt (Hausbrand, Sturm-, Wasserschäden etc.)	1,6 %	**	
Sonstige		13,9 %	15,5 %
Gewalt durch Dritte	5,1 %	0,0 %	
Tod von Familienangehörigen	2,2 %	0,0 %	
Gewalt durch Partner	0,6 %	0,9 %	
Krankenhausaufenthalt	4,2 %	3,5 %	
Institution verlassen		5,6 %	4,5 %
Mitwohnmöglichkeit beendet		6,5 %	
Arbeitsplatzverlust/ -wechsel	5,2 %	8,6 %	
Auszug aus der elterlichen Wohnung	11,1 %	6,5 %	
Haftantritt	10,7 %	8,0 %	
Miethöhe / Mietschulden	16,2 %	8,9 %	84,7 %
Ortswechsel	21,0 %	9,5 %	
Trennung/Scheidung	20,7 %	12,8 %	4,5 %
Streit/Konflikt		15,1 %	

stimmen allerdings darin überein, dass eine Kündigung durch den Vermieter zwar eine maßgebliche Rolle spielt, aber die Kündigung durch den Mieter bzw. dessen Auszug ohne Kündigung zusammen gewichtiger sind.

Übereinstimmungen zwischen beiden Studien finden sich hinsichtlich des Anlasses für den Wohnungsverlust: Mietschulden, Ortswechsel und vor allem Partnertrennungen sind wichtige Auslöser. Abweichungen zwischen beiden Ergebnissen, die sich auf Männer im Hilfesystem beziehen, zeigen die Daten der GISS (Gesellschaft für innovative Sozialforschung und Sozialplanung; Busch-Geertsema u. a. 2005) von Männern, die zu Präventionsstellen Kontakt aufnehmen, also zu einem großen Teil den Wohnungsnotfall mit dieser Hilfe abwenden können. Hier sind es über vier Fünftel, die wegen Mietzahlungsproblemen um Hilfe bitten.

Obwohl Wohnungsnot vor allem mit Einkommensarmut verbunden ist, liegen belastbare Daten zur Einkommenssituation von Wohnungslosen oder spezifisch wohnungslosen Männern kaum vor. Im Datensatz der BAGW sind bei der Frage der Einkommenshöhe 88 % fehlende Werte zu verzeichnen, im GOE-Datensatz sind es immerhin 37 %. So kann kaum abgeschätzt werden, in wie vielen Fällen überhaupt ein regelmäßiges monatliches Einkommen vorliegt. Kein Einkommen geben laut BAGW 12 % der Betroffenen, die Angaben machen, an; wobei mindestens weitere 10 % keine Einkommensquellen nennen, die als regelmäßig einzustufen wären. In der GOE-Studie sprechen die Daten sogar für eine Gruppe von 44 %, die kein regelmäßiges monatliches Einkommen bezieht. Es ist davon auszugehen, dass die Hälfte der Wohnungslosen, die überhaupt über Einkommen verfügen, monatlich mit weniger als 400 € auskommen muss.

Hinsichtlich der Einkommensquellen stimmen die Daten beider Untersuchungen überein: Für annähernd die Hälfte der Befragten stellt Sozialhilfe die maßgebliche Einkommensquelle dar, rund ein Fünftel verfügt über Transfereinkommen durch Arbeitslosengeld oder -hilfe. Die Differenz zwischen beiden Datensätzen hinsichtlich der Transfereinkommen dürfte unter anderem am Frauenanteil in den GOE-Daten liegen, da Frauen laut BAG-Daten seltener Arbeitslosengeld oder -hilfe beziehen.

Ein maßgebliches Problem für Wohnungslose stellt das hohe Maß an Verschuldung dar: In beiden Datensätzen sind es rund zwei Drittel der hierbei Antwortenden, die Schulden haben. Ein Fünftel derjenigen, die Schulden angeben, nennen eine Schuldensumme von über 10.000 €; bei der Hälfte liegen die Schulden bei mindestens 6.000 €.

Angaben zur Berufsausbildung von Männern im Wohnungsnotfall liegen aus beiden Studien vor: Rund zwei Drittel geben eine Berufsausbildung an, zwei Drittel bis drei Viertel der Männer haben eine Lehre oder eine gleichwertige Ausbildung an einer Fachschule abgeschlossen. Die zweitgrößte Gruppe, rund ein Sechstel der Männer, verfügt über eine Anlernausbildung. Höhere Abschlüsse geben weniger als zehn Prozent der Befragten an. Eine ausführlichere Übersicht gibt Tabelle 2.

Resümiert man die Daten zur Einkommens- und Berufssituation, so scheinen wohnungslose Männer besonders durch Einkommensarmut und Angewiesenheit auf Sozialhilfe sowie ein erhebliches Maß an Verschuldung gekennzeichnet zu sein. Die durchschnittliche Höhe von Einkommen und Schulden lässt sich nur schwer feststellen, ohnehin enthalten die vorhandenen Daten eine erhebliche Spannbreite. Weiterhin scheinen wohnungslose

Tab. 2: Berufsabschlüsse von wohnungslosen Männern

Berufsabschluss	Männer im BAGW Datensatz	Männer und Frauen in der GOE-Studie
Anlernausbildung	16,0 %	13,5 %
Abschluss einer Lehrausbildung oder gleichwertiger Berufsfachschulabschluss	76,1 %	69,9 %
Meister-/Techniker- oder gleichwertiger Fachschulabschluss	2,4 %	2,8 %
Abschluss der Fachhochschule in der ehemaligen DDR	0,3 %	1,8 %
Fachhochschulabschluss (Ingenieurschulabschluss)	1,3 %	1,6 %
Hochschulabschluss	1,8 %	1,8 %
sonstiger Abschluss	2,0 %	1,6 %

Männer nicht selten über eine, wenn auch oft niedrige, berufliche Qualifikation zu verfügen.

Statistische Daten erlauben zumindest die Bestimmung einiger weniger Merkmale sozialer Netze, wenn auch keine Abschätzung von deren Güte und Reichweite. Angaben zum Familienstand, die auch durch die GOE-Untersuchung zur Verfügung stehen, deuten – gerade im Vergleich zu den entsprechenden Angaben über Frauen in Wohnungsnot – an, dass Männern weniger gründungsfamiliäre Netzwerkressourcen zur Verfügung stehen. Eine erhebliche Geschlechterdifferenz besteht insbesondere in Bezug auf Verheiratete, wobei nach Angaben der GOE-Studie zwei Drittel der verheirateten Männer in Wohnungsnot aktuell in Trennung lebt. Grundsätzlich leben Männer deutlich häufiger ohne Partnerschaft und ohne Kinder als Frauen in entsprechender Lage dies tun. Laut Daten der GOE-Untersuchung haben allerdings ein Drittel der betroffenen Männer Kinder (vgl. Tab. 3).

Auch die Ergebnisse der GOE-Studie sprechen dafür, dass Frauen über ausgeprägtere außerinstitutionelle Netzwerke verfügen als Männer: Deutliche Unterschiede zuungunsten der Männer ergaben sich hinsichtlich der Kontakte „innerhalb" der Szene, zur Herkunftsfamilie und sonstigen Verwandten und zu Ehepartnern. Besonders gravierend waren die Unterschiede hinsichtlich der Kontakte zu den eigenen Kindern. Bezüglich der Kontakte zu Personen des Hilfesystems zeigten sich dagegen nur geringe Unterschiede.

Tab. 3: Familienstand, Haushaltsstruktur und soziale Beziehungen wohnungsloser Männer

Familienstand	**Männer in BAGW Daten**	**Frauen in BAGW Daten**	**Männer in GOE-Studie**
ledig	70,7 %	51,6 %	68,5 %
verheiratet	7,3 %	20,7 %	7,9 %
verwitwet	2,1 %	4,4 %	1,4 %
geschieden	19,8 %	23,3 %	22,2 %
Stichprobengröße (valide)	12.005	1.975	1.265
Haushaltsstruktur			
alleinstehend ohne Kind(er)	92,0 %	50,7 %	
alleinstehend mit Kind(ern)	0,9 %	16,4 %	
Paar ohne Kind(er)	5,3 %	25,6 %	
Paar mit Kind(ern)	1,7 %	7,3 %	
Soziale Beziehungen zu …			
Niemandem	21,4 %	6,6 %	
Partner/-in	22,4 %	44,7 %	
Eltern/Verwandten	33,2 %	42,7 %	
Kindern	12,9 %	34,2 %	
Freunde/-innen/ Bekannten innerhalb der Szene	67,8 %	49,2 %	
Freunde/-innen/ Bekannten außerhalb der Szene	40,5 %	44,6 %	
Überhaupt Beziehungen	78,6 %	93,4 %	

Andere Angaben zur Nutzung institutioneller Netze liegen nur begrenzt vor: Aus dem Datensatz der BAG-Wohnungslosenhilfe lässt sich errechnen, dass Männer von den sehr breit gestreuten, erfragten Hilfsangeboten (von Beratungsangeboten über finanzielle Hilfen bis zu Hilfen im Bereich Wohnen) durchschnittlich 3,3 Angebote nutzen, und sich damit nicht deutlich von der quantitativen Hilfenutzung von Frauen unterscheiden. In einer früheren Studie fanden Ruhstrat u. a. (1995, 86) heraus, dass jeweils ein bis zwei Drittel der Befragten mehrfach Kontakt zu Übernachtungsstellen,

Tab. 4: Selbstberichteter Gesundheitsstatus wohnungsloser Männer

Allgemein	**Männer in BAGW Daten**	**Frauen in BAGW Daten**	**Männer in GOE-Studie**
derzeit gesund	56,0%	56,4%	57%
akute Erkrankungen	38,0%	51,1%	16%
chronische Erkrankungen	78,4%	83,2%	31%
Krankenhausaufent-halt in letzten 12 Monaten	13,5%	10,4%	
Behinderung (alle)	16,2%	16,7%	
Schwerbehinderung	13,3%	14,4%	8%
spezifische Erkrankungen			
Spielsucht			2%
Tablettensucht			2%
sonstige Suchtkrankheiten			6%
drogenabhängig			8%
bedenklicher körperlicher Zustand			8%
Drogenuser			9%
sonstige psychische Beeinträchtigungen			16%
nasser Alkoholiker			20%
Alkoholiker			35%
in ärztlicher Behandlung			24%

stationären Einrichtungen, ambulanten Hilfen, Kleiderkammern der Bahnhofsmission oder zu Pastoren hatten. Auf die bekannten kategorialen Unterschiede in der Form der Hilfenutzung zwischen ambulanten und stationären Angeboten verweisen aktuell auch die GOE-Daten, wonach Männer bei der Nutzung von stationären Hilfen deutlich überproportional vertreten sind, und unterproportional bei ambulanten Hilfen.

Ein wichtiges qualitatives Datum zu sozialen Netzen wohnungsloser Männer liegt durch die Untersuchung von Ruhstrat u. a. (1995) vor, wonach die befragten Männer nach Entstehung des Wohnungsnotfalls maximal drei

Monate bei Bekannten untergekommen waren, dann aber dieses Arrangement wegen erheblicher Probleme zwischen Hauptmieter und Wohnungslosem aufgegeben werden musste. Eine beabsichtigte Normalisierung der Lebenslage stellte sich hierdurch nicht ein, vielmehr erhöhte sich die Gefahr, dass eine bis dahin stabile Freundschaftsbeziehung nachhaltig geschädigt wurde.

Die GOE-Studie und der Datensatz der BAGW berichten von einem hohen Maß an akuten und chronischen Erkrankungen und auch von einem beträchtlichen Anteil von Schwerbehinderten unter wohnungslosen Männern. Dies steht im Gegensatz zu der von den Betroffenen selbst geäußerten Selbsteinschätzung, die sich selbst als überwiegend gesund einstuften (siehe Tab. 4).

Aus dem Datensatz der GOE lassen sich darüberhinaus geschlechtsspezifisch gesundheitliche Beeinträchtigungen differenzieren: Von absoluter Bedeutung sind insbesondere Suchterkrankungen und dabei Alkoholabhängigkeit, aber auch sonstige psychische Beeinträchtigungen. Im Vergleich zu Frauen ist bei Männern desweiteren ein höherer Pflegebedarf festzustellen. Männer in Wohnungsnot befinden sich außerdem seltener in ärztlicher Behandlung als Frauen in der gleichen Lage.

Ergebnisse einer impliziten Männerforschung

Eine Reihe von Untersuchungen zur Situation von wohnungslosen Männern legte die Forschungsgruppe um Romaus aus München vor (GFS 1989; GFS 1998). Als Erklärung für den Weg in die Wohnungslosigkeit wurden in diesen Untersuchungen vier Faktoren analysiert: (1) Ungünstige Sozialisationsbedingungen wie unvollständige Herkunftsfamilien, Heimerziehung, Armut in der Kindheit, mangelnde emotionale, soziale und geistige Förderung; daraus resultierend häufig (2) problematische Persönlichkeitsmerkmale wie unterentwickeltes Selbstwertgefühl, mangelndes Selbstvertrauen oder Anpassungsprobleme im Leistungs- und Sozialbereich; maßgeblich waren auch (3) kontinuierliche berufliche Abstiegsprozesse, die durch wiederholte Arbeitsplatzwechsel, Dequalifizierungsprozesse und sporadische Beschäftigungsverhältnisse gekennzeichnet waren und bereits vor der Wohnungslosigkeit einsetzten; und schließlich damit verbunden (4) eine Kumulation persönlicher, wirtschaftlicher und sozialer Probleme, für die keine Bewältigungsfertigkeiten bestanden und auf die häufig mit Suchtverhalten reagiert wurde (GFS 1989).

Mehrere Untersuchungen führte eine Arbeitsgruppe um Fichter zu psychischen und Suchtproblemen durch (z. B. Fichter u. a. 1996a, 1996b; Fichter/Quadflieg 1998; Fichter u. a. 2000), in denen die Stichprobe zum Teil explizit auf Männer begrenzt oder zumindest massiv durch Männer geprägt war. Es zeigte sich, dass bei knapp 95 % der Befragten eine Diagnose nach DSM III (DSM: Diagnostical and Statistical Manual of Mental Disorders, das Klassifikationssystem psychischer Störungen der WHO) über die Lebensspanne vergeben werden musste. Dominierend waren Suchterkrankungen (92 %) und insbesondere Alkoholabhängigkeit (83 %). Aber auch affektive Störungen (42 %) und Angststörungen (23 %) traten im Leben der Befragten häufig auf. Eine wichtige Rolle spielten darüber hinaus schizophrene Erkrankungen (12 %). Im scharfen Kontrast zu diesen Ergebnissen stand die subjektive Gesundheitseinschätzung der Befragten. Nur ein Viertel stufte die eigene Gesundheit als schlecht ein, fast ebenso viele gar als ausgesprochen gut.

Sehr umfassend und theoretisch ausdifferenziert ist die Studie von Albrecht u. a. (1990). Aus dieser Sicht wird die männliche Wohnungslosigkeit durch ein Bündel von Problemkonstellationen bedingt, bei denen die Berufstätigkeit eine zentrale Rolle einnimmt. Es zeigte sich, „dass es sich in der Untersuchungsgruppe überwiegend um gering qualifizierte und dequalifizierte Männer handelt, die auf eine als enttäuschend erlebte berufliche Karriere, oftmals verbunden mit einem beruflichen und auch sozialen Abstieg, gerade der Ausgebildeten, zurückblicken und sich in Bezug auf ihre berufliche Tätigkeit keine Verbesserung mehr versprachen. Trat nun noch Arbeitslosigkeit hinzu, die bei längerer Dauer auch zur Mittellosigkeit führte, geriet ein Teil der Befragten in eine akute materielle Mängellage, die oftmals auch den Verlust der Wohnung bedeutete" (Großkopf 1990, 474). Verbunden damit waren häufig persönliche Probleme und inadäquate Lösungsmuster, wie spontaner Ortswechsel.

Ergebnisse einer expliziten Männerforschung

„Dass wir, indem wir den männlichen Lebenszusammenhang im Bettler anschauen, einen Bezugspunkt unserer Wirklichkeit in Händen halten (...) Ich stelle mir vor, dass Bettler werden eine Möglichkeit jedes Mannes schlechthin ist, ein (letzter) Versuch der Selbsthilfe in einer unerträglichen Situation" (Friebel 1995, 8)

Ende der 80er Jahre veröffentlichte Lutz eine Untersuchung zu Frauenvorstellungen von nichtsesshaften Männern mit einem expliziten Bezug zu Frauenforschung und Geschlechterfragen (Lutz 1987). Die Untersuchung richtete sich darauf, welche Bedeutung das Verharren im traditionellen Frauenbild für die Persönlichkeitsdefinition dieser Männer gewinnt. „Zu erwarten ist, daß sie eine Bestätigung ihres Mann-Seins erhoffen; der Nichtsesshafte, der in den Augen der Gesellschaft, in der er gerne als gleichberechtigtes Mitglied integriert sein möchte, ein Abweichler ist, einer, der die männliche Rolle nicht erfüllt (...), will dieser ‚Entmannung' entkommen, indem er durch die Wiedereinsetzung als Mann in einen Familienverband männliche Identität erfährt, als Mann erkannt und anerkannt wird" (Lutz 1987, 86).

In Tiefeninterviews hatten sich Verweise auf ein entsprechendes Frauenbild finden lassen, die Starrheit dieser Frauenvorstellung korrespondiert dabei mit der Labilität des männlichen Selbstbewusstseins. Lutz macht darauf aufmerksam, dass die Befragten zwar auch Elemente eines unterschichtstypischen Frauenbildes beschreiben, das Gesamtbild generell aber stärker von bürgerlichen oder kleinbürgerlichen Vorstellungen geprägt ist. Damit verbindet sich mit der Hoffnung auf die eine und einzige gute Frau in einer Welt voll schlechter Frauen auch eine Aufstiegsaspiration: Der Wohnungslose schaut in seinen Beziehungsvorstellungen nach oben und identifiziert sich mit dem Kleinbürgertum, statt sich gegen seine Situation zu wehren. Als Grund sieht Lutz, dass die Befragten ihre Situation als individuell erfahren und sich nicht als Teil eines Kollektivs erleben. Als Ausweg bleibt nur die Hoffnung auf das private Familienglück.

Eine Studie zu Risiken im männlichen Lebenszusammenhang legte Friebel (1995) vor. Der „Bettler" wird dabei vor allem als subjektiv sinnvoll Handelnder konzipiert. Zum einen verknüpft Friebel die Lebensrealität von Bettlern mit sozial konstruierter Männlichkeit: Ausgehend von der geschlechtlichen Arbeitsteilung als Grundlage der industriegesellschaftlichen Entwicklung und deren Anforderung an den Mann als Oberhaupt und Ernährer der Familie zeichnet er die Kritik an dieser Rolle im 20. Jahrhundert und insbesondere in der Debatte um die Kehrseiten von Männlichkeit seit den 80er Jahren nach. Dem Bettler kommt hierbei nun eine amorphe Rolle zu. Indem er die Leistungsanforderungen verweigert, verweigert er sich auch dem Männerbild und entspricht damit einer modernen Männlichkeitskritik. Auf der anderen Seite entspricht er aber auch dem kulturellen Leitbild nicht mehr, erscheint als Verlierer des Leistungswettbewerbs. Für Friebel changiert die Rolle des Bettlers zwischen Rebellion gegen dominante Männlichkeitsmuster und misslungener Anpassung an diese.

Der zweite Aspekt ist die Gewaltförmigkeit männlicher Lebenszusammenhänge generell und speziell die ausgeprägten Gewalterfahrungen von Bettlern. Friebel geht davon aus, dass Gewalt die Achse des männlichen Lebenszusammenhangs sei. Gewalt als Erzwingungshandeln und Basis männlicher Überlegenheit wird als konstitutiv für Männlichkeit betrachtet. Für die Lebensrealität von Bettlern hat die Gewalt nach Friebel eine besondere Bedeutung: „Die Gewalt hat diese Bettler geformt, egal auf der Straße, bei den Eltern oder im Knast. Ihre passiven und aktiven Gewalterfahrungen sind durch und durch am Recht des Stärkeren orientiert und sind voller moralischer Urteile. Gewalt ist ein typisches männliches Erzwingungshandeln"

(Friebel 1995, 152). Allerdings macht er auch darauf aufmerksam, dass Männer bei Gewalttaten nicht nur auf der Seite der Täter dominieren, sondern auch auf der Seite der Opfer. Insbesondere für die Gruppe der Bettler gilt, dass sie Gewalt nahezu schutzlos wie ohnmächtig ausgeliefert sind.

Eine Studie zu Deutungsmustern wohnungsloser Männer (Fichtner 2004; 2005a; 2005b) wählt ebenfalls einen explizit sozialkonstruktivistischen Ansatz und untersucht Selbstdeutung im Hinblick auf verschiedene Fragestellungen (Grund und Ursachen der Wohnungslosigkeit, Armut und Arbeit, Männer- und Frauenbilder, Gewalt, Alkohol, Hilfesystem etc.). Das erkenntnistheoretische Gerüst wird von Connell (z.B. 1999, 2002) übernommen, der eine hegemoniale Männlichkeit von gleichzeitig existierenden untergeordneten oder gar marginalisierten Männlichkeitsformen innerhalb einer Gesellschaft unterscheidet. Die grundlegende Hypothese dieser Forschungsarbeit ist, dass auch marginalisierte Männer nicht außerhalb der bestehenden Geschlechterordnung zu verorten sind. Männliche Wohnungslose weisen hiernach einen massiven Mangel an Ressourcen auf. Gleichwohl wird im Sinne eines „Doing Gender" davon ausgegangen, dass sie weiterhin kompetente Geschlechterkonstrukteure bleiben, die nach Maßgabe ihrer Lebenslage versuchen, aktiv Männlichkeit zu konstruieren. Dabei werden solche Konstruktionsprozesse nicht voluntaristisch ausschließlich als Handlungsoptionen gesehen: Der männliche Habitus verhindert auch soziale Praktiken, die zur Lösung von Problemen Erfolg versprechender wären, weil sie einer Konstruktion von Männlichkeit widersprechen. In diesen Habitus sind Deutungs- und Handlungsmuster eingelassen, die die Wahrnehmung der Welt und die soziale Praxis bestimmen; im Produktiven wie im Restriktiven.

Hinsichtlich der Deutungen der eigenen Männerrolle ließen sich vier prägende Muster unterscheiden: Eine auf individuelle Durchsetzung basierende Männlichkeit stellt die eigene Dominanzfähigkeit und den daraus resultierenden Machtanspruch in den Vordergrund der eigenen Männlichkeitskonzeption. Ein zweites Deutungsmuster ist die auf geschlechtlicher Arbeitsteilung basierende Männlichkeit, für die kennzeichnend ist, dass Vorstellungen von Arbeitsteilung und Frauenbeziehungen Hand in Hand gehen und sich damit dem traditionellen hegemonialen Männlichkeitsbild angenähert wird. Nicht zuletzt deswegen, weil der Mann seiner Rolle als Ernährer derzeit aber nicht gerecht wird, sind die Machtressourcen aus dieser Deutung als brüchig zu bewerten. Als drittes Muster fand sich zumindest tendenziell die Deutung einer durch Rollenveränderung geprägten Männlichkeit durch ein Hinterfragen geschlechtstypischer Rollenmuster. Schließlich findet sich als häufigstes Muster eine durch Diffusität gekennzeichnete Männlichkeit, die vor allem durch das Fehlen eines orientierenden Männlichkeitsmodells, das als Leitlinie für männliche Praxis gelten könnte, geprägt war (Fichtner 2005a).

Ist Wohnungslosigkeit typisch männlich?

„Ich zähl mich ja nich als Penner, ich bin Berber. Ich hab Deutschland und Europa gesehen. Aber Ansehen und Respekt, da leg ich ziemlichen Wert darauf" (39-jähriger Wohnungsloser; Fichtner, 2005a, 55)

Die offiziell registrierten neun Todesopfer auf Platte im Winter 2004/2005 waren allesamt Männer. In den Daten der BAGW beträgt der Frauenanteil unter den Hilfe suchenden lediglich 14 % – unter Berücksichtigung der Dunkelziffer allerdings ca. 23 % –, im Datensatz der GEO machen die Männer ebenfalls 76,2 % aus (BAGW 2005; Nothbaum u. a. 2004). Frauen verfügen im Vergleich zu Männern fast doppelt so häufig (noch) über eine eigene Wohnung, wenn sie Hilfe suchen; Männer (über-)leben dagegen dreimal so häufig wie Frauen gänzlich ohne Unterkunft auf der Straße (BAGW 2005). In der Fachdiskussion wird inzwischen davon ausgegangen, dass Frau länger in unzumutbaren Wohnverhältnissen – u. a. auch gewaltförmigen – verbleiben, während Männer schneller auch auf die Straße gehen (Enders-Dragässer/Sellach 2005).

Der Blick auf die Statistik zeigt, dass typische sichtbare Wohnungslosigkeit männlich ist, während versteckte Wohnungsnot stärker weiblich ist. Wesentlich für männersensible Hilfen dürfte sein, worin sich wohnungslose Männer von wohnungslosen Frauen unterscheiden: Sie sind älter, seltener verheiratet oder verwitwet, haben aktuell weder Partnerin noch Kinder und geringere soziale Netze. Sie verfügen durchschnittlich über ein geringeres formales Bildungsniveau, haben aber häufiger eine Berufsausbildung abgeschlossen und gearbeitet. Männer geraten eher ohne Übergang vom eigenen Haushalt in die Wohnungslosigkeit, sind häufiger langfristig ohne Wohnung und haben wiederholte Wohnungsverluste. Und sie werden seltener als Frauen in Wohnraum vermittelt. Es scheint, als ob zumindest die materiellen Startbedingungen für wohnungslose Männer häufig besser waren als für weibliche Wohnungslose, sie dann insbesondere in Bezug auf ihr soziales Kapital stärker verarmten und auf höhere – subjektive oder objektive – Hürden stoßen, ihre Wohnungslosigkeit wieder zu beenden.

Vermutlich liegt in den Männlichkeitsbildern und den männlichen Praktiken eine zentrale Antwort auf die Frage, warum dies so ist: Friebel (1995) und Lutz (1987) sind sich darin einig, dass wohnungslose Männer gegen gesellschaftliche Männerbilder verstoßen. In der Terminologie von Connell also eine marginalisierte Form der Männlichkeit leben, die weit abseits von dominanten Männerbildern ist. Gleichzeitig finden sich bei beiden aber auch Bezüge solcher Männer zu hegemonialen Männlichkeitsmustern: Bei

Friebel ist es die Gewaltförmigkeit männlicher Lebenszusammenhänge generell und das gewaltförmige Erzwingungshandeln, bei Lutz eine kleinbürgerlich-konservative Frauenvorstellung als Aufstiegsfantasie. Beides könnte den Blick lenken – weg von den Defiziten im Handeln dieser Männer hin zu ihren Stärken.

Solche Stärken untersucht auch die neuere Studie von Fichtner (2005a). Angelehnt an ein Vorgehen von Helfferich u. a. (2000) werden Taktiken von wohnungslosen Männern untersucht; und vielfältige solcher flüchtigen, zielorientierten Praktiken gefunden, die gerade auf der Straße, d. h. unter prekärsten materiellen und symbolischen Bedingungen, nicht nur physisches Überleben, sondern auch ein „Doing Men" ermöglichen.

So wurden eine Reihe von Taktiken deutlich, die Sicherung von (Lebens-) Räumen auch ohne bürgerliche Rechte gewährleistet: z. B. Nutzungs- und Verweisungsrechte von bevorzugten Platten durch Androhung von Gewalt, die Sicherung des eigenen, spärlichen Besitzes, Gewohnheitsrechte durch alltägliche Präsens bei der Nutzung von Hilfeeinrichtungen, bilaterale Abkommen mit Besitzern von halbgeschützten Schlafmöglichkeiten (z. B. Ladeneingänge) – allesamt auf Nutzung körperlicher Überlegenheit der Betreffenden basierend und so nur für (bestimmte) Männer in Frage kommend. Auch zeigten sich spezifische, aber zunächst eher symbolische Abgrenzungsstrategien über Geschlecht und Nation, die die Minderwertigkeit von Frauen auf Platte oder Ausländern in Wohnheimen zum Inhalt hatten. Solche „symbolischen" Abgrenzungen gilt es notfalls real und das heißt ebenfalls mit Gewalt (-androhung) durchzusetzen. Wem es gelingt, unter solchen Umständen zu überleben und dabei noch in der Welt herum gekommen zu sein, erlebt sich nicht ausschließlich als marginalisiert, sondern durchaus in Einklang mit einer traditionell hegemonialen Männlichkeit. Auf der Platte überleben heißt auch, sich als „ganzer Mann" zu bewähren.

Dass solche Taktiken durchaus durch beides bestimmt sind – ein spezifisches „Doing Men" und die Anpassung an die konkrete Lebenswelt – zeigt schließlich die Zuordnung der vier Deutungsmuster zu Lebensformen: Während sich die auf individuelle Durchsetzung basierende Männlichkeit vor allem auf Platte findet, kommt eine auf geschlechtlicher Arbeitsteilung basierende dort gar nicht vor. Eine durch Rollenveränderung geprägte Männlichkeit ließ sich in dieser Untersuchung keiner spezifischen aktuellen Wohnform zuordnen, die durch Diffusität geprägte Männlichkeit fand sich häufiger als andere in Betreutem Wohnen. Dies könnte als Hinweis daraufhin gelesen werden, dass an unterschiedlichen Stellen unterschiedliche Männerberatung gefragt ist.

Sind spezifischere Männerhilfen nötig?

Selbstverständlich gibt es eine Vielzahl von Hilfen spezifisch für Männer in Wohnungsnot (einen Überblick über geschlechtsspezifische Angebote bieten Busch-Geertsema/Ruhstrat 2003), eine Reihe weiterer Angeboten sind darüberhinaus implizite Männerhilfen. Außerdem scheint es bis heute eine „Selbstverständlichkeit des männlichen Klientels" zu geben, manche Hilfen seien nicht explizit für Männer ausgewiesen, sondern lediglich mit Hinweisen versehen, dass wohnungslose Frauen sich an alternative Stellen zu wenden haben. Ohnehin ist die Mehrzahl der Übernachtungsgelegenheiten faktisch auf Männer beschränkt. Das vorhandene Beratungsangebot dürfte allerdings weiterhin eher implizit und durch die Erfahrung der Berater – und noch häufiger Beraterinnen – auf typische männliche Fragestellungen gerichtet sein. Solche Angebote beinhalten dann z.B. „Hilfe bei der Suche und Sicherung des Arbeitsplatzes, Existenzsicherung, Hilfe beim Einleben in eine Wohnung, Anbindung an das örtliche Hilfesystem, Klärung und Regulierung von Schulden, Aufbau von Kontakten im Gemeinwesen, Krisenintervention, Hilfe bei der Suche nach dauerhaftem Wohnraum, Förderung des Zusammenlebens in einer Mietergemeinschaft und Motivation zur Selbsthilfe" (Fachberatungsstelle Freiburg 2005).

Spezifische Angebote müssten aber wohl stärker noch die Spannung zwischen tatsächlicher Marginalisierung und Orientierung an hegemonialer Männlichkeit im Auge haben. Männer mit Deutungsmustern, die stark an hegemoniale Männlichkeit angelehnt sind, können viele soziale Ressourcen nicht nutzen, und scheinen dies zunächst durch starkes Erleben von Handlungsautonomie zu kompensieren. Es spricht vieles dafür, dass dieser eigene Handlungsspielraum vor allem auf die Aufrechterhaltung des Status quo beschränkt bleibt und stark durch eine Illusion der Autonomie gekennzeichnet ist. Hilfe könnte einfacher angenommen werden, wenn diese Vorstellungen weniger stark ausgeprägt wären und Angewiesenheit auch „draußen im feindlichen Leben" bei der Versorgung mit Wohnraum, bei der Beschaffung von Mitteln zum Lebensunterhalt, bei Zugang zum Arbeitsmarkt zumindest vorübergehend akzeptiert werden könnte. Bei Männer mit Durchsetzungs-Orientierungen finden sich umgekehrt spezifische Ressourcen, die von einem Hilfeangebot, das diese Männer mit ihrem Selbstbild vereinbaren können, nicht übergangen, sondern vielmehr genutzt werden sollten. Durchsetzungsfähigkeit und die Fähigkeit zur Arbeitsteilung sind eben auch Kompetenzen, deren Einsatz gesellschaftlich gefordert wird und nutzbar ist.

Erheblich weniger solcher Anschlussmöglichkeiten finden sich dagegen bei stark desorientierten Männern, die durch massives Erleben von Hilflosigkeit und durch mangelnde Ressourcen gekennzeichnet sind. Für diese Zielgruppe, die der am weitestgehenden Unterstützung bedarf, scheint persönliche Hilfe auch als „Männerberatung" im doppelten Wortsinn notwendig zu sein: als Beratung für Männer in ihrem Mannsein und als Hilfe zur Orientierung unter extrem marginalisierten Bedingungen.

Dafür, dass alternative Männlichkeitsmuster auch in der Wohnungslosigkeit möglich und hilfreich sind, spricht die kleine Gruppe von Männern, die sich mehr oder minder bewusst für die Veränderung ihrer männlichen Rolle einsetzt. Dass dies gerade in einer extrem marginalisierten Situation von Vorteil sein könnte, zeigt sich unter anderem an der hohen Ressourcennutzung dieser veränderungsorientierten Männer.

Allerdings äußern Akteure der Hilfeeinrichtungen zweifache Skepsis gegenüber solcher „männerbildkritischen" Beratung: Ziel der Beratung könne nicht „Nachsozialisation" sein, sondern ist primär die Beschaffung von Ressourcen wie Wohnraum, Geld und Arbeit (Fichtner/Knecht 2006). Umgekehrt deuten die genannten Studien aber auch darauf hin, dass die Illusion der Autonomie, die gerade mit traditionellen Männlichkeitsvorstellungen verbunden ist, den Zugang zu den Ressourcen des Hilfesystems einschränkt, und das Ziel aller Hilfe, „besondere Lebensverhältnisse mit sozialen Schwierigkeiten" (SGB XII § 67) zu überwinden, deutlich erschwert.

An zwei Punkten besteht denn auch Einigkeit zwischen den verschiedenen praktischen und wissenschaftlichen Blickwinkeln: Über die Notwendigkeit von männerspezifischen Hilfen, die auch die Chancen und Barrieren durch bestehende und handlungsleitende Männerbilder reflektieren; und darüber, dass solche noch kaum systematisch entwickelt sind. Die Frage ist also weniger die etwas reißerische des Titels dieses Beitrages, ob es für Männer in Wohnungsnot zu wenig Hilfen gibt. Die Frage ist vielmehr die, wie diese Hilfen Aspekte von Männlichkeit bewusster in den Beratungsfokus nehmen könnten. Und es gibt auch unter Männern in Wohnungsnot differierende Männerbilder. Gerade für die scheinbar autonomsten und „männlichsten" scheinen notwendige Beratungsziele zu sein: Offenere Männlichkeit entwickeln, passenden Wohnraum anbieten und die Bereitschaft, sich auf Hilfen einzulassen, zu fördern.

Literatur

Albrecht, G., Specht, T., Goergen, G., Großkopf, H. (1990): Lebensläufe: Von der Armut zur Nichtsesshaftigkeit oder wie man „Nichtsesshafte" macht. Verlag Soziale Hilfen, Bielefeld

Bundesarbeitsgemeinschaft Wohnungslosenhilfe (BAGW) (2005): Statistikbericht 2003. Bielefeld

Busch-Geertsema, V., Ruhstrat, E. (2003): Aktuelle Entwicklungen bei den Hilfen in Wohnungsnotfällen. Erste Ergebnisse zum Teilvorhaben „Grundlagen für eine Politik zur Verbesserung des Hilfesystems in Wohnungsnotfällen" 2003, http://www.giss-ev.de/pdf/GISSAktuelleEntwicklungenHilfesystem10_2003.pdf

–, Evers, J., Ruhstrat, E. (2005): Wirksamkeit persönlicher und wirtschaftlicher Hilfen bei der Prävention von Wohnungslosigkeit. Untersuchung im Rahmen des Forschungsverbundes „Wohnungslosigkeit und Hilfen in Wohnungsnotfällen". Bremen

Connell, R. (1999): Der gemachte Mann: Konstruktion und Krise von Männlichkeit. Leske und Budrich, Opladen

– (2002): Gender. Polity Press, Cambridge

Enders-Dragässer, U., Sellach, B. (2005): Frauen in dunklen Zeiten. Persönliche Berichte vom Wohnungsnotfall: Ursachen – Handlungsspielräume – Bewältigung. Eine qualitative Untersuchung zu Deutungsmustern und Lebenslagen bei Wohnungsnotfällen von Frauen. Zielgruppen- und Bedarfsforschung für eine integrative Wohnungs- und Sozialpolitik, (Forschungsbericht: www.gsfev.de). Frankfurt

– (1999): Frauen ohne Wohnung. Handbuch für die ambulante Wohnungslosenhilfe für Frauen. Modellprojekt „Hilfen für allein stehende wohnungslose Frauen" im Auftrag des Bundesministeriums für Familie, Senioren, Frauen und Jugend. Kohlhammer, Stuttgart/Berlin/Köln

Fachberatungsstelle Freiburg 2005: http://www.diakonie-freiburg.de/html/body_wohnungslose.html

Fichter, M., Koniarczyk, M., Greifenhagen, A., Koegel, P., Quadflieg, N., Wittchen, H., Wolz, J. (1996a): Psychische Erkrankungen bei obdachlosen Männern und Frauen in München. (Arbeitsbericht)

– (1996b): Mental illness in a representative sample of homeless men in Munich, Germany. Eur Arch Psychiatry Clin Neurosci, 246/1996, 185–196

–, Quadflieg, N. (1998): Psychische Erkrankungen bei (vormals obdachlosen) Bewohnern von Heimen des Katholischen Männerfürsorgevereins in München. Eine epidemiologische Studie. München

–, Salkow, K., Quadflieg, N., Altmann, B. (2000): Alkoholismus – das einzige psychische Problem? In: Facetten der Wohnungslosigkeit – zur Gesundheit Wohnungsloser. Verlag Soziale Hilfen, Bielefeld, 8–31

Fichtner, J. (2004): Männliche Wohnungslosigkeit sehen. Theorie und Erforschung einer scheinbaren Selbstverständlichkeit. In: Wohnungslos, 2, 50–55

– (2005a): „Dass die Leute uns nich' alle über einen Kamm scheren": Männer in Wohnungsnot. Eine qualitative Untersuchung zu Deutungsmustern und Lebenslagen bei männlichen Wohnungsnotfällen. Zielgruppen- und Bedarfsforschung für eine integrative Wohnungs- und Sozialpolitik, (Forschungsbericht: www.gsfev.de). Frankfurt

– (2005b): Mittellose Väter gleich vaterlose Kinder? Zur Frage der Kontakte zwischen wohnungslosen Männern und ihren getrennt lebenden Kindern. In: Das Jugendamt, 10, 23–27

–, Knecht, M. (2006): Brauchen wir spezifischere Männerhilfen? In: Wohnungslos, 2, 48, 60–68

Friebel, H. (1995): Der Mann als Bettler. Leske und Budrich, Opladen

Geiger, M., Steinert, E. (1991): Alleinstehende Frauen ohne Wohnung. Soziale Hintergründe, Lebensmilieus, Bewältigungsstrategien, Hilfeangebote. Schriftenreihe des Bundesministers für Frauen und Jugend. Band 5. Kohlhammer, Stuttgart/Berlin/Köln

GFS (1989): Alleinstehende wohnungslose Männer in München. Ergebnisse einer Strukturuntersuchung. (Forschungsbericht). Sozialreferat der Landeshauptstadt München, München

– (1998): Niedrigschwellige Angebote für Alleinstehende Wohnungslose. Ergebnisse einer empirischen Untersuchung. Sozialreferat der Landeshauptstadt München, München

Griese, K. (2000): Obdachlosenasyl: Beobachtungen in einem Wohnheim für obdachlose Männer. Köster, Berlin

Großkopf, H. (1990): Bedingungen und Verlauf des Berufs- und Arbeitsbereiches und die Auswirkungen auf Nichtsesshaftigkeit. In: Albrecht, G., Specht, T., Goergen, G., Großkopf, H. (Hrsg.): Lebensläufe: Von der Armut zur Nichtsesshaftigkeit oder wie man „Nichtsesshafte" macht. Verlag Soziale Hilfen, Bielefeld, 355–478

Helfferich, C., Hägele, A., Heneka, A. (2000): Wohnen ohne „dritte Haut": Wohnungslose Frauen, ihre kognitiven Repräsentationen von Raum und ihre kollektiven Taktiken, Wohnen herzustellen. Zeitschrift für Frauenforschung und Geschlechterstudien Jg. 18, Heft 3, 74–96

Huber, H., Sellach, B., Enders-Dragässer, U. (2004): Wohnungsnot und Obdachlosigkeit von Frauen in Nordrhein-Westfalen: Bedarfslagen, Hilfen und neue Wege (Forschungsbericht), Frankfurt

Institut Wohnen und Umwelt (2002): Verbessertes Grundlagenwissen als Vorraussetzung zur Bekämpfung von Wohnungsnot – das Programm des Forschungsverbundes „Wohnungslosigkeit und Hilfen und Wohnungsnotfällen". In: wohnungslos, 4/2002, 138–149

Lutz, R. (1987): Weibsbilder: Frauenvorstellungen nichtsesshafter Männer. Verlag der Universität Frankfurt, Frankfurt

Nothbaum, N., Kämper, A., Lübker, S. (2004): Problemlagen der Hilfesuchenden in der Wohnungslosenhilfe. Datenbericht. Bielefeld

Ruhstrat, E. u. a. (1995): „Ohne Arbeit keine Wohnung, ohne Wohnung keine Arbeit!" Entstehung und Verlauf von Wohnungslosigkeit. Verlag Soziale Hilfen, Bielefeld

Schroeder, J. (1996): Ungleiche Brüder: Männerforschung im Kontext sozialer Benachteiligung. In: BauSteineMänner (Hrsg.): Kritische Männerforschung: Neue Ansätze in der Geschlechtertheorie. Argument Verlag, Berlin, 300–326

Specht, T. (1988): Partnerschaft, Liebe und Sexualität – intime Beziehungen als Problem wohnungsloser Männer und der Hilfe. In: Gefährdetenhilfe, 30/1988/4, 103–106

Specht-Kittler, T. (2000): Statistikbericht der BAG Wohnungslosenhilfe e.V. Bundesarbeitsgemeinschaft Wohnungslosenhilfe e.V., Bielefeld

Von Treuberg, E. (1990): Mythos Nichtsesshaftigkeit. Verlag Soziale Hilfen, Bielefeld

Walter, W. (2000): Gender, Geschlecht und Männerforschung. In: von Braun, C., Stefan, I. (Hrsg.): Gender-Studien: eine Einführung. Metzler Verlag, Stuttgart, 97–115

Arbeit und Arbeitslosigkeit aus der Perspektive von Männern

von Michael Matzner

In modernen Gesellschaften ist trotz aller Veränderungen die Berufstätigkeit für die meisten Männer ein wesentlicher, nicht selten sogar der wichtigste Lebensinhalt. Das Selbstkonzept und das Selbstwertgefühl vieler Männer basiert gerade auch auf der beruflichen Tätigkeit und Position. Insofern sind Berufstätigkeit und Arbeitslosigkeit potentielle Problembereiche einer männerspezifischen Sozialen Arbeit.

Forschungsstand

Arbeit und Arbeitslosigkeit sind Gegenstände diverser wissenschaftlicher Disziplinen. Besonders interessant sind in unserem Kontext die Erkenntnisse der Soziologie, der Arbeitspsychologie sowie der Gesundheitswissenschaften. Anfang der dreißiger Jahr wurde mit der bekannten Marienthal-Studie (Jahoda u. a. 1975) ein wichtiger Grundstein gelegt. In den folgenden Jahrzehnten entstanden weitere Studien und theoretische Konzepte soziologischer bzw. sozialpsychologischer Arbeits- und Arbeitslosigkeitsforschung. Dabei geriet seit den siebziger Jahren auch der Aspekt des Geschlechts der Arbeitenden bzw. der Arbeitslosen in die Diskussion. Themen wie die Benachteiligung von Frauen und Müttern im Berufsleben, die Berufswahl von Frauen, Vereinbarkeit von Beruf und Familie aus der Perspektive von Frauen, Frauen als industrielle Reservearmee oder die Existenz typischer Männer- und Frauenberufe wurden problematisiert und erforscht. Im Unterschied dazu erfuhren Männer als Arbeitende oder als Arbeitslose bislang nur geringe Aufmerksamkeit, was angesichts der Bedeutung von Arbeit für die männliche Biographie und Identität sehr erstaunlich ist. Bisher gibt es nur ganz vereinzelt empirische Studien zu Themen wie Beschäftigungsfähigkeit, Arbeitsmarktrisiken oder Arbeitslosigkeit von Männern (Alcock u. a. 2003; Cottle 2001). Dieser Gender-Bias bei den Forschungsbemühungen gilt auch für die Arbeitsgruppe „Geschlechterforschung" des Instituts für Arbeitsmarkt- und Berufsforschung (IAB) der Bundesagentur für Arbeit. Eigentlich soll sich diese Arbeitsgruppe „nicht nur um die Erfordernisse und Möglichkeiten einer besseren und dauerhaften Integration von Frauen in den Arbeitsmarkt" kümmern. „Thematisiert werden sollen auch die Handlungsbedarfe in den Bereichen, in denen Männer inzwischen auf größere Probleme am Arbeitsmarkt treffen als (junge) Frauen." Im Februar 2006 gehörten der Arbeitsgruppe 16 Personen an, von denen drei männlich waren. Auch die meisten Arbeitsthemen sind auf die Situation von Frauen am Arbeitsmarkt ausgerichtet (IAB 2006).

Die Bedeutung von Arbeit und Erwerbstätigkeit im Leben von Männern

Arbeit in Form einer Erwerbstätigkeit bedeutet für viele Menschen nicht nur die Sicherung der materiellen Existenz, sondern sie gibt dem Tag eine Zeitstruktur und stellt die soziale Einbindung über die Familie hinaus sicher. Über die Erwerbstätigkeit wird eine gesellschaftliche Position zugewiesen, die ganz entscheidend die menschliche Identität mitbestimmt. Jahoda (1995) zufolge stellt Arbeit die wichtigste Verknüpfung mit der Realität dar. Im Beruf können neue Erfahrungen und Kompetenzen erworben werden, manche Berufstätige erfüllt ihr Beruf sowie der damit verbundene Status mit Stolz und Selbstbewusstsein. In modernen Gesellschaften ist der Beruf von so großer Bedeutung, dass er als „Identifikationsschablone" benutzt wird, mit der Menschen eingeschätzt und beurteilt werden. Ganz besonders gilt das für Männer, für welche die Erwerbstätigkeit der zentrale Mechanismus ihrer sozialen Integration ist. Männer werden zuallererst über ihre Berufstätigkeit definiert bzw. sie definieren sich oft selbst darüber. Die männliche Normalbiographie der Moderne war und ist durch eine ca. vierzig Jahre währende Berufstätigkeit gekennzeichnet, wobei häufig eine Karriere im Sinne eines Aufstiegs angestrebt wird. Zwar kommt es auch in männlichen Erwerbsbiographien zunehmend zu Brüchen, diese werden jedoch zumeist als schmerzliche Abweichung von einer tatsächlich immer seltener existierenden Normalität empfunden, zumal im Falle der Arbeitslosigkeit.

Schon die zeitliche Relevanz des Berufs, ca. 93 % aller Männer in Deutschland arbeiten Vollzeit, bewirkt, dass der Berufstätigkeit eine hohe Bedeutung für das männliche Leben zukommt. „Grundpfeiler ihrer sozialen Identität ist ihr Beruf" (Bründel/Hurrelmann 1999, 52). Dies steht nicht im Widerspruch dazu, dass sich in den letzten Jahrzehnten Veränderungen in der Erwerbsorientierung vieler Männer ergeben haben. Die sozialstrukturelle Sozialisationsforschung zeigt auf, dass in den verschiedenen Milieus und Schichten deutlich unterscheidbare Selbst- und Berufskonzepte von Männern existieren. So gibt es Arbeiter und Angestellte, die ihre Berufstätigkeit nur als Job zum Geldverdienen ansehen und ihr „eigentliches" Leben an den Lebenswelten Familie, Hobbys oder Freundschaften ausrichten, während für andere der Beruf einen ganz wesentlichen Teil ihrer Identität als Mann ausmacht. Erkenntnisse diverser Studien aus der Industriesoziologie und Biographieforschung verweisen darauf, dass wir bei den Angehörigen der oberen Dienstklasse, den Führungskräften und Freiberuflern von einer sehr hohen Bedeutung des Berufes ausgehen müssen. Dies geht nicht selten so weit, dass der Beruf für manche Männer und Väter zu der das gesamte „restliche" Leben steuernden Determinante wird (Matzner 2004, 116ff).

Darüber hinaus gewährleistet der Beruf die materielle Versorgung von Männern und ihren Familien. Jeder Junge „weiß", dass von ihm als Erwachsener erwartet wird, dass er sich selbst und seine Familie ernähren kann (Cottle 2001, 10). Tatsächlich teilen sich viele Frauen und Männer die Aufgabe der Einkommenssicherung. Trotzdem unterliegen Männer und Väter einem höheren Druck als Frauen und Mütter, dauerhaft in der Lage zu sein, ihre Familie zu ernähren. Frauen können sich in ihre Familien „zurückziehen", vorausgesetzt das Familieneinkommen lässt dies zu. Männern und Vätern steht diese Möglichkeit aufgrund ihres oft höheren Einkommens, aber auch aufgrund weit verbreiteter traditioneller Orientierungen bei Männern und Frauen seltener offen.

Männer in der Arbeitswelt

Im März 2004 gab es in Deutschland ca. 22,2 Millionen männliche Erwerbspersonen. Zu diesen zählten ca. 19,7 Millionen erwerbstätige und 2.551.000 als arbeitslos gemeldete Männer. Die so genannte Erwerbsquote lag damit bei Männern zwischen 15 und 64 Jahren bei 80,3 % (Frauen 66,1 %). In der Gruppe der 35- bis 39-jährigen Männer war sie mit ca. 95 % am höchsten (Cornelißen 2005, 111; Statistisches Bundesamt 2005, 80). Nach ihrer Stellung im Beruf kann man die erwerbstätigen Männer in Selbstständige (ca. 2,7 Millionen), mithelfende Familienangehörige (95.000), Beamte (ca. 1,4 Millionen), Angestellte (ca. 7,7 Millionen) und Arbeiter (ca. 7,7 Millionen) klassifizieren. In der Industrie arbeiten 42 % aller Männer (Frauen: 17 %), im Dienstleistungsbereich 55 % und in der Land- und Forstwirtschaft 3 %. Die nach der Anzahl der männlichen Berufstätigen größten Wirtschaftsbereiche sind mit ca. 6 Millionen das Verarbeitende Gewerbe einschließlich Bergbau, das Baugewerbe mit ca. 2,1 Millionen, Handel, Reparaturen und Gastgewerbe mit ca. 2,8 Millionen sowie Verkehr und Nachrichtenübermittlung mit ca. 1,4 Millionen beschäftigten Männern (Bundesagentur für Arbeit 2005, 144; Cornelißen 2005, 126; Statisches Bundesamt 2005, 82).

Längst nicht alle Männer machen Karriere im Sinne eines beruflichen Aufstiegs. Viele Arbeiter und kleine Angestellte verbleiben zum Teil Jahrzehnte in ihrer Position. Was die hierarchische Stellung der abhängig beschäftigten Männer betrifft, so zeigt die Statistik für das Jahr 2004 folgende Verteilung: höhere Angestellte und Beamte: 22 %, gehobene Angestellte und Beamte, Meister: 23 %, mittlere Angestellte und Beamte, Facharbeiter:

35 %, einfache Angestellte und Beamte, angelernte Arbeiter: 21 % (Cornelißen 2005, 131).

Trotz gewisser Zuwächse bei den Teilzeitbeschäftigten gilt noch immer, dass der typische Mann vollzeiterwerbstätig ist. Im Jahr 2004 arbeiteten 85 % der abhängig beschäftigten Männer 36 Stunden pro Woche und mehr, weitere 8 % arbeiteten 32–35 Stunden. Lediglich 7 % verbrachten 31 Stunden und weniger an ihrem Arbeitsplatz. Insgesamt betrachtet hat die so genannte „tatsächliche" Wochenarbeitszeit von Männern von durchschnittlich 47,5 Stunden im Jahr 1960 auf 40,5 Stunden im Jahr 1998 abgenommen (Cornelißen 2005, 113; Klammer u. a. 2000, 158). Die Arbeitszeit steigt in der Regel mit der Höhe der Position, wobei seit einigen Jahren ein Polarisierungstrend zu beobachten ist. Es wachsen sowohl die Gruppen der Beschäftigten mit besonders kurzen als auch mit besonders langen Arbeitszeiten. Männer sind in der ersten Gruppe äußerst selten und in der zweiten Gruppe sehr stark vertreten. So arbeitet jeder fünfte Mann 45 und mehr Stunden pro Woche, jeder Zehnte sogar 55 Stunden und mehr (Klammer u. a. 2000, 162). Männer sind auch häufiger von flexibler Arbeitszeit betroffen. Im Jahr 2004 leisteten 53 % aller Männer „gelegentlich", „regelmäßig" oder „ständig" Wochenend-, Schicht- und/oder Nachtarbeit (Cornelißen 2005, 116).

Arbeit kann nicht nur Freude bereiten, den Tag strukturieren, die Identität fundieren und den Status und die Existenz sichern. Sie kann auch psychisch und physisch belasten, krank machen oder gar zum Tode führen. Traditionell werden Tätigkeiten, die mit besonderen Gefahren verbunden sind, zumeist von Männern ausgeübt. Je gefährlicher ein Beruf, um so höher der Männeranteil. In 80 % aller im Jahr 2003 gemeldeten Arbeitsunfälle waren Männer betroffen. In den Berufsgruppen Maschinenmechaniker/andere Metallberufe, Bauberufe, Kfz-Führer sowie Hilfsarbeiter in der Fertigung ist die Unfallgefahr am höchsten. Im Jahr 2003 lag der Männeranteil bei den neu bewilligten Unfallrenten bei 83,8 % und bei den tödlichen Arbeitsunfällen bei betrieblicher Tätigkeit bei 93,3 % (Anzahl der getöteten Männer: 444, Frauen: 32) (Hauptverband der gewerblichen Berufsgenossenschaften 2005, 41ff).

Die Fixierung auf den Beruf, ob gewollt oder ungewollt, bewirkt, dass berufliche Probleme und Belastungen bei Männern besonders schwer wiegen. Seien es monotone Tätigkeiten, Unterforderung, Überforderung, Probleme mit Kollegen und Vorgesetzten, Unsicherheit des Arbeitsverhältnisses, Demütigungen, schlechte Bezahlung, Schikanen, Intrigen oder extreme körperliche Überlastung. Die große Bedeutung von Erwerbsarbeit in Verbindung mit der schlechten Arbeitsmarktlage sorgt häufig dafür, dass solche Belastungen lange ertragen werden müssen. Nur manche Männer finden eine attraktivere Arbeit oder können mit Belastungen offensiv und konstruktiv umgehen. Schädigende Bewältigungsformen können sich unter Umständen gegen sich selbst in Form von riskantem Verhalten (z. B. erhöhter Alkoholgenuss) oder auch gegen Dritte richten.

Ungefähr die Hälfte der erwerbstätigen Männer arbeitet in Positionen und Berufen, die einen beruflichen Aufstieg potentiell ermöglichen. „Viele verlassen morgens das Haus und kommen erst abends wieder. Sie stürzen sich in die Arbeit und planen dabei bewusst ihre Karriere. Sie denken an Beförderung und Gehaltserhöhungen. Ihre Konkurrenzkämpfe untereinander sind stark, viele Männer setzen ihre ganze Energie und ihren Ehrgeiz ein, um auf der Pyramide der Hierarchien eine Gehaltsstufe höher zu klettern. ... Positions-, Rang- und Dominanzkämpfe sind an der Tagesordnung, immer geht es darum, wer die Macht hat" (Bründel/Hurrelmann 1999, 56). In der Fachliteratur werden solche beruflichen Belastungen mit möglichen Entbehrungen in den Bereichen Emotionalität, Sozialität, Familienleben sowie mit Suchtgefährdung und anderen Gesundheitsproblemen in Verbindung gebracht. Das klassische Berufsethos vieler Männer, die Dominanz einer vor allem auf Beruflichkeit basierenden Identität wird zunehmend auch von manchen Betroffenen selbst in Frage gestellt. Allerdings oft erst dann, wenn es zu einer Krise oder gar einem psychischen Zusammenbruch, zum Beispiel in Folge von Entlassung nach jahrzehntelangem Engagement gekommen ist.

Arbeitslosigkeit bei Männern

Die Arbeitslosigkeit stellt in Deutschland seit ca. dreißig Jahren das größte gesellschaftliche Problem dar. Der Anteil der Arbeitslosen an allen Erwerbspersonen, der in Form der Arbeitslosenquote erhoben wird, ist kontinuierlich angestiegen. Immer mehr Menschen sind bzw. werden zeitweise oder gar jahrelang von Arbeitslosigkeit betroffen. Seit Jahren steigt der Anteil der Langzeitarbeitslosen, also der Personen, die ein Jahr und länger ununterbrochen arbeitslos sind, kontinuierlich an. Im Jahr 2004 waren dies im offiziellen Jahresdurchschnitt 1.681.000 Menschen bzw. 38,4 % aller Arbeitslosen (Bundesagentur für Arbeit 2005).

Allerdings bildet die offizielle Statistik nur einen Teil der Wirklichkeit ab. Tatsächlich ist der Umfang derjenigen Menschen, die erwerbstätig sein möchten und aktiv nach Arbeit suchen bzw. die Suche aufgegeben haben, um einiges größer, wenngleich die genaue Zahl unbekannt ist. Man spricht von der so genannten Stillen Reserve oder von verdeckter Arbeitslosigkeit. Dazu zählen die Teilnehmer in Maßnahmen der Arbeitsförderung, Arbeitslose, die sich nicht bei den Arbeitsagenturen melden sowie weitere Menschen, die bei einem entsprechenden Angebot an Arbeitsplätzen arbeiten würden. Eine Studie in Großbritannien (Alcock u. a. 2003) erforschte den Umfang und die Situation von Männern, die als „detached male workforce", also als (vom Arbeitsmarkt) „abgetrenntes männliches Arbeitskräftepotential" bezeichnet wurden. Dabei stellte sich heraus, dass die offiziell als arbeitslos gemeldeten Männer nur 26,1 % der Untersuchungsgruppe ausmachten, zu der außerdem viele Langzeitkranke (36,8 %), Vorruheständler (18,3 %) und weitere Betroffene wie beispielsweise nichterwerbstätige allein erziehende Väter gehörten. Damit war die Gruppe der sogenannten „economically inactive" größer als die der offiziell als arbeitslos Gemeldeten. Die meisten waren unfreiwillig in ihre Situation gelangt, dies galt auch für viele Vorruheständler. Wie groß der Männeranteil sowie ihre Anzahl in der Stillen Reserve in Deutschland ist, ist unerforscht.

Im Jahr 2004 lag die amtliche Arbeitslosenquote im Jahresdurchschnitt bei 10,5 %. Dahinter standen 2.448.589 Männer und 1.932.451 Frauen. Die Arbeitslosenquote der Männer betrug 11,0 %, diejenige der Frauen 10,1 %. Während die sich Quote bei den Männern seit 1991 mehr als verdoppelt hat, ist sie bei den Frauen lediglich moderat angestiegen. In Ostdeutschland war die Quote bei Männern und Frauen nahezu gleich hoch (18,5 % bzw. 18,45 %), in Westdeutschland betrug sie bei den Männern 9,0 % und bei den Frauen 7,8 %. Bei den Langzeitarbeitslosen lag der Anteil der Männer im September 2004 bei 53,1 %, in Westdeutschland sogar bei 58,1 %. Schaut man sich die Gruppe der arbeitslos gemeldeten Männer genauer an, so stellt man fest, dass im Mai 2003 fast alle (99,2 %) einen Vollzeitarbeitsplatz suchten (Frauen: 80,7 %). Gerade diese wurden aber in den letzten Jahren abgebaut. In Westdeutschland waren im Jahr 2004 17,8 % aller arbeitslosen Männer Ausländer, sehr viele von ihnen gehörten zur Gruppe der Geringqualifizierten (Statistisches Bundesamt 2005, 94; Bundesagentur für Arbeit 2005, 22, 57, 155f). Im internationalen Vergleich der EU-Länder bzw. auch im OECD-Bereich zeigt sich, dass Deutschland das Land mit der höchsten Quote arbeitsloser Männer ist. Die sogenannte standardisierte Erwerbslosenquote betrug hier im Frühjahr 11,4 %, während der EU-Durchschnitt für die Arbeitslosigkeit bei Männern bei lediglich 7,7 % lag (Frauen in der EU: 9,2 %) (Bundesagentur für Arbeit 2005, 78; Allmendinger et al. 2005, 286).

Das Arbeitsmarktrisiko von Männern

Massenarbeitslosigkeit ist gesellschaftlich verursacht, wobei die Risiken arbeitslos zu werden bzw. zu bleiben je nach Person und Situation sehr unterschiedlich verteilt sind. Individuelle Eigenschaften und Merkmale haben einen erheblichen Einfluss auf das Arbeitsmarktrisiko, gleichwohl sind strukturelle Bedingungen ebenfalls von großer Bedeutung. Während das Risiko arbeitslos zu werden (Zugangsrisiko) beispielsweise auch branchen- und betriebsgrößenabhängig ist, beeinflussen Alter, Qualifikation und Gesundheitszustand das sogenannte Verbleibsrisiko ganz erheblich (Kieselbach/Wacker 2000). Darüber hinaus spielen Lebensereignisse wie Scheidung oder Verwitwung zunehmend eine große Rolle. Die Studie von Alcock u. a. (2003) zeigt auf, wie fragil die Verbindung mancher Männer zum Arbeitsmarkt geworden ist. Eine zentrale Erkenntnis war, dass Männer oft nicht aufgrund einer einzigen Ursache dauerhaft vom Arbeitsmarkt abgekoppelt wurden, sondern dass dies die Folge des Zusammenwirkens mehrerer Faktoren war. Dazu zählten neben Alter, Gesundheitszustand und Qualifikation auch die Familiensituation, der regionale Arbeitsmarkt und der Umfang der Sozialen Absicherung.

Das Risiko für Männer arbeitslos zu werden bzw. zu bleiben, steigt seit Mitte der siebziger Jahre kontinuierlich an. Anfang der achtziger Jahre wurde in Westdeutschland bei den männlichen Arbeitslosen die Millionengrenze überschritten. Seit Beginn der neunziger Jahre nimmt die Arbeitslosigkeit von Männern immer stärker zu und nähert sich allmählich der Jahresdurchschnittszahl von drei Millionen. Während ihre Zahl von 1991 bis 2004 (Jahresdurchschnitt) um 1,6 Millionen anstieg, betrug die Zunahme bei den arbeitslosen Frauen „nur“ 0,7 Millionen (Cornelißen 2005, 98, 140).

Der Umfang und die Qualität der schulischen und beruflichen Bildung entscheidet zunehmend über die Integration in den Arbeitsmarkt. Aktuelle Zahlen zeigen, dass sich die Arbeitsmarktlage für Männer mit geringer Schulbildung weiter verschlechtert hat. So lag die Erwerbstätigenquote bei Männern (30 bis 64 Jahre) ohne Schulabschluss im Jahr 2004 bei 52 %, bei Männern mit Fachhoch-/Hochschulreife bei 86 % (Cornelißen 2005, 107). Je höher der Schul- sowie der Berufsabschluss, umso höher ist die Erwerbstätigenquote. Umgekehrtes gilt für die Arbeitslosenquoten. Bei Männern mit Hochschulabschluss lag diese im Jahr 2004 bei durchschnittlich 3,5 % während sie bei Männern ohne Ausbildung 27,8 % betrug. Lag die Arbeitslosenquote bei Männern ohne Ausbildung im Jahr 1991 noch bei 15,1 %, so hat sie sich damit fast verdoppelt. 36 % aller arbeitslosen Männer im Jahr 2004 hatten keine abgeschlossene Berufsausbildung (Allmendinger u. a. 2005, 239, 245).

Es ist auffällig, dass in Bereichen, in denen viele Arbeitsplätze abgebaut wurden bzw. noch werden, der Anteil von Männern besonders hoch ist. Hierzu gehören die Land- und Forstwirtschaft, der Bergbau, das Baugewerbe sowie das verarbeitende Gewerbe. Der Strukturwandel trifft Männer – insgesamt betrachtet – stärker als Frauen. Männer sind besonders oft dort eingesetzt, wo es um Tätigkeiten wie Maschinen einrichten, fahren, überwachen, anbauen, gewinnen, herstellen, montieren, bauen, planen, leiten und kontrollieren geht. Seltener üben sie Tätigkeiten wie informieren, beraten, lehren, pflegen oder versorgen aus. Viele Tätigkeiten in typischen Männerberufen sind sachbezogen und können leichter durch Technik ersetzt werden als personenbezogene Dienstleistungen, die häufiger durch Frauen erbracht werden. Darüber hinaus ist die Erwerbsquote bei Frauen in den vergangenen Jahrzehnten kontinuierlich angestiegen, sodass der Wechsel in eine andere Tätigkeit auch deswegen erschwert ist. Im Ruhrgebiet, welches ganz besonders vom Strukturwandel betroffen ist, ist der Männeranteil bei den Arbeitslosen besonders hoch. Dort waren zum Beispiel im September 2003 182.953 Männer arbeitslos gemeldet, was einer Arbeitslosenquote von 14,6 % und 60,1 % aller Arbeitslosen entsprach (Kommunalverband Ruhrgebiet 2004).

Bekanntlich haben auch das Alter sowie der Gesundheitszustand einen großen Einfluss auf das Arbeitsmarktrisiko. Treten mehrere dieser Risiken in Kombination auf, so wird die Situation für viele fast hoffnungslos. Insgesamt betrachtet hat sich das Arbeitsmarktrisiko für Männer zwischen 1991 und 2004 verdoppelt, während das der Frauen erfreulicherweise nur unwesentlich angestiegen ist (Cornelißen 2005, 103).

Männer werden nicht nur besonders oft „freigesetzt". Auch ihr Ersteintritt in Ausbildung und Arbeit wird immer schwieriger. Ganz besonders gilt das für diejenigen ohne Schulabschluss bzw. mit Hauptschulabschluss. Sie stellen eine wachsende Risikogruppe dar und sind von Arbeitslosigkeit oder unsicheren und unattraktiven Arbeitsverhältnissen dauerhaft bedroht. Dies zeigt sehr deutlich die Erwerbslosenquote bei den 20–24-Jährigen, die in West- und Ostdeutschland bei den Männern jeweils ca. 5 % höher ist als diejenige der Frauen und damit den größten Unterschied über alle Altersgruppen hinweg darstellt (Cornelißen 2005, 143).

Mögliche Folgen der Arbeitslosigkeit bei Männern

Das Konzept der differentiellen Arbeitslosenforschung betont die Vielfalt der empirisch belegten Bewältigungsformen von Arbeitslosigkeit. Kieselbach (1998, 52f) zufolge „gibt es keinen Reaktionsautomatismus auf Arbeitslosigkeit. Zwischen relativ belastungsfreien Bewältigungsformen bei selbstgewählten beruflichen Übergängen und dramatischen Zuspitzungen als Folge einer Summierung alltäglicher Belastungen und dem Verstärkungseffekt von Arbeitslosigkeit bei psychosozialen Krisen finden sich vielfältige Formen individueller Bewältigung, deren konkrete Ausprägung von einer Vielzahl von Moderatorvariablen mitbestimmt wird." Zu diesen Moderatorvariablen zählen die finanziellen Einschränkungen, die Arbeits- und Berufsorientierung, das Alter, das Geschlecht, die Dauer der Arbeitslosigkeit, das Qualifikationsniveau, die Ursachenattribution und Kontrollerwartung, das persönliche Aktivitätsniveau, die soziale Unterstützung, Hilfeersuchen und Verfügbarkeit von Hilfsangeboten, die Höhe der Arbeitslosenquote sowie frühere Erfahrungen mit Arbeitslosigkeit und Stressbelastbarkeit.

Gleichwohl ist Arbeitslosigkeit ein kritisches Lebensereignis, welches mit zunehmender Dauer erhebliche negative Folgen haben kann. Bei vielen Betroffenen, zumal bei Männern, entsteht psychosozialer Stress und ein „fundamentales Verlustgefühl". Ökonomische Sicherheit, soziale Einbindung, Selbstwertgefühl, Zeitstrukturierung und externe Anforderungen gehen verloren oder schwächen sich ab. Finanzielle Probleme, Zukunftsunsicherheit und Stigmatisierung führen zu einer Verstärkung der Belastungen. Viele Betroffene ziehen sich ins Private zurück, manche erleben sich als minderwertig und entwickeln einen Rechtfertigungsdrang (Bründel/Hurrelmann 1999, 61; Kieselbach/Wacker 2000, 117; Kieselbach 1998, 52).

Insgesamt betrachtet sind Männer seltener als Frauen in der Lage, die Belastungen der Arbeitslosigkeit zu ertragen oder gar konstruktiv damit umzugehen. Während sich arbeitslose Frauen sinnstiftenden Tätigkeiten und Lebenswelten wie Haushalt, Familie oder Kinderbetreuung widmen können, verhindert der individuell und gesellschaftlich eingeschränkte männliche Handlungsraum nicht selten subjektiv und objektiv eine alternative Tätigkeit und Sinnstiftung. Auch deswegen empfinden viele Männer Arbeitslosigkeit als Zerstörung ihrer männlichen Identität.

Cottle (2001) hat als Therapeut arbeitslose Männer betreut. Seines Erachtens stellt die Langzeitarbeitslosigkeit für viele die härteste Zeit ihres Lebens dar, sie kann sogar zum Trauma werden.

„Yet the fact is that long-term unemployment has the potential literally to destroy people" (Cottle 2001, 191).

Ein Betroffener äußerte:

„I'm alive but I'm not living. I'm going nowhere so fast you can't even see me move. But I'm moving. To nowhere" (Cottle 2001, xi).

Ein anderer Mann hatte folgende Wahrnehmung:

„There's only two words for me: Either you work every day in a normal nine-to-five job with a couple week's vacation, or you're dead! There's no in-between … Working is breathing. It's something you don't think about; you just do it and it keeps you alive. When you stop you die" (Cottle 2001, 226).

Auf den geschlechtsspezifisch unterschiedlichen Umgang mit Arbeitslosigkeit machte schon die berühmte Marienthal-Studie Anfang der dreißiger Jahre aufmerksam. Jahoda, Lazarsfeld und Zeisel (1975) erforschten, wie sich Massen- und Langzeitarbeitslosigkeit in dem österreichischen Ort Marienthal bei Einzelnen, in Gruppen und auf die gesamte Gemeinde auswirkte. Dabei zeigte sich u. a., dass die arbeitslosen Männer anders mit ihrer Zeit umgingen als die arbeitslosen Frauen. Die Forscher beobachteten Männer und Frauen auf der Dorfstraße und stellten fest, dass die Männer sich langsamer bewegten und viel öfters stehen blieben.

Doppelt verläuft die Zeit in Marienthal, anders den Frauen und anders den Männern. Für die letzteren hat die Stundeneinteilung längst ihren Sinn verloren. Aufstehen – Mittagessen – Schlafengehen sind die Orientierungspunkte im Tag, die übrig geblieben sind." „Die bei den Männern am häufigsten auftretende Form der Zeitverwendung ist das Nichtstun". „Das alles gilt aber nur für die Männer, denn die Frauen sind nur verdienstlos, nicht arbeitslos im strengsten Wortsinn geworden. Sie haben den Haushalt zu führen, der ihren Tag ausfüllt. Ihre Arbeit ist in einem festen Sinnzusammenhang, mit vielen Orientierungspunkten, Funktionen und Verpflichtungen zur Regelmäßigkeit" (Jahoda u.a. 1975, 84, 87, 89).

Während sich die Rollenkonzepte von Frauen aus der Familie heraus in die Gesellschaft und Arbeitswelt hinein erweitert haben, gilt dies in die umgekehrte Richtung für Männer seltener. Insofern ist es für sie schwerer, Arbeitslosigkeit zu bewältigen. Manche versuchen aktiv zu bleiben und dem Tag eine Zeit- und Arbeitsstruktur zu geben. Sie bewerben sich häufig, tragen vielleicht sogar berufliche Kleidung, machen Reparaturen und Gartenarbeit oder übernehmen einen Teil der Hausarbeit. Oft kommt es nach relativ kurzer Zeit, zumal nach erfolglosen Bewerbungen, zu großen Frustrationen. Viele können sich dauerhaft nicht an den Verbleib zu Hause gewöhnen und fühlen sich überflüssig. Auch Frauen und Kindern fällt es nicht immer leicht, mit der neuen Situation adäquat umzugehen.

Nicht selten führt Arbeitslosigkeit zu gesundheitlichen Schäden, ungefähr ein Drittel aller Arbeitslosen wird krank, wobei Männer deutlich stärker betroffen sind (Golombek/Goosses 2005, 29). Männerspezifische Reaktions- und Bewältigungsmuster bei Arbeitslosigkeit spiegeln sich auch im geschlechtsspezifisch unterschiedlichen Gesundheitsverhalten wider. Arbeitslose Männer rauchen wesentlich häufiger als erwerbstätige Männer, während es bei Frauen keinen großen Unterschied gibt.

In ihrer Studie „Arbeitslosigkeit und Gesundheit" unterschieden Grobe und Schwartz (2003) zwischen Berufstätigen sowie Arbeitslosen, die zuvor Nebenverdiener bzw. Hauptverdiener waren. Insgesamt war der Gesundheitszustand der arbeitslosen früheren Hauptverdiener am schlechtesten. Unter diesen befanden sich besonders häufig Männer. Psychische und Verhaltensstörungen waren bei arbeitslosen Männern die mit Abstand häufigste Diagnose. „Arbeitslose Männer verbringen nahezu siebenmal mehr Tage mit einer entsprechenden Diagnose im Krankenhaus als Nicht-Arbeitslose, unter Frauen beträgt das Verhältnis 3:1" (Grobe/Schwartz 2003, 12f). Das Risiko eines Krankenhausaufenthaltes aufgrund der Diagnose

„Verhaltensstörung durch Alkohol" ist für arbeitslose Männer zehnmal so hoch wie für erwerbstätige Männer. Darüber hinaus leiden arbeitslose Männer besonders häufig unter Schizophrenien, Belastungsreaktionen sowie Depressionen.

Arbeitsförderung sowie Hilfen zur Bewältigung der Arbeitslosigkeit

Politische Maßnahmen zur Bekämpfung der Arbeitslosigkeit bestehen vor allem im Rahmen der Konjunkturpolitik, der Beseitigung von Funktionsstörungen des Arbeitsmarktes (Bürokratieabbau, Bildung, Forschung, Standortpolitik, Senkung Lohnnebenkosten) sowie der Arbeitsförderung als Kernstück der staatlichen Arbeitsmarktpolitik. Die Leistungen der Arbeitsförderung haben zum Ziel, „einen möglichst hohen Stand der Beschäftigung zu erreichen, zu erhalten und die Struktur der Beschäftigung ständig zu verbessern" (Bundesministerium für Gesundheit und Soziale Sicherung 2005, 41). Dazu gehören Beratung, Arbeitsvermittlung, Leistungen zur Förderung der beruflichen Aus- und Weiterbildung, Leistungen zur Förderung der Arbeitsaufnahme und der Aufnahme einer selbständigen Tätigkeit, Leistungen zur Erhaltung und Schaffung von Arbeitsplätzen sowie Leistungen bei Arbeitslosigkeit (z. B. Arbeitslosengeld). Arbeitsförderung wird seit den 80er Jahren unter hohem finanziellen Einsatz betrieben und basiert auf den gesetzlichen Vorgaben im 3. Buch des Sozialgesetzbuches (SGB III). Bisher existieren nur wenige unabhängige Evaluationen der diversen Kurse und Weiterbildungen. Kieselbach und Wacker gehen für Deutschland von Übergangsraten zwischen 12 und 40 % der Teilnehmer entsprechender Maßnahmen aus. „Erfolgreich sind vorrangig Maßnahmen, bei denen Elemente von Beschäftigung, Qualifizierung und Sozialbetreuung in engem Bezug auf die industrielle Realität (z. B. in Betriebspraktika) integriert sind" (Kieselbach/Wacker 2000, 118).

Obwohl Fachleute konstatieren, dass „Männer inzwischen auf größere Probleme am Arbeitsmarkt treffen als (junge) Frauen" (IAB 2006) gibt es nach meinem Kenntnisstand keine Angebote, welche die geschlechtsspezifischen Bedürfnisse, Interessen, Problemlagen und Bewältigungsformen von arbeitslosen Männern berücksichtigen. In der Tat waren lange Zeit vor allem Frauen am Arbeitsmarkt benachteiligt. Insofern war es sinnvoll, sie besonders zu fördern. Frauenförderung wurde seit den neunziger Jahren zu einem wichtigen Bestandteil aktiver Arbeitsförderung und fand seinen Eingang in das SGB III. Nach § 8 SGB III (Frauenförderung) sollen Frauen mindestens entsprechend ihrem Anteil an allen Arbeitslosen und ihrer relativen Betroffenheit gefördert werden. Mittlerweile gibt es ein flächendeckendes Angebot diverser Hilfen, Maßnahmen und Qualifizierungen, die den spezifischen Bedarf und die Lebenssituationen von Frauen systematisch mit einbeziehen, beispielsweise die Beratungsstellen „Frau und Beruf“. Darüber hinaus werden Frauen überproportional und entgegen der Richtlinien insgesamt stärker finanziell gefördert, was zur Benachteiligung von Männern führt. Beispielsweise stellten Frauen im Jahr 2004 52,2 % der Teilnehmer an beruflicher Weiterbildung bei einem Zielförderanteil von lediglich 40,7 %. Letzterer beruht auf der geringeren Erwerbsquote von Frauen (Bundesagentur für Arbeit 2005, 103). Das höhere Arbeitsmarktrisiko von Männern zeigt auf, dass in Zukunft neben die Frauenförderung im Sinne des § 8 SGB III eine Männerförderung treten muss. Das verbindliche Prinzip des Gender Mainstreamings widerspricht der einseitigen Konzentration auf die Interessen von Frauen. Frauen und Männer haben geschlechtsspezifische Risiken auf dem Arbeitsmarkt und damit jeweils einen Anspruch auf adäquate Hilfen und Angebote.

Wie dargestellt, kann Arbeitslosigkeit zu erheblichen psychischen und physischen Belastungen führen. Insofern ist eine frühzeitige psychosoziale Stabilisierung bei vielen Betroffenen angezeigt. Neben Maßnahmen der Arbeitsförderung, in denen manchmal auch an der psychosozialen Stabilisierung gearbeitet wird, sollten nicht nur für den gesetzlich definierten Kreis der Förderberechtigten, sondern für alle Betroffenen entsprechende niedrigschwellige Angebote zur Verfügung stehen.

In Deutschland existierten im Jahr 2000 ca. 800 Arbeitslosentreffs, -zentren und -selbsthilfegruppen. Diese bieten diverse Dienstleistungen und Hilfen zumeist unentgeltlich an. Allerdings sind nicht wenige der Einrichtungen abhängig von Spenden und Zuschüssen und damit immer wieder in ihrer Existenz gefährdet. Die Einrichtungen verstehen sich als Interessenvertretung von Arbeitslosen, sie beraten und helfen bei Bewerbungen. Als sozialer Treffpunkt gehen sie gegen die (Selbst-)Isolation von Arbeitslosen an und führen dazu diverse Veranstaltungen und Freizeitaktivitäten durch. In einzelnen Einrichtungen wird sich der Problematik auch geschlechtsbewusst gewidmet. Beispielsweise wurde in einigen Arbeitslosenzentren eine Männergruppe eingerichtet. Allerdings suchen die meisten arbeitslosen Menschen Arbeitslosenzentren gar nicht oder nur zu einzelnen Beratungsanlässen auf. Insofern käme es in Zukunft darauf an, entsprechende Einrichtungen wesentlich mehr als bisher zu fördern und offensiv auszubauen. Darüber hinaus müssten unbedingt weitere Möglichkeiten für Männer geschaffen werden. Gerade sie benötigen Angebote für eine sinnstiftende Tagesgestaltung in Gemeinschaft mit anderen Menschen. Wichtig wäre dabei, die individuellen psychosozialen Folgen der Arbeitslosigkeit nicht vom gesellschaftlichen Kontext zu isolieren, sondern sie darin einzubetten, um damit einen Beitrag zur Entindividualisierung von Arbeitslosigkeit zu leisten.

Schlussfolgerungen

Erwerbsarbeit ist und bleibt ein wesentliches Fundament der männlichen Identität und des männlichen Alltags, zumal in Zeiten abnehmender sozialer Sicherung. Dies ist kein Widerspruch zu der Tatsache, dass immer weniger Menschen ein abgesichertes lebenslanges Normalarbeitsverhältnis haben. Berufliche Biographien sind zunehmend von Phasen diverser Beschäftigungen in Form von Praktikum, Selbständigkeit, befristeter oder unbefristeter Anstellung, aber auch von Phasen kürzerer oder längerer Arbeitslosigkeit gekennzeichnet. Es wird Flexibilität, Weiterbildungs- und Veränderungsbereitschaft erwartet. Gerade Männer sind davon betroffen, da viele der von ihnen ausgeübten Berufe und Tätigkeiten dem wirtschaftlichen Strukturwandel unterliegen. Dass sich seit 1991 die Arbeitslosenquote der Männer verdoppelte, ist in der Öffentlichkeit sowie in der Profession der Sozialen Arbeit wenig bekannt. Man muss davon ausgehen, dass sich diese Misere weiter vergrößert. Noch immer steigt die Zahl der Männer, die jahrzehntelang berufstätig waren und auf einmal „freigesetzt" werden, um dann oftmals keinen angemessenen Arbeitsplatz mehr zu bekommen. Darüber hinaus wächst der Anteil der von „Bildungsarmut" betroffenen jungen Männer. Schulabgänger ohne Abschluss, ehemalige Haupt- und Sonderschüler, aber auch mancher Absolvent einer weiterführenden Schule, einer „Warteschleife" oder einer „berufsvorbereitenden Bildungsmassnahme" wird ein Erwerbsleben vor sich haben, welches durch Phasen der Arbeitslosigkeit, Unsicherheit, geringe Bezahlung und schlechte Arbeitsbedingungen gekennzeichnet ist. Es wächst die Gruppe sozial deklassierter Männer, denen es im Unterschied zu Frauen mit ähnlichen Benachteiligungen häufiger verwehrt bleibt, ein einigermaßen gesichertes und kontinuierliches „gutes" Leben zu realisieren und beispielsweise eine Familie zu gründen („uneducated, unemployed, unmarried"). Stattdessen muss damit gerechnet werden, dass es manchem nicht gelingen wird, mit andauernder Unsicherheit und Zukunftsangst konstruktiv umzugehen. Während ältere, arbeitslos gewordene Männer wenigstens das Bewusstsein haben können im Sinne der vorherrschenden gesellschaftlichen Logik in der Vergangenheit „wichtig" gewesen zu sein und damit auch in der Gegenwart Anspruch auf Anerkennung zu haben, haben manche jungen Männer keine Aussicht, gesellschaftliche Anerkennung noch jemals zu gewinnen. Dies könnte einige dazu verlocken, die Anerkennung innerhalb bestimmter Subkulturen, zum Beispiel bei Rechtsradikalen, in kriminellen oder islamistischen Kreisen zu suchen.

Wie kann dieser Entwicklung innerhalb und außerhalb der Sozialen Arbeit begegnet werden? Neben beschäftigungswirksamen Maßnahmen schlage ich die folgenden begleitenden Strategien und Vorgehensweisen vor: In der schulischen und außerschulischen Bildung und Erziehung kommt es darauf an, die Beschäftigungsfähigkeit von Jungen und männlichen Jugendlichen in einer Dienstleistungs- und Wissensgesellschaft zu fördern. Eine geschlechtsbewusste Berufsorientierung und Lebensplanung sollte Jungen Alternativen zu traditionellen männlichen Berufen und Biographien aufzeigen. Dazu gehört auch die Heranführung an vermeintlich weibliche Tätigkeiten, Berufe und Lebenswelten. Die dafür wichtigen Fähigkeiten wie sprachliche und kommunikative Kompetenzen, emotionale und soziale Kompetenz, Anpassungsfähigkeit und Flexibilität sollten bei Jungen besonders gefördert werden. Das Öffnen ehemals weiblicher Berufsfelder kann allerdings nur dann gelingen, wenn Berufsverbände, Kammern, Unternehmen und Gewerkschaften offensiv daran mitwirken. Dies erscheint eher fraglich, weil es nicht immer im Interesse von Funktionärinnen und Funktionären ist. Ähnliches gilt hinsichtlich des Themas Teilzeitbeschäftigung für Männer und Führungskräfte. Im Jahr 2003 arbeiteten in Deutschland nur 5,9 % aller männlichen Beschäftigen in Teilzeit, während die entsprechende Quote in den Ländern Australien, Dänemark, Japan, Kanada, Neuseeland und den Niederlanden zwischen immerhin 10 % und 16 % lag (Allmendinger u. a. 2005, 282). Die meisten Männer in Deutschland orientieren sich schon aus materiellen Gründen ausschließlich an Vollzeitarbeitsplätzen. Eine Kultur der Teilzeitbeschäftigung für Männer könnte Arbeitszeit auf mehr Köpfe verteilen und damit auch den Wiedereinstieg arbeitsloser Männer und Frauen in die Arbeit erleichtern. Außerdem kann ein Teilzeitarbeitsplatz sich durchaus zu einem Vollzeitarbeitsplatz entwickeln. Darüber hinaus würde eine Teilzeitkultur die Vereinbarkeit von Familie und Beruf und damit die Wahrnehmung der Vaterrolle fördern.

Zum Abschluss ist noch einmal zu bemerken, dass im Bereich der Arbeitsförderung darauf hinzuwirken ist, dass Männer als spezifische Zielgruppe gegenüber Frauen nicht mehr benachteiligt werden. Es müssen empirisch fundierte Konzepte, Fördermittel und spezifische Maßnahmen zur Verfügung stehen, die es ermöglichen, die Beschäftigungsfähigkeit von jungen und älteren Männern zu erhalten bzw. herzustellen.

Literatur

Alcock, P., Beatty, C., Fothergill, S., Macmillan, R., Yeandle, S. (2003): Work to Welfare. How Men Become Detached from the Labour Market. Cambridge University Press, Cambridge

Allmendinger, J., Eichhorst, W., Walwei, U. (Hrsg.) (2005): IAB Handbuch Arbeitsmarkt. Analysen, Daten, Fakten. Campus Verlag, Frankfurt/New York

Bründel, H., Hurrelmann, K. (1999): Konkurrenz, Karriere, Kollaps: Männerforschung und der Abschied vom Mythos Mann. Kohlhammer, Stuttgart

Bundesagentur für Arbeit (2005): Arbeitsmarkt 2004. Amtliche Nachrichten der Bundesagentur für Arbeit. 53. Jg., Sondernummer, 30. August 2005

Bundesministerium für Gesundheit und Soziale Sicherung (Hrsg.) (2005): Übersicht über das Sozialrecht. Nürnberg.

Cornelißen, W. (Hrsg.) (2005): Gender-Datenreport. Kommentierter Datenreport zur Gleichstellung von Frauen und Männern in der Bundesrepublik Deutschland. München.

Cottle, T. (2001): Hardest Times. The Trauma of Long Term Unemployment. Praeger, Westport, Connecticut

Golombek, J., Goosses, A. (2005): Wenn Arbeit krank macht – Psychologische Folgen von Arbeitsstress, Arbeitslosigkeit und der Veränderungen von Arbeitsrahmenbedingungen für Männer. In: Heinrich Böll Stiftung (Hrsg.): Männer und Arbeit. Zukunft der Arbeit(slosigkeit). Schriften zur Geschlechterdemokratie Nr. 11, 27–36

Grobe, T., Schwartz, F. (2003): Arbeitslosigkeit und Gesundheit. Gesundheitsberichterstattung des Bundes. Heft 13. Herausgegeben vom Robert-Koch-Institut in Zusammenarbeit mit dem Statistischen Bundesamt.

Hauptverband der gewerblichen Berufsgenossenschaften (Hrsg.) (2005): Arbeitsunfallstatistik 2003. Bearbeitet von B. Hoffmann und R. Rostek. St. Augustin

IAB (Institut für Arbeitsmarkt- und Berufsforschung) (2006) http://www.iab.de/asp/mitarbeiterDB/nodeBereichDetails.asp?pkyNode=40 (8.2.2007)

Jahoda, M., Lazarsfeld, P., Zeisel, H. (1975): Die Arbeitslosen von Marienthal. Ein soziographischer Versuch. Suhrkamp, Frankfurt am Main

Jahoda, M. (1995): Wieviel Arbeit braucht der Mensch? Beltz, Weinheim

Kieselbach, T. (1998): Arbeitslosigkeit. In: Grubitzsch, S., Weber, K. (Hrsg.): Psychologische Grundbegriffe. Ein Handbuch. Rowohlt, Reinbek bei Hamburg

– (1999): Arbeitslosigkeit, In: Asanger, R., Wenninger, G. (Hrsg.): Handwörterbuch Psychologie. Beltz, Weinheim

Kieselbach, T., Wacker, A. (2000): Arbeitslosigkeit. In: Wenninger, G. (Hrsg.): Lexikon der Psychologie. Erster Band. Springer, Heidelberg/Berlin, 115–118

Klammer, U., Klenner, C., Ochs, C., Radke, P., Ziegler, A. (2000): WSI-FrauenDatenReport. Berlin, Edition Sigma

Kommunalverband Ruhrgebiet (2004): Regionalinformation Ruhrgebiet. Juni 2004. http://www.rvr-online.de/wirtschaft/Strukturanalyse_140662004.pdf

Matzner, M. (2004): Vaterschaft aus der Sicht von Vätern. VS Verlag, Wiesbaden

Statistisches Bundesamt (Hrsg.) (2005): Statistisches Jahrbuch 2005. Wiesbaden

Die schulische Bildung von Jungen und jungen Männern in Deutschland

von Heike Diefenbach

In Deutschland sind formale Bildung, insbesondere Bildungsabschlüsse, und Berufspositionen eng miteinander verknüpft, und diese Verknüpfung strukturiert den gesamten Lebensverlauf: Jugendliche ohne Schulabschluss laufen Gefahr, sogenannte Maßnahmekarrieren zu durchlaufen, die nachweislich keine alternativen Wege in reguläre Erwerbsverhältnisse darstellen (Solga 2002); niedrig Gebildete haben deutlich höhere Risiken, arbeitslos zu werden oder dauerhaft arbeitslos zu bleiben als höher Gebildete (Velling/Pfeiffer 1997); und Personen mit vergleichsweise niedriger Bildung sind häufiger unterhalb ihrer (ohnehin schon geringeren) Qualifikation beschäftigt als höher Gebildete (Velling/Pfeiffer 1997, 201).

Dabei ist zu berücksichtigen, dass sich Differenzen im männlichen Lebensverlauf stärker als im weiblichen in Abhängigkeit vom Niveau der schulischen sowie der beruflichen Bildung einstellen (Krüger 1996). Jungen Männern steht – anders als jungen Frauen – in der Realität (derzeit noch?) kein gesellschaftlich akzeptierter alternativer Lebensentwurf als „Vollzeit-Vater“ oder Ehe- und Hausmann zur Verfügung, und selbst dann, wenn dies ein gesellschaftlich akzeptierter Entwurf wäre, so wäre es in einer Gesellschaft wie der unseren, in der die Partnerwahl sozial homogam oder hypergam (aber nur in seltenen Fällen hypogam) erfolgt, mangels Partnerin unwahrscheinlich, dass er sich verwirklichen lassen würde. Gelingt Männern der Übergang in eine Normal-Erwerbsbiographie nicht, so ist die Gefahr des sozialen Ausschlusses für sie daher größer als für Frauen. Dementsprechend sind Obdachlosigkeit und Nichtsesshaftigkeit nach wie vor typisch männliche Phänomene (Griese 2000), und auch strafrechtlich relevantes abweichendes Verhalten muss als männliche Domäne gelten: Nach Angaben des Statistischen Bundesamtes waren im Jahr 2003 82,6 % der Verurteilten und 95,6 % der Strafgefangenen Männer (http://www.destatis.de). In seiner Analyse von Daten aus dem Jahr 1988 hat Geißler (1996, 331) festgestellt, dass zwei Drittel der Häftlinge keinen Hauptschulabschluss hatten.

Weil die Lebenschancen und Biographien von Männern also besonders stark von ihrem Bildungserfolg beeinflusst werden und die berufliche Bildung ebenso wie die höhere Bildung vom Bildungserfolg in den Primar- und Sekundarstufen des allgemein bildenden Schulsystems abhängen, soll in diesem Beitrag die Situation von Jungen oder jungen Männern im allgemein bildenden Schulsystem Deutschlands beschrieben werden, wobei die

Darstellung aus Geschlechter vergleichender Perspektive erfolgt. Anschließend werden einige Überlegungen dazu angestellt, ob eine Jungenarbeit im Rahmen einer Schulsozialarbeit dazu beitragen kann, die Bildungschancen und den schulischen Erfolg von Jungen und von Mädchen einander anzunähern.

1 Die Situation von Jungen oder jungen Männern im System schulischer Bildung

Aus der Bildungsforschung liegt inzwischen eine Reihe von Befunden vor, die klar belegen, dass Jungen in Deutschland – übrigens ebenso wie in anderen westlichen Ländern, wie z. B. den USA (Coley 2001; Hedges/Nowell 1995), Jamaica (Management Systems International 2005), Australien (MacCann 1995; Teese u. a. 1995), Großbritannien (Equal Opportunities Commission 1998; Weiner u. a. 1997) oder speziell Schottland (Powney 1996) – bezüglich ihrer schulischen Bildung deutliche Nachteile gegenüber Mädchen haben. Dies beginnt bereits mit der Einschulung: „Nur 4,1 Prozent der Mädchen, aber 6,9 % der Jungen wurden [im Schuljahr 2003/2004] verspätet eingeschult" (Stürzer 2005, 31). Gleichzeitig wurden „... 9,5 Prozent der Mädchen und 6,2 Prozent der Jungen vorzeitig als sogenannte ‚Kann-Kinder' eingeschult" (Stürzer 2005, 30). Avenarius u. a. (2003, 204) stellen entsprechend fest: „Unter den Zurückstellungen vom Schulbesuch sind mehr als 60 % Jungen; überrepräsentiert sind Mädchen bei der vorgezogenen Einschulung."

Wie die IGLU-Studie bzw. die IGLU-E-Studie aus dem Jahr 2001 gezeigt hat, erzielen Jungen bereits in der Grundschule bessere Leistungen in den Naturwissenschaften und in Mathematik als Mädchen (Prenzel u. a. 2003, 175; Walther u. a. 2003, 218f), während Mädchen in der Grundschule geringfügig bessere Leistungen im Leseverständnis zeigen (Bos u. a. 2003, 114f). Während der Vorsprung der Jungen in den Naturwissenschaften in der Sekundarstufe aber etwa so groß ist wie in der Grundschule (Prenzel u. a. 2003, 167) und sich ihr Vorsprung in Mathematik verringert (Avenarius u. a. 2003, 226), ist der Vorsprung der Mädchen bezüglich des Leseverständnisses im Alter von 15 Jahren deutlich größer als er es in der Grundschule ist (Stanat/Kunter 2003).

Bellenberg (1999, 187) hat anhand ihrer Analysen der Daten des Statistischen Bundesamtes für Nordrhein-Westfalen belegt, dass bereits in der Grundschule, die von allen Schultypen die niedrigsten Wiederholerquoten aufweist (Avenarius u. a. 2003, 205), Jungen häufiger als Mädchen eine Klasse wiederholen müssen. Dies gilt jedoch auch für Schüler in der Sekundarstufe: Im Schuljahr 2001/02 war der Wiederholeranteil in den Klassenstufen 7 bis 10 in Deutschland unter Jungen mit 3,8 % höher als unter Mädchen mit 2,5 %. Betrachtet man die Befunde für die einzelnen Bundesländer, so stellt man fest, dass es kein einziges Bundesland gibt, in dem unter Mädchen ein höherer Wiederholeranteil zu beobachten ist als unter Jungen (Avenarius u. a. 2003, 205, Tabelle C3/2).

Die Nachteile, die Jungen bezüglich der Einschulung und der Wiederholerquoten haben, wirken sich insofern negativ auf den Übertritt von der Grundschule in die Sekundarstufe aus, als „Kinder, die bei der Einschulung zurückgestellt wurden bzw. die schon in der Grundschule eine Klasse wiederholt haben, geringere Chancen haben, den Übertritt in ein Gymnasium zu schaffen ...“ (Stürzer 2005, 31). Von diesem negativen Folgeeffekt früherer Nachteile von Jungen in der Schullaufbahn abgesehen, gibt es Hinweise auf eine Benachteiligung von Jungen gegenüber Mädchen bei der Grundschulempfehlung: Für Bremen hat Kemnade (1989) im Rahmen ihrer Schullaufbahnuntersuchung festgestellt, dass Mädchen häufiger als Jungen eine Empfehlung für höher qualifizierende Bildungsgänge erhalten, und die LAU-Studie hat für Hamburg belegt, dass Jungen etwas bessere Leistungen erbringen müssen als Mädchen, um eine Übergangsempfehlung auf das Gymnasium zu erhalten (Lehmann/Peek 1997, 89ff).

Aus diesen und möglicherweise anderen, bislang nicht untersuchten Gründen (z. B. mit dem Geschlecht des Kindes variierende Elternwünsche) sind Jungen an Gymnasien weit seltener und gleichzeitig an Hauptschulen weit häufiger vertreten als Mädchen: Im Schuljahr 2004/05 besuchten 26,25 % aller Schülerinnen an allgemein bildenden Schulen ein Gymnasium, aber nur 21,45 % aller Schüler, während 9,99 % aller Schülerinnen und 16,56 % aller Schüler eine Hauptschule besuchten. An Realschulen und Integrierten Gesamtschulen waren die Anteile beider Geschlechter mit 13,72 % der Schülerinnen und 12,30 % der Schüler an Realschulen und 5,57 % aller Schülerinnen und 5,63 % aller Schüler an Integrierten Gesamtschulen einander ähnlich. Ein deutlicher Unterschied zuungunsten der Jungen war an Sonderschulen zu beobachten, die von 5,49 % aller Schüler, aber nur von 3,30 % aller Schülerinnen besucht wurden (eigene Berechnungen auf Grundlage der Daten des Statistischen Bundesamtes).

Empirisch gut belegt ist, dass Jungen bessere Leistungen in Mathematik und teilweise in den Naturwissenschaften erbringen als Mädchen, während Mädchen bessere Leistungen als Jungen in den sprachlichen Fächern erzielen (einen Überblick bietet Stürzer 2003). Wie Tabelle 1 zeigt, bestätigen die Daten der PISA-Studie aus dem Jahr 2003 diesen Befund für Deutschland erneut: Jungen erreichen im Test ihrer Lesefähigkeit im Durchschnitt 41 Punkte weniger als Mädchen, während sie im Test ihrer mathematischen Fähigkeiten 11 Punkte mehr erzielen als Mädchen. Die Distanz zwischen den Leistungen der Jungen und Mädchen ist also bezüglich der Nachteile der Mädchen im Mathematiktest deutlich geringer als bezüglich der Nachteile der Jungen im Lesetest (vgl. Tab. 1).

Tab. 1: Von Jungen und Mädchen erreichte Punktzahlen im Lese- und im Mathematiktest sowie Mathematiknoten und die Korrelation zwischen Punktzahlen im Mathematiktest und Mathematiknoten (Durchschnittswerte) (PISA 2003-Studie; eigene Berechnungen)

	Punktzahl im Lesetest	Punktzahl im Mathematik-test	Mathematik-note	Korrelation: Mathematiktest und Mathematiknote
Jungen	477,062	514,154	2,97	-.252
N	2299	2299	2113	
Mädchen	517,787	503,137	3,11	-.389
N	2315	2315	2191	

Zu dem Befund, nach dem der Unterschied zwischen den Leistungen von Jungen und Mädchen im Mathematiktest nur gering ist, passt die Beobachtung, dass die Differenz der Mathematiknoten, die Jungen und Mädchen im vom Befragungszeitpunkt aus gesehen letzten Schulzeugnis hatten, gering ist: Mit einer Durchschnittsnote in Mathematik von 2,97 liegen die Jungen geringfügig vor den Mädchen, die im Durchschnitt eine Mathematiknote von 3,11 erzielten. Prüft man, wie stark der Zusammenhang zwischen Mathematikleistungen und -noten für Jungen und für Mädchen ist, so zeigt sich, dass der Zusammenhang bei Mädchen (r2 = -.389) deutlich stärker ist als bei Jungen (r2 = -.252), und es sei angemerkt, dass er bei beiden Geschlechtern bei weitem nicht so stark ist wie man in einem meritokratischen System annehmen sollte. Berechnet man weiter die Anteile von Jungen und Mädchen, die gemessen an den erreichten Punktzahlen im Mathematiktest über- oder unterbewertet sind, so zeigt sich, dass der Anteil derer, die bei der Benotung unterbewertet wurden, unter Jungen deutlich größer ist als unter Mädchen (26,9 % vs. 19,7 %), während die Anteile derer, die der erreichten Punktzahl entsprechend benotet (19,8 % vs. 22,5 %) oder überbewertet (53,3 % vs. 57,8 %) wurden, unter Mädchen größer ist als unter Jungen (eigene Berechnungen auf der Basis der Daten der PISA 2003-Studie).

Unter den verschiedenen Maßen für schulischen Erfolg oder Misserfolg kommt den erreichten Sekundarschulabschlüssen besondere Bedeutung zu, weil sie es sind, die letztlich die Lebenschancen einer Person definieren, angefangen von ihren Weiterbildungschancen über ihre Einkommenschancen und Arbeitslosigkeitsrisiken bis hin zu ihren Chancen, gesund zu bleiben und möglichst lange zu leben (Elman/O'Rand 2004; Steiner/Lauer 2000; Strauss u. a. 1993; Velling/Pfeiffer 1997). Es ist daher wichtig zu betrachten, mit welchen Schulabschlüssen Jungen und Mädchen die Sekundarstufe ver-

Tab. 2: Schulabgänger im Schuljahr 2003/04 nach Geschlecht und erreichten Schulabschlüssen (Statistisches Bundesamt; eigene Berechnungen)

	Fach-/ Hochschulreife	Mittlere Reife	Hauptschulabschluss	ohne Schulabschluss
Jungen				
N	103.450	203.150	141.001	52.565
Zeilen %	20,65	40,56	28,30	10,49
Mädchen				
N	134.628	216.640	104.910	29.647
Zeilen %	27,74	44,63	21,53	6,11

lassen. Die Daten der amtlichen Bildungsstatistik sind hierzu besonders geeignet, weil sie eine sogenannte Vollerhebung darstellen, d. h. in ihr werden *alle* Abgänger von der Sekundarstufe nach ihrem Schulabschluss erfasst, sodass sich die Frage nach der Repräsentativität der Stichprobe und damit verbunden nach der Verallgemeinerbarkeit der Ergebnisse nicht stellt. Tabelle 2 zeigt, wie groß die prozentualen Anteile unter Jungen und unter Mädchen gewesen sind, die die Sekundarstufe mit einem bestimmten Schulabschluss bzw. ohne einen Hauptschulabschluss verlassen haben.

Wie man sieht, ging eine größere Anzahl an Mädchen als an Jungen mit der Fach-/Hochschulreife oder der Mittleren Reife von der Sekundarstufe ab, während umgekehrt eine größere Zahl an Jungen als an Mädchen mit einem Hauptschulabschluss oder ohne Schulabschluss von der Schule abgingen. Auf vier Mädchen, die mit der (Fach-) Hochschulreife von der Schule abgingen, kamen drei Jungen mit dem gleichen Schulabschluss, und fasst man die beiden ersten Kategorien zusammen, so kann man beobachten, dass 72,4 % aller Mädchen, aber nur 61,2 % aller Jungen, die in Deutschland im Schuljahr 2003/04 von der Sekundarstufe abgingen, einen höherwertigen Schulabschluss erreicht haben. Auf sechs Mädchen, die die Schule mit einem Hauptschulabschluss verließen, kamen knapp acht Jungen, und unter denen, die ohne Hauptschulabschluss abgingen, kamen auf vier Mädchen sieben Jungen. Die Differenz zwischen Jungen und Mädchen war im Schuljahr 2003/04 in Bezug auf die Abgänger ohne Schulabschluss also besonders groß.

Die Nachteile, die Jungen gegenüber Mädchen in Bezug auf die Schulabschlüsse, die sie erreichen, haben, sind bereits seit 15 Jahren deutlich in der amtlichen Bildungsstatistik zu beobachten, oder anders gesagt: Sie sind erstaunlich stabil, wie man Abbildung 1 entnehmen kann.

Fügt man den in Abbildung 1 abgebildeten Zeitreihen Trendlinien hinzu

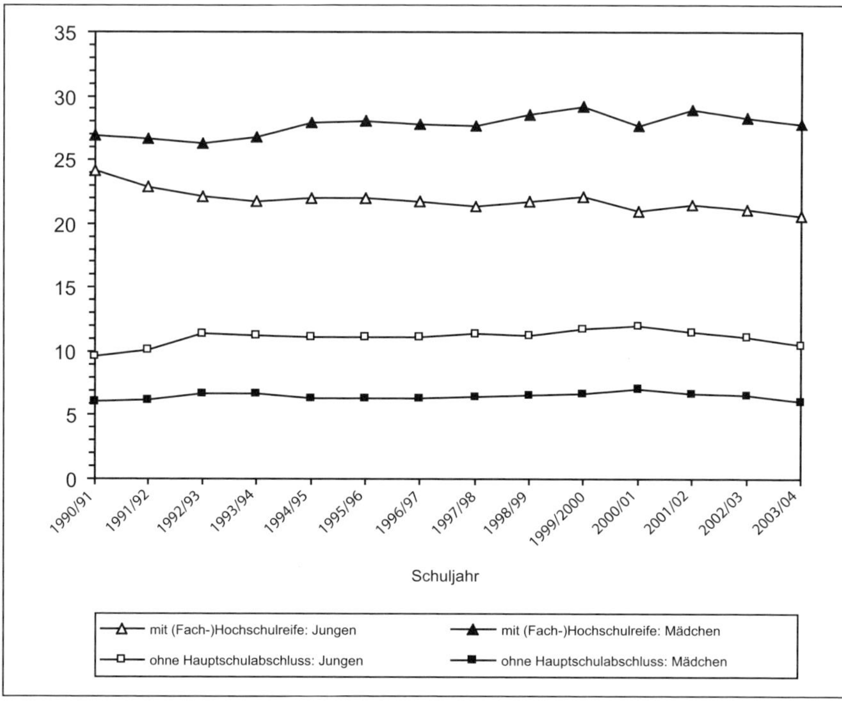

Abb. 1: Die prozentualen Anteile von Jungen und Mädchen, die in den Schuljahren 1990/91 bis 2003/04 mit der (Fach-) Hochschulreife oder ohne den Hauptschulabschluss von der Schule abgegangen sind (Statistisches Bundesamt; eigene Berechnungen)

(hier nicht gezeigt), so stellt man fest, dass die Steigungen der Anteile von Jungen und Mädchen, die die Schule ohne Hauptschulabschluss verlassen, über den Beobachtungszeitraum hinweg nahe null sind (nämlich 0,07 % bzw. 0,02 %). Nur geringfügig größer sind die Steigungen der Anteile von Jungen und Mädchen, die mit der (Fach-) Hochschulreife von der Schule abgehen: Sie betragen –0,17 % bzw. 0,15 % pro Jahr. Die Steigungen sind also auch hier sehr gering, jedoch sind sie für Mädchen positiv, während sie für Jungen negativ sind. D. h. die Anteile von Mädchen, die mit der (Fach-) Hochschulreife von der Schule abgegangen sind, sind seit 1990/91 geringfügig angestiegen, während sich diejenigen der Jungen, die mit demselben Abschluss die Schule verlassen haben, in etwa demselben Ausmaß verringert haben.

Die Nachteile von Jungen gegenüber Mädchen in Bezug auf die Schulabschlüsse, die sie erreichen, sind nicht nur zeitlich, sondern auch über die Bundesländer hinweg betrachtet stabil. Dies zeigt Abbildung 2, zu deren Anfertigung die Daten der amtlichen Bildungsstatistik für die Schuljahre

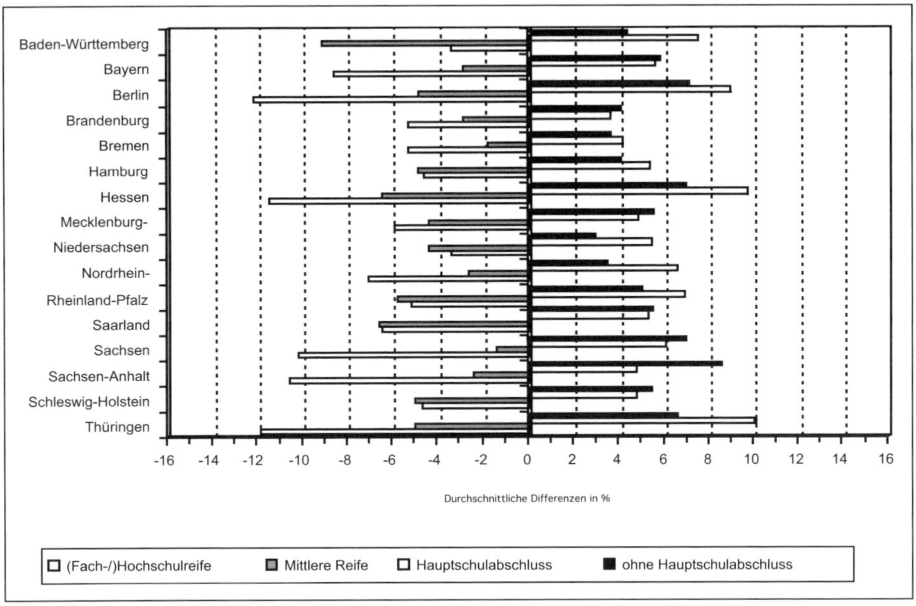

Abb. 2: Differenzen zwischen Jungen und Mädchen bezüglich ihrer Schulabschlüsse in den einzelnen Bundesländern (arithmetische Mittel über die Schuljahre 1990/91 bis einschließlich 2003/04; Statistisches Bundesamt; eigene Berechnungen)

1990/91 bis einschließlich 2003/04 kumuliert wurden. Angesichts der gerade gezeigten zeitlichen Stabilität der Anteile, die bei Jungen und Mädchen auf bestimmte Abschlüsse entfallen, ist die Kumulation der Daten über die Schuljahre hinweg unproblematisch.

Die Differenzen zwischen Jungen und Mädchen bezüglich der höherwertigen Sekundarschulabschlüsse, d. h. bezüglich der (Fach-) Hochschulreife und der Mittleren Reife, liegen in allen Bundesländern im negativen Bereich. Das bedeutet, dass in jedem einzelnen Bundesland unter Jungen geringere Anteile als unter Mädchen mit einem dieser Schulabschlüsse von der Schule abgehen. Entsprechend liegen die Differenzen zwischen Jungen und Mädchen bezüglich des Hauptschulabschlusses und bezüglich der Abgänger ohne Hauptschulabschluss ausnahmslos im positiven Bereich. Jungen, die in den Schuljahren 1990/91 bis einschließlich 2003/04 die Sekundarstufe verließen, haben also im Hinblick auf die erreichten Schulabschlüsse in jedem Bundesland ohne Ausnahme deutlich erkennbare Nachteile gegenüber Mädchen. Gleichzeitig zeigt Abbildung 2, in welchen Bundesländern diese Nachteile von Jungen besonders groß sind: So erreichten in Berlin, in Hessen, Sachsen, Sachsen-Anhalt und in Thüringen 10 % bis gut 12 % weniger

Jungen als Mädchen eine (Fach-) Hochschulreife. Ohne Hauptschulabschluss gingen besonders in den ostdeutschen Bundesländern sowie in Berlin und Hessen größere Anteile von Jungen als von Mädchen ab, nämlich jeweils zwischen 7 % und 8,5 %. Bezogen auf den Hauptschulabschluss sind im Beobachtungszeitraum die Nachteile von Jungen gegenüber Mädchen in Thüringen, Hessen und Berlin am größten gewesen. Festgehalten werden kann also, dass Jungen gegenüber Mädchen in allen Bundesländern Nachteile in Bezug auf ihre Schulabschlüsse haben und diese Nachteile für Jungen in den ostdeutschen Bundesländern deutlich größer sind als für Jungen in den westdeutschen Bundesländern.

Die Situation von Jungen im allgemein bildenden Schulsystem Deutschlands ist insgesamt gesehen gekennzeichnet von Nachteilen gegenüber Mädchen auf allen Stufen des Bildungsweges. Jungen

- werden häufiger von der Einschulung zurückgestellt,
- müssen häufiger eine Klasse wiederholen,
- müssen zumindest in einigen Bundesländern bessere Leistungen erbringen, um eine Grundschulempfehlung an eine weiterführende Sekundarschule zu erhalten,
- sind an Haupt- und Sonderschulen überrepräsentiert, während sie an Gymnasien unterrepräsentiert sind,
- haben in den Fächern, in denen sie durchschnittlich bessere Leistungen erbringen als Mädchen, einen geringeren Leistungsvorsprung als Mädchen in den Fächern, in denen sie besser sind als Jungen,
- erreichen in allen Bundesländern deutlich seltener die Mittlere Reife oder die (Fach-) Hochschulreife

als Mädchen.

Es kann vor diesem Hintergrund kaum verwundern, dass junge Männer auch im Bereich tertiärer Bildung ihre lange bestehenden Vorteile gegenüber jungen Frauen verloren haben: So unterscheidet sich die Studierquote von jungen Frauen seit Mitte der 1990er Jahre kaum noch von der junger Männer, und in den Fächern mit besonders hohen Bildungsrenditen, nämlich der Medizin und den Rechts- und Wirtschaftswissenschaften, stellen Frauen inzwischen zwei Drittel bzw. mehr als die Hälfte der Studierenden (Konsortium Bildungsberichterstattung 2006, 108). Junge Männer brechen häufiger als junge Frauen ihr Studium ab (Avenarius u.a. 2003, 207), und über alle Studienfächer hinweg betrachtet liegt besonders an (Fach-) Hochschulen in den neuen Bundesländern „die Absolventenquote der Frauen bereits seit 1997 dauerhaft und teilweise deutlich über der der Männer" (Konsortium Bildungsberichterstattung 2006, 116).

Diese Ergebnisse zur schulischen Situation von Jungen zeigen auch, dass die größeren Anteile am Unterrichtsgeschehen, die die feministische Schulforschung Jungen konstatiert (Enders-Dragässer/Fuchs 1989; Frasch/Wagner 1982; Horstkemper 1989; Jungwirth 1990; Kaiser 1992; Thies/Röhner 2000), entweder nicht als Vorteil, sondern als Nachteil von Jungen gegenüber Mädchen zu interpretieren oder für den schulischen Erfolg schlicht irrelevant sind.

2 Implikationen für die Praxis sozialer Arbeit mit Jungen und jungen Männern

Vorschläge dazu, wie die Praxis sozialer Arbeit und insbesondere die Schulsozialarbeit auf die genannten Nachteile von Jungen gegenüber Mädchen reagieren kann, können sinnvoll nur auf der Basis empirischer Studien zur Frage, worauf die vielfältigen Nachteile von Jungen gegenüber Mädchen im Bereich schulischer Bildung zurückzuführen seien, gemacht werden. Leider gibt es in Deutschland solche Studien bislang aber nicht, was sicherlich damit zu tun hat, dass es bis in die neueste Zeit hinein und teilweise auch aktuell ein Tabu darstellt/e, Nachteile von Jungen überhaupt zu thematisieren. „Erklärt“ werden diese Nachteile meist spontan durch die „Andersartigkeit“ von Jungen, die letztlich auf eine Form relativer Bildungsferne hinauslaufe. Dabei wird diese „Andersartigkeit“ teilweise als biologisch begründet gesehen, teilweise als während der Sozialisation von Jungen und vermittelt über Bilder von Männlichkeit gemacht aufgefasst. Jungenarbeit im Rahmen der Jugendsozialarbeit schließt in der Regel an die letztgenannte Variante an und bezieht sich inhaltlich auf die Problematisierung von Gefühlen und Sexualität sowie auf Lebens- und Konfliktbewältigung, die vorrangig in Abgrenzung zum traditionellen Männerbild, z. B. zu Konkurrenzdenken und entsprechendem Verhalten, erfolgt. Jungen soll ermöglicht werden, „... gemeinhin als ‚unmännlich‘ bzw. ‚weiblich‘ abgelehnte Empfindungen und Eigenschaften an sich selbst zu entdecken, [zu] entwickeln und aus[zu]probieren ...“ (Landeshauptstadt Hannover 2005, 7). Inwiefern dies den Schulerfolg von Jungen verbessern sollte, bleibt offen. Allerdings zielt diese Form der Jungenarbeit auch nicht oder nicht direkt auf einen größeren Schulerfolg von Jungen ab, obwohl in §9 Abs. 3 KJHG (Kinder- und Jugendhilfegesetz) gefordert wird, „die unterschiedlichen Lebenslagen von Mädchen und Jungen zu berücksichtigen, Benachteiligungen abzubauen und die Gleichberechtigung von Mädchen und Jungen zu fördern.“ Dies wird durch sogenannte geschlechtsbewusste pädagogische Ansätze oder reflexive Koedukation zu erreichen versucht, wobei feministische Prämissen in diesen Ansätzen häufig kaum verhohlen zum Ausdruck gebracht werden, wenn z. B. in den Berliner Leitlinien zur Verankerung der geschlechterbewussten Ansätze in der pädagogischen Arbeit mit Mädchen und Jungen in der Jugendhilfe festgestellt wird: „Dabei soll Gender Mainstreaming die bisherige Frauen- und Mädchenpolitik nicht ersetzen, sondern ergänzen“ (Landesarbeitsgemeinschaft „Geschlechterdifferenzierte Arbeit mit Mädchen und Jungen in der Jugendhilfe“ 2004, 9) und „Geschlechterungleichheit wird von Jugendlichen häufig tabuisiert, z. B. verstehen Mädchen sich oft als Gleiche, mit denselben Entfaltungsmöglichkeiten wie Jungen …“ (Landesarbeitsgemeinschaft „Geschlechterdifferenzierte Arbeit mit Mädchen und Jungen in der Jugendhilfe“ 2004, 13). Wenn dann festgestellt wird, dass „Geschlechterkompetenz … als ein Kriterium bei der Personalauswahl [gilt]“ (Landesarbeitsgemeinschaft „Geschlechterdifferenzierte Arbeit mit Mädchen und Jungen in der Jugendhilfe“ 2004, 15), lässt dies bestimmte Vermutungen darüber zu, wie pädagogische Arbeit im Rahmen geschlechterbewusster bzw. geschlechterdifferenzierter Arbeit in der Praxis aussieht. Vor diesem Hintergrund mag verständlich sein, warum Jungenarbeit in der Regel darauf abzielt, als „unmännlich“ geltendes Verhalten in Jungen zu ermutigen und warum auch eine „einfühlende Parteilichkeit“ (Schlimme o. J., 4) in der Jungenarbeit lediglich auf die „Förderung sozialer Kompetenzen, der Konflikt- und der Kommunikationsfähigkeit insbesondere im persönlichen Bereich“ (Schlimme o. J., 8) abzielt, wozu „auch die Förderung der Wahrnehmung und der Ausdrucksmöglichkeit von Gefühlen und Befindlichkeiten (in der Sprache der Jungen, aber auch durch eine Erweiterung des Sprachschatzes)“ (Schlimme o. J., 8) gehört. Die Frage, wo solche Absichten an die Grenze zu einem Umerziehungsprogramm stoßen, und die damit verbundenen ethischen Probleme bleiben von den Autoren gewöhnlich unangetastet.

Wollte man sich damit bescheiden, den Schulerfolg von Jungen zu fördern statt ihnen eine ganzheitliche Erfahrung des Mann-Seins zu ermöglichen (was immer das bedeuten soll), so gäbe die empirische Forschung Anhaltspunkte dazu, wie dies zu bewerkstelligen sei: Z. B. scheinen Jungen von klaren Anweisungen und der Benennung von Lernzielen im Unterricht sowie einem klar strukturierten Unterricht und konsistenten Regeln, nach denen der Unterricht abläuft, ebenso wie von Aufgaben, die den Wettbewerb unter den Schülern anregen, zu profitieren (OFSTED 2003, 11). Allerdings steckt diese Forschung noch in ihren Anfängen und bezieht sich bislang fast ausschließlich auf die USA und Großbritannien.

Wäre es so, dass Jungen überwiegend ein anderer Unterrichtsstil zugute kommt als Mädchen, so könnten beide Geschlechter von monoedukativem Unterricht profitieren, sofern in ihm jeweils der Unterrichtsstil praktiziert wird, der Jungen oder Mädchen besonders „liegt“. Die Forschung bezüglich des Lernerfolgs von Jungen und Mädchen in koedukativem und in monoedukativem Unterricht ist jedoch rar und widersprüchlich. Tendenziell zeigt sich, dass Mädchen eher von Monoedukation profitieren, während Jungen davon nicht profitieren, sondern – im Gegenteil – bessere Leistungen erbringen, wenn sie gemeinsam mit Mädchen unterrichtet werden (Holz-Ebeling u. a. 2000; Rost/Pruisken 2000; Frank 1996; Van Houtte

2004). Möglicherweise können Jungen nicht von monoedukativem Unterricht profitieren, weil er nicht ihren Präferenzen entsprechend gestaltet ist. Dies bleibt jedoch noch zu prüfen. Belegt ist dagegen, dass Jungen und Mädchen es vorziehen, gemeinsam unterrichtet zu werden (Faulstich-Wieland/Horstkemper 1995; Kraul/Horstkemper 1999; für Grossbritannien: Slade/Trent 2000).

In Deutschland wurde als Reaktion auf den Nachweis der deutlichen Nachteile von Jungen gegenüber Mädchen im Schulsystem vor allem der Ruf nach mehr männlichem Lehrpersonal, besonders an Grundschulen, laut, der jedoch schnell wieder verstummte, weil es unter den Studierenden des Lehramtes ohnehin keine nennenswerte Anzahl an Männern gibt, die diese Forderung erfüllen könnte. Begründet wird diese Forderung in Deutschland wie in anderen Ländern eher diffus oder gar nicht. Z. B. formulieren Schnack und Neutzling (2004, 162) wenig konkret: „In der Schule braucht es Lehrerinnen, die sich gezielt für die Belange der Mädchen einsetzen. Es braucht aber auch mehr Lehrer, die sich ebenso engagiert um die besonderen Bedürfnisse und Probleme der Jungen kümmern." Die Autoren scheinen davon auszugehen, dass es eine generationenübergreifende Geschlechtssolidarität gebe und dass diese auch von Männern gezeigt würde, die insofern als „unmännlich" gelten müssen als sie einen Beruf gewählt haben, der inzwischen statistisch gesehen ein Frauenberuf ist, nämlich den Lehrerberuf.

Die Forderung nach mehr Männern im Lehrerberuf ließe sich – plausibler – dadurch begründen, dass Männer möglicherweise einen anderen Unterrichtsstil pflegen als Frauen und dieser Unterrichtsstil den Bedürfnissen von Jungen eher entspräche. Leider gibt es für Deutschland keinerlei Studien zur Frage, wie sich das Geschlecht des unterrichtenden Lehrers auf die Fachleistungen von Schülerinnen und Schülern auswirkt. Lediglich dass Mädchen Lehrerinnen und Jungen Lehrer „positiver wahrnehmen" (Ditton 2002, 266), lässt sich aus älteren Befunden extrahieren. US-amerikanische Forschungen haben gezeigt, dass schwarze Schüler bessere Mathematik- und Leseleistungen erbringen, wenn sie von einem schwarzen Lehrer unterrichtet werden, und weiße Schüler, wenn sie von weißen Lehrern unterrichtet werden (Dee 2004; Ehrenberg/Brewer 1995; Klopfenstein 2005). Dies mag als Hinweis darauf betrachtet werden, dass sich eine Ähnlichkeit von Lehrern und Schülern positiv auf die Bewertung der Schüler durch die Lehrer bzw. auf die Schülerleistungen auswirkt. Zu dieser Interpretation passt auch der Befund von Diefenbach/Klein (2002), nach dem die Überrepräsentation von Jungen unter Schulabgängern ohne Schulabschluss und die Unterrepräsentation von Jungen unter Schulabgängern mit (Fach-) Hochschulreife umso niedriger ist, je höher der Anteil männlicher Grundschullehrer gewesen ist. Eine direkte Prüfung der Frage, ob Jungen von (mehr) männlichen Lehrern profitieren (würden), steht aber – wie gesagt – noch aus.

Was kann angesichts der beschriebenen Argumentationen und der wenigen empirischen Forschung darüber gesagt werden, was Aufgabe von Schulsozialarbeit im Zusammenhang mit den schulischen Nachteilen von Jungen sein kann? M. E. ist es wenig sinnvoll, Jungen aufgrund vorgefasster ideologisch fundierter Meinungen zu einem bestimmten Verhalten zu bringen (z. B. Gefühle zu äußern) oder sie von einem bestimmten Verhalten abzubringen (z. B. miteinander zu konkurrieren), insbesondere dann, wenn nicht geklärt ist, in welchem Zusammenhang diese Verhaltensweisen mit schulischem Erfolg stehen. Statt dessen wäre es sinnvoll, Jungenarbeit im Rahmen der Schulsozialarbeit dazu zu nutzen, die Bedürfnisse und Präferenzen von Jungen zunächst einmal zu erkunden bzw. festzustellen, wie groß die Bandbreite der Bedürfnisse und Präferenzen unter Jungen ist, denn zunächst spricht nichts dafür, dass Jungen (oder Mädchen) als homogene Gruppe betrachtet werden können oder sollten. Darüber hinaus muss sich Schulsozialarbeit nicht notwendigerweise auf die Arbeit mit Schülern oder Schülerinnen beschränken. Sie kann sich auch auf die Arbeit mit Lehrerinnen oder Eltern beziehen, und diesbezüglich wäre es sicherlich nützlich, ein größeres Bewusstsein dafür zu wecken, welche Vorstellungen von Männlichkeit und Weiblichkeit dem eigenen Verhalten Jungen und Mädchen gegenüber zugrunde liegen, und dafür, dass der eigene Unterrichts- oder Erziehungsstil nicht für Jungen und Mädchen gleichermaßen förderlich sein muss.

Literatur

Avenarius, H., Ditton, H., Döbert, H., Klemm, K., Klieme, E., Rürup, M., Tenorth, H., Weishaupt, H., Weiß, M. (2003): Bildungsbericht für Deutschland. Erste Befunde. Leske und Budrich, Opladen

Bellenberg, G. (1999): Individuelle Schullaufbahnen. Eine empirische Untersuchung über Bildungsverläufe von der Einschulung bis zum Abschluss. Juventa, Weinheim

Bos, W., Lankes, E., Schwippert, K., Valtin, R., Voss, A., Badel, I., Plaßmeier, N. (2003): Lesekompetenzen deutscher Grundschülerinnen und Grundschüler am Ende der vierten Jahrgangsstufe im internationalen Vergleich. In: Bos, W., Lankes, E., Prenzel, M., Schwippert, K., Walther, G., Valtin, R. (Hrsg.): Erste Ergebnisse aus IGLU. Schülerleistungen am Ende der vierten Jahrgangsstufe im internationalen Vergleich. Waxmann, Münster, 69–142

Coley, R. J. (2001): Differences in the Gender Gap: Comparisons Across Racial/Ethnic Groups in Education and Work. Princeton: Educational Testing Service. http://www.ets.org/research/pic/gender.pdf

Dee, T.S. (2004): Teachers, Race, and Student Achievement in a Randomized Experiment. In: The Review of Economics and Statistics, 86, 1, 195–210.

Diefenbach, H., Klein, M. (2002): ‚Bringing Boys Back In': Soziale Ungleichheit zwischen den Geschlechtern im Bildungssystem zuungunsten von Jungen am Beispiel der Sekundarschulabschlüsse." In: Zeitschrift für Pädagogik, 48, 6, 938–958

Ditton, H. (2002): Lehrkräfte und Unterricht aus Schülersicht. Ergebnisse einer Untersuchung im Fach Mathematik. In: Zeitschrift für Pädagogik, 48, 2, 262–286

Ehrenberg, R.G., Brewer, D.J. (1995): Did Teachers' Verbal Ability and Race Matter in the 1960s? Coleman Revisited. In: Economics of Education Review 14, 1, 1–21

Elman, C., O'Rand, A. (2004): The Race Is to the Swift: Socioeconomic Origins, Adult Education, and Wage Attainment. In: American Journal of Sociology 110, 1, 123–160.

Enders-Dragässser, U., Fuchs, C. (1989): Interaktionen der Geschlechter. Sexismusstrukturen in der Schule. Juventa, München

Equal Opportunities Commission (1998): Gender and Differential Achievement in Education and Training: A Research Review produced for the EOC. Manchester: Equal Opportunities Commisssion. http://www.eoc.org.uk

Faulstich-Wieland, H., Horstkemper, M. (1995): „Trennt uns bitte, bitte nicht." Koedukation aus Mädchen- und Jungensicht. Leske und Budrich, Opladen

Frank, E. (1996): Mädchen können alles, wenn Mann sie nur lässt! Schulversuch Physik. In: Naumann, B. (Hrsg.): Der Magdeburger Kongress. Texte zur neuen Koedukationsdebatte. Dokumentation des GEW-Kongresses vom 3. bis 5. November 1995 in Magdeburg. Gewerkschaft Erziehung und Wissenschaft (GEW), Frankfurt/Main, 193–203.

Frasch, H., Wagner, A. (1982): „Auf Jungen achtet man einfach mehr…" In: Brehmer, I. (Hrsg.): Sexismus in der Schule. Der heimliche Lehrplan der Frauendiskriminierung. Beltz, Weinheim, 260–276

Geißler, R. (1996): Kein Abschied von Klasse und Schicht. Ideologische Gefahren der deutschen Sozialstrukturanalyse. In: Kölner Zeitschrift für Soziologie und Sozialpsychologie, 48, 2, 319–338

Griese, K. (2000): Obdachlosenasyl. Beobachtungen in einem Wohnheim für obdachlose Männer. Dr. Köster, Berlin

Hedges, L., Nowell, A. (1995): Sex Differences in Mental Test Scores, Variability, and Numbers of High-Scoring Individuals. In: Science 269, 41–45

Holz-Ebeling, F., Grätz-Tümmers, J., Schwarz, C. (2000): Jungen als „Nutznießer" der Koedukation? Eine empirische Studie zur Bedeutung der Koedukation für Jungen. In: Zeitschrift für Entwicklungspsychologie und Pädagogische Psychologie, 32, 2, 94–107

Horstkemper, M. (1989): Mädchensozialisation – Jungensozialisation. Mechanismen der Diskriminierung und Förderung in der Schule. In: Friedrich Jahresheft, VII, 98–101

Jungwirth, H. (1990): Mädchen und Buben im Mathematikunterricht. Eine Studie über geschlechtsspezifische Modifikationen der Interaktionsstrukturen. Österreichisches Bundesministerium für Unterricht, Kultus und Sport (BMUK), Wien

Kaiser, A. (1992): Das Konzept „Freie Arbeit" im Spannungsfeld zwischen Materialdifferenzierung und Projektlernen – kritische Anmerkungen zu Problemen neuer grundschulpädagogischer Bestrebungen. In: Die Deutsche Schule, 84, 1, 42–49

Kemnade, I. (1989): Schullaufbahnen und Durchlässigkeit in der Sekundarstufe I. Empirische Untersuchung von Schülerkarrieren in der Stadt Bremen. Peter Lang, Frankfurt/M.

Klopfenstein, K. (2005): Beyond Test Scores: The Impact of Black Teacher Role Models on Rigorous Math-Taking. In: Contemporary Economic Policy, 23, 3, 416–428

Konsortium Bildungsberichterstattung (Hrsg.)(2006): Bildung in Deutschland. Ein indikatorengestützter Bericht mit einer Analyse zu Bildung und Migration im Auftrag der Ständigen Konferenz der Kultusminister der Länder in der Bundesrepublik Deutschland und dem Bundesministerium für Bildung und Forschung. Bertelsmann, Bielefeld

Kraul, M., Horstkemper, M. (1999): Reflexive Koedukation in der Schule. Evaluation eines Modellversuchs zur Veränderung von Unterricht und Schulkultur. (Schulversuche und Bildungsforschung, Berichte und Materialien, Band 85) Ministerium für Bildung, Wissenschaft und Weiterbildung Rheinland-Pfalz, Mainz

Krüger, H. (1996): Die andere Bildungssegmentation. Berufssysteme und soziale Ungleichheit zwischen den Geschlechtern am Beispiel der Umstrukturierung in Pflegeberufen. In: Bolder, A., Heinz, W., Rodax, K. (Hrsg.): Jahrbuch Bildung und Arbeit '96. Die Wiederentdeckung der Ungleichheit. Aktuelle Tendenzen in Bildung für Arbeit. Leske und Budrich, Opladen, 252–274

Landesarbeitsgemeinschaft „Geschlechterdifferenzierte Arbeit mit Mädchen und Jungen in der Jugendhilfe" (2004): Leitlinien zur Verankerung der geschlechterbewussten Ansätze in der pädagogischen Arbeit mit Mädchen und Jungen in der Jugendhilfe (Berliner Leitlinien). Senatsverwaltung für Bildung, Jugend und Sport, Berlin

Landeshauptstadt Hannover (2005): Jungenarbeit in Hannover. Landeshauptstadt Hannover, Hannover

Lehmann, R., Peek, R. (1997): Aspekte der Lernausgangslage von Schülerinnen und Schülern der fünften Klassen an Hamburger Schulen. Bericht über die Untersuchung im September 1996. Behörde für Schule, Jugend und Berufsbildung, Hamburg

MacCann, R. (1995): A Longitudinal Study of Sex Differences at the Higher School Certificate and School Certificate: Trends Over the Last Decade. New South Wales Board of Studies, Sydney

Management Systems International (2005): A Gender Analysis of the Educational Achievement of Boys and Girls in the Jamaican Educational System. Management Systems International, Washington D.C.

OFSTED (2003): Boys' Achievement in Secondary Schools. Office for Standards in Education (OFSTED), London

Powney, J. (1996): Gender and Attainment. A Review. The Scottish Council for Research in Education (SCRE), Glasgow

Prenzel, M., Geiser, H., Langeheine, R., Lobemeier, K. (2003): Das naturwissenschaftliche Verständnis am Ende der Grundschule. In: Bos, W., Lankes, E., Prenzel, M., Schwippert, K., Walther, G., Valtin, R. (Hrsg.): Erste Ergebnisse aus IGLU. Schülerleistungen am Ende der vierten Jahrgangsstufe im internationalen Vergleich. Waxmann, Münster, 143–187

Rost, D., Pruisken, C. (2000): Vereint schwach? Getrennt stark? Mädchen und Koedukation. In: Zeitschrift für Pädagogische Psychologie, 14, 4, 177–193

Schlimme, P. (o. J.): Einführungsvortrag zur Theorie und Praxis einer geschlechtsbewussten Jungenarbeit. http://www.fulda-online.de/inhaltsseiten/buergerser vice/statische_seiten/vortrag.doc

Schnack, D., Neutzling, R. (2004): Kleine Helden in Not. Jungen auf der Suche nach Männlichkeit. Rowohlt, Reinbek bei Hamburg

Slade, M., Trent, F. (2000): What the Boys are Saying. An Examination of the Views of Boys About Declining Rates of Achievement and Retention. In: International Educational Journal, 1, 3, 201–229

Solga, H. (2002): Bildungs- und Berufeinstiegsbiografien westdeutscher Jugendlicher ohne Schulabschluss, geboren zwischen 1930 und 1971. Selbstständige Nachwuchsgruppe „Arbeitslosigkeit: Bedingungen und Folgen mangelnder Berufsausbildung", Working Paper 2/2002. Max-Planck-Institut für Bildungsforschung, Berlin

Stanat, P., Kunter, M. (2003): Kompetenzerwerb, Bildungsbeteiligung und Schullaufbahn von Mädchen und Jungen im Ländervergleich. In: Deutsches PISA-Konsortium (Hrsg.): PISA 2000 – Ein differenzierter Blick auf die Länder der Bundesrepublik Deutschland. Leske und Budrich, Opladen, 211–242

Steiner, V., Lauer, C. (2000): Private Erträge von Bildungsinvestitionen in Deutschland. Discussion Paper No. 00–18. Zentrum für Europäische Wirtschaftsforschung (ZEW), Mannheim

Strauss, J., Gertler, P., Rahman, O., Fox, K. (1993): Gender and Life-Cycle Differentials in the Patterns and Determinants of Adult Health. In: Journal of Human Ressources, 28, 4, 791–837

Stürzer, M. (2003): Geschlechtsspezifische Schulleistungen. In: Stürzer, M., Roisch, H., Hunze, A., Cornelißen, W. (Hrsg.): Geschlechterverhältnisse in der Schule. Deutsches Jugendinstitut, München, 59–86

–, (2005): Bildung, Ausbildung und Weiterbildung. In: Cornelißen, W. (Hrsg.): Gender-Datenreport. 1. Datenreport zur Gleichstellung von Frauen und Männern in der Bundesrepublik Deutschland im Auftrag des Bundesministeriums für Familie, Senioren, Frauen und Jugend. 2. Fassung. Deutsches Jugendinstitut, München, 21–98

Teese, R., Davies, M., Charlton, M., Polesel, J. (1995): Who Wins at School? Boys and Girls in Australian Secondary Education. Macmillan, Sydney

Thies, W., Röhner, C. (2000): Erziehungsziel Geschlechterdemokratie. Interaktionsstudie über Reformansätze im Unterricht. Juventa, Weinheim

Van Houtte, M. (2004): Gender Context of the School and Study Culture, or How the Presence of Girls Affects the Achievement of Boys. In: Educational Studies, 30, 4, 409–423

Velling, J., Pfeiffer, F. (1997): Unzulängliche Nutzung von Humankapital. In: Clar, G., Doré, J., Mohr, H. (Hrsg.): Humankapital und Wissen. Grundlagen einer nachhaltigen Entwicklung. Springer, Berlin, 197–219

Walther, G., Geiser, H., Langeheine, R., Lobemeier, K. (2003): Mathematische Kompetenzen am Ende der vierten Jahrgangsstufe. In: Bos, W., Lankes, E., Prenzel, M., Schwippert, K., Walther, G., Valtin, R. (Hrsg.): Erste Ergebnisse aus IGLU. Schülerleistungen am Ende der vierten Jahrgangsstufe im internationalen Vergleich. Waxmann, Münster, 189–226

Weiner, G., Arnot, M., David, M. (1997): Is the Future Female? Female Success, Male Disadvantage and Changing Gender Patterns in Education. In: Halsey, A., Brown, P., Lauder, H. (Hrsg.): Education, Economy, Culture and Society. Oxford University Press, Oxford, 620–631

Männlichkeit und Bildung. Dialogisches Lernen als Zukunftsangebot an Männer

von Angela Venth

Die Zeiten, in denen als ungeschriebene Vorschrift galt, dass sich lediglich Personen des gleichen Geschlechts über Männer äußern, scheinen vergangen zu sein. Als Frau gründe ich meine Ausführungen zum Thema auf professionelle Erfahrungen im Feld der Erwachsenenbildung (der Begriff steht im Folgenden ebenfalls synonym für Weiterbildung) und die Arbeit mit gemischtgeschlechtlichen Gruppen. Ich betrachte deshalb männliches Lernen

1. mit Bezug auf beide Geschlechter und im Kontext des Verhältnisses zwischen den Geschlechtern;
2. mit Bezug auf die gesamte Erwachsenenbildung und im Kontext des Verhältnisses zwischen beruflicher und allgemeiner Bildung.

1 Blinde Flecken in der theoretischen und politischen Beschreibung geschlechtlich differenzierten Lernens

1.1 Desiderate in Wissenschaft und Forschung

Im Unterschied zum schulischen Bereich ist das Lernen Erwachsener lediglich betriebs-/berufsbezogen präziser und kontinuierlicher erforscht, während die empirischen Befunde zu Lernprozessen anderen Zuschnitts noch ausstehen (Schrader/Berzbach 2005). Sowohl für die Wissenschaft der Erwachsenenbildung wie für die Bildungspolitik gilt im Übrigen tendenziell als Maxime, dass „das Männliche zum Allgemeinmenschlichen erklärt und in seiner geschlechtlichen Besonderheit unsichtbar gemacht" (Oechsle/Wetterau 2000, 8) wird. In der Konsequenz findet sich kaum ein theoretisches Bemühen, Erwachsenenbildung geschlechtsdifferenziert zu reflektieren. Bildung und Lernen werden zwar vielfältig, aber als geschlechtsneutrale Phänomene behandelt und dem entsprechend thematisch aufgefächert. Vereinzelte Ausnahmen bestätigen diese Regel (Nuissl 1993) und werfen ein erstes Licht auf genderrelevante Faktoren, mit denen männliches Lernen zu verknüpfen wäre. In Theorie und Forschung wird – mit der Frauenbildung als Sonderfall – lediglich das Lernen von Frauen sichtbar gemacht, wobei sowohl das Bildungsangebot wie die Bildungsnachfrage zur Sprache kommen. Im Effekt muss sich der Eindruck vermitteln, das Lernen von Männern symbolisiere *unausgesprochen* das Bildungsganze.

1.2 Einseitigkeiten offizieller Berichterstattung

Quantifizierte Auskunft über geschlechtsdifferenzierte Bildungsinteressen und die Teilnahme an Angeboten institutionalisierter Erwachsenenbildung bietet hingegen die kontinuierliche Bildungsberichterstattung des zuständigen Bundesbildungsministeriums BMBF (die ab 2006 in neuer Konzeption erscheint). In ihren Kommentaren zur Datenlage verleiht sie allerdings der beruflichen Bildung erste Priorität und setzt damit einen impliziten Maßstab, an dem die Bildungsteilnahme von Männern und Frauen gemessen wird (Venth 2006a). Das heißt, die unterschiedliche Kursbelegung der Geschlechter wird vorwiegend danach beurteilt, in welchem Ausmaß Männer und Frauen in Bildungsangeboten der *beruflichen* Bildung präsent sind. Durch diese Interpretationsentscheidung gerät die allgemeine Bildung mit Lernmöglichkeiten zur persönlichen Entwicklung, zum sozialen und kommunikativen Kompetenzzuwachs, zum kulturellen und gesundheitsbewussten Fähigkeitsspektrum ins Abseits der Wahrnehmung und mit ihr die Angebote von Volkshochschulen oder konfessionellen Einrichtungen. Frauen nehmen – bundesweit sowie trägerübergreifend gesehen – an Veranstaltungen der allgemeinen Bildung häufiger teil als Männer und sind ebenfalls in der beruflichen Bildung vertreten, wenn auch geringfügiger als Männer. Frauen weisen also gegenwärtig eine vielschichtigere und weiter gespannte Bandbreite an Bildungsinteressen auf als Männer. Dieser geschlechtsspezifische Unterschied wird besonders augenfällig, wenn er am Fall – hier der Statistik der Volkshochschulen (Abb. 1) – nachvollzogen wird.

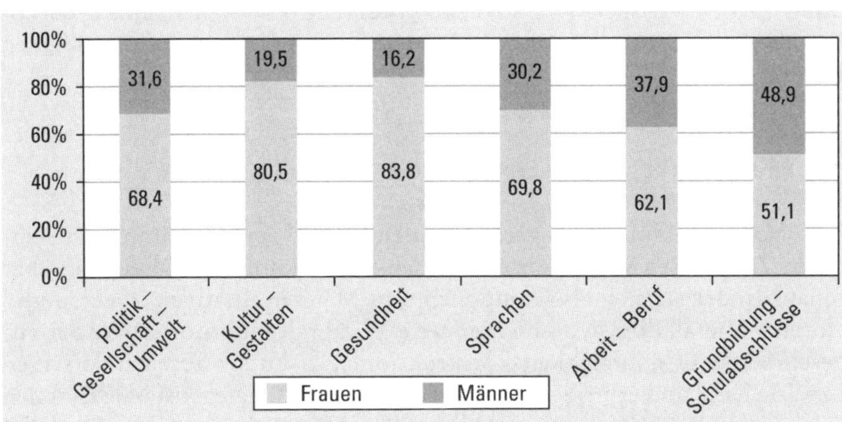

Abb. 1: Geschlechtsverteilung von Kursbelegungen an Volkshochschulen im Jahr 2002 (DIE (2003): Volkshochschul-Statistik, Arbeitsjahr 2002)

Der Anteil an Frauen ist in allen Angebotsbereichen höher als der männliche, proportional steigt er besonders in der Gesundheitsbildung mit 83,8 Prozent sowie in Angeboten zu „Kultur – Gestalten“ mit 80,5 Prozent an. Die Statistik des Arbeitsjahres 2004 weist lediglich geringfügige Veränderungen um einige Prozentpunkte auf.

Andere Berichte übernehmen die Darstellungslogik des BMBF, wenn auch aus anderen Gründen, so z. B. der erste bundesdeutsche „Gender-Datenreport“ (BMFSFJ 2005). Sein historischer Stellenwert erscheint mir insofern entscheidend geschmälert, als er ohne nähere Begründung ausschließlich Zahlenwerke aus dem schulischen und beruflichen Bildungssystem aufnimmt, die allgemeine Bildung mit sozial- und persönlichkeitsorientierten Bildungsofferten hingegen ausgeklammert. Zu dieser Entscheidung mögen gleichstellungspolitische Erwägungen beigetragen haben, etwa die Möglichkeit zu prüfen, ob „die im schulischen und beruflichen Bildungssystem erworbenen Qualifikationen Frauen und Männern gleiche Chancen bei der Einmündung in eine (entsprechend qualifizierte) Erwerbstätigkeit eröffnen“ (BMFSFJ 2005, 24). Das Chancengleichheits-Controlling zentriert sich auf diese Weise aber auf die Aus- und Fortbildung für den Produktionsbereich als dem Feld entlohnter Arbeit.

Als Ergebnis lassen beide politischen Reports den Eindruck entstehen, als sei ausschließlich jenes Lernen der Geschlechter von öffentlicher Relevanz, das in die Berufswelt mündet oder sich aus ihr rekrutiert. So erfährt das Merkmal traditioneller geschlechtsspezifischer Arbeitsteilung eine bildungsspezifische Rekonstruktion: Die soziokulturelle Teilung zwischen einer produktiven und einer reproduktiven Sphäre wird adaptiert und durch die Trennung und Hierarchisierung von beruflicher und allgemeiner Bildung erneut etabliert. Mit dem Primat berufsbezogener Bildung bleiben vor allem jene sozialen Potentiale der Wahrnehmung entzogen, die sich aus dem Lernen von Männern jenseits des Berufs erschließen ließen.

2 Männlichkeiten im Lernprozess

Eine Männerbildung im engeren Sinne ist äußerst rudimentär in eigenständigen Angeboten organisierter Erwachsenenbildung enthalten. Darüber hinaus findet sie sich als Komponente in Männerinitiativen, -netzen und -foren – überall dort, wo sich Männer explizit mit inkorporierten oder zugeschriebenen Männlichkeitskonstruktionen diskursiv auseinandersetzen bzw. sie handelnd erproben. Das Spektrum ihrer Lerngegenstände lässt den Schluss zu, dass „das Korsett traditioneller Männlichkeit nicht mehr hält“ (Hollstein 1999, 11). In Reaktion darauf zeichnen sich unterscheidbare Lernbewegungen ab:

- die Behauptung typischer Männlichkeitsmythen unter Gleichgesinnten;
- die homosoziale Überprüfung defizitärer Männlichkeit im Pendeln zwischen Hilflosigkeit und Nachdenklichkeit.

Mit arrangierten Lernanlässen sollen Männer die Beziehung zu sich selbst wie zur Mit- und Umwelt verbessern. Gegensatzpaare wie Gefühle versus Härte und Gewalt, Konkurrenz und männerbündische Verbrüderung versus Solidarität und respektvolle Konfrontation drücken den Widerstreit zwischen unterschiedlichen Rollenauffassungen aus. Einen besonderen Platz nehmen Bildungsangebote ein, die Väter in ihrer sozialen Verantwortung ansprechen und Raum für die Begegnung mit Kindern geben. Insgesamt betrachtet bleibt die Summe von Angebot und Nachfrage allerdings so verschwindend gering, dass Vertreter der Männerbildung resigniert konstatieren müssen: „In vielen Lebens- und Handlungsfeldern der Erziehung und Bildung, der Beratung und Seelsorge, der Sozialarbeit und Gesundheitsprävention sind Männer als Teilnehmer unterrepräsentiert“ (Frankfurter Thesen zur Männerbildung 2002).

Sowohl die männliche Distanz wie die Suchbewegung hin zum Lernen von „Life Skills“ – so darf geschlussfolgert werden – erklärt sich aus der männlichen Rolle im Geschlechterverhältnis und der männlichen Position im Rahmen der geschlechtsspezifischen Arbeitsteilung. Erst durch Rekurs auf diesen Zusammenhang erhält männliche Progression eine klare Richtung und bietet damit auch eine konzeptuell, didaktisch und methodisch ertragreiche Basis für die Erwachsenenbildung: „Männerentwicklung hieße daher theoretisch, dass Männer auf der einen Seite ihre Alleindefinition von der Erwerbsarbeit her relativieren, diese also zugleich herabgewichten sowie zu anderen Lebensvollzügen in Beziehung setzen. Auf der anderen Seite gilt es, praktisch eine neue, aktive Anwesenheit im familialen Lebensraum zu finden. Der vielleicht sensibelste Vorgang ist, die eigene Innenwelt besser zu bewohnen und bei sich selbst daheim zu sein“ (Zulehner/Volz 1998, 16). Was einen solchen Prozess erschwert, ist die Tatsache, dass sich eine männlichkeitstypische Geschlechterschablone jenseits konkreter Personen verselbstständigt und in institutionelle Strukturen wie in tragende Symboliken Einzug hält. Als immanent leitende Maxime nimmt sie wissenschaftliche, bildungspolitische und bildungspraktische Gestalt an. In der Folge leistet sie einen prekären erwachsenen-sozialisatorischen Beitrag, indem sie veränderungsresistenten Männern bestätigend und orientierungssuchenden Männern blockierend entgegenschlägt. Die Männlichkeitstypik entspricht dem von Connell analytisch profilierten dominanten Männerbild (Connell 1999), dessen Wirkungsradius sich auf das öffentliche Ambiente und die Berufswelt erstreckt. Symbolisch verfestigt führt dieses Bild zu einer Formel, die hierarchisch gestuft ist und Allgemeingültigkeit beansprucht:

a) Männlichkeit = Erwerbsarbeit = Lernen als instrumentell verwertbare Qualifikation für Betrieb und Beruf = vorrangig;
b) Lernen für die persönliche Entwicklung, Gesundheit und Kreativität, für Familie und Sozialkompetenz = unmännlich = zweitrangig.

Aus diesem Grund bleibt es immer unzureichend, wenn ausschließlich die vereinzelt realisierten, randständigen Angebote der Männerbildung danach befragt werden, ob und inwieweit sich das männliche Geschlechtsklischee differenziert. Stattdessen ist im scheinbar geschlechtsneutralen Ganzen der Erwachsenenbildung kritisch nach dem Zusammenspiel von genderhaltig durchtränkten Strukturelementen und der individuellen männlichen Engführung des Lernens Ausschau zu halten.

Der Weg zu einem facettenreicheren Lernen für Männer wird nicht an der kritischen Auseinandersetzung mit dem bildungsrelevanten Männlichkeitsstereotyp im Geschlechtersetting vorbeiführen können. Eine erste Realisierung erfährt er in einem von der EU im Rahmen der Grundtvig-Aktion geförderten Pilotprojekt „MENPART (Men and non-formal Education, Participation and Learning of Social Skills)“. Ziel dieses Projektes ist es, Aufschluss darüber zu erlangen, was Männer bewegt oder hindert, sich freiwillig im außerberuflichen Feld weiterzubilden. Seine Ergebnisse aus sechs beteiligten Ländern liegen seit Mitte des Jahres 2006 vor.

3 Lern-Dialoge zwischen Leben und Arbeit

3.1 Geschlechtsgebundene Lebenslagen im Wandel

Gesellschaftlich stringentere Konzepte für Männer und ihr Lernen stellen sich her, wenn zum Dialog mit dem anderen Geschlecht eingeladen und die geschlechtsspezifische Arbeitsteilung ausdrücklich als thematischer Brennpunkt gewählt wird. Ein solcher Dialog zielt aktuell auf eine besonders dringliche, weil demografisch tief einschneidende Herausforderung für beide Geschlechter, die Work-/Life-Balance. Sie ist Ausdruck einer Entwicklung, in deren Sog – unter den veränderten Vorzeichen des Marktkapitalismus – die Grenze zwischen Beruf und Lebensalltag im Privaten verstärkt zur Disposition steht – mit der Tendenz zur Missachtung des privaten Raums und dem Aufsaugen der „ganzen Person“ in den betrieblichen Kontext. Die Rettung des Reproduktiven kann nur gelingen, wenn gesellschaftlich notwendige – familiäre, alltägliche und erwerbsförmige – Arbeit in gleicher Weise sozial anerkannt und zwischen den Geschlechtern geteilt wird. Was bisher aufgrund ihrer benachteiligten Situation von Frauen gefordert wurde, erhält unter dem Regime des Arbeitsmarktes neue geschlechterpolitische wie persönliche Sprengkraft: Es betrifft dieses Mal vor allem Männer, wenn einerseits die „Normalitätsfolie männlicher Lebenslagen" (Meuser 2005) ins Wanken gerät und andererseits Lebensmöglichkeiten im Alltag reduziert werden. Von den Forschungsergebnissen eines weiteren Pilotprojektes „Work Changes Gender" sind empirisch gesicherte Aufschlüsse darüber zu erhoffen (Puchert u. a. 2005).

3.2 Konstruktionen des Lebenszusammenhangs im Geschlechterdiskurs

Aus einer Reihe dokumentierter Fortbildungsveranstaltungen für pädagogisches, planungsverantwortliches Personal der Erwachsenenbildung werden im Folgenden einige Ausschnitte vorgestellt. Frauen und Männer reflektieren in verschiedenen Lernsequenzen gemeinsam das Konzept der „alltäglichen Lebensführung", verstanden als „Lebenszusammenhang, aus dem heraus Menschen handeln" (Diezinger 2004, 205). Dieses Konzept ist nicht nur auf den familiären Alltag ausgerichtet, sondern umfasst darüber hinaus Erwerbsarbeit als bezahlte und privat geleistete, reproduktive Arbeit als unbezahlte. Öffentlichkeit und Privatheit erweisen sich als miteinander verwoben. Die Art und Weise ihres Bezuges schlägt sich in den Deutungs- und Handlungshorizonten dialogbereiter Subjekte in den geschlechtsgemischten Seminargruppen nieder. Die Konstruktionsmuster kreisen in allen Lernsituationen um Begriffe, die sich nach ihrer Zugehörigkeit zu einer interindividuellen, kulturell-symbolischen oder strukturellen Ebene unterscheiden lassen:

Ankerbegriffe

- Sozialisation
- Geschlechterbilder
- Körperlichkeiten – Gesundheit
- Privater Kontext
- Öffentlicher Kontext
- Kultur – Geschlecht
- Geschlechterdemokratische Strategien und Ziele

Jedem dieser Ankerbegriffe füge ich zum Zweck des exemplarischen Einblicks in geschlechterdialogische Lernpraxen einzelne Kondensate der zwischengeschlechtlich konstruierten Muster zu. Sie sind jeweils als Produkte des Austauschs von männlichen und weiblichen Sichtweisen auf den Seminargegenstand zu verstehen (Auszüge aus Venth, 2006, 162 ff):

„Sozialisation

- Jedem Jungen wird die Ebene von Macht verheißen, es gibt keine Gegenbotschaften.

- Bis zur Pubertät werden Mädchen stark, warum reduziert sich das anschließend wieder?
- Brauchen wir für unsere Identitätsbildung zwei Geschlechter bzw. Zweigeschlechtlichkeit?

Geschlechterbilder

a) Männer

- Für Männer ist es eine Schwierigkeit, sich als Mängelwesen zu empfinden, solange sie sich in dem, was sie sind, hinreichend anerkannt und wertgeschätzt fühlen. Erst Mangel-Erfahrungen führen zu Lernprozessen.
- Männer sind die Norm und sehen sich weniger veranlasst, dazuzulernen. Was hindert Männer am Lernen? Wie können Männer sich selbst in den Blick nehmen? Unter Männern gibt es bestimmte Formen von Interaktionen: Selbstdarstellungsrituale, Konkurrenzverhalten, Männerwitze – in diesen Formen von Interaktion wird auch gelernt, aber nichts, was weiterbringt.
- Differenzierungen innerhalb eines Geschlechts werden nicht ausreichend wahrgenommen, alternative Männer nicht ausreichend gewürdigt.

b) Frauen

- Frauen haben den männlichen Wissensvorsprung eingeholt bzw. überholt, aber nicht den männlichen Machtvorsprung. Wie können Frauen konstruktiv mit Macht umgehen?

c) Geschlechterbeziehungen

- Geschlechterbilder werden alltäglich, wechselseitig und auch unbewusst produziert.
- Geschlechtsbezogene Selbstvergewisserung ist für beide Geschlechter schmerzlich, weil sich beide darüber klar werden müssen, was sie alles nicht wahrnehmen (gilt für Männer) bzw. was sie nicht in Handeln umsetzen, obwohl ihnen die Notwendigkeit bewusst ist (gilt für Frauen).

Körperlichkeit – Gesundheit

- Gesundheit ist als Thema für Männer unwichtig (Arroganz), ihr Umgang mit eigener und fremder Gesundheit ist unverantwortlich.
- Die Verantwortung für Gesundheit ist in viel zu hohem Maß auf die Familie abgewälzt, Frauen werden allein gelassen bei der Aufgabe, die Gesundheit der Familie zu erhalten.

Privater Kontext

- Die Erwerbsarbeit hat gegebenenfalls immer zu Lasten der Hausarbeit zu gehen – nicht umgekehrt.
- Der Begriff des Alltags umfasst berufliche wie private Sphären. Männer trennen den Alltag vom Beruf, Frauen hingegen trennen nicht zwischen der Arbeit des beruflichen und privaten Alltags.
- Der männliche Zugang zum Haushalt ist ein Zugang von außen. Der Haushalt ist nicht seine Arbeitswelt, hier will er leben. Der weibliche Zugang zum Haushalt ist ein innerer, hier ist ihr Arbeits- und Versorgungsbereich. Auch wenn sie einer Erwerbstätigkeit nachgeht, bleibt diese Perspektive erhalten. Erwerbsarbeit wird so zur zusätzlichen, zur Doppel-Belastung. Männer bewerten Hausarbeit aus der Perspektive der Erwerbsarbeit außer Haus.

Öffentlicher Kontext

- Im öffentlichen/institutionellen Raum herrscht eine Männer-Infrastruktur vor: hierarchisch, männerbündisch und kontrollierend. Innerhalb der so strukturierten Männergesellschaft ist es natürlich mit Tabu belegt, jenseits des Berufs zu lernen.
- Männer sind ein Leben lang auf der Flucht, indem sie sich im öffentlichen Raum als einem Herrschaftsraum bewegen, und müssen dann im Alter wieder nach Hause kommen. Viele Männer finden in der Öffentlichkeit den sicheren Raum, in dem sie nicht mit Privatheit, der Intimsphäre, dem Austausch von Gefühlen in Kontakt kommen müssen.
- Männer, denen droht, ihre Arbeit zu verlieren, stellen fest, dass sie ihr Leben auf die Ökonomie ihrer Erwerbsarbeit hin aufgebaut haben. Wird das plötzlich in Frage gestellt, erscheint solchen Männern das ganze Leben sinnlos. D. h. nicht nur Frauen werden der männlichen Erwerbsbiografie untergeordnet, sondern Männer auch. Und Männer sind im Begriff, daran zu scheitern.

Kultur – Geschlecht

- Unsere Kultur bietet kaum Vorbilder für nicht-traditionelle, ‚neue' Männlichkeiten
- Es gibt kein geschlossenes Modell mehr für Männlichkeit und Weiblichkeit.
- Bildung gilt in offizieller Lesart nur als Wert, wenn sie profitabel verwertbar ist, ihre Funktion ist es dann, Wissen ‚anzuhäufen'.
- Bildungsbedürfnisse werden nur Erwerbstätigen zugestanden und sind direkt an den Arbeitsmarkt gekoppelt.

Geschlechterdemokratische Strategien und Ziele

- Jungen sollten schon in Kindheit und Jugend soziale Erfahrungen durch konkretes Tun sammeln, z. B. in allen Schulen Körperarbeit, z. B.

Pflicht zur Ableistung eines sozialen Jahres, z. B. Projekt ‚Babysitting' für 8- bis 9-jährige Jungen.

- Männer müssen lernen, dass für die Kommunikationsebene nicht nur Sprache zur Verfügung steht, sondern auch das Fühlen, Sehen, Wahrnehmen.
- Männer wären dazu zu bringen, jenseits des beruflichen Erfolgs all die anderen Ressourcen, die Menschen haben, zu entwickeln – und Frauen sollten das einfordern.
- Für Männer ist Machtverlust als Krise die Voraussetzung dafür, dass ein Lernschritt gemacht wird. Die Frage ist, wie kann eine kollektive männliche Machtkrise erreicht werden?
- Bildung muss dazu beitragen, die kulturell dominante Schematik des Entweder-Oder aufzulösen, vor allem im Hinblick auf eine andere Geschlechterkultur: entweder Karriere oder Fürsorge, entweder Erwerbsarbeit oder Versorgungsarbeit (entweder Mann oder Frau, jung oder alt, Inländer oder Ausländer). Aktuell fehlen noch Vorstellungen und Begriffe für das, was dazwischen liegen könnte. Streitkultur wäre ein erster Schritt zu einer Geschlechterkultur, die nicht dualistisch ist.
- Aufwerten von Sozialkompetenz als Gegengewicht zum Leistungsprinzip.
- Bildung kann zum Sinnbild des Wertes sozialer Kompetenz werden.
- Lebens- und Arbeitsmöglichkeiten sind prinzipiell von den ‚Zugehörigkeiten' zum Geschlecht zu entkoppeln.
- Der Zugewinn für Frauen und Männer durch Gleichwertigkeit im Lebensentwurf muss gesucht und öffentlich dargestellt werden.
- Grundsätzlich sollten finanzielle Mittel als Steuerungsinstrumente zur Förderung von Geschlechterdemokratie eingesetzt werden – bis hin zur angemessenen Bezahlung von Sozial- und Pflegeberufen. Das setzt andere Prioritäten bei der Macht- und Mittelverteilung und einen anderen Gesellschaftsvertrag voraus (Problem: in Geld gebenden Gremien sitzen noch zu viele traditionell orientierte Männer)."

Die Konstruktionen professioneller Mitarbeiterinnen/Mitarbeiter der Erwachsenenbildung geben als Lerneinsichten einen intensiven Grad an Bewusstheit vom instabilen Verhältnis zwischen den Geschlechtern und der verzerrten geschlechtsspezifischen Arbeitsteilung wider. Männliche Dilemmata im Öffentlichen und Privaten gewinnen durch die Geschlechterkontrastierung an Plastizität. In dieser deutlichen Form ist ihre Erkenntnis an den dialogischen, geschlechtsheterogenen Abgleich gebunden. Dennoch entspricht dem bis heute kein Bildungsangebot, das solchen männlichen Orientierungs-Notwendigkeiten entgegenkäme, die aus aufbrechenden Geschlechterkonstellationen erwachsen und zu neuartigen hinführen könnten. Ich setze deshalb als Hypothese, dass im fachöffentlichen Klima der Erwachsenenbildung neben gendergeprägten Dichotomien ein männlichkeitstypischer Subtext so implizit wie kräftig am Werk ist, welcher verhindert, dass männliches Lernen für die sozialen und als privat konnotierten Seiten des Lebens anschlussfähig wird.

3.3 Balancen zwischen Leben, Arbeit und Lernen

Ein kurzer Ausblick zum Schluss soll ein spezifisches Kennzeichen der wiedergegebenen Diskursausschnitte hervorheben. Zu analytischen Zwecken lassen sich die Diskurskonzentrate Ankerbegriffen zuordnen. Für den besseren Nachvollzug treten so die gesellschaftlichen Ebenen trennschärfer hervor, auf die sie sich beziehen. Faktisch aber weisen die Konstruktionsmuster einen starken inneren Zusammenhang auf, der die Wechselwirkung der Ebenen unterstreicht. Blockaden für einen Wandel der männlichen Geschlechtsrolle werden nur dann handlungsrelevant greifbar werden können, wenn dieser Verweisungszusammenhang für das Lernen nicht zerrissen, sondern im Gegenteil durch erwachsenenpädagogisches Bemühen immer wieder hergestellt wird. Nur so kann das Verschwinden des Mannes als private Person in einem abstrakten Männerbild entziffert werden, das der Öffentlichkeit sowohl kulturell wie auch strukturell seinen Stempel aufdrückt. Die besondere Möglichkeit der Erwachsenenbildung kann darin liegen, den Prozess des Aufgehens der konkreten männlichen Person im männlichkeitstypisch Allgemeinen nachzuzeichnen, damit er nicht weiterhin unbemerkt und bruchlos vonstatten geht. Gleiches gilt für das Wirkungsgeflecht zwischen den Sphären von Erwerbsarbeit und privater Arbeit, die noch immer und außerordentlich resistent geschlechtsspezifisch aufgeteilt bleiben. Deren Integration stellt letztlich jenen Lebenszusammenhang her, der auf aktuelle männliche Notlagen Antworten geben kann. Anders formuliert: Erst ihre Trennung vereinseitigt den Mann und führt zu dem Unterstützungsbedarf, der aus Männerbewegungen und ihren Initiativen zunehmend laut wird. Die Brücke zwischen Männern und Bildung wird sich also nicht durch ein Mehr an Wissensvermittlung schlagen lassen, sondern durch den aufhellenden Umgang mit sozialen Konstruktionen, die als Platzanweiser für Männlichkeit in der Gesellschaft nur dann funktionieren können, wenn sie je individuell – von Männern wie Frauen – verinnerlicht sind.

Literatur

Besonders empfehlenswert sind die mit **fett** versehenen Quellen

Bundesministerium für Familie, Senioren, Frauen und Jugend (2005): Gender-Datenreport. 1. Datenreport zur Gleichstellung von Frauen und Männern in der Bundesrepublik Deutschland. Berlin

Connell, R. W. (1999): Der gemachte Mann. Leske und Budrich, Opladen
Deutsches Institut für Erwachsenenbildung – DIE (Hrsg.)(2003): Volkshochschul-Statistik. 40. Folge, Arbeitsjahr 2002. Bertelsmann, Bielefeld
Diezinger, A. (2004): Alltägliche Lebensführung: Die Eigenlogik alltäglichen Handelns. In: Becker, R., Kortendiek, B. (Hrsg.): Handbuch Frauen- und Geschlechterforschung. VS Verlag, Wiesbaden, 204–208
Frankfurter Thesen zur Männerbildung (2002): www.bildungswerk-frankfurt.de/service/materialien (Stand: 01.08.2006)
Hollstein, W. (1999): Männerdämmerung. Vandenhoeck & Rubrecht, Göttingen
– **(2000):** Mann sein geht nicht – wenigstens nicht so. In: DIE Zeitschrift für Erwachsenenbildung, H. IV, 15–18
Jurczyk, K., Voß, G. G.: Entgrenzte Arbeitszeit – Reflexive Alltagszeit. Die Zeiten des Arbeitskraftunternehmers. www.tu-chemnitz.de/phil/soziologie/voll/aufsaetze/kjgv-Zeit.pdf (Stand 10.07.06)
Meuser, M. (2005): Die widersprüchliche Modernisierung von Männlichkeit. Kontinuitäten und Veränderungen im Geschlechterverhältnis. Vortrag im Gender-KompetenzZentrum. Auszug aus dem Aufsatz: „Herausgeforderte Männlichkeit – Neue Zwänge oder neue Optionen?" In: SOWI, Heft 2/2005
Nuissl, E. (1993): Männerbildung. Vom Netzwerk bildungsferner Männlichkeit. VAS-Verlag, Frankfurt a. M.
Oechsle, M., Wetterau, K. (Hrsg.) (2000): Politische Bildung und Geschlechterverhältnis. Leske und Budrich, Opladen
Puchert, R., Gärtner, M., Höyng, S. (Hrsg.) (2005): Work Changes Gender. Men and Equality in the Transition of Labour Forms. Barbara Budrich, Leverkusen-Opladen
Schrader, J., Berzbach, F. (2005): Empirische Lernforschung in der Erwachsenenbildung/Weiterbildung. www.die-bonn.de/esprid/dokumente/doc-2005/schrader 05_01.pdf (Stand: 10. Juli 2006)
Sozialpädagogische Fortbildung Jagdschloss Glienicke (Hrsg.): Geschlechtergerechte Didaktik in der Fort- und Weiterbildung. Bestelladresse: info@fobiglienicke.verwalt-berlin.de, Tel.: 030 48481 121/123. Kosten: 4,45 Euro (incl. Porto)
Venth, A. (2006a): Gender-Porträt Erwachsenenbildung. Diskursanalytische Reflexionen zur Konstruktion des Geschlechterverhältnisses im Bildungsbereich. Bertelsmann, Bielefeld
Venth, A. (2006b): Vom männlichkeitstypischen Subtext. Relevanzen der Geschlechterforschung für die Weiterbildung. In: Meisel, K., Schiersmann, Chr. (Hrsg.): Zukunftsfeld Weiterbildung. Bertelsmann, Bielefeld, 193–202
Zulehner, P. M., Volz, R. (1998): Männer im Aufbruch. Schwabenverlag, Ostfildern

Das selbst-bezogene Geschlecht. Männlichkeit, Beziehungsfähigkeit und Liebe

von Walter Hollstein

Männlichkeit ist traditionell mit Leistungsfähigkeit konnotiert, Weiblichkeit mit Beziehungsfähigkeit (Doyle 1989). „Jungen werden ermuntert, sich zu behaupten, aber systematisch daran gehindert, ihre Emotionen auszudrücken und ihre Bindungsfähigkeit zu entfalten" (Real 1999, 18). Trotz aller Kritik an dieser eindimensionalen Sozialisation von Jungen hat sich daran auch in den letzten Jahren grundsätzlich nichts geändert (Pollack 1998). Victor Seidler konstatiert, dass Männer lernen, „sich gegen Beziehung zu schützen" (1997, 165); er leitet diesen Tatbestand in breit gefächerten Studien aus der abendländischen Geschichte männlicher Rationalität und Autonomie ab (Seidler 1994; 1997). Männer beziehen sich auf sich selbst und werden erzogen, in diesem Sinne autark zu leben; sie verkörpern das selbst-bezogene Geschlecht. Abgrenzung und Distanz sind männliche Tugenden; am stärksten sind sie im männlichen Mythos des „lonely wolf" verankert. „Befreit aus den Krallen der Gesellschaft und allein muss er seinen Weg gehen – und alles zerstören, was sich ihm entgegenstellt" (Faludi 2001, 20). Insofern ist männliche Beziehungsfähigkeit ganz lange Zeit überhaupt kein Thema der Forschung gewesen, sondern einseitig den Frauen zugerechnet worden. Erst in letzter Zeit, in der die einseitige Arbeitsteilung zwischen den Geschlechtern sich als immer fragwürdiger erweist, gerät der forschende Blick sukzessive auf die Beziehungswelt der Männer, ihre Liebesfähigkeit, Sexualität, Freundschaften und soziale Netze (Whitehead 2002; Hollstein 2004). Die Forschung auf diesem Gebiet ist aber erst am Anfang.

Das „fremde Land"

In der Vorbereitung auf das erwachsene Leben lernen Jungen wenig von dem, was Beziehung, Liebe und Partnerschaft erfordern (Pollack 1998). Insofern ist der provokante Ausspruch des amerikanischen Arztes und Männerforschers Ronald F. Levant durchaus trefflich, dass das Familienleben für Männer ein fremdes Land darstellt, dessen Sprache sie nicht sprechen (Levant 1996). Basale Fähigkeiten für intime und soziale Beziehungen wie Empathie, Mitgefühl, Fürsorglichkeit, Nähe, Dialogbereitschaft, Geduld oder Frustrationstoleranz sind nach wie vor weiblich etikettiert; im männlichen Sozialisationsprozess kommt ihnen nur eine untergeordnete Rolle zu (Pollack 1998; Faludi 2001). Dementsprechend konzentrieren sich Männer in Beziehungen und Ehen auf das, was ihnen vermittelt wurde, was sie können und was nach dem traditionellen Verständnis der Gesellschaft zum männlichen Eigenschaftsprofil gehört. Sie fühlen sich für die Dinge der Außenwelt zuständig, orientieren sich an Sachen, sind ziel- und ergebnisorientiert, organisieren und machen (Hollstein 2004).

Die Folgen zeigen sich in ihrer restringierten Auffassung von Beziehung und in der eigenen, eingeschränkten Fähigkeit, sich gefühlsmäßig zu versorgen. Die beschriebene Selbst-Bezogenheit funktioniert so lange, wie die emotionalen Bedürfnisse an Frau und Familie delegiert werden können.

Dabei geht es nicht darum, Männer auf Defizite und Unvermögen festzulegen. Entsprechend ihrer einseitigen Sozialisation sind die Stärken von Männern auf die Außenwelt konzentriert – auf Leistungs- und Machtwillen, Durchsetzungsvermögen und Standhaftigkeit, Konkurrenz und Erfolgsstreben – und bedingen geradezu ein eingeschränktes Eigenschaftsprofil in Bezug auf die Innen- und Binnenwelten. In diesem Sinne erfolgen in diesem Kontext Feststellungen aufgrund der vorliegenden Literatur und keine Schuldzuschreibungen.

Nach der übereinstimmenden Ansicht von Psychologen, Therapeuten und Familienberatern gehören zu einer intakten Beziehungsfähigkeit Qualitäten wie Nähe, Verantwortung, Fürsorge, Kooperation, Empathie und Hingabe. Diese Kriterien werden von Frauen in Gesprächen und Befragungen auch genannt. Männer haben hingegen ein weitaus pragmatischeres Verhältnis zu Ehe und Familie; ihnen zufolge gehört zur Beziehungsfähigkeit vor allem die Bereitschaft, die eigene Familie zu ernähren und den gesellschaftlichen Erwartungen in Bezug auf Frau und Kinder nachzukommen (Zilbergeld 1994; Faludi 2001).

Auch die Vorstellungen von Intimität differieren zwischen den Geschlechtern signifikant. Intimität impliziert, einem geliebten Menschen das Innere zu offenbaren, also eigene Gefühle, Gedanken, Fantasien und Wünsche zu äußern. Gerade dieser Vorgang ist für viele Männer ausgesprochen angstbesetzt; sie befürchten, sich in der Intimität aufgeben zu müssen, ihre Identität zu verlieren und sich aufzulösen (Hudson/Jacot 1993; Pollack 1998). Nun ist diese empirische Feststellung einmal mehr keine bösartige Schuldzuweisung an Männer, wie sie ja heute in einem frauendominierten Diskurs gängig sind (Engelfried 1997; Heiliger/Engelfried 1995) und auch von „feministischen" Männern insbesondere im sozialen Bereich redundant vertreten werden (Godenzi 1989). Intimität kann und muss gelernt werden. Frauen ist dies in unserer Gesellschaft mehr gestattet als Männern und ihnen auch eindeutig zugewiesen. Männer hingegen werden schon als Buben frühzeitig von Körperkontakt, Schmusen und Zärtlichkeit entwöhnt (Zilbergeld 1994; Pollack 1998). Was von Krockow im folgenden benennt, gehört im gesellschaftlichen Konsens zur Weiblichkeit, nicht zur Männlichkeit: „(...) Die Zärtlichkeit (setzt) eine Öffnung, ein Vertrauen zum Partner voraus, das wiederum ohne Selbstvertrauen, ohne Ich-Stärke nicht gelingen kann. Erst aus dieser Partnerschaft von Vertrauen und Selbstvertrauen erwächst der Mut, sich als schwach und verletzbar, als traurig und in Tränen oder verträumt, kurz in Gefühlen zu zeigen" (von Krockow 1996, 164).

Die englische Feministin Ingrid Bengis konstatiert, dass der „Kampf in der erogenen Zone" zwischen den Geschlechtern so lange anhalten wird, bis der Mann endlich erkannt hat, wie sehr seine „maskuline Sozialisation" seine affektiven und sexuellen Fähigkeiten hemmt (Bengis 1973, 79). Diese Feststellung ist so richtig wie sie gleichzeitig naiv ist. Der individuelle Erkenntnisprozess ist gebunden an eine gesellschaftliche Ideologie-Struktur, von der sich der einzelne Mann so einfach nicht befreien kann. Die nach wie vor verbreiteten Bilder männlicher Sexualität sind phallokratisch und in die männliche Sozialisation von Leistung, Anstrengung und Erfolg eingeknüpft (Zilbergeld 1994; Nathanson/Young 2001). Der Mann ist dabei eher Hochleistungssportler als genießender Liebhaber.

Frank Früchtel hat aufgrund einer empirischen Untersuchung in Deutschland festgestellt, dass Männer heute ihre Sexualität dergestalt modernisiert haben, dass sie sich vom einstigen Sexualmatador zum Sexualingenieur entwickelt hätten: sie verstehen sich nun als Liebhaber, die „die komplizierte Maschinerie Frau virtuos zu bedienen" gelernt haben (Früchtel 1993, 69f). Mit der Beachtung des eigenen (männlichen) Wohlbefindens hat das nun allerdings ebenfalls nichts zu tun.

James M. O'Neil hat fünf Gründe für das „restriktive sexuelle Verhalten" (O'Neil 1982; Zilbergeld 1994) der Männer aufgrund der vorliegenden empirischen Ergebnisse ausgemacht:

1. Der Verständnis von Sex und Orgasmus als Ziel und Eroberung statt als intime Kommunikation zwischen zwei menschlichen Wesen.
2. Der Gebrauch von Sex als Mittel, um Leistung, Erfolg und Männlichkeit zu messen.
3. Sex als objektiver, unpersönlicher Ablauf statt als subjektiver, intimer Prozess.
4. Die Trennung der Sexualität von persönlichen, affektiven und liebenden Anteilen einer menschlichen Beziehung.
5. Das Begreifen von Sex als einer Situation, in der männliche Kontrolle, Dominanz und Macht unverzichtbar sind, um zur Befriedigung zu gelangen.

Die Folie, auf dem sich solches Erleben abzeichnet, ist einmal mehr die leistungsfixierte Sozialisation von Jungen und Männern. Erotik und Sexualität zeigen sich dabei als jene Lebenswelten, in denen die männliche Leistungsobsession besonders kontraproduktiv wirkt; denn Sexualität ist nicht Leistung, sondern vor allem Hingabe. „Es ist nicht leicht für einen Mann, sich in eine sexuelle Situation zu begeben, wenn er denkt, dass dabei alles von seiner Leistung abhängt (wozu er obendrein ein Körperteil benutzen muss, das sich nicht kontrollieren lässt), aber was soll er sonst tun? Ein Mann zu sein ist, wie in einer Rüstung zu leben, immer bereit sich im Kampfe zu beweisen. Die Rüstung mag Schutz bieten (...), aber sie zwängt schrecklich ein und bringt nicht gerade viel Spaß. Vielmehr ist sie eigentlich das genaue Gegenteil von Spaß" (Zilbergeld 1944, 33).

Das Andere und der Andere

Die männlichen Probleme mit der Beziehungsfähigkeit haben ihre biographische, geschlechterbedingte Geschichte.

Unsere Mutter steht im Zentrum des kindlichen Daseins; sie bringt uns nicht nur ins Leben, sondern gewährt und garantiert es. Alle Entwicklungspsychologen sind sich einig, dass die Bindung zwischen Mutter und Kind die psychologische Entwicklung des Menschen entscheidend prägt.

Die optimistische oder pessimistische Grundhaltung zum Leben, das Urvertrauen, die Basismuster von Liebe und Beziehung entstehen in der frühen Interaktion von Mutter und Kind. „Diese Bindung ist der Prototyp der Bindung an das Leben. Der darin liegende Schmerz und die Furcht, dass sie gelöst werden könnte, sind Prototypen von Lebensqual und Todesfurcht" (Dinnerstein 1979, 53).

Aufgrund seiner Andersgeschlechtlichkeit spürt der Junge dieses Dilemma der Trennungsangst schon in der Anfangsphase seiner Kindheit. Im Gegensatz zum Mädchen muss sich der Junge in seiner Besonderheit des anderen (männlichen) Geschlechts im Vergleich mit der (weiblichen) Mutter als etwas Getrenntes definieren. Das ist ungleich schwieriger als die Sozialisation des Mädchens, so sehr es in ihr auch ausreichend Probleme gibt. Dementsprechend zeigt sich das Selbst des Jungen weniger „gesichert". Die spätere Angst des Mannes vor der Weiblichkeit und konkret der Frau ist hier fatal begründet. „Abhängigkeit von der Mutter, Zuneigung zu ihr und Identifikation mit ihr repräsentieren das Nicht-Männliche; er (der Junge) muss die Abhängigkeit abwehren und Zuneigung und Identifikation leugnen. Die Einübung in die soziale Geschlechtsrolle ist daher beim Knaben viel rigider als beim Mädchen. Ein Knabe verdrängt die Eigenschaften, die er für weiblich hält, wehrt sie ab und wertet Frauen ebenso ab wie alles, was er in der Außenwelt für weiblich hält" (Chodorow 1985, 44).

Während es Mädchen lange gestattet ist, sich durch körperliche Nähe Bestätigung und Sicherheit zu holen, muss sich der Junge physisch und psychisch früh „abnabeln". Der Knabe wird von der eigenen, geliebten Mutter auf Distanz gerückt, weil er ja Mann werden muss. „Jungen werden gedrängt, sich vorzeitig von ihrer Mutter zu trennen. Von der Mutter erwartet man, dass sie die „Schürzenbänder“ durchschneidet, die ihren Sohn an sie und die Familie binden“ (Pollack 1998, 12).

In dieser durchaus traumatischen Ablösung wird für den Jungen die Mutter selbst zur ambivalenten Figur. Um Mann zu werden, soll der (männliche) Heranwachsende plötzlich verleugnen, was er an Liebe, Vergnügen, Körpernähe und Geborgenheit mit der Mutter positiv verbindet. Die um der Männlichkeit willen erzwungene Loslösung von der Mutter provoziert auch die Angst vor dem späteren Rückfall in die Symbiose (z. B. in der erwachsenen Beziehung zur Partnerin). Die Mutter als das erste Liebesobjekt des Jungen wird damit entwicklungsgeschichtlich mit Gefühlen der Angst, der partiellen Ablehnung und manchmal sogar des Hasses besetzt, was dann durch die ödipalen Konflikte noch verstärkt werden kann. So werden die Grundlagen für die schwierige, respektive defizitäre Beziehungsfähigkeit des Mannes gelegt. Im beschriebenen Prozess muss der Junge seine bis dahin erworbene Weiblichkeit exorzieren.

> „Dass sich die Urbeziehung, die Identifizierung mit einem Du als „falsch“ herausstellt, ist eine Urerfahrung des Männlichen. Sie bleibt in der Tendenz zur Objektivierung mit ihrem notwendigen Gegenüberstehen, zur Bezogenheit aus der Distanz in der Bewusstseins-Welt des Logos wie in der Tendenz, sich nicht unbewusst mit einem Du identifizieren zu wollen, wirksam. Sie führt zu einer stärkeren Isolierung des Männlichen, aber ebenso zu einer gesteigerten Ich- und Bewusstseinsbildung und -festigkeit, alles dies in einem gewissen Gegensatz zur Psychologie des Weiblichen. Als Beziehungsangst steht sie im Hintergrund vieler männlichen Neurosen“ (Neumann 1983, 19).

Der Junge verübelt seiner Mutter – und in einem abstrakteren Sinne den Frauen überhaupt – die „double bind“-Situation, in die sie ihn gestürzt hat, und als Repräsentantin gesellschaftlicher Erziehung zur Männlichkeit auch stürzen musste. Es ist anzunehmen, dass der Junge erst im Augenblick erzwungener Loslösung ambivalente Gefühle für seine Mutter entwickelt. Aus der Geborgenheit der Liebe wird er herausgerissen und in die kalte, überdies – zu diesem Zeitpunkt – unverstandene Männlichkeit geworfen. Der (männliche) Preis für diese De-Identifikation ist eine Ablehnung der „weiblichen Aspekte ihrer selbst und eine bleibende Angst vor Nähe, weil diese die Losgelöstheit unterminiert, auf die sich ihre männliche Identität begründet hat“ (Viorst 1990, 155f). Daraus entwickelt sich nicht nur das Bedürfnis, eigene und fremde Weiblichkeit hinfort zu kontrollieren und zu beherrschen, sondern häufig auch Distanz, Frauenhass, die Neigung zur Pornographie oder Gewalt (Hudson/Jacot 1993).

Männerarbeit, Männertherapie

Die Beziehungsdefizite von Männern und die damit verbundenen Probleme von Isolation, Ambivalenzen gegenüber Frauen, Frauendiskriminierung und Gewalttätigkeit haben seit geraumer Zeit Gegenstrategien evoziert. So ist eine breite Palette männerorientierter Beratung entstanden (Überblick: Brandes/Bullinger 1996); männerspezifische Therapieformen wurden entwickelt (Überblick: Scher u.a. 1987); schließlich hat die Männerbewegung selbst viele Projekte von Männerarbeit geschaffen (Überblick: Hollstein 2001). Ihre Wirksamkeit ist notwendigerweise begrenzt, weil im gesellschaftlichen Rahmen herrschender Männlichkeit noch immer die traditionelle Männerrolle von Macht, Erfolg, Konkurrenz und emotionaler Distanz vertreten und prämiert wird.

Literatur

Bengis, I. (1973): Combat in the Erogenous Zone. Perennial, London

Brandes, H., Bullinger, H. (1996): Handbuch Männerarbeit. Beltz/Psychologie-Verlagsunion, Weinheim

Chodorow, N. (1985): Das Erbe der Mütter. Frauenoffensive, München

Dinnerstein, D. (1979): Das Arrangement der Geschlechter. Deutsche Verlagsanstalt, Stuttgart

Doyle, J. A. (1989): The Male Experience. Wm. C. Brown Publishers, Dubuque/Iowa

Engelfried, C. (1997): Männlichkeiten. Die Öffnung des feministischen Blicks auf den Mann. Juventa, Weinheim/ München

Faludi, S. (2001): Männer. Das betrogene Geschlecht. Rowohlt, Reinbek

Früchtel, F. (1993): Modernisierung männlicher Sexualität. In: Karatepe, H., Stahl, C. (Hrsg.): Männersexualität. Rowohlt, Reinbek

Godenzi, A. (1989): Bieder, brutal. Frauen und Männer sprechen über sexuelle Gewalt. Unionsverlag, Zürich

Heiliger, A., Engelfried, C. (1995): Sexuelle Gewalt. Campus, Frankfurt/New York

Hollstein, W. (2001). Potent werden. Das Handbuch für Männer. Huber, Bern

– (2004): Geschlechterdemokratie. Männer und Frauen: Besser miteinander leben. VS Verlag für Sozialwissenschaften, Wiesbaden

Hudson, L., Jacot, B. (1993): Wie Männer denken. Campus, Frankfurt/New York

Krockow, C. Graf von (1996): Vom lohnenden Leben. Deutsche Verlagsanstalt, Stuttgart

Levant, R.F. (1996): Masculinity reconstructed. Plume Book, New York/London

Nathanson, P., Young, K. (2001): Spreading Misandry. McGill-Queen's University Press, Montreal/London

Neumann, E. (1983): Zur Psychologie des Weiblichen. Fischer, Frankfurt/Main

O'Neil, J. M. (1982): Gender-Role Conflict and Strain in Men's Lives. In: Solomon, K. u.a. (Hrsg.): Men in Transition. Plenum Press, New York/London

Pollack, W. F. (1998): Richtige Jungen. Scherz, Bern
Real, T. (1999): Mir geht's doch gut. Männliche Depressionen. Scherz, Bern
Scher, M., Stevens, M., Good, G., Eichenfield, G. (1987) (Hrsg.): Handbook of Counselling and Psychotherapy with Men. Sage, Newbury Park/London
Seidler, V. S. (1994): Unreasonable Men. Masculinity and Social Theory. Routledge, London/New York
– (1997): Man Enough. Embodying Masculinities. Sage, London/Thousand Oaks
Viorst, J. (1990): Mut zur Trennung. Heyne, München
Whitehead, S. M. (2002): Men and Masculinities. Polity Press, Cambridge/Oxford
Zilbergeld, B. (1994): Die neue Sexualität der Männer. Dgvt, Tübingen

Harte Jungs – zarte Mädchen? Alters- und geschlechtsspezifische Differenzen bei Gewalt und Kriminalität im Hell- und Dunkelfeld

von Jürgen Mansel

Davon ausgehend, dass Frauen eher Opfer werden und nur in geringem Maße als Täter am Kriminalitäts- und Gewaltaufkommen beteiligt sind, vom weiblichen Geschlecht in dieser Hinsicht also kaum Gefahren ausgehen, konzentrierte sich die kriminologische Forschung bei der Analyse der Ursachen und Hintergründe für abweichendes Verhalten bis in die 1990er Jahre hinein primär auf die männlichen Täter. Erst in jüngster Zeit gerät ins Blickfeld, dass Frauen nicht nur gewalttätige Konflikte zwischen Männern provozieren können, sondern dass sie unter Umständen auch selbst bereit sind, zur Durchsetzung ihrer Interessen nicht nur im privaten Raum und in Partnerschaften, sondern auch in der Öffentlichkeit physische Kraft in illegaler Weise einzusetzen (Popp 2002; Bruhns/Wittmann 2003; Lamnek/Boatcă 2003).

1 Auffällige Tätergruppen bei der offiziell registrierten Kriminalität (Hellfeld)

Trotz der Missbilligung und der öffentlichen Sanktionsandrohung scheint von delinquentem und insbesondere gewalttätigem Verhalten eine besondere Faszination auszugehen. „Krimis" gehören zu einer der beliebtesten Sparten in Literatur, Film und Fernsehen (Walter u. a. 2004). Selbst bei in neuerer Zeit erschienenen „Liebesromanzen" dürfte es schwer fallen, ein Werk ausfindig zu machen, in dem nicht irgendwelche Gewaltszenen vorkommen. Und da in der lokalen Presse sowie in Rundfunksendern bevorzugt von solchen Vorgängen berichtet wird, die für Leserinnen und Leser interessant sind und ggf. dazu beitragen können, die Auflagen- bzw. Hörerzahlen zu erhöhen, vergeht kaum ein Tag, in dem nicht über ein örtliches Verbrechen berichtet wird.

In der öffentlichen Diskussion und Berichterstattung wurden, konjunkturellen Zyklen folgend, spezifische Gruppen identifiziert, die als besonders gewalttätig gelten. In den 50er Jahren waren es die Krawalle der Halbstarken und Rocker, die für Furore sorgten, in den 60ern die protestierenden Studenten, in den 70ern die „randalierenden" Demonstranten und in den 80ern die Hausbesetzerszene (Eckert 1995, 88ff), die infolge ihrer gewaltsamen Aktionen in den Mittelpunkt der öffentlichen Aufmerksamkeit rückten. In den 90er Jahren und zum Teil auch aktuell beschäftigte zunehmend die Gewalt an den Schulen die Gemüter.

Während diese Tätergruppen nach einer gewissen Zeit wieder aus dem öffentlichen Bewusstsein verschwanden, gibt es aber auch solche Bevölkerungsteile, die zeitunabhängig als besonders kriminalitäts- und gewaltbelastet gelten. Hierzu gehören einerseits in sozial unterprivilegierten Familien und ggf. in segregierten Stadtvierteln aufwachsende Personen mit zumeist geringem Bildungsniveau sowie Personen mit Migrationshintergrund (z.B. Loll 1990) und andererseits jüngere Menschen sowie männliche Personen. Die alters- und geschlechtspezifischen Unterschiede sind dabei – der Thematik des Bandes folgend – im vorliegenden Zusammenhang von besonderer Bedeutung.

1.1 Kriminalität und Gewalt als Domäne von Jugendlichen und Heranwachsenden

Die Gründe für das häufigere abweichende Verhalten von Personen, die sich im Prozess des Aufwachsens befinden, sind vielfältiger Art und teilweise mit (der Bewältigung von) Entwicklungsaufgaben und Problemlagen, die typisch für diese Lebensphase sind, strukturell verknüpft.

Zu konstatieren ist zunächst der Umstand, dass Jugendliche sich noch in einer Entwicklungsphase befinden, in der eine gefestigte Identität noch nicht ausgebildet ist, geltende Normen und Werte sowie die Regeln des Zusammenlebens sich noch nicht verfestigt haben, so dass der Normbruch und das Überschreiten von Grenzen als solche gar nicht erkannt bzw. in ihrer Reichweite nicht reflektiert werden.

Hinzu kommt der Sachverhalt, dass Jugendliche Verhaltensweisen erproben und Grenzen austesten, um sich neue Kompetenzen, Handlungsstrategien und Gestaltungsmöglichkeiten für ihren Lebensraum zu erschließen und in diesem Bemühen ggf. geltende Regeln außer Acht lassen oder bewusst ignorieren.

Damit im Zusammenhang steht der Wunsch, sich von der Welt der Erwachsenen abzugrenzen und sich deshalb (bewusst) von üblichen Verhaltenspraktiken zu distanzieren. Das Durchbrechen der Grenzen kann mit einem Erleben von Macht und der Beherrschbarkeit des eigenen Umfeldes verknüpft sein.

Nicht zu vergessen ist die Tatsache, dass junge Menschen in ihren Lebenszusammenhängen und den Beziehungen zu anderen Menschen noch nicht die Sicherheiten entwickelt haben, um selbstverantwortlich sowohl zum eigenen Nutzen als auch im Sinne der Interessenlagen und Erwartungshaltungen anderer agieren zu können.

Und nicht zuletzt ist zu berücksichtigen, dass Jugendliche ihr Selbstbild noch aufbauen müssen, so dass sie Etikettierungen und Stigmatisie-

Tab. 1: Offiziell registrierte Kriminalität und Gewalt nach Geschlecht und Altersgruppen.
Kriminalitätsbelastungsziffern (Zahl der Täter pro 100000 Personen der jeweiligen Bevölkerungsgruppe)
(eigene Berechnungen auf der Basis von Individualdaten der PKS für 13 Bundesländer für das Jahr 1999 sowie der Bevölkerungsstatistik).

	Kriminalität insgesamt		Körperverletzungsdelikte	
	♂	♀	♂	♀
Deutsche insgesamt	**3253**	**997**	**615**	**104**
davon 0 bis unter 14 Jahre	1460	691	178	42
14 bis unter 18 Jahre	9722	3665	1829	425
18 bis unter 21 Jahre	10751	2703	2077	270
21 bis unter 25 Jahre	7327	1899	1441	186
25 bis unter 65 Jahre	3072	922	608	114
über 65 Jahre	712	278	102	19

rungen als „Störenfried", „Krimineller" oder des „gewalttätigen Schlägers" eher „aufsitzen", sprich das Etikett in ihr eigenes Selbstbild übernehmen und sich dann in der Folge im Sinne sekundärer Devianz (Lemert 1967) auch entsprechend verhalten (siehe hierzu auch Mansel/Raithel 2003, 15ff).

Insofern die oben genannten Punkte zutreffen, ist davon auszugehen, dass Personen, wenn sie diese von Verunsicherungen und Irritationen geprägte Lebensphase durchlaufen, ein vergleichsweise gefestigtes Selbstbild entwickelt und den Status eines autonom handelnden Erwachsenen erworben haben, delinquente und gewalttätige Verhaltensweisen mehrheitlich ablegen. Die höhere „Gewalt- und Kriminalitätsneigung" beschränkt sich also auf einen Entwicklungsabschnitt und stellt damit ein zeitlich befristetes, vorübergehendes Phänomen dar.

Ein Blick in die Polizeiliche Kriminalstatistik – als der am häufigsten zur Beurteilung der Gewalt- und Kriminalitätsbelastung von einzelnen Bevölkerungsgruppen herangezogenen Datenbasis – belegt genau dies (Tab. 1). Der Anteil der Personen, die von der Polizei infolge der Ausführung einer unter Strafe gestellten Handlung registriert werden, steigt von der Lebensphase Kindheit (bis 14 Jahre), über die Jugendphase (14 bis unter 18 Jahre) an und erreicht bei den Heranwachsenden (18 bis unter 21 Jahre) den Höhepunkt. Der Anteil der polizeilich registrierten Täter liegt in dieser Phase unabhängig vom Geschlecht über dem Dreifachen des Bevölkerungsdurchschnitts. Bereits bei den jungen Erwachsenen (21 bis unter 25 Jahre) nimmt der Anteil wieder deutlich ab und liegt bei den Erwachsenen etwas unterhalb des Gesamtdurchschnitts.

Sehr ähnlich wie beim gesamten Kriminalitätsaufkommen verläuft die altersmäßige Entwicklung bei jenen, denen Körperverletzungsdelikte zur Last gelegt werden. Deutlicher als bei den Körperverletzungsdelikten treten die altersspezifischen Differenzen – wiederum weitgehend unabhängig vom Geschlecht – beim einfachen Diebstahl, bei den Verstößen gegen das Betäubungsmittelgesetz sowie insbesondere beim Diebstahl unter erschwerenden Umständen (z. B. Einbruchsdiebstahl) und den Raubdelikten zutage. Bei letzter Deliktgruppe ist gemessen am jeweiligen Bevölkerungsanteil der Anteil der **männlichen** polizeilich registrierten Tatverdächtigen gegenüber den Erwachsenen bei den Heranwachsenden um über das Elffache und bei den Jugendlichen sogar um das 13fache erhöht. Demgegenüber sind die altersspezifischen Unterschiede bei den Vermögens- und Fälschungsdelikten, den Straftaten gegen die sexuelle Selbstbestimmung und den Straftaten gegen das Leben eher unterdurchschnittlich. In den beiden zuletzt genannten Deliktgruppen sind die Belastungsziffern von **weiblichen** Personen lediglich bei den Jungerwachsenen, nicht hingegen bei den Jugendlichen und Heranwachsenden gegenüber den Erwachsenen erhöht (Mansel/Albrecht 2003b, 695ff). Die deliktspezifischen Unterschiede und die damit in der Regel verbundenen Tatumstände zeigen in Übereinstimmung zu den oben formulierten Annahmen an, dass junge Menschen sich bietende „Gelegenheiten“ spontan, ggf. aus den alltäglichen Aktivitäten in der Gleichaltrigengruppe heraus nutzen, während sie an kriminellen Aktivitäten, die eher eine längere Planungszeit voraussetzen, nicht so überproportional häufig beteiligt sind.

1.2 Kriminalität und Gewalt sind männlich

Noch deutlicher als die Altersunterschiede fallen die Differenzen bei der offiziell registrierten Kriminalität nach dem Geschlecht aus. Von den polizeilich registrierten Tatverdächtigen sind – weitgehend unabhängig vom Alter – lediglich ein Viertel weiblichen Geschlechts (Tab. 1). Noch deutlicher als beim gesamten Kriminalitätsaufkommen fallen dabei die geschlechtsspezifischen Differenzen bei den Körperverletzungsdelikten aus. Nur etwa ein Siebtel der polizeilich registrierten Gewalttäter ist weiblich, wobei die geschlechtsspezifischen Unterschiede im Kindes- und Jugendalter weniger gravierend sind, bei den Heranwachsenden und Jungerwachsenen hingegen etwas ausgeprägter ausfallen. In den Deliktgruppen der Straftaten gegen die sexuelle Selbstbestimmung, den Raubdelikten, den Diebstählen unter erschwerenden Umständen und den Straftaten gegen die persönliche Freiheit ist von den polizeilich registrierten Personen nur etwa jede Elfte weiblich. Demgegenüber wird beim einfachen Diebstahl jede dritte und bei den Vermögens- und Fälschungsdelikten jede vierte Tat einer Täterin zur Last gelegt (Mansel/Albrecht 2003b). Damit sind Männer insbesondere bei den von der Qualität her schwer einzustufenden Straftaten, die den Einsatz von Körperkraft und (brachialer) Gewalt erfordern, in besonderem Maße unter den polizeilich registrierten Tatverdächtigen überrepräsentiert. In diesen Deliktbereichen sind von zehn registrierten Tatverdächtigen neun männlichen Geschlechts.

Diese sehr unterschiedliche Verteilung könnte den Verdacht nahelegen, dass die Ausführung aggressiver Handlungen anlagebedingt ist und z. B. durch das männliche Geschlechtshormon Testosteron verursacht wird. Diese Annahme scheint jedoch angesichts des Sachverhalts, dass auch unter den Männern die überwiegende Mehrheit mit physischer Gewalt verbundene Straftaten vermeidet, nicht haltbar, würde darüber hinaus den Menschen zum Sklaven seiner Hormone degradieren und jegliches erzieherisches Handeln sowie die Versuche von Personen, die eigene Entwicklung und Biographie im Sinne eines produktiv-realitätsverarbeitenden Subjekts (Hurrelmann 1983, 2002) zu gestalten, überflüssig machen. Lohnender scheint es deshalb solche Hintergründe ausfindig zu machen, die sozialisationsbedingt sind und/oder mit der Alltagsorganisation, der Lebensführung und den in der alltäglichen Interaktion konstruierten sozialen Geschlechtsrollen (Gildemeister/Wetterer 1992) zusammenhängen.

Zwar hat sich die alternativlose Koppelung von Frauen- und Familienleben in den vergangenen Dekaden weitgehend aufgelöst, aber dennoch orientieren sich Frauen bei ihren (Erwerbs-)Entscheidungen an den Bedürfnissen der Familie (Blossfeld/Drobni 2001), so dass die traditionelle Arbeitsteilung in der Familie weiterhin auch von dem überwiegenden Teil der Frauen der jüngsten Generation realisiert wird (Bode 1999). Insofern in den Familien eine traditionale Rollenverteilung vorliegt, vollzieht sich der Alltag der Frauen primär im privaten Bereich. Im privaten Lebensumfeld sind die Möglichkeiten, potentiell kriminalisierbare Handlungen auszuführen, eher begrenzt (Rotter 1979, 88; Brökling 1980, 97f).

Im Vergleich zu Männern verfügen Frauen infolge des Sozialisationsprozesses und ihrer intensiveren Auseinandersetzung mit sozialen Beziehungen über ein größeres Einfühlungsvermögen und ein verfeinertes Mitgefühl für die Belange anderer (insbesondere schwächerer) Personen. Entsprechend gelten nach tradierten Rollenstereotypen Eigenschaften wie weichherzig, feinfühlend, empfindsam und herzlich als feminin; unerschrocken, respekteinflößend, scharfsinnig und sich selbst behauptend als maskulin (Raithel 2005, 157ff). Insofern Personen sich diese Stereotype zu eigen machen, ist zu erwarten, dass Männer deshalb weniger Skrupel haben, zur Durchsetzung eigener Interessen Nachteile für andere in Kauf zu nehmen. Dies wird insbesondere vor dem Hintergrund virulent, wie Männern in der Familie weiterhin die Ernährerrolle zugewiesen wird bzw. sie sich in dieser Hinsicht verpflichtet fühlen, und deshalb zur Sicherung der eigenen Existenzgrundlagen bzw. zur Gewährleistung einer Lebensführung gemäß eigenen Anspruchhaltungen ggf. illegale Aktivitäten entwickeln.

Infolge tradierter geschlechtsspezifischer Sozialisationsprozesse und des damit im Zusammenhang stehenden eigenen Körperverständnisses (integrierend versus instrumentell) entwickeln Männer und Frauen unterschiedliche Formen der Problem- und Belastungsverarbeitung. Während Frauen Problemlagen eher interiorisierend verarbeiten und in sich „hineinfressen" (was z. B. in den häufigeren psychosomatischen Beschwerden seinen Ausdruck findet), tendieren männliche Personen eher zu exteriorisierenden Verarbeitungsformen und suchen sich ggf. Ersatzobjekte, um ihrem Unmut, ihrem Ärger und ihrer Wut „freien Lauf zu lassen" (Mansel/Hurrelmann 1991; Mansel/Kolip 1996).

Vor dem Hintergrund überzogener Männlichkeitsstereotype verstehen sich Männer ggf. als Beschützer der ihnen anvertrauten Personen. Wird diese Rolle durch Ereignisse von außen in Frage gestellt, steigt die Wahrscheinlichkeit, dass versucht wird, männliche Integrität und Invulnerabilität, Überlegenheit und Stärke durch abweichendes, gesetzeswidriges und gewalttätiges Verhalten wiederherzustellen. Kriminalität und Gewalt werden dann zur Ressource, um die bedrohte Männlichkeit zu rekonstruieren (Bereswill 2003, 123ff).

Für die Überrepräsentanz von männlichen gegenüber den weiblichen Personen in der Polizeilichen Kriminalstatistik ist nicht zuletzt von Bedeutung, dass durch das Strafrecht primär Verhaltensweisen geregelt werden, die nach traditionellem Rollenverständnis überwiegend männertypisch sind. Typische Formen weiblicher Gewalt wie etwa das ‚Anstacheln' vertrauter Personen, anderen einen Schaden zuzufügen, oder die Unterminierung der Netzwerke des Gegenübers, um dessen Ansehen in dessen Bezugsgruppe zu untergraben etc. (Björqvist 1994; Björqvist u. a. 1992; Rivers/Smith 1994, Popp 2002), unterliegen demgegenüber keinen eindeutigen strafrechtlichen Regelungen (Eisenbach-Stangl 1979, 18f).

1.3 Aussagekraft offizieller Kriminalstatistiken im Hinblick auf die Verbreitung von Kriminalität und Gewalt in einzelnen Bevölkerungsgruppen

Nicht erst seit der Rezeption etikettierungstheoretischer Ansätze (*labeling approach*), denen zufolge Kriminalität kein ontisches Merkmal einer Handlung, sondern das Resultat eines Zuschreibungsprozesses ist, wurden in der deutschen Kriminologie (Sack 1972; Keckeisen 1974) wiederholt Zweifel angemeldet, dass die Polizeiliche Kriminalstatistik eine geeignete Datengrundlage sei, um Aussagen zur Verbreitung devianten und strafrechtlich relevanten Verhaltens innerhalb einzelner Bevölkerungsgruppen abzuleiten. Vor dem Hintergrund, dass für die Registrierung immer zwei Aspekte von Bedeutung sind, d.h. einerseits eine Person, die eine potentiell unter Strafe gestellte Handlung ausführt und andererseits andere Personen, die diese Handlung als Straftat definieren, wird argumentiert, dass sich in diesen Daten eher die Aktivitäten und die Kontrollaufmerksamkeit der Strafverfolgungsbehörden zum einen (Kitsuse/Cicourel 1963) und das Anzeigeverhalten der Bevölkerung zum anderen widerspiegeln. Aus diesen Zweifeln werden Bedenken in zwei unterschiedlichen Richtungen abgeleitet.

Auf der einen Seite seien in den offiziellen Kriminalstatistiken eine Vielzahl von Personen enthalten, die keine Straftaten ausgeführt hätten, denn für die Registrierung als Tatverdächtiger in der Polizeilichen Kriminalstatistik gilt das Prinzip: Im Zweifelsfall gegen den Beschuldigten, d.h. es wird jede Person aufgenommen, die hinreichend verdächtigt wird, eine unter Strafe gestellte Handlung ausgeführt zu haben, obwohl erst im weiteren Strafverfahren mit juristischer Evidenz ermittelt wird, erstens ob es sich bei dem Verdächtigen tatsächlich um den Täter handelt und zweitens, ob die zur Last gelegte Handlung tatsächlich eine strafrechtlich relevante Handlung ist. Nur gegen etwa jeden zweiten von der Polizei registrierten Tatverdächtigen wird im weiteren Verfahrensablauf vor dem Gericht Anklage erhoben und ein Urteil gefällt (Mansel/Albrecht 2003b, 688ff). Die restlichen Verfahren werden mehrheitlich seitens der Staatsanwaltschaft infolge des Bagatellcharakters oder infolge von Beweisschwierigkeiten eingestellt.

Auf der anderen Seite sind in den offiziellen Kriminalstatistiken nicht alle Personen enthalten, die Straftaten ausgeführt haben, denn dort tauchen nur jene Täter auf, von deren Taten die Polizei oder andere Strafverfolgungsinstanzen infolge von Anzeigen aus der Bevölkerung (in der Regel Opfer und Zeugen)[1] erfahren, oder die ihnen im Zuge eigener Ermittlungsarbeiten zur Kenntnis gelangen. Personen, deren Straftaten unentdeckt bleiben oder nicht angezeigt werden, und Handlungen, die nicht als Straftat definiert werden, verbleiben im so genannten Dunkelfeld.

Einschlägige Opferstudien zeigen, dass nach einer Viktimisierung bzw. der Beobachtung einer Straftat die Anzeigeerstattung eher die Ausnahme denn der Regelfall ist (zusammenfassend siehe z.B. Mansel/Albrecht 2003a, 342ff). Über diese Straftaten ist nur etwas in repräsentativ angelegten Bevölkerungsumfragen zu erfahren, in denen Fragen zu Opfererfahrungen oder zur eigenen Ausführung von Straftaten gestellt werden.

Weil davon auszugehen ist, dass ein großer Teil der Erwachsenen in repräsentativ angelegten Bevölkerungsumfragen zu selbst ausgeführten Straftaten keine wahrheitsgemäßen Angaben macht, liegen für diese Population keine Studien zur selbstberichteten Delinquenz vor. Unproblematischer erscheint dies jedoch bei Befragungen von Jugendlichen.

Im Folgenden sollen deshalb Befunde aus Dunkelfeldstudien berichtet werden, um die so ermittelte tatsächliche Verbreitung von Straftaten zumindest bei männlichen und weiblichen Jugendlichen mit denen der offiziell registrierten Kriminalität vergleichen zu können.

2 Selbstberichtete Delinquenz Jugendlicher (Dunkelfeld)

2.1 Verbreitung kriminellen und gewalttätigen Verhaltens

Beim Vergleich von Studien aus dem Hell- und Dunkelfeld, also zum Anteil von offiziell registrierten Tatverdächtigen im Jugendalter und der selbstberichteten Delinquenz in repräsentativ angelegten Jugendstudien, fällt zunächst ins Auge, dass die jeweils ermittelten Anteile der Täter an der Grundgesamtheit erheblich voneinander abweichen. Aus den jeweils ermittelten Belastungsziffern kann geschlossen werden, dass nur etwa jeder/jede zehnte Jugendliche, der/die angibt, eine unter Strafe gestellte Handlung ausgeführt zu haben, auch von der Polizei als Tatverdächtige(r) registriert wird (Mansel/Hurrelmann 1998, 81ff; Eisner u.a. 2000, 9). Damit verbleibt die überwiegende Mehrheit der Straftaten, weil sie kein Dritter als solche definiert, sie nicht entdeckt werden, sich niemand durch sie (übermäßig) geschädigt fühlt und/oder sie keiner bei den Strafverfolgungsbehörden anzeigt, im Dunkelfeld.

Beim Vergleich der Anteile, zu welchen männliche und weibliche Jugendliche von selbst ausgeführten Straftaten berichten, ergeben sich gegenüber den offiziell von der Polizei registrierten Straftaten zum Teil nicht unerhebliche Verschiebungen. So geben z.B. in einer 1996 in der Sekundarstufe I durchgeführten Befragung 42,6 % der Schüler und 22,5 % der Schülerinnen an, dass sie im Zeitraum des letzten Jahres mindestens einmal „einen anderen absichtlich geschlagen oder verprügelt zu haben“ (Mansel/Hurrelmann 1998, 97ff).[2] Im Unterschied zu den polizeilich registrierten Körperverletzungen ist demnach nicht nur jede siebte, sondern jede dritte Jugendliche, die anderen Personen mittels physischer Kraft Schädigungen zufügt, weiblichen Geschlechts. Werden die anderen abgefragten Gewaltdelikte Raub („jemanden eine Sache mit Gewalt wegnehmen“), Erpressung („jemanden bedrohen, damit er/sie das tun, was du willst“) und Sachbeschädigung („Sachen von anderen absichtlich zerstört oder beschädigt“) hinzugezogen, geben 58,0 % der männlichen und 38,2 % der weiblichen Jugendlichen an, mindestens eine der Handlungen im Zeitraum des letzten Jahres ausgeführt zu haben (Mansel/Hurrelmann 1998, 97ff). Demnach sind von zehn Gewalttätern vier Täterinnen. Das Bild, dass Gewalt männlich sei, wird damit erheblich relativiert. Würden zusätzlich die oben bereits erwähnten typisch weiblichen Formen von psychischer und verbaler Gewalt (Netzwerkintrigen und Beschimpfungen) berücksichtigt, würden die geschlechtsspezifischen Unterschiede beim Anteil der Gewalttäter völlig verschwinden. Allerdings bleiben die männlichen Jugendlichen unter den Mehrfachtätern (12,9 % versus 6,5 %) sowie bei den Gewalthandlungen mit schwerwiegenden Verletzungsfolgen überrepräsentiert.

Ähnlich wie bei Gewaltdelikten relativiert sich auf der Basis von Dunkelfeldstudien auch bei den Eigentumsdelikten die geschlechtsspezifische Verteilung der Täter. 23,5 % der Schüler und 16,2 % der Schülerinnen geben an, im Zeitraum des letzten Jahres einen einfachen Diebstahl („irgendwo Sachen von anderen mitgenommen“) an. Werden weitere Eigentumsdelikte sowie die Urkundenfälschung („eine Unterschrift nachmachen“)[3] hinzugezogen, sind die geschlechtsspezifischen Differenzen nicht mehr signifikant (36,3 % versus 33,8 %; Mansel/Hurrelmann 1998, 97ff).

Auf der Basis von Dunkelfeldforschungen wird aber nicht nur das Bild vom männlichen Gewalttäter relativiert, sondern – zumindest für Jugendliche – auch das von den weiblichen Opfern korrigiert, denn bei den jugendlichen Gewaltopfern sind nicht weibliche sondern männliche Personen überrepräsentiert (Abb. 1). Der Anteil der Opfer entspricht bei den Jungen dem der Täter. Bei den Mädchen gibt zwar ein deutlich höherer Anteil Opfererfahrungen als die Beteiligung an Gewalttaten an, aber gegenüber den Jungen liegt der Anteil der weiblichen Jugendlichen, die Opfer einer Gewalthandlung wurden, um 10 Prozentpunkte niedriger (Mansel 2001a, 85ff).

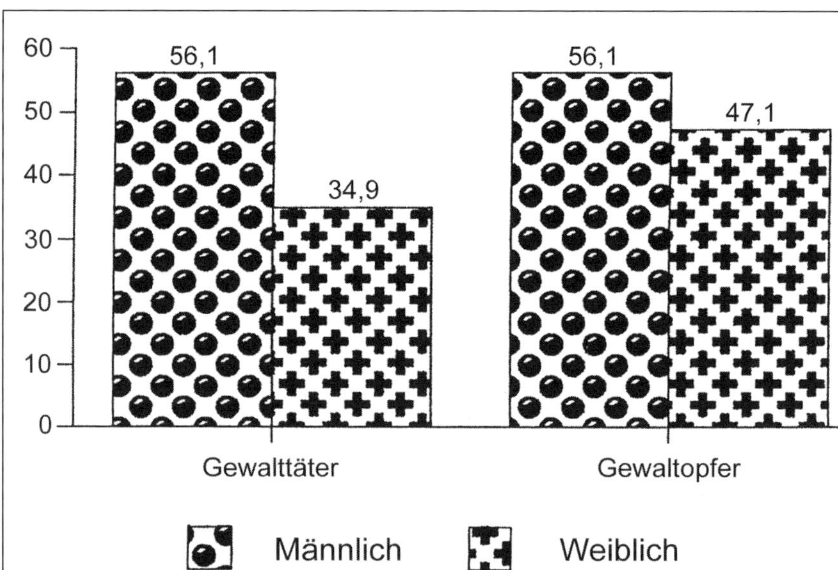

Abb. 1: Anteil der Gewalttäter und -opfer nach dem Geschlecht

Der Vergleich von Hell- und Dunkelfelddaten und die dabei ermittelten geschlechtsspezifischen Differenzen zeigen an, dass offensichtlich nur ein geringer Anteil der selbstberichteten Delikte auch eine polizeiliche Registrierung als Tatverdächtiger nach sich zieht, und dass dies aber bei männlichen deutlich häufiger gegeben ist als bei weiblichen Jugendlichen. Auf die Mechanismen, die für diesen Umstand verantwortlich sind, soll in Abschnitt 3.2 eingegangen werden. Zuvor wird betrachtet, ob sich bei männlichen und weiblichen Jugendlichen die Hintergründe für deren delinquentes Verhalten unterscheiden.

2.2 Hintergründe für Gewalt und Kriminalität von Jugendlichen

Bei der Erklärung von gewalttätigem und kriminellem Verhalten kann davon ausgegangen werden, dass Personen bei der Auseinandersetzung mit ihren Entwicklungs- bzw. Lebensbedingungen bestimmte Verhaltensmuster und -strategien ausbilden, die mit den entsprechenden Verhaltensweisen korrespondieren. So zeigen z.B. Eisner/Ribeaud (2003, 199ff), dass insbesondere die Risikosuche, die Präferenz für physische Aktivitäten, die Selbstzentriertheit, die Erregbarkeit und Impulsivität von Jugendlichen sowie ein actionorientierter Lebensstil in einem engen Zusammenhang mit der Gewalttätigkeit von Jugendlichen stehen. Der Erklärungsbeitrag der jeweiligen Merkmale für gewalttätiges Handeln unterscheidet sich bei männlichen und weiblichen Jugendlichen nach den Befunden dieser Studie nicht, d.h. gewalttätiges und kriminelles Verhalten wird bei männlichen und weiblichen Personen durch die gleichen, im Prozess der Auseinandersetzung mit den sozialen und materiellen Umweltbedingungen entwickelten Personenmerkmale begünstigt.

Auch die materiellen und sozialen Rahmenbedingungen, die dazu führen, dass Jugendliche gewaltaffine Verhaltenstendenzen entwickeln, sind bei männlichen und weiblichen Personen sehr ähnlich. Für die Entwicklung einer Verhaltenstendenz „Gewaltbereitschaft“ sind bei beiden Geschlechtern im Rahmen der familiären Sozialisation insbesondere ein restriktiver Erziehungsstil der Eltern und eine hohe Konfliktdichte bedeutsam. Auch die schulischen Entwicklungsbedingungen tragen zur Gewaltbereitschaft bei. Relevant sind dabei insbesondere das Desinteresse der Schülerinnen und Schüler an den Unterrichtsinhalten, die Schulunlust, die erlebte Belastung und ggf. Überforderung durch die alltäglichen schulischen Anforderungen und ein konkurrenzorientiertes Verhalten der Mitschülerinnen und Mitschüler (Mansel 2003, 399ff).

Dafür dass die Verhaltenstendenz „Gewaltbereitschaft“ in tatsächliche Gewalthandlungen umschlägt, sind schulische Entwicklungsbedingungen und Schulerfahrungen von eher untergeordneter Bedeutung. Bedeutsamer hierfür sind die familialen Sozialisationsbedingungen und dabei insbesondere die geringe Akzeptanz im Elternhaus, die familiale Konfliktdichte und vor allem die elterliche Sanktionspraxis (Mansel 2003, 399ff). Sprich wenn Jugendliche am eigenen Leibe erfahren, dass Gewalt oder Gewaltandrohung (in dem Falle durch die Eltern) zu Erfolg und zur Durchsetzung eigener Interessenlagen (der elterlichen Verhaltensanforderungen an die Jugendlichen) beiträgt, wächst die Wahrscheinlichkeit, dass auch die Jugendlichen Gewalt anwenden, um ihre Ziele zu erreichen.

Die elterliche Sanktionspraxis, die geringe Akzeptanz im Elternhaus und die hohe Konfliktdichte in der familialen Interaktion sind aber nicht nur bedeutsam für die Gewalttätigkeit der Jugendlichen, sondern sie sind auch gute Prädiktoren für die Viktimisierung. Insbesondere dann, wenn die Jugendlichen in der Folge nur ein geringes Selbstwertgefühl entwickeln, sich im Alltag eher passiv verhalten und glauben, auf die Gestaltung ihrer Lebensumwelt kaum Einfluss zu haben (Mansel 2003, 399ff; siehe auch Mansel 2001b), müssen sie vermehrt Opfererfahrungen hinnehmen.

3 Der Weg durch die Strafverfolgungsinstanzen. Vom Selbstbericht über die polizeiliche Registrierung bis zur Inhaftierung

Auch wenn ein für die männlichen und weiblichen Jugendlichen vorgenommener Vergleich von Hell- und Dunkelfelddaten für eine Einschätzung der Häufigkeit von Täterschaften im Jugend- und Erwachsenenalter aufgrund der fehlenden Dunkelfelddaten für die zweite Personengruppe nicht möglich ist, so ist dennoch davon auszugehen, dass bei Jugendlichen, wenn sie strafrechtlich relevante Handlungen ausführen, der Anteil derjenigen, die in der Folge damit rechnen müssen, dass seitens der Strafverfolgungsbehörden ein Ermittlungsverfahren gegen sie eingeleitet wird, gegenüber Erwachsenen deutlich erhöht ist.

3.1 Die höhere Kriminalisierungswahrscheinlichkeit Jugendlicher

Für die im Vergleich zu Erwachsenen überproportional häufigere polizeiliche Registrierung als Tatverdächtige sind nicht nur die in Abschnitt 1.1 aufgeführten Aspekte, die sich auf die Verhaltensebene der handelnden Akteure beziehen, relevant, sondern es kommen weitere Aspekte hinzu, die auf den Reaktionen von Opfern und Zeugen sowie auf der Entdeckungswahrscheinlichkeit von abweichendem Verhalten basieren. Jugendliche unterliegen bei abweichendem Verhalten einer erhöhten Kriminalisierungswahrscheinlichkeit, weil sie

1. mit ihrem delinquenten Verhalten nicht immer eine persönliche Bereicherung anstreben, entsprechende Strategien seltener im Detail vorausplanen und diese gezielt umsetzen. Das Handeln folgt vielmehr häufiger den sich bietenden Gelegenheitsstrukturen. Abweichung soll auch Spaß bringen, erfüllt die Funktion einer Mutprobe, soll Anerkennung unter Gleichgesinnten verschaffen und/oder der Selbstdarstellung dienen und wird von daher auch häufiger öffentlich gezeigt.
2. häufiger in öffentlich einsehbaren Räumen und an für ein breites Publikum zugänglichen Orten mit Freunden ihre Freizeit gestalten, so dass ihr Verhalten für andere sichtbar ist und von daher auch eher als eine Störung oder Provokation definiert werden kann (im Unterschied zu Praktiken, die von Erwachsenen in den eigenen vier Wänden gepflegt werden und die von Außenstehenden nur erahnt werden können).
3. seltener über die Kompetenzen und die Machtmittel verfügen, um sich einer Definition ihres Verhaltens als abweichend, erfolgreich zur Wehr zu setzen.
4. nach mehrheitlicher Überzeugung von Opfern und Zeugen sowie der Vertreter der Strafverfolgungsorgane durch geeignete, durch den Staat eingeleitete (Erziehungs-)Maßnahmen auf den „Weg der Tugend" zurückgeführt werden können und ihr Verhalten deshalb eher angezeigt wird, um entsprechende Maßnahmen einzuleiten.
5. für die Erwachsenen einerseits den Zukunftsträger darstellen, weshalb in besonderem Maße darauf geachtet wird, dass die entwickelten Kulturtechniken durch sie weiterhin gepflegt werden, andererseits aber auch ein Problem sind, weil die Gefahr besteht, dass die Heranwachsenden die ihnen zugedachte Aufgabe nicht erfüllen und deshalb die Verhaltensweisen von Jugendlichen mit sehr viel Feingefühl registriert werden, die als ein Anzeichen für die Nicht-Erfüllung der Aufgabe darstellen.

3.2 Die Bagatellisierung der von Frauen verübten Straftaten

Während es beim Vergleich von Jugendlichen und Erwachsenen so zu sein scheint, dass Jugendliche bei abweichendem Verhalten eher kriminalisiert werden, deutet vieles darauf hin, dass für Frauen das Kriminalisierungsrisiko nach strafrechtlich relevantem Verhalten geringer ist als für Männer. Dies könnte einerseits darauf basieren, dass Männer häufiger mehrfach straffällig werden, und andererseits darauf, dass die von Frauen verübten Straftaten weniger schwerwiegend sind.

Dass mit der Häufigkeit von Straftaten einer Person für diese auch das Entdeckungsrisiko ansteigt, erscheint plausibel und wird auch in entsprechenden Dunkelfeldstudien bestätigt, in denen neben den ausgeführten Delikten zusätzlich erhoben wurde, ob die Befragten infolge ihrer Handlungen Kontakt zur Polizei hatten und ob Strafverfolgungsmaßnahmen gegen sie eingeleitet wurden (Karstedt-Henke/Crasmöller 1991; Mansel 1993). Allerdings sind auch unter den Befragten, die sehr viele Straftaten ausgeführt haben, Personen zu finden, die infolge ihrer Handlungen keinen Kontakt zu den Ermittlungsbehörden hatten. Damit zieht auch die häufige Ausführung von Straftaten keineswegs notwendig eine polizeiliche Registrierung des Täters nach sich.

Hinsichtlich der Qualität der Delikte bzw. dem Schweregrad von gewalthaltigen Handlungen geht insbesondere aus Dunkelfeldstudien zur Partnergewalt hervor, dass Frauen häufiger als Männer angeben, minderschwere Gewalthandlungen an ihrem Partner vollzogen zu haben. Nach einer Studie von Krahé (2003, 376) haben 23,0 % der Frauen versus 15,3 % der Männer mindestens einmal in der Partnerschaft den Partner/die Partnerin „mit etwas beworfen, was wehtun kann", 65,7 % versus 42,5 % „weggestoßen", 23,4 % versus 9,5 % „eine runtergehauen", 10,9 % versus 7,0 % „mit einem Gegenstand geschlagen", 13,3 % versus 4,8 % „getreten". Von der Qualität als eher schwer einzustufende Handlungen werden hingegen häufiger von den Männern verübt. 5,3 % der Männer versus 4,0 % der Frauen haben ihre Partnerin/ihren Partner „gewürgt", 4,5 % versus 3,2 % „verprügelt", 6,5 % versus 5,6 % „gegen die Wand geschleudert", 4,5 % versus 3,2 % „ein Messer oder eine Schusswaffe eingesetzt" und 3,3 % versus 2,4 % „absichtlich Verbrennungen oder Verbrühungen zugefügt".

Wenn derartiges Verhalten keine strafrechtlichen Konsequenzen nach sich zieht, ist neben der Qualität der Handlung vor allem aber auch relevant, dass Männer aus ihrem männlichen Selbstbild heraus – insbesondere dann, wenn sie sich überlegen (typisch männlich?) fühlen – die Gewalt ihrer Partnerinnen bagatellisieren[4] und/oder tabuisieren (Gemünden 2003, 340ff).

Des Weiteren dürfte für die Tatsache, dass Frauen bei den polizeilich registrierten Tatverdächtigen so deutlich unterrepräsentiert sind, neben den in Abschnitt 1.2 genannten Aspekten von Bedeutung sein, dass sich der Alltag der Frauen im Zuge der traditionellen Rollenverteilung primär im privaten Bereich vollzieht. Ihre Tätigkeit ist deshalb seltener als die der Männer für die Öffentlichkeit sichtbar. Dadurch sinkt die Entdeckungswahrscheinlichkeit von abweichendem und ggf. strafrechtlich relevantem Verhalten und damit auch die Wahrscheinlichkeit, angezeigt zu werden (siehe hierzu auch Eisenbach-Stangl 1979, 15ff).

Hinzu kommt, dass im privaten Lebensraum die Akteure einer intensiveren informellen Kontrolle unterliegen. Durch diese wird potentiell abweichendes Verhalten nach außen abgeschirmt und ein öffentliches Bekanntwerden zur Aufrechterhaltung der Funktionsfähigkeit der Familie unterbunden. Die Zugriffsmöglichkeiten der formellen Kontrollorgane sind deshalb begrenzt (Eisenbach-Stangl 1979, 17ff; Brökling 1980, 97f).

Tab. 2: Anzeigeverhalten von Opfern und Zeugen nach Geschlecht und Staatsangehörigkeit der Täter einschließlich der Fälle mit unbekannten Tätern. (Mansel/Albrecht 2003a, 347)

Täter	♂	♀	**deutsch**	**nicht-deutsch**	**Gesamt**
N =	588	55	376	248	1616
ja	46.1	29.1	38.6	52.0	49.4
nein	53.9	70.9	61.4	48.0	50.6
Eta = p <	.10 .05		.13 .001		

Da davon ausgegangen wird, dass Frauen eher sozial denken, über ein größeres Einfühlungsvermögen verfügen und nicht zuletzt auch deshalb, weil die in den offiziellen Statistiken ausgewiesene Kriminalitätsbelastung der Frauen so gering ist, wird ihren Aktionen seltener ein strafrechtlich relevantes Motiv unterstellt bzw. die Ausführung kriminalisierbarer Handlungen als gering eingeschätzt. Deshalb unterliegen sie nicht nur einer vergleichsweise geringeren Kontrolldichte (Keupp 1982, 233f), sondern ihr Verhalten wird auch seltener als strafrechtlich relevant definiert und / oder seltener zur Anzeige gebracht (Tab. 2).

Um die Bedeutung des Geschlechts von Tätern für das Anzeigeverhalten von Opfern und Zeugen beurteilen zu können, wurde in Tab. 2 zum Vergleich auch das Anzeigeverhalten von Opfern und Zeugen nach der Staatsangehörigkeit der Täter aufgeführt. In dieser Hinsicht wird ersichtlich, dass Opfer und Zeugen bei nicht-deutschen Tätern sehr viel seltener auf die Erstattung einer Anzeige verzichten. Noch deutlicher als nach der Staatsangehörigkeit unterscheidet sich das Anzeigeverhalten von Opfern und Zeugen nach dem Geschlecht der Täter. Bei männlichen Tätern wird in annähernd der Hälfte der Fälle Strafanzeige erstattet, bei weiblichen hingegen in weniger als einem Drittel der Fälle. Dieser Unterschied könnte natürlich auch darauf basieren, dass die Delikte der Frauen weniger schwerwiegend sind. Eine Aufschlüsselung nach den physischen Verletzungsfolgen einerseits und nach der materiellen Schadenshöhe andererseits erbringt jedoch, dass die geschlechtsspezifischen Unterschiede in allen Schadenskategorien erhalten bleiben (Mansel 2003, 392ff). Dass die Unterschiede in der Anzeigequote gegenüber männlichen und weiblichen Tätern eine Folge der unterschiedlichen Tatschwere sind, ist von daher unwahrscheinlich. Aus dem Sachverhalt, dass auf der Basis einer Opferbefragung, der Anteil der weiblichen Täter mit unter einem Zehntel noch geringer ausfällt als der auf der

Basis der PKS ermittelte, zeigt an, dass offensichtlich viele Opfer bei einer strafrechtlich relevanten Handlung von Frauen, diese nicht als Straftat definieren. Die geringe Zahl der männlichen Opfer von Straftaten, die von Frauen ausgeführt werden, deutet darauf hin, dass es Männern als Vertreter des vermeintlich „starken" Geschlechts offensichtlich Probleme bereitet, sich als Opfer von Personen des „schwachen" Geschlechts zu begreifen. Vor diesem Hintergrund – so lässt sich schließen – interpretieren sie die gegen sie gerichteten Aktionen der Frauen seltener als Straftaten.

3.3 Kriminelle Karrieren

Von daher ist das Geschlecht von Akteuren für Kriminalisierungsprozesse und für die Wahrscheinlichkeit der Einleitung von Ermittlungsverfahren sowie für die Art des Abschlusses der Verfahren keineswegs unbedeutend. Insofern sich die Akteure im Prozess der Strafverfolgung bei ihren Interpretationen und in ihren Entscheidungen vom Geschlecht der Personen leiten lassen, stellt sich nicht zuletzt auch die Frage, ob dies bei Männern und Frauen zu unterschiedlichen „Karrieremustern" führt. Wie reagieren die am System der Strafrechtskontrolle beteiligten Instanzen auf abweichendes Verhalten von männlichen und weiblichen Straftätern? Unterscheidet sich bei männlichen und weiblichen Straftätern die Wahrscheinlichkeit, mit welcher sie als Tatverdächtige registriert und gerichtlich sanktioniert werden?

Um zur Aufklärung dieser Fragen beizutragen, werden im Folgenden – obwohl dies nicht unproblematisch ist – Daten aus einer Dunkelfeldstudie in Nordrhein-Westfalen (Mansel 2001a) mit denen aus dem Hellfeld in Beziehung gesetzt (Tab. 3).

In der herangezogenen Dunkelfeldstudie geben zwei Fünftel der männlichen und ein Fünftel der weiblichen Jugendlichen an, einen anderen „absichtlich geschlagen oder verprügelt" zu haben. Aber nur etwa jeder 50. männliche und jede 200. weibliche Jugendliche wird von der Polizei infolge eines Körperverletzungsdeliktes als Tatverdächtige/r registriert. Damit wird etwa jeder 20. männliche Jugendliche, der angibt, eine entsprechende Handlung ausgeführt zu haben, von der Polizei auch registriert. Bei den weiblichen Jugendlichen gilt Entsprechendes für weniger als jede 40. Etwa jeder 50. männliche Jugendliche muss sich später für seine Tat vor Gericht verantworten. Von den weiblichen Jugendlichen, die selbst eine Körperverletzung berichten, muss dies hingegen nur etwa jede 135. Etwa jeder 75. männliche Jugendliche wird für seine Tat auch gerichtlich sanktioniert. Bei den weiblichen Jugendlichen gilt dies demgegenüber nur für weniger als jede 200. Von den wegen eines Körperverletzungsdeliktes polizeilich registrierten männlichen Jugendlichen wird gegenüber 40 % Anklage erhoben, bei den weiblichen gilt dies für etwa 30 %. Über ein Viertel der polizeilich registrierten männlichen Jugendlichen wird gerichtlich sanktioniert,

Tab. 3: Selbstbericht und gerichtliche Verurteilung für einzelne Deliktgruppen bei männlichen und weiblichen Jugendlichen in NRW

♂	Körperverletzung		Raub		einfacher Diebstahl	
	♂	♀	♂	♀	♂	♀
Absolut in NRW						
Polizeilich Tatverdächtige	8344	1810	2456	310	14 868	8869
Gerichtlich Abgeurteilte	3292	559	1127	123	4477	1744
Gerichtlich Verurteilte	2187	337	923	108	2739	917
Freiheitsstrafe	31	1	44	4	19	6
Anteil an der jugendlichen Bevölkerung						
Selbstbericht	41.0	20.4	20.5	14.0	26.9	19.5
Polizeilich Tatverdächtige	2.13	0.49	0.58	0.08	3.79	2.39
Gerichtlich Abgeurteilte	0.84	0.15	0.29	0.03	1.14	0.47
Gerichtlich Verurteilte	0.56	0.09	0.24	0.03	0.70	0.25
Freiheitsstrafe	0.01	0.00	0.01	0.00	0.00	0.00
Anteil an der selbstberichteten Delinquenz der Jugendlichen						
Polizeilich Tatverdächtige	5.19	2.39	2.81	0.60	14.09	12.25
Gerichtlich Abgeurteilte	2.05	0.74	1.40	0.24	4.25	2.41
Gerichtlich Verurteilte	1.36	0.45	1.15	0.21	2.60	1.27
Freiheitsstrafe	0.02	0.00	0.05	0.01	0.02	0.01
Anteil an den polizeilich Tatverdächtigen im Jugendalter						
Gerichtlich Abgeurteilte	39.45	30.88	45.89	39.68	30.11	19.66
Gerichtlich Verurteilte	26.21	18.62	37.58	34.84	18.42	10.34
Freiheitsstrafe	0.37	0.06	1.79	1.29	0.13	0.07

von den registrierten weiblichen Jugendlichen hingegen weniger als ein Fünftel. Für einen männlichen, aufgrund eines Körperverletzungsdelikts als tatverdächtig registrierten Jugendlichen liegt die Wahrscheinlichkeit, zu einer Freiheitsstrafe verurteilt zu werden, bei 1:270, für eine weibliche Jugendliche bei 1:1800. Sehr ähnlich fallen die geschlechtsspezifischen Selektionsquoten bei den Raubdelikten aus.

Deutlich weniger stark ausgeprägt sind demgegenüber die geschlechtsspezifischen Unterschiede bei den Selektionsquoten beim einfachen Diebstahl. Etwa jeder 4. männliche Jugendliche gibt bei der Dunkelfeldbefragung an, irgendwo Sachen mitgenommen zu haben, die ihm nicht gehörten, von den weiblichen Jugendlichen gilt dies für etwa jede 5.. Von diesen werden bei den männlichen Jugendlichen etwa 14 % und von den weiblichen etwa 12 % als Tatverdächtige registriert. Das Entdeckungsrisiko ist damit nach einem Diebstahlsdelikt für männliche und weibliche Jugendliche etwa gleich groß. Allerdings ist von diesen polizeilich registrierten Jugendlichen der Anteil derer, die sich vor einem Gericht verantworten müssen und dann auch gerichtlich sanktioniert und zu einer Freiheitsstrafe verurteilt werden, bei den weiblichen Jugendlichen nur halb so groß wie bei den männlichen.

Damit zeichnet sich ab, dass bei mit Gewalt verbundenen, und damit nach dem Rollenklischee typisch männlichen Delikten wie etwa der Körperverletzung und bei den Raubdelikten für die männlichen Jugendlichen sowohl die Entdeckungswahrscheinlichkeit als auch das Risiko, für diese Handlung sanktioniert zu werden, gegenüber den weiblichen Jugendlichen deutlich höher ist. Bei den einfachen Diebstahlsdelikten, die eine weniger eindeutige Männerdomäne darstellen, ist demgegenüber das Entdeckungsrisiko für männliche und weibliche Jugendliche nahezu identisch. Allerdings müssen auch hier die weiblichen Tatverdächtigen deutlich seltener damit rechnen, für ihr Verhalten die Konsequenzen zu übernehmen.

4 Strafrecht als Instrument der (Re-)Konstruktion traditioneller Geschlechterrollen

Das Ignorieren von „weiblicher" Gewalt seitens der im System des Strafrechtspflege tätigen Akteure einschließlich der Opfer und Anzeigeerstatter kann als eine Strategie der Aufrechterhaltung der sozialen Konstruktion der männlichen Täter erachtet werden (Popp 2003, 199ff). Über das Strafrecht werden damit klassische Vorstellungen von typischen Verhaltensweisen bei Männern und Frauen reproduziert und damit verfestigt. Insofern Männer und Frauen diese Verhaltensweisen in ihr Selbstbild aufnehmen und sich im Alltagshandeln davon leiten lassen, trägt somit auch das Strafrecht letztendlich zur Rekonstruktion der Geschlechterrollen bei.

Die Mechanismen, die für diese geschlechtsspezifische Selektion innerhalb des Strafrechts, von der Ausführung einer strafrechtlich relevanten Handlung, über die Definition als Straftat durch relevante Dritte und die Registrierung als Tatverdächtige bis zu deren Verurteilung wirksam werden, bedürfen jedoch noch der genaueren Analyse.

Vor dem Hintergrund, dass Opfer gegenüber weiblichen Tätern eher auf die Erstattung einer Anzeige verzichten, drängt sich die Frage auf, ob ggf. das Geschlecht auch bei der Aufnahme einer Anzeige seitens der Polizei- bzw. Kriminalbeamtinnen/-beamten eine Rolle dabei spielt, wie mit dem

Sachverhalt umgegangen und wie in der Angelegenheit weiter verfahren wird. Welche Bedeutung haben die Geschlechtsrollenstereotype für die Entscheidungen von Staatsanwältinnen und -anwälten, von Richtern und Richterinnen, für die Betreuungsleistungen durch Sozialarbeiterinnen und -arbeiter und die weitere „Karriere“ der Täterinnen und Täter? Aber vielleicht ist dieses gar nicht so bedeutsam, denn möglicherweise werden Frauen auch nur deshalb seltener für unrechtes Verhalten zur Verantwortung gezogen, weil sie den Unrechtsgehalt eher einsehen und sich reumütiger verhalten als Männer.

Anmerkungen

1 Je nach Delikt nimmt die Polizei zwischen 80 % und 97 %, bei den Massendelikten wie Diebstahl, Unterschlagung und Betrug sogar zwischen 94 % bis 97 % der Fälle die Ermittlungsarbeiten infolge von Anzeigen aus der Bevölkerung auf (Blankenburg u. a. 1978, 120ff).

2 Mit solchen Items werden auch Bagetelldelikte erhoben, die in der Regel nicht in ein Strafverfahren einmünden, denn diesen Sachverhalt kann z. B. auch ein Mädchen bejahen, dass einen aufdringlichen Jungen mit einer Ohrfeige abzuwehren versucht hat. Dennoch sind solche Verhaltensweisen strafrechtlich relevant und auch kriminalisierbar wie die Fälle zeigen, in denen z. B. namhafte Politiker geohrfeigt wurden. Zudem ist zu berücksichtigen, dass auch bei den in der PKS erfassten Fällen den Verdächtigen in hoher Anzahl Bagatelldelikte zur Last gelegt werden. So wurden z. B. im Rahmen einer Auswertung von staatsanwaltlichen Ermittlungsakten, in vier Ermittlungsverfahren insgesamt 35 Jugendliche als Tatverdächtige registriert, weil sie nachts im Freibad badeten (Mansel 1989, 266).

3 Der hohe Anteil, die diese Handlung angeben, basiert wahrscheinlich darauf, dass die Befragten hier die gefälschte Unterschrift der Eltern unter die „verhauene“ Klassenarbeit einbeziehen.

4 Während der mit einer Untertasse beworfene Mann der Partnerin ggf. entgegenhalten wird, „endlich ist das schreckliche Geschirr der Schwiegermutter kaputt“, wird die gewürgte oder mit einem Messer bedrohte Frau dies nicht so lapidar abhandeln können.

Literatur

Bereswill, M. (2003): Gewalt als männliche Ressource? Theoretische und empirische Differenzierungen am Beispiel junger Männer mit Hafterfahrung. In: Lamnek, S., Boatcă, M. (Hrsg.): Geschlecht, Gewalt, Gesellschaft. Leske und Budrich, Opladen, 123–137

Björkqvist, K. (1994): Sex differences in physical, verbal, and indirect aggression. A review of recent research. In: Sex Roles, 30 (3/4), 177–188

Björkqvist, K., Lagerspetz, K. M. J., Kaukiainen, A. (1992): Do girls manipulate and boys fight? Developmental trends in regard to direct and indirect aggression. In: Aggressive Behavior, 18, 117–127

Blankenburg, E., Sessar, K., Steffen, W. (1978): Die Staatsanwaltschaft im Prozeß strafrechtlicher Sozialkontrolle. Duncker & Humblot, Berlin

Blossfeld, H.-P., Drobni , S. (2001): Careers of Couples in Contemporary Societies. University Press, Oxford

Bode, H. (1999): Stand des Rollenverständnisses und der Gleichstellung von Frau und Mann: Ergebnisse einer repräsentativen Umfrage. Ministerium für Frauen, Jugend, Familie und Gesundheit des Landes Nordrhein-Westfalen, Düsseldorf

Bröking, E. (1980): Frauenkriminalität. Darstellung und Kritik kriminologischer und devianzsoziologischer Theorien. Versuch einer Neubestimmung. Enke, Stuttgart

Bruhns, K., Wittmann, S. (2003): Mächenkriminalität – Mädchengewalt. In: Raithel, J., Mansel, J. (Hrsg.): Kriminalität und Gewalt im Jugendalter. Juventa, Weinheim/München, 41–63

Eckert, R. (1995): Distinktion durch Gewalt? In: Ferchhoff, W., Sander, U., Vollbrecht, R. (Hrsg.): Jugendkulturen. Faszination und Ambivalenz. Einblicke in jugendliche Lebenswelten. Festschrift für Dieter Baacke zum 60. Geburtstag. Juventa, Weinheim/München, 186–202

Eisenbach-Stangl, I. (1979): Weiblicher Körper und männliche Vernunft. Abweichung und Kontrolle von Frauen. In: Kriminalsoziologische Bibliographie, 6 (1), 4–38

Eisner, M., Ribeaud, D. (2003): Erklärung von Jugendgewalt. Eine Übersicht über zentrale Forschungsbefunde. In: Raithel, J., Mansel, J. (2003): Kriminalität und Gewalt im Jugendalter. Hell- und Dunkelfeldbefunde im Vergleich. Juventa, Weinheim/München, 182–206

Eisner, M., Manzoni, P., Ribeaud, D. (2000): Gewalterfahrungen von Jugendlichen. Opfererfahrungen und selbstberichtete Gewalt bei Schülerinnen und Schülern im Kanton Zürich. Sauerländer, Aarau

Gemünden, J. (2003): Gewalt in Partnerschaften im Hell- und Dunkelfeld. Zur empirischen Relevanz der Gewalt gegen Männer. In: Lamnek, S., Boatcă , M. (Hrsg.): Geschlecht, Gewalt, Gesellschaft. Leske und Budrich, Opladen, 333–353

Gildemeister, R., Wetterer, A. (1992): Wie Geschlechter gemacht werden. Die soziale Konstruktion der Zweigeschlechtlichkeit und ihrer Reifizierung in der Frauenforschung. In: Knapp, G.-A., Wetterer, A. (Hrsg.): Traditionen – Brüche. Entwicklungen feministischer Theorie. Forum Frauenforschung, Band 6. Kore, Freiburg, 201–254

Hurrelmann, K. (1983): Das Modell des produktiv realitätsverarbeitenden Subjekts in der Sozialisationsforschung. In: Zeitschrift für Sozialisationsforschung und Erziehungssoziologie, 3 (2), 91–103

– (2002): Einführung in die Sozialisationstheorie. 8. vollständig überarbeitete Auflage. Weinheim, Beltz

Karstedt-Henke, S., Crasmöller, B. (1991): Risks of being detected, chances of getting away. Estimating the impact of involvement in delinquency on detection rates for juvenile offenders. In: Junger-Tas, J., Boender-Maker, L., van der Laan, P. H. (Hrsg.): The future of the juvenile justice system. Acco, Leuven/Amersfoort, 33–61

Keckeisen, W. (1974): Die gesellschaftliche Definition abweichenden Verhaltens. Perspektiven und Grenzen des labeling approach. Juventa, München
Keupp, L. (1982): Zur Problematik der weiblichen Delinquenz. In: Monatsschrift für Kriminologie und Straftechtsreform, 65 (3), 219–229
Kitsuse, J. J., Cicourel, A. V. (1963): A note of the use of social statistics. In: Social Problems, 11, 131–139
Keupp, L. (1982): Zur Problematik der weiblichen Delinquenz. In: Monatsschrift für Kriminologie und Strafrechtsreform, 65 (3), 219–229
Krahé, B. (2003): Aggression von Männern und Frauen in Partnerschaften: Unterschiede und Parallelen. In: Lamnek, S., Boatcă, M. (Hrsg.): Geschlecht, Gewalt, Gesellschaft. Leske und Budrich, Opladen, 369–383
Lamnek, S., Boatcă, M. (2003) (Hrsg.): Geschlecht, Gewalt, Gesellschaft. Leske und Budrich, Opladen
Loll, B.-U. (1990): Prognose der Jugendkriminalität von Deutschen und Ausländern. BKA, Wiesbaden
Lemert, E. M. (1967): Human deviance, social problems and social control. Prentice-Hall, Englewood Cliffs
Mansel, J. (1989): Die Selektion innerhalb der Organe der Strafrechtspflege am Beispiel von jungen Deutschen, Türken und Italienern. Eine empirische Untersuchung zur Kriminalisierung durch Organe der Strafrechtspflege. Peter Lang, Frankfurt am Main/Bern/New York
– (1993): Schulische Gewalt und Kriminalisierung. In: Schubarth, W., Melzer, W. (Hrsg): Schule, Gewalt und Rechtsextremismus. Leske und Budrich, Opladen, 93–114
– (2001a): Angst vor Gewalt. Eine Untersuchung zu jugendlichen Opfern und Tätern. Juventa, Weinheim/München
– (2001b): Familiale Erziehung und Gewalterfahrungen. Hintergründe und Folgen der Viktimisierung. In: Zeitschrift für Familienforschung, 13 (3), 26–51
– (2003): Die Selektivität strafrechtlicher Sozialkontrolle. Frauen und Delinquenz im Hell- und Dunkelfeld, als Opfer und Täter, als Anzeigende und Angezeigte. In: Lamnek, S., Boatcă, M. (Hrsg.): Geschlecht, Gewalt, Gesellschaft. Leske und Budrich, Opladen, 384–406
Mansel, J., Albrecht, G. (2003a): Die Ethnie des Täters als ein Prädiktor für das Anzeigeverhalten von Opfern und Zeugen. Die private Strafanzeige als Form der Konfliktregulierung. In: Soziale Welt, 54 (3), 339–372
– (2003b): Migration und das kriminalpolitische Handeln staatlicher Strafverfolgungsorgane. Ausländer als polizeilich Tatverdächtige und gerichtlich Abgeurteilte. In: Kölner Zeitschrift für Soziologie und Sozialpsychologie, 55 (4), 679–715
Mansel, J., Hurrelmann, K. (1991): Alltagsstress bei Jugendlichen. Eine Untersuchung über Lebenschancen, Lebensrisiken und psychosoziale Befindlichkeiten im Statusübergang. Juventa, Weinheim/München
– (1998): Aggressives und delinquentes Verhalten Jugendlicher im Zeitvergleich. Befunde aus ‚Dunkelfeldforschungen' aus den Jahren 1988, 1990 und 1996. In: Kölner Zeitschrift für Soziologie und Sozialpsychologie, 50 (1), 78–109
Mansel, J., Kolip, P. (1996): Wohin mit der Wut? Eine geschlechtsspezifische Analyse zum Zusammenhang zwischen aggressiven Gefühlen, Gewalt und psychosomatischen Beschwerden im Jugendalter. In: Soziale Probleme, 7 (2), 94–111

Mansel, J., Raithel, J. (2003): Verzerrungsfaktoren im Hell- und Dunkelfeld und die Gewaltentwicklung. In: Raithel, J., Mansel, J. (Hrsg.): Kriminalität und Gewalt im Jugendalter. Hell- und Dunkelfeldbefunde im Vergleich. Juventa, Weinheim/München, 7–24

Popp, U. (2002): Geschlechtersozialisation und schulische Gewalt. Geschlechtstypische Ausdrucksformen und konflikthafte Interaktionen von Schülerinnen und Schülern. Juventa, Weinheim

– (2003): Das Ignorieren „weiblicher" Gewalt als „Strategie" zur Aufrechterhaltung der sozialen Konstruktion von männlichen Tätern. In: Lamnek, S., Boatcă, M. (Hrsg.): Geschlecht, Gewalt, Gesellschaft. Leske und Budrich, Opladen, 195–211

Raithel, J. (2005): Die Stilisierung des Geschlechts. Jugendliche Lebensstile, Risikoverhalten und die Konstruktion von Geschlechtlichkeit. Juventa, Weinheim/München

Rivers, I., Smith, P. K. (1994): Types of bullying behavior and their correlates. In: Aggressive Behavior, 20, 359–368

Rotter, M. (1979): Die Frau in der Kriminologie. In: Kriminalsoziologische Bibliographie, 6 (1), 83–100

Sack, F. (1972): Definition von Kriminalität als politisches Handeln. Der labeling approach. In: Kriminologisches Journal, 4 (1), 3–31

Walter, M., Kania, H., Albrecht, H. J. (Hrsg.) (2004): Alltagsvorstellungen von Kriminalität. Individuelle und gesellschaftliche Bedeutung von Kriminalitätsbildern für die Lebensgestaltung. LIT, Münster

Gier, Macht, Ohnmacht: männliches Suchtverhalten

von Wolfgang Heckmann

Im Fokus der Prävention süchtigen Verhaltens stehen mit gutem Recht die jungen Menschen, deren Verhalten sich noch nicht verfestigt hat und deren körperliche, psychische und soziale Gefährdung durch Suchtstoffe noch nicht weit vorangeschritten ist. Es stellt sich aber auch die Frage, ob gerade die Altersgruppe der 10- bis 20-Jährigen mit der Warnung vor Risiken überhaupt erreichbar ist. Immerhin ist es das zweite Lebensjahrzehnt (das Jahrzehnt des Herauswachsens aus der Kindheit, des Durchlebens der Adoleszenz und hernach des Erwachsens aus dem Jugendalter), das die größte Dichte von Risiko-Verhaltensweisen in der Lebensspanne aufweist (Raithel 2004).

Nach beinahe 40 Jahren Geschichte jugendtypischen Konsums illegaler Drogen in Deutschland lässt sich als allgemeine, bisher gültige Entwicklungsbeobachtung Folgendes festhalten: Die große Mehrheit junger Menschen gibt – trotz des höheren öffentlichen und Medien-Interesses an „Drogen-Wellen", exotischen Drogen und fremdartigen Exzessen – nach wie vor den legalen Drogen den Vorzug: Die Einstiegs-Droge ist Nikotin, die Alltags-(Rausch)Droge ist Alkohol (Chrapa/Heckmann 2002). Nach allerdings weit verbreitetem experimentellen Konsum illegaler Drogen, vor allem der Cannabis-Produkte, im Jugendalter erfolgt im frühen Erwachsenenalter eine Abkehr von illegalen Stoffen, eine – oft auch so erlebte – Anpassung an „bürgerliche Lebensverhältnisse" und ein Übergang auch dieser Konsument/innen zum Vorrang legaler Drogen. Nur eine recht kleine Minderheit bleibt auch im höheren Lebensalter beim Konsum von Cannabis oder wird von anderen Drogen, z. B. von Opiaten abhängig. Diese Entwicklungspassagen folgen dem auch bei anderen Formen von Devianz beobachteten Modus, der sich allein dem Einstieg in das Berufsleben und dem Eingehen ernsthafter Lebenspartnerschaften (Farrall/Bowling 1999, 259) verdankt. Das Aufgeben von abweichendem Verhalten ergibt sich zudem aus einem noch banaleren Umstand: „Der Prozess des Älter-Werdens selbst lässt den Reiz und die Situationen der Jugenddelinquenz zurückgehen" (Matt 1999, 271).

Dieses „maturing out", dieses Herausreifen oder -wachsen aus dem illegalen Drogen-Konsum („desistance" im Sprachgebrauch der Kriminologie; Böttger 2000, 77) wird dadurch ermöglicht bzw. erleichtert, dass die traditionell konsumierten Drogen der Hippies und Aussteiger von Cannabis bis

Heroin im wesentlichen dämpfende, entspannende Wirkungen haben, diese aber ohne weiteres durch die legal verfügbaren Mittel wie vor allem Alkohol, aber auch zahlreiche Medikamente erreicht werden können.

Seit Anfang der 90er Jahre lässt sich jedoch ein tiefgreifender Wandel erkennen: Während sich der Konsum von Opiaten stabilisiert hat, in einigen Regionen sogar als rückläufig angesehen wird, ist die illegale Verbreitung aufputschender Mittel, v.a. der Amphetamine und deren Derivate („speed", „Ecstasy" etc.) enorm angestiegen (DHS 1999). Diese Entwicklung unter jüngeren Konsument/innen ist insoweit überraschend, als Deutschland seit Jahrzehnten – bis auf wenige Ausnahmen, z.B. in Kriegs- und Wiederaufbau-Zeiten – auch in allen anderen Altersgruppen eher eine Konsum-Tradition mit regressiven Zielen des Dämpfens, des Beruhigens, des „Zu-Machens" hatte (Heckmann 2005). Sie entspricht aber andererseits einem weltweiten Trend, der erstmalig einer Drogen-Sorte, nämlich „Ecstasy", und ihrem Image als „modern" innerhalb von nur einem Jahrzehnt zur Verbreitung auf allen Kontinenten verholfen hat (Klee 1997).

Cannabis spielt zwar in Deutschland nach wie vor die Hauptrolle beim illegalen Konsum, sogar in Szenen, die eher mit „Ecstasy" und „speed" identifiziert werden, wie Raves und Techno-Parties (Tossmann/Heckmann 1997). Dennoch ist die Erfahrung, Party, Wochenende, Spaß und Abtanzen unter dem Einfluss aufputschender Drogen gemeinsam zu erleben, für die Jugendlichen nicht mehr nur in den großen Städten alltäglich geworden und wird – auch bei persönlicher Entscheidung für Abstinenz oder Vermeidung illegalen Konsums – weithin akzeptiert. Das Herauswachsen aus diesen Konsumgewohnheiten und die Passage in ein „bürgerliches Leben" ist nun aber ungleich viel schwerer, denn unter den legalen Suchtmitteln gibt es keine aufputschenden Stoffe mit vergleichbarer Potenz und vergleichbarem Image wie z.B. „Ecstasy". Wer den „pop-Humanismus" (Klee 1997), also das durch „Ecstasy" wie auf Knopfdruck herstellbare euphorische und erregende Gefühl der Zusammengehörigkeit in das Erwachsenen-Leben retten will, muss sehr viel mehr leisten – Kommunikation, Engagement usw., als nur die passende Droge zu finden. Diese Dynamik dürfte dafür sorgen, dass die gegenwärtige Jugend-Generation es sehr viel schwerer haben wird als frühere, den devianten Konsum wieder aufzugeben. Und für die Gesellschaft dürfte sie den Kern des Drogenproblems der kommenden Jahrzehnte bilden.

Ob dieser allgemeine Trend sich auch in den östlichen Bundesländern durchsetzt, ist inzwischen keine Frage mehr. Der Konsum von Cannabis steigt langsam aber stetig in Richtung West-Niveau, wird mit dem West-Niveau weiter steigen und wird nicht selten auch bewusst als Alternative zum Alkohol (wegen des vergleichsweise niedrigeren Kostenaufwands und der geringeren Auffälligkeit im Straßenverkehr) eingesetzt (FOKUS 1998; 2000; 2004). Der Konsum von Amphetaminen steigt hingegen im Osten Deutschlands deutlich schneller (DHS 1999; Tossmann u.a. 1998).

Vor allem aber erhöht sich der Konsum legaler Suchtmittel schon im frühen Lebensalter, sodass sich für viele Minderjährige der Weg durch die Welt der illegalen Drogen bis zu den legalen Formen süchtigen Verhaltens gar nicht erst ergibt, sondern die jugendtypische Devianz schon hinreichend mit vorzeitigem, übermäßigem und hoch-riskantem Konsum legaler Rauschmittel ausgelebt wird.

Dies geht auch auf eine nunmehr bereits seit zwei Jahrzehnten von der legalen Suchtmittel-Industrie mit hoher Aggressivität geführten Kampagne zur Einbeziehung der Minderjährigen in allgemeine Konsum-Trends durch jugendspezifische Werbung für Tabak- und Alkohol-Produkte zurück. Mehr noch: Es wurden eigene jugendtypische Konsum-Trends initiiert: Das begann mit Energy-Drinks in den 80er Jahren und ist mit den Alco-Pops der 90er Jahre des vergangenen Jahrhunderts noch nicht am Ende, denn der industriell gefertigte „Kinder-Sekt" in bunten Flaschen hat ganz aktuell schon Einzug bei vielen Kinder-Geburtstagen gehalten. Die Vorstellung, dass auch Minderjährige ein Anrecht darauf haben, ihre Psyche durch Stoff-Zufuhr zu modulieren, „wenn Party ist", beginnt sich zu normalisieren.

Jugendtypische Risiko-Perzeption und -Konfrontation

Unter Risikoverhalten wird in den Gesundheits- und Sozialwissenschaften der Ge- und Missbrauch von legalen und illegalen Drogen, die nicht bestimmungsgemäße Einnahme von Medikamenten, der ungeschützte Geschlechtsverkehr mit unbekannten bzw. wechselnden Partnern und die Herbeiführung körperlicher, seelischer und sozialer Extremerfahrungen verstanden, bei denen kurz- oder langfristig das Risiko besteht, die körperliche bzw. psychosoziale Gesundheit (im Sinne von Unversehrtheit, Selbstkontrolle und Selbstbestimmung) zu gefährden. Die Gefährdung kann intendiert und wissentlich, aber auch unwissentlich in Kauf genommen werden. Mit Ausnahme von Extrembelastungen sind Risikoverhaltensweisen keine isolierten Ereignisse und sind meist nicht mit einer direkt erlebbaren oder irreversiblen Schädigung verbunden. Die Wahrscheinlichkeit der Entstehung einer Krankheit, einer Suchtgefährdung und Abhängigkeitsentwicklung, einer möglichen HIV-Infektion und einer potentiellen Schädigung durch (Verkehrs-)Unfälle erhöht sich erst mit dem kontinuierlichen und längerfristigen Ausüben des Verhaltens sowie der Gewöhnung an das Verhalten (Franzkowiak 1998, 35).

Die Funktionen und Bedeutungsinhalte unterschiedlicher riskanter Verhaltensweisen sind vielfältig. Sie können Jugendlichen dazu dienen, demonstrativ das Erwachsenenalter vorwegzunehmen und eine bewusste Verletzung der elterlichen Kontrolle zu bezwecken. Durch Risikoverhalten kann auch Protest und Kritik an gesellschaftlichen Werten zum Ausdruck gebracht werden. Riskantes Gesundheitsverhalten kann als „Instrument" bei der Suche nach grenzüberschreitenden und bewusstseinserweiternden Erfahrungen und Erlebnissen eingesetzt werden. Allerdings können risikoreiche Verhaltensweisen auch jugendtypischer Ausdruck für einen Mangel an Selbstkontrolle sein und den einfachen Versuch darstellen, sich schnell Genuss und Entspannung zu verschaffen (Engel/Hurrelmann 1998, 18).

Zugangsmöglichkeiten zu Cliquen und Freundesgruppen können durch Risikoverhalten ermöglicht bzw. vereinfacht werden. So kann durch riskantes Verhalten die Teilhabe an einem subkulturellen Lebensstil symbolisiert werden. Riskante gesundheitsgefährdende Verhaltensweisen können eine Reaktion auf Konflikte und Spannungen im sozialen Umfeld sein, wenn diese nicht mehr gelöst werden können. Zudem kann risikoreiches Verhalten eine Notfallreaktion auf psychische und soziale Entwicklungsstörungen und auch ein Mittel bei der Lösung von frustrierendem Leistungsversagen sein (Engel/Hurrelmann 1998, 18).

Gerade der Konsum von Alkohol und Zigaretten besitzt eine attraktive Funktion bei der Herausbildung der Ich-Identität, als Kontaktmittel und Reife-Darstellung. Im Jugendalter stehen die sozialen Motive für Trinken und Rauchen im Vordergrund. Erst mit höherem Lebensalter werden diese von subjektiven Bewältigungs- und Entspannungs-Erwartungen abgelöst bzw. überlagert. Im entwicklungspsychologischen Kontext können Zigaretten und Drinks als Vehikel für Pseudo-Resultate der Identitätsbildung gelten.

Dass Risiken von Jugendlichen eingegangen werden, ist nicht unnormal und nicht in jedem Falle abweichendes Verhalten, vielmehr ist das Risikoverhalten jugendtypisches und entwicklungsbegleitendes Handeln, das mit subjektiven und kollektiven Nutzenerwartungen aufgeladen ist. Risikoverhalten dient nicht nur dazu, Probleme zu kompensieren, sondern erhält sozial und (sub)kulturell sogar einen integrierenden Charakter (Franzkowiak 1998, 36 f).

Vor diesem Hintergrund gilt es in der Jugendforschung als unumstritten, den Komplex der Entwicklungsaufgaben um eine zentrale Entwicklungsaufgabe „*Risikoverhalten/Risikokompetenz*" zu erweitern und diese mit den anderen entwicklungsbedingten Aufgaben zu vernetzen (Franzkowiak 1996, 38).

Alkohol-/Drogenkonsum als Ausdruck von Risiko-Verhalten

Nach Ergebnissen der HBSC-Studie aus dem Jahr 1998 konsumierten in der Bundesrepublik Deutschland 1998 etwa 10 % der 13-jährigen Jungen und 6 % der 13-jährigen Mädchen regelmäßig, das heißt mindestens einmal in der Woche, Alkohol. Bei den 15-Jährigen waren die Anteile der Jugendlichen mit regelmäßigem Alkoholkonsum deutlich höher (Jungen 29 %; Mädchen 22 %) (Settertobulte 2001, 31 ff). Die Daten der HBSC-Studie aus dem Jahr 2002 zeigten, dass 11,3 % der 13-jährigen Jungen und 8,5 % der 13-jährigen Mädchen regelmäßig Alkohol trinken. Für die Altersgruppe der 15-Jährigen war 2002 festzustellen, dass 45,7 % der Jungen und 33,3 % der Mädchen regelmäßig, also mindestens einmal in der Woche bis täglich Alkohol konsumieren (Settertobulte 2004, 4 ff).

Der Konsum legaler Drogen ist bei Jugendlichen in der gesamten Bundesrepublik weit verbreitet. Deutlich zu erkennen ist, dass die ersten Erfahrungen mit Alkohol und Nikotin schon im sehr jungen Lebensalter gemacht werden.

Die Jugendlichen und Heranwachsenden in unserer Gesellschaft sind (nach Engel/Hurrelmann 1998) vor die „kollektive Entwicklungsaufgabe" (204) gestellt, in eine „legale Drogenkultur" (204) hineinzuwachsen und sich in ihr zurechtzufinden. Eine Möglichkeit, sich diesem Hineinwachsen zu entziehen, besteht für Heranwachsende nicht. Daher muss diese Aufgabe irgendwie gelöst werden. In diesem Zusammenhang stellt sich nicht die Frage, ob Jugendliche mit dem Konsum legaler Drogen beginnen, sondern vielmehr, wie schnell bzw. in welchem Lebensalter der Konsum von legalen Drogen anfängt (auch Franzkowiak 1998, 37).

Aus entwicklungspsychologischer Sicht ist das Jugendalter vor allem deshalb so problematisch, weil es im Vergleich zu jedem anderen Lebensalter eine besonders große Zahl von Entwicklungsaufgaben zu lösen gilt. Vorrangig aber geht es um die Entwicklung und Erarbeitung, gar das Erleiden einer eigenen Identität, um die Frage: Wer bin ich? Wer einmal sich rückbesinnt und überlegt, welche Gegenstände im eigenen Jugendzimmer oder in der elterlichen Wohnung im Verlauf der Pubertät besonders wichtig waren, wird früher oder später auf den Spiegel stoßen, vor dem nicht nur Kleidung und Frisur geprüft, sondern auch Grimassen geschnitten, Lächeln, cooler Blick und Posen eingeübt wurden: Wer bin ich und wer möchte ich sein?

Zu der unüberschaubaren Summe von (Verhaltens-)Möglichkeiten im Jugendalter gehört auch das Ausprobieren von Drogen. Die gegenwärtige Jugend-Generation sieht vor sich ein sehr breites Angebot an legalen wie illegalen Drogen: von missbrauchsfähigen Medikamenten über Genussmittel mit Suchtpotential bis zu einer Palette landwirtschaftlich produzierter Drogen aus aller Welt und einer kaum noch überschaubaren Vielfalt an Designer-Drogen, die von vornherein für den illegalen Markt und seinen nimmersatten Bedarf produziert werden. All dies ist heute nebeneinander verfügbar, hat in manchen Regionen schon innerhalb einer Generation den Neuigkeitswert verloren und ist selbst in ländlichen Gegenden in kurzer Zeit zu beschaffen.

Das Ausprobieren von all diesen Stoffen im Jugendalter, in dem eine

Erprobung der eigenen Möglichkeiten und ein bewusstes Sich-In-Beziehung-Setzen zur vorfindlichen Welt als besondere Herausforderung wahrgenommen wird, wäre kaum als abnorm zu charakterisieren. Dennoch ist das Probierverhalten junger Menschen nach wie vor im Bereich der legalen Drogen sehr viel stärker als im Bereich der illegalen: Nur etwa 25 % der 16- bis 25-Jährigen im Westen und etwa 20 % der 16- bis 25-Jährigen im Osten Deutschlands haben Erfahrungen mit illegalen Drogen. Zwar ist der Probier-Konsum seit 1980 stetig gestiegen: Derzeit liegt die Lebenszeit-Prävalenz bei den 18- bis 24-Jährigen schon um die 40 %, der aktuelle Konsum illegaler Drogen ist jedoch mit um die 10 % stabil geblieben; bei den bis 40-Jährigen sinkt er auf etwa 5,5 % (DHS 2006). Der Konsum illegaler Drogen ist also ein sehr ernstzunehmendes, aber aus epidemiologischer Sicht nach wie vor ein Minderheiten-Phänomen.

Das Probierverhalten gegenüber Drogen, auch im Jugendalter also vor allem gegenüber legalen Drogen, muss noch kein Anzeichen von Sucht sein. Das komplexe Bedingungsgefüge bei der Entstehung von süchtigem Verhalten – die gesellschaftlichen Rahmenbedingungen, die biographischen Entstehungszusammenhänge, die konkreten Anlässe, die (Lern-)Voraussetzungen und die begünstigenden Faktoren (Heckmann 2005) – ist vor dem ersten Konsum meist schon etabliert und entscheidet, ob sich aus der (harmlosen) Probierphase eine (leidvolle) Suchtkarriere entwickelt. Diese negative Entwicklung trifft wiederum nur eine Minderheit.

Für das bessere Verständnis des jugendlichen Konsums ist eine Betrachtung der unmittelbaren Konsummotive interessanter als eine tiefgründige Analyse der Sucht-Ursachen. Denn der Drogen-Konsum erfolgt funktional, d. h. er entspricht bestimmten Bedürfnissen, die ihrerseits nicht negativ oder abzuwerten, sondern in hohem Maße verständlich und legitim sind. Drogenkonsument/innen demonstrieren z. T. sehr drastisch, dass sie mit der Welt, wie sie diese vorfinden, nicht zufrieden sind, dass sie Sehnsüchte haben, die in der Realität nicht befriedigt werden können. Diese Bedürfnisse werden kurz- oder längerfristig durch den Konsum passender Drogen substituiert. Erst ein Reifungsprozess – in den meisten Fällen im Prozess des Erwachsen-Werdens als *maturing-out*, nach einer Suchtkarriere allerdings in der Regel erst durch eine Therapie erreichbar – sorgt dafür, dass die hinter dem Drogenkonsum liegenden Bedürfnisse mittels eigener Kräfte und auf geeigneteren Wegen gestillt werden.

Betrachtet man in diesem Sinne den Drogenkonsum in seiner Funktion, so gilt zunächst einmal generell, dass er hilft, älter, erwachsener zu wirken, als man ist. Alle Drogen sind allenfalls etwas für Erwachsene. Wenn man sie vorzeitig konsumiert, probiert man zugleich Posen des Älter-Scheinens. Außerdem bieten alle Drogen die Zugehörigkeit zu einer Gruppe, der Gruppe der Raucher, Trinker oder Kiffer, meist auch einer konkreten Clique, zu der man gehören möchte. Gruppenzugehörigkeit ist identitätsstiftend, auch Erwachsene bilden und dokumentieren ihr Selbstbild durch Zugehörigkeit zu einer (oder mehreren) Gruppen. Für Jugendliche stehen der Sprung in das Erwachsenenalter und die Herausbildung einer Ich-Identität als zentrale Entwicklungsaufgaben an. Dass sie dabei Irrwege gehen und auf falsche Freunde oder unbrauchbare Ratschläge hereinfallen, kann nicht überraschen.

Geschlechtstypischer Drogenkonsum

Mädchen wie Jungen sind in der Jugendphase auf identitätsstiftender Suche nach individuellen Grenzen und experimenteller Grenzüberschreitung. Dabei sind geschlechtsspezifische Unterschiede in Art und Ausprägung riskanter Verhaltensweisen festzustellen. Einem auffälligen männlichen Risikoverhalten (z.B. exzessiver Alkoholkonsum), steht ein unauffälliges weibliches Risikoverhalten (z.B. Ess-Störungen) gegenüber (Helfferich/v. Troschke 1986, zit. n. Engel/Hurrelmann 1998, 19). „Während Mädchen eher internalisierendes Risikoverhalten aufweisen, also z.B. Essstörungen oder psychosomatische Beschwerden entwickeln, zeigen Jungen externalisierendes Risikoverhalten, sie prügeln sich im Fußballstadion oder gehen im Straßenverkehr an die gesundheitlichen Grenzen" (Kolip 1999, 225).

Ein Blick auf die Verteilung des extremen Tabak-Konsums auf Mädchen mit Übergewicht einerseits und bei Jungen mit Untergewicht andererseits verweist auf die hohe Bedeutung von Images („Model" und „richtiger Kerl") für Beginn und Aufrechterhalt des Konsums von Suchtstoffen. Damit ist die „klassische" Verteilung von gesundheitsriskantem Lebensstil als männlicher und gesundheitsförderlichem Lebensstil als weiblicher Domäne (Raithel 2004) endgültig aufgebraucht.

Empirisch verteilt sich der Konsum unterschiedlicher Drogen und nicht stoffgebundener süchtiger Verhaltensweisen wie folgt auf die Geschlechter (männlich:weiblich):

Alkohol:	3 : 1
Illegale Drogen:	3 : 1
Aufputschmittel:	3 : 2
Beruhigungsmittel:	1 : 3
Schmerzmittel:	1 : 3
Psychopharmaka:	1 : 3
Schnüffelstoffe:	4 : 1
Pathologisches Spielen:	5 : 1
Andere Verhaltens-Süchte:	1 : 3
Bulimie:	1 : 33
Anorexie:	1 : 24
Adipositas:	1 : 5

(vgl. Heckmann/Münzel 1997, 40)

Die Zahlen sind einer ostdeutschen Regional-Studie entnommen, können aber jederzeit in gleicher Weise in anderen deutschen Regionen wiedergefunden werden. Die Expertise zu „Gender Mainstreaming in der Suchthilfe“ (Zenker u. a. 2005) geht von ähnlichen geschlechtsspezifischen Konsum-Werten aus. Nachzutragen ist lediglich, dass Männer vom Rauchen nur wenig mehr betroffen sind als Frauen, wohingegen bei einer Alkohol-Sorte, den mittlerweile gesondert untersuchten Alco-Pops, weibliche Konsumenten viermal häufiger sind als männliche.

Geschlechtertypische Funktionen von Drogen

Hier interessiert besonders Jungen- bzw. Männer-typisches Verhalten. Die folgenden Überlegungen und Beobachtungen leiten sich aus der Perspektive der Entwicklungsaufgaben und der unmittelbaren Funktionalität der verschiedenen Drogen ab.

Der *Körper* von Jungen verändert sich während der Adoleszenz nicht so dramatisch wie der von Mädchen: Samenerguss und Behaarung werden nicht für alle anderen sichtbar. Umso mehr steigt das Interesse der Jungen an der maskulinen Ausbildung des Körpers: der Muskulatur. Während handwerklich ausgebildete Jugendliche diese oft durch ihre Berufstätigkeit entwickeln, stehen Gymnasiasten in dieser Entwicklung hinten an. Sie sind als „Pickel-Heringe“, „Hänflinge“ oder „Knochenschleudern“ (Blocksidge u. a. 2005, 58) dem Spott ausgesetzt. Dem kommt die Fitness-Industrie entgegen, indem sie nicht nur gezielten Muskelaufbau verspricht, sondern auch Essenszusätze bis hin zu Doping-Mitteln schamlos einsetzt. Fitness-Zentren ähneln in mancherlei Hinsicht der Drogen-Szene.

Andererseits bieten zahlreiche Drogen für Menschen, die existentiell leiden, die Möglichkeit, sich selbst nicht mehr zu spüren: Der seelische Schmerz wie der körperliche werden durch eine einzige Aktion – wie auf „Knopfdruck“ – beseitigt. Der Alkohol-“Sturztrunk“ leistet das zum Beispiel, am perfektesten jedoch ein Opiat. Der männliche Leichtsinn, Körpersignale als Anzeichen von Krankheit oder als Ruf nach Verhaltensänderung zu verleugnen, wird gleichzeitig bedient. Die Schwierigkeit des maskulinen Mannes, körperliche Zärtlichkeit zuzulassen, wird mangels Gelegenheit überspielt. Die Dominanz im Bereich der Körperlichkeit, der Wettstreit, ist oft genug mit Alkohol oder anderen Drogen verbunden, wie schon Goethe beim „Osterspaziergang“ wusste: „... dort gibt es das beste Bier und Händel von der ersten Sorte!“

Die Beziehung zu Gleichaltrigen, zu *Peers*, wird i. W. dadurch hergestellt, dass man sich Freunde, meist aber ganze Cliquen aussucht, denen man sich anschließt. Nähe entsteht aufgrund gleichartiger Interessen, Meinungen, geschmacklichen Orientierungen usw. Umgekehrt dokumentiert sich die Zugehörigkeit zu einer Peer-Gruppe durch Übernahme der vorherrschenden Normen. Drogenkonsum, die Vorliebe für eine angesagte Marke, vorgegebene Rituale, eine bestimmte Menge usw. können ebenso zum Ausweis der Gruppenzugehörigkeit werden wie Bekleidung, Frisur, Musik-Vorlieben und vieles mehr. Dem Gruppendruck zum Konsum von Drogen können auf Dauer nur sehr wenige widerstehen. Zwar sind die „Trinkwetten" der 1920er Jahre noch nicht wiedererstanden und das britische bzw. niederländische „binge drinking" oder das mediterrane „botellón" sind noch nicht recht in Deutschland angekommen – in gestandenen Männergesellschaften (beim Militär, in Burschenschaften, an Stammtischen) gilt aber immer noch die Maxime, dass viel gilt, wer viel verträgt: Das maskuline Leistungs-Ideal verdoppelt sich – nach durchzechter, hoch-dosierter Nacht wird selbstverständlich den Anforderungen des Tages entsprochen. Die Kämpfe um Macht und Ohnmacht und die Konkurrenz unter den Peers werden nicht selten auf dem Feld des riskanten Konsums ausgetragen.

Die Methoden der *Verselbstständigung* und *Ablösung* vom Elternhaus sind fast immer schwierig für beide Seiten – oft mit Protest-Verhalten verbunden und als Symbol der Reifung nur selten ein Zeichen von Reife. Für Mädchen steht im Konfliktfall die „falsche", den Eltern ungelegene Wahl eines Partners (verfrüht, nicht standesgemäß, im Alter nicht passend) im Vordergrund, für Jungen der „falsche" Umgang, der risikoreiche Freundeskreis, Menschen, die „anders", den Familien-Normen gegenüber konträr leben. Anderes Konsum-Verhalten ist eine hochwirksame Form von Protest: nicht so blöd sein wie die Alten, deshalb nicht saufen, sondern kiffen. Nach dem Durchwachsen der ersten Kiffer-Generationen ist längst auch die umgekehrte Protest-Attitüde zu beobachten: nicht so blöd sein und kiffen wie die Alten, sondern saufen wie richtige Männer. Weil Jungen viel früher autonomisiert werden als Mädchen (Hollstein 2002, 57), was Freizeit, Übernachten außer Haus, Reisen etc. betrifft, sind sie auch stärker Risiken ausgesetzt und können im Austesten von Grenzen der gewonnenen Unabhängigkeit auch ins Extrem geraten. Nicht selten erhalten sie auch Botschaften von ihren Vätern, dass eigene Drogen-Erfahrungen zum Erwachsen-Werden gehören.

Die Übernahme der traditionellen männlichen *Geschlechtsrolle* ist fast untrennbar mit Alkohol-Konsum verbunden, dieser „Aspekt vom Mann-Sein scheint zur Natur des Mannes einfach dazuzugehören" (Stöver 2006, 22). Das Dilemma von Jungen und jungen Männern, sich kaum am eigenen, selten oder nicht anwesenden Vater orientieren, sondern nur als Gegenbild zur Mutter (Hagemann-White 1984, Hollstein 1988) in einer Art Absetz-Bewegung ihre Rolle erarbeiten zu können, führt immer wieder dazu, dass Jungen-Mythen und Männer-Stereotype ihre Wirksamkeit entfalten. Die maskuline Geschlechtsrolle der Dominanz ist mit Gewalt, Herrschaft(-sfantasien), ergo auch mit stark und schnell machenden Drogen verbunden. Und selbst das Gegenbild des Softies, des Hippies, des Frauen-Verstehers, kann mit milde stimmenden Drogen wie Cannabis leichter erreicht werden als mit Volkshochschulseminaren.

Die Entwicklungsaufgabe *Sexualität/Intimität* wird von einer großen Zahl junger Männer eher als Rollendruck und Überforderung empfunden. Gleichwohl stehen manche Drogen (Cannabis, Kokain) im Ruf von „Sex-Drogen“ – und die Alltags-Erfahrung mit Alkohol zeigt, dass ein Glas mehr zumindest die Angst nimmt, womöglich abgewiesen zu werden. Die schon zu Shakespeares Zeiten bekannte Weisheit, dass die Trunkenheit zur Steigerung von „desire“, aber zur Schwächung der „performance“ führt, hat manchen Jüngling gelehrt, den besonderen Rausch der Sexualität doch eher nüchtern in Angriff zu nehmen. Das Erleben der Sexualität ist aber oft mit maskulinem Leistungsdruck verbunden, der kaum reflektiert werden kann, weder mit den Eltern, noch mit den Peers: „Die Cliquendynamik verhindert meist, dass sexuelle Fragen oder Probleme verhandelt werden, weil derjenige der nicht alles weiß, ... lächerlich gemacht wird“ (Böhnisch/Winter 1997, 188). In der Clique wird gern damit angegeben „dass es wieder und wie oft es funktioniert hat, und keiner wird es wagen zuzugeben, dass es bei ihm nicht funktioniert hat“ (Böhnisch 2001, 54). Die so „mechanisch“ interpretierte Sexualität kann durch „Sex-Drogen“, aber auch durch im Sport geläufige Doping-Mittel stimuliert und gelenkt werden.

Die Rätsel der eigenen Sexualität sind oft aber schwer zu entschlüsseln. Gerade die Jungen, die die Chance hatten, nicht strikt maskulin aufgezogen zu werden, sondern auch ihre weiblichen Anteile – Interesse an Puppen, am Kuchen-Backen usw. – leben zu dürfen, geraten bei der Entwicklung ihres Sexus in Schwierigkeiten. Sie schämen sich plötzlich für ihre zu weibliche Vergangenheit, geraten in Panik, womöglich schwul zu sein und haben es besonders nötig, ihre männliche Sexualität vorzuweisen.

Der männliche Teil der Jugend steht deutlich weniger unter dem Druck, sich mit dem Thema *Partnerschaft und Familie* auseinanderzusetzen als der weibliche. Aber auch Jungen sind auf Mädchen „angewiesen“, um ihre Männlichkeit demonstrieren zu können. Aus Angst vor emotionalen Bindungen und der Fremdheit des weiblichen Geschlechts kommt es aber zu sexistischer Abwertung von Mädchen und zu Bindungen, die vorrangig aus Prestige-Gründen eingegangen werden. „Beide Geschlechter brauchen einander als symbolische Gegenbilder und für konkrete Erfahrungen, gleichzeitig müssen sich beide voreinander real und symbolisch schützen. Mädchen und Jungen können die Aufgaben der Entwicklung in der Jugend offenbar kaum miteinander, sondern in einer bestimmten Phase eher gegen einander lösen“ (Helfferich 2001, 341).

Die Abwehr gegen eine erwachsene, auch emotional gleichberechtigte Bindung kann so stark werden, dass der männliche Partner Gründe für eine

Infragestellung der Beziehung produziert. Dazu gehören auch problematische eigene Verhaltensweisen, z. B. exzessiver Konsum. Umgekehrt können der Konsum von Drogen und die damit verbundene Hilfsbedürftigkeit auf eine stärkere Bindung der Partnerin i. S. der Ko-Abhängigkeit abzielen.

Anders verhält es sich beim Thema *Ausbildung/Beruf*: Hier sind in der Regel die männlichen Jugendlichen stärker gefordert als die weiblichen. Was das in Zeiten von Lehrstellen-Mangel für die Steigerung von Stress-Faktoren in der Adoleszenz bedeutet, ist für Ältere kaum nachzuvollziehen. Knapper werdende berufliche Möglichkeiten führen zur falschen, unbefriedigenden Berufswahl, die ein Leben lang mehr Pflicht als Neigung heißt. Gar keine Möglichkeiten mehr, das bedeutet gleichzeitig große Leere und weiterhin Stress. Gestresste Personen höheren Alters steigern ihre Leistungsfähigkeit oft durch aufputschende Mittel. Da die heutige Jugend-Generation weniger aus Aussteigern als vielmehr aus verhinderten Einsteigern besteht, liegen Amphetamine und Kokain besonders nahe, um entweder im Kampf um berufliche Perspektiven oder im Kampf um andere Leistungsfelder, im Sport, in der Freizeit usw. zu bestehen. Umgekehrt gilt aber auch nach wie vor, dass die Augen vor dem ganzen Stress verschlossen werden – am effektivsten immer noch mit einer hohen Dosis Alkohol oder mit Opiaten.

Hauptaufgabe der Adoleszenz ist der Aufbau und das Erkennen des eigenen *Selbst*. Durch einen Einstieg in eine berufliche *Identität* kann das sehr erleichtert werden. Verzögert dieser sich jedoch oder gelingt gar nicht, entsteht ein Vakuum, das durch Schein-Identitäten gefüllt wird: durch Gruppen-Zugehörigkeit, durch Auftritte auf den Bühnen von Eitelkeit, Angeberei, Mutproben. Abweichendes Verhalten, auch Drogen-Konsum wandeln sich womöglich vom Durchgangs- zum Dauer-Phänomen. Männlichkeit reduziert sich auf Abgrenzung und Abwertung jedes nicht-männlichen Lebensstils.

Wenn ein großes Selbst nicht durch Leistung aufgebaut und nachgewiesen werden kann, bieten sich Drogen für Größen-Fantasien an: Im Fall von Nikotin und Alkoholika, insbesondere den harten, liefert die Werbe-Industrie die „Gefühle hegemonialer Männlichkeit" (Pech 2006, 46) nach, auch wenn die tatsächliche Wirkung dieser Drogen eher Schwächung bedeutet. Im Fall von Heroin ist sogar die Wirkung selbst auf den Bedarf zugeschnitten – sie führt zum heroischen Gefühl: Der Held ist Chemie, aber ein Held. Auch das Leiden am maskulinen Selbstkonzept kann so übertüncht werden.

Die männlichen *Werte* sind wenig konkretisiert und kaum durch geeignete Rollen-Modelle vorgelebt. Sie definieren sich aus der Negation des Weiblichen, oft als die drei K's der Männlichkeit zusammengefasst: Konkurrenz, Karriere, Kollaps. Drogen sind bis zu einem gewissen Ausmaß karriereförderlich, ein Schmiermittel für männliche Seilschaften, ein Hilfsmittel zum Bestehen der Konkurrenz, bei übermäßigem Konsum jedoch

Wegbereiter des Kollaps. Sie hängen mit allen acht kritischen Prinzipien maskuliner Bewältigungsstrategien zusammen: mit Außengerichtetheit, Gewalt, Kontrolle, Alleinsein, Stummheit, Rationalität, Körperferne und Benutzung (Böhnisch/Winter 1997).

Zugleich helfen sie aber auch bei der Konstruktion von Wertsystemen: In Maßen und unter Beachtung von Qualität genossen prägen sie einen luxuriösen Lebensstil (oder gaukeln ihn vor). Mit dem Konsum illegaler Drogen kann ein unbürgerlicher Lebensstil, eine Wert-Orientierung im *Off* präsentiert werden.

Die Aufgabe, *Zukunftsperspektiven* zu entwerfen, wird in einem Zeitalter, das Mobilität und Flexibilität erzwingt, letztlich Patchwork-Identitäten schafft, immer schwieriger. Für die männliche Sozialisation steht angesichts unsicherer Zukunft Durchsetzungsfähigkeit wieder ganz oben auf dem Plan. Drogen sind deshalb eher kontraproduktiv für einen persönlichen Zukunftsentwurf.

Dennoch mischen sie sich auch in dieses Feld ein. Zum einen als Hilfe, Illusionen über die Zukunft zu pflegen: Eine ganze Reihe von Drogen ermöglicht, alles Kommende rosarot zu färben, es „schön zu trinken". Und zum anderen als Nothelfer: Manche Drogen, vor allem illegale, bieten selbst ein Versprechen für die Zukunft: Wer in das Geschäft einsteigt, kann in der Szene Karriere machen.

Die neu entdeckte Entwicklungsaufgabe *Risiko-Management* steht eigentlich im krassen Widerspruch zum Drogenkonsum. Denn der führt, insbesondere bei Eintreten der Rauschwirkung, zu einer erhöhten Risikobereitschaft und zum Verlust der maskulinen Tugend „Selbstbeherrschung". Andererseits gehört Risiko-Erprobung scheinbar unverrückbar zum männlichen Entwicklungs- und Lebensstil. Unter diesem Gesichtspunkt – und unter dem weiteren, dass junge Männer sogar angeregt werden, ihre Grenzen im Bereich jedenfalls des legalen Konsums kennen zu lernen – ist Risiko-Management wahrscheinlich das realistischere Konzept und Risiko-Vermeidung vielleicht auch riskant. Ohne Zweifel aber ist erfolgreiches Risiko-Management ein Gewinn für jede männliche (wie weibliche) Biografie.

Doing Gender im Drogen-Diskurs

Bis zum Beginn der 80er Jahre des vergangenen Jahrhunderts war das Fehlen von Frauen im Drogen-Diskurs nicht einmal aufgefallen. Traditionell hatten die Frauen zwar in Abstinenz- und Mäßigkeits-Bewegungen eine herausragende Rolle ausgefüllt (Schaller 2006), sie selbst als Opfer von legalen oder illegalen Drogen standen jedoch nicht im Fokus. Das lag zu einem wesentlichen Teil wiederum am zentralen Merkmal weiblichen Suchtverhaltens: der Unauffälligkeit.

Es änderte sich erst, als in den Einrichtungen für Opiatabhängige die dort arbeitenden Frauen auf die Männer-Orientierung therapeutischer Angebote aufmerksam machten und besondere Formen der Motivation für abhängige Frauen einforderten. Zu nennen sind hier allen voran Roswitha Soltau und Ulrike Kreyssig, die innerhalb und außerhalb des „Fachverbandes Drogen und Rauschmittel" aktiv waren. Es entstand ein „Arbeitskreis Frauen und Sucht", aus dem heraus die Diskussion in alle Bereiche des Suchtkrankenhilfe-Systems getragen wurde: in die Dachverbände der Praktiker (z.B. FDR 1987; Niedersächsische Landesstelle gegen die Suchtgefahren 1988; Deutsche Hauptstelle gegen die Suchtgefahren 1995), in die Forschung (Fachhochschule Wiesbaden 1991; Franke 2000) und in die Ausbildung (Vogt/Winkler 1996). Mit fast identischen Titeln erschienen die beiden jeweils bilanzierenden und wegweisenden Bücher zum Thema (Merfert-Diete/Soltau 1984; Arbeitskreis Frauen und Sucht 1995). Schließlich erreichte die Debatte auch europäisches Niveau (Pompidou Group 1995) und hat damit den Anschluss an den internationalen Standard gewonnen, wo z.B. im „International Council on Alcohol and Addictions (ICAA)" seit Jahrzehnten eine Section „Focus on Women" besteht.

Im Osten Deutschlands war diese Entwicklung (der „leisen" weiblichen Sucht und ihrer Notwendigkeit, sich „laut" und „auffällig" zu machen) zu DDR-Zeiten trotz der vergleichsweise stärkeren gesellschaftlichen Stellung der Frauen praktisch parallel verlaufen. Nach der „Wende" ist diese Entwicklung jedoch rasch nachgeholt worden, wie kleine, aber einflussreiche regionale Studien und Aktionen zeigen (z.B. Heckmann/Münzel 1997).

Die Frage nach der männlichen Sucht-Spezifik ist nicht wirklich neu, denn Suchtprobleme wurden bis zu dem gezeigten Aufbruch in den 80er Jahren vorrangig als männliche Probleme studiert und behandelt. Ihre bewusste Betrachtung als geschlechtsspezifisches Verhalten und erste Überlegungen zu einer männlich-geschlechtsbezogenen Suchtprävention erfolgten auch in der Suchtkrankenhilfe mit der aus anderen Bereichen bekannten Verspätung und zunächst wieder als Frage aus dem Kreis der Praktiker/innen (Püschl/Mader 1996), wurden aber schließlich auch in Forschung und Weiterbildung aufgegriffen (durch Tagungen zweier Institutionen: Zentrum für interdisziplinäre Frauen- und Geschlechterforschung, Oldenburg 2003, Bremer Institut für Sucht- und Drogenforschung 2004, Jacob/Stöver 2006). Und inzwischen haben die Ansprüche an Gender Mainstreaming auch den Drogen-Diskurs erreicht (Welsch/Sonntag 2005; Zenker u.a. 2005; Jacob/Stöver 2006). Gleichwohl bleibt der Blick auf „die soziale Konstruktion von Männlichkeit und ihre Bedeutung für die Entstehung, den Verlauf und die Behandlung von Abhängigkeit" (Zenker u.a. 2005, 47) allein aufgrund der langen Tradition des (männlich orientierten) Drogen-Diskurses (ohne Gender-Sicht) zum großen Teil noch verstellt.

Die inhaltliche Orientierung der geschlechtsbezogenen Diskussion im

Suchtbereich erfolgte – wie auch in diesem Beitrag – unter Rückgriff auf die Rolle von Substanzkonsum im Rahmen der adoleszenten Entwicklungsaufgaben, z. B. wenn sich Jugendliche durch die Vielzahl von zu bewältigenden Aufgaben überfordert fühlen und in den Konsum fliehen (Nordlohne 1995) oder wenn die Erikson'sche Entwicklungskrise neu definiert wird als psychologisch stark belastender „Entwicklungsstress" (Silbereisen/Reese 2001). Die Erweiterung der Entwicklungsaufgaben um die „Risiko-Kompetenz" kann aber auch für den Substanz-Konsum interpretiert werden als Erprobung der „Balance zwischen Kontrollverlust und Selbstverantwortung" (Hurrelmann/Bründel 1997, 44). Hier besteht jedoch noch kein Konsens, dass dies auch für den Bereich illegaler Substanzen Geltung haben dürfte – nicht zuletzt auch deshalb, weil die Schwierigkeit bei der Erfüllung dieser Aufgabe schon im legalen Bereich überaus groß sind.

Eine weitere inhaltliche Orientierung wird durch den Bezug zur Entwicklung von Geschlechtsidentitäten geboten. Hier bietet der Blick auf die Herausbildung von Körperlichkeit zahlreiche Anhaltspunkte für die Bedeutung von Drogenkonsum. Der Körper wird zur Bühne, auf der selbstbestimmtes Gestalten stattfindet: zuerst als Gestik, Mimik, Pose, Bewegung, Frisur, Kleidung (Kolip 1997), im Weiteren aber auch als Modellieren, Tätowieren, Piercing, sogar bis hin zur Selbstverstümmelung und auch unter Zuhilfenahme von Substanzen.

Selbst der Bezug der Geschlechter untereinander, unabdingbarer Motor der Herausbildung von Geschlechtszugehörigkeit, schließt Drogen mit ein: zur Demonstration fortgeschrittener Reife, zur Gestaltung einer „femme-fatale"-Erotik oder des „coolen", überlegenen Typen, im Krisenfall jedoch auch als eine Art Fluchtreaktion vor der überfordernden und womöglich verfrühten Aufgabe, eine Beziehung zu leben (Franzkowiak/Helfferich/Weise 1998; Helfferich 1999).

Doing Gender in der Drogenhilfe

Die ersten Überlegungen zu gesonderten Angeboten für Frauen entstanden schon zu Beginn der 80er Jahre. Sie waren gewissermassen schon vor dem Einstieg in die Frau-und-Sucht-Diskussion entwickelt worden. Ausgangspunkt war eine kleine Forschungsarbeit über drogenabhängige Frauen in einer Haftanstalt. „Violetta Clean" als erste Therapeutische Gemeinschaft ausschließlich für drogenabhängige Frauen und ausschließlich mit weiblichem Personal basierte auf einer sehr einfachen praktischen Entdeckung, eigentlich einer Arbeitshypothese: Die bekannte Tatsache, dass in Suchthilfe-Einrichtungen stets eine Unterrepräsentation weiblicher Abhängiger existiert (also z. B. bei einem weiblichen Anteil von 30 % in der Heroin-Szene, nur ein Anteil von 10–20 % in der Therapie), könnte womöglich nicht an mangelnder Ausstiegsmotivation von Frauen liegen, sondern an mangelnder Attraktivität der therapeutischen Angebote. Aus der abstrakten Kritik an der männlichen Orientierung der Suchtkrankenhilfe konnte präzisiert werden, dass ein großer Teil abhängiger Frauen zunächst einmal eine Auszeit braucht, um sich von den ebenfalls männerdominierten legalen wie illegalen Drogenszenen zu distanzieren und zu sich zu finden. Die Wiederbegegnung mit männlichen Partnern sollte nach Möglichkeit nur nach einer solidarischen Selbstfindung im Kreis von Frauen und entsprechend gestärkt erfolgen.

Diese Entwicklung – frauenspezifische Angebote in einer noch keineswegs gefestigten Angebotsstruktur für die illegale Szene – war nicht ohne Risiko und wurde prompt angefeindet. Schließlich war es kaum mehr als ein Jahrzehnt her, dass Koedukation in Jugendhilfe, Psychiatrie usw. durchgesetzt werden konnte.

Frauenspezifische Einrichtungen sind inzwischen Bestandteil jedes gut entwickelten regionalen Verbundsystems und ihr Fehlen wird als Mangel skandaliert.

Die zweite Antwort auf die Gender-Perspektive waren in gemischtgeschlechtlichen Einrichtungen gesonderte Männergruppen, um eine Reflexion der eigenen Biografie auf die zunehmende Dysfunktionalität des herkömmlichen Geschlechtsstereotyps zu ermöglichen und neue Orientierungen auch mit Blick auf die eigene Suchtgefährdung auszuloten (Legl 2002; Mayer/Brömer 2004). Männerspezifische Einrichtungen hingegen sind bisher v. a. diskutiert und erdacht (Jacob/Stöver 2006).

Auch die aktuelle Expertise (Zenker u. a. 2005) kann lediglich aus bisheriger Therapie-Erfahrung konstatieren: „Männer, die ihre Sucht erfolgreich überwunden haben, zeigen sowohl klassische männliche als auch weibliche Eigenschaften" (48). Und: „Ein vertrauensvolles Klima unter Männern ... fördert die offene Auseinandersetzung mit Einsamkeit, Ängsten, Versagensängsten, Unfähigkeiten, Aggressionen und Gewaltimpulsen" (49). Männergruppe: Da bist du wieder! – Das zeigt, dass nach den eher betulichen Versuchen der 70er und 80er, Männer zur Selbst-Reflexion auf die Zerbrechlichkeit hinter der Macho-Fassade zu veranlassen, noch nichts wirklich Neues entstanden ist.

Eine einzige Konkretion von Projekt-Prinzipien und -Ideen ist bisher dokumentiert: die „casa fidelio" in der Schweiz (Müller 2006). Die Entstehungs-Geschichte dieses Projektes erinnert an viele verpasste Chancen in der deutschen stationären Suchtkrankenhilfe: Oft genug war der „Frauenmangel" in Therapie-Einrichtungen so krass, dass ausschließlich Männer in Betreuung waren. Eine derartige Gelegenheit wurde vom Team der Schweizer Einrichtung genutzt, um – nach mehreren Brüchen und Rückschlägen – ein therapeutisches Konzept mit dem Schwerpunkt „Mann-Sein" (168 ff) zu entwickeln. Die männergerechten Themen der Therapie lauten: Allein-

Sein, Partnerschaft, unverarbeitete Ängste, Frauen als Objekt, Erfolg und Leistungsbereitschaft – jeweils abgebildet auf Sucht-Biografien. Der Rest – z. B. die Konflikt-Kultur im Haus (173 f) – ist wiederum Männergruppe bekannter Art.

In der Suchtprävention, die landläufig eher geschlechtsneutral stattfindet und deshalb keinem der beiden Geschlechter wirklich entspricht, sieht sich eine auf Männlichkeit orientierte Neuorientierung grundsätzlich vor dem Problem, dass der Konsum von Drogen, gerade der frühe, häufige, riskante, dem tradierten Stereotyp so weitgehend entspricht: Große Mengen zu vertragen und selbst am nächsten Tag noch leistungsfähig zu sein, zeugt von männlicher Stabilität und Durchhaltekraft. Dem eine neue Definition von Männlichkeit entgegenzusetzen, deren (Charakter-)Stärke im Verzicht auf Drogen oder zumindest in Mäßigkeit, Risiko-Management und reflektierter Punkt-Nüchternheit besteht, setzt auch eine ethische Neuorientierung und die Existenz starker Vorbilder voraus.

Wohl auch deshalb wirkt der zunächst erreichte Konsens in der Fach-Diskussion relativ unspektakulär: Empfohlen wird ein Wechsel von geschlechtsspezifischer Arbeit (in geschlechtshomogenen Gruppen einschließlich Leitung) und geschlechtsbezogener Suchtprävention (in geschlechtsheterogenen Gruppen), um getrennte wie gemeinsame Erfahrungsräume zu nutzen (BZgA 1998).

Eine Männlichkeits-orientierte Suchtprävention ...

... ist noch nicht ausreichend diskutiert und schon gar nicht entwickelt. Dieser Beitrag enthält an vielen Stellen Implikationen für weitere Schritte auf diesem Weg. Abschließend sollen sie noch einmal pointiert werden:

- Jungen-spezifische Mythen und männliche Geschlechtsrollen-Klischees müssen in ihrem Kontext zum Drogen-Konsum wahrgenommen und skandaliert werden.
- Maskuline Männerrollen und Männerbilder müssen attraktive Alternativen finden, die auch Verhaltenskodices zum Drogenkonsum einschließen.
- Männergerechte Suchtarbeit muss Traumatisierungen von Jungen- und Männerbiografien aufarbeiten.
- „Unbewusst" gelebte Geschlechtsrollen müssen ohne Vorbehalte aufgedeckt und auf ihre Wünschbarkeit überprüft werden.
- Unmännliche Gefühle und Verhaltensweisen dürfen nicht nur toleriert, sondern müssen gefördert werden.
- Die Funktion der Drogenauswahl muss in Bezug auf ihr Männlichkeitskonzept überprüft werden.

- Alle verfügbaren Drogen müssen in Bezug auf ihre Rolle für die Konstruktion von Männlichkeit reflektiert werden.
- Als männlich darf auch der genussorientierte (statt des leistungs- oder exzessorientierten) Umgang mit Drogen gelten.
- Projekte wie „casa fidelio“ müssen multipliziert und deren Erfahrungen auch für die primäre Prävention nutzbar gemacht werden.

Literatur

Arbeitskreis Frauen und Sucht (Hrsg.) (1995): Frauen & Sucht. Neuland, Geesthacht

Blocksidge, H. u. a. (Red.) (2005): Wörterbuch der Jugendsprache. Klett, Stuttgart

Böhnisch, L. (2001): Männlichkeiten und Geschlechterbeziehungen. Ein männertheoretischer Durchgang. In: Brückner, M., Böhnisch, L. (Hrsg.): Geschlechterverhältnisse. Juventa, Weinheim/München

Böhnisch, L., Winter, R. (Hrsg.) (1997): Männliche Sozialisation: Bewältigungsprobleme männlicher Geschlechtidentität im Lebenslauf. Juventa, Weinheim/München

Böttger, A. (2000): Devianz als Episode – Wege des Ausstiegs aus kriminalisierbarem Handeln, in: Zeitschrift für Sozialisationsforschung und Erziehungssoziologie 3/2000, 77–90

Bundeszentrale für gesundheitliche Aufklärung (BZgA) (1998): Geschlechtsbezogene Suchtprävention. Köln

Chrapa, M., Heckmann, W. (Hrsg.) (2002): Jugend und Drogen in Sachsen-Anhalt. Weinert, Magdeburg

DHS (Deutsche Hauptstelle gegen die Suchtgefahren) (Hrsg.) (1999): Jahrbuch Sucht 2000. Neuland, Geesthacht

– (Hrsg.) (2006): Jahrbuch Sucht 06. Neuland, Geesthacht

– (Hrsg.) (1995): Frau – Sucht – Gesundheit. Ich will da raus! Die Bewältigung der Krankheit Sucht. Hamm

Engel, U., Hurrelmann, K. (1998): Was Jugendliche wagen. Juventa, München/Weinheim

Erikson, E. H. (1973): Identität und Lebenszyklus. Fischer, Frankfurt am Main

Fachhochschule Wiesbaden (Hrsg.) (1991): Frauen fallen einfach unter'n Tisch. Pilotstudie über Frauen als Adressatinnen der betrieblichen Suchtkrankenhilfe. ISS, Frankfurt/Main

Fachverband Drogen und Rauschmittel (Hrsg.) (1987): Wenn Frauen aus der Falle rollen. FDR, Hannover

Farrall, S., Bowling, B. (1999): Structuration, Human Development and Desistance from Crime. In: British Journal of Criminology, 2/99, 253–268

FOKUS (1998): Moderne Drogen- und Suchtprävention (MODRUS). Halle. Ministerium für Arbeit, Frauen, Gesundheit und Soziales Sachsen-Anhalt, Magdeburg

– (2000): Moderne Drogen- und Suchtprävention II (MODRUS II). Ministerium für Arbeit, Frauen, Gesundheit und Soziales Sachsen-Anhalt, Magdeburg

– (2004): Moderne Drogen- und Suchtprävention III (MODRUS III). Ministerium für Gesundheit und Soziales Sachsen-Anhalt, Magdeburg
Franke, A. (2000): Gesundheit und Abhängigkeit von Frauen. In: DHS (Hrsg.): Jahrbuch Sucht 2001. Neuland, Geesthacht
Franzkowiak, P. (1996): Risikokompetenz – Eine neue Leitorientierung für die primäre Suchtprävention? In: Neue Praxis, 5/96, 409–425
Franzkowiak, P., Helfferich, C., Weise, E. (1998): Geschlechtsbezogene Suchtprävention: Praxisansätze, Theorieentwicklung, Definitionen. Bundeszentrale für gesundheitliche Aufklärung, Köln
Hagemann-White, C. (1984): Sozialisation weiblich – männlich? Leske und Budrich, Opladen
Heckmann, W. (2005): Drogenabhängigkeit. Stichwort in: Kreft, D., Mielenz, I. (Hrsg.): Wörterbuch Soziale Arbeit. Juventa, Weinheim/München
Heckmann, W., Münzel, A. (1997): Frauen, die aus der Rolle fallen. Umfang und Formen weiblichen Suchtverhaltens in Sachsen-Anhalt. spi, Magdeburg
Helfferich, C. (1999): Spannendes und Spannungsreiches im Jugendalter. Ansatzpunkte für geschlechtsspezifische Suchtprävention. In: Pro Jugend 3/99, 4–8
– (2001): Jugendliches Risikoverhalten aus geschlechtsspezifischer Sicht. In: Raithel, J. (Hrsg.): Risikoverhalten Jugendlicher. Formen, Erklärungen und Prävention. Leske und Budrich, Opladen
Hollstein, W. (1988): Nicht Herrscher, aber kräftig. Die Zukunft der Männer. Hoffmann/Campe, Hamburg
– (2002): Der Mann als Täter und Opfer. Die Erkenntnisleistung der Männerforschung für den Kontext von Gesundheit und Krankheit. In: Kolip, P., Hurrelmann, K. (Hrsg.): Geschlecht, Gesundheit und Krankheit. Huber, Bern/Göttingen, 53–66
Hurrelmann, K., Bründel, H. (1997): Drogengebrauch – Drogenmissbrauch. Primus, Darmstadt
Jacob, J., Stöver, H. (Hrsg.) (2006): Sucht und Männlichkeiten. Entwicklungen in Theorie und Praxis der Suchtarbeit. VS, Wiesbaden
Klee, H. (Hrsg.)(1997): Amphetamine Misuse. International Perspectives on Current Trends. Harwood, Amsterdam
Kolip, P. (1997): Geschlecht und Gesundheit im Jugendalter. Die Konstruktion von Geschlechtlichkeit über somatische Kulturen. Leske und Budrich, Opladen
– (1999): Geschlecht und Gesundheitsverhalten im Jugendalter: Theoretische Konzeption und gesundheitswissenschaftliche Konsequenzen. In: Röhrle, B., Sommer, G. (Hrsg.): Prävention und Gesundheitsförderung. Lambertus, Tübingen, 221–231
Legl, T. (2002): Gender oriented treatment in residential long-term therapy. In: Stocco, P. u. a. (Hrsg.): Women and Opiate Addiction. Martin, Valencia
Matt, E. (1999): Jugend, Männlichkeit und Delinquenz. Junge Männer zwischen Männlichkeitsritualen und Autonomiebestrebungen. In: Zeitschrift für Sozialisationsforschung und Erziehungssoziologie, 3/99, 259–276
Mayer, K., Brömer, H. (2004): Teufelskreise durchbrechen – Männergruppenarbeit in der stationären Suchttherapie. In: spi Forschung (Hrsg.): Sexuell übertragbare Krankheiten. Asanger, Heidelberg

Merfert-Diete, C., Soltau, R. (1984): Frauen und Sucht. Die alltägliche Verstrickung in die Abhängigkeit. Rowohlt, Reinbek

Müller, H. (2006): Männerspezifische Suchtarbeit am Beispiel der casa fidelio in Neubuchsiten, Schweiz. In: Jacob, J., Stöver, H. (Hrsg.): Sucht und Männlichkeiten. VS, Wiesbaden, 165–188

Niedersächsische Landesstelle gegen die Suchtgefahren (NLS) (1988): Jugend und Süchte. Dokumentation der Fachtagung von 1987. Neuland, Geesthacht

Nordlohne, E. (1995): Drogenkonsum im Kontext von Entwicklungsanforderungen im Jugendalter: Ansätze für die Prävention. In: Bundesarbeitsgemeinschaft Kinder- und Jugendschutz (Hrsg.): Suchtprävention: (k)eine Aufgabe der Jugendhilfe. Lambertus, Freiburg

Pompidou Group (Hrsg.) (1995): Women and Drugs. Seminar Report. Council of Europe, Strasbourg

Pech, D. (2006): Männlichkeitsbewältigungen. Sucht und Suchen aus Perspektive kritischer Männerforschung. In: Jacob, J., Stöver, H. (Hrsg.): Sucht und Männlichkeiten. VS, Wiesbaden, 41–50

Püschl, M., Mader, P. (Red.) (1996): „Das Gleiche ist nicht dasselbe". Geschlechtsspezifische Suchtprävention mit Mädchen! Und mit Jungen? LgS, Hamburg

Raithel, J. (2004): Gesundheitsrelevante Lebensstile als Modus des „doing gender" im jugendlichen Entwicklungsprozess. In: Zeitschrift für Sozialisationsforschung und Erziehungssoziologie, 3/04, 262–276

Schaller, S. (2006): Hundert Jahre alkoholgegnerische Frauen in Deutschland. Vortrag am 23.05.06, Bundesdrogenkongress des FDR, Potsdam

Settertobulte, W. (2001): Von der Schulbank an die Theke. In: Gesundheit und Gesellschaft 5/01. AOK, Remagen, 30–35

– (2004): Alkoholkonsum als Risikoverhalten Jugendlicher in Europa. In: Jugendhilfe aktuell 2/04. Hrsg.: Landschaftsverband Westfalen-Lippe, Landesjugendamt und Westfälische Schulen, Münster

Silbereisen, R.K., Reese, A. (2001): Substanzgebrauch: Illegale Drogen und Alkohol. In: Raithel, J. (Hrsg.): Risikoverhalten Jugendlicher. Formen, Erklärungen und Prävention. Leske und Budrich, Opladen, 131–153

Stöver, H. (2006): Mann, Rausch, Sucht: Konstruktion und Krisen von Männlichkeiten. In: Jacob, J., Stöver, H. (Hrsg.): Sucht und Männlichkeiten. VS, Wiesbaden, 21–40

Tossmann, P., Heckmann, W. (1997): Drogenkonsum Jugendlicher in der Techno-Party-Szene. spi, Berlin, BZgA, Köln

Tossmann, P., Boldt, S., Tensil, M.-D. (1998): Drug Affinity amongst Youths within the Techno-Party-Scene in European Metropolises. spi, Berlin

Vogt, I., Winkler, K. (1996): Beratung süchtiger Frauen. Lambertus, Freiburg

Welsch, K., Sonntag, D. (2005): Männer und Frauen mit substanzbezogenen Problemen in deutschen Suchthilfeeinrichtungen. In: DHS (Hrsg.): Jahrbuch Sucht 05. Neuland, Geesthacht, 143–163

Zenker, C., Winkler, K., Walcker-Meyer, C., Vogt, I., Soltau, R., Schumann, M., Ohnmeiss, U., Merfert-Diete, C., Korthaus, U., Kerschl, V., Helfferich, C. (2005): Gender Mainstreaming in der Suchthilfe. Eine Expertise. FDR, Hannover

Väter – die vernachlässigte Zielgruppe in der Sozialen Arbeit mit Familien

von Michael Matzner

Das Thema Vaterschaft stößt seit Jahren auf große Resonanz in der Öffentlichkeit und in den Sozialwissenschaften (z.B. Fthenakis 1999; Fthenakis/Minsel 2002; LeCamus 2003; Matzner 1998 und 2004; Walter 2002), dagegen nur selten im Bereich der Sozialen Arbeit, deren Adressaten gerade auch Familien, Kinder und Jugendliche sind. Väter stellen im Handlungsfeld der Sozialen Arbeit mit Familien eine wichtige, jedoch noch unerschlossene Ressource und Zielgruppe dar. Väter finden im Unterschied zu Müttern wenig Beachtung, sie sind keine Zielgruppe spezieller Hilfen. Angebote der Kinder- und Jugendhilfe und Familienbildung werden von Vätern eher selten genutzt.

Im Folgenden geht es zunächst darum, zu begründen, warum die Soziale Arbeit mit Familien Väter und Vaterschaft als Ressource und Zielgruppe berücksichtigen sollte. Danach erfolgt eine erste Bestandsaufnahme, was die Mitwirkung und Einbeziehung von Vätern in verschiedenen Leistungs- und Arbeitsbereichen der Kinder-, Jugend- und Familienhilfe betrifft. Eine Darstellung des Forschungsstandes zum Thema Vaterschaft und Familienhilfen erübrigt sich, da die Thematik bislang unerforscht ist.

Förderung der Erziehung in der Familie durch eine allgemeine Förderung der Vaterschaft

Zu den Aufgaben der Kinder- und Jugendhilfe zählt die Bereitstellung von „Angeboten zur Förderung der Erziehung in der Familie" (SGB VIII, § 1, § 2). Mütter und Väter sollen bei ihren pädagogischen Bemühungen unterstützt werden. Dies setzt voraus, dass den Fachkräften der Kinder- und Jugendhilfe die spezifische Bedeutung von Müttern und Vätern hinsichtlich der Entwicklung und Erziehung von Kindern bewusst ist. Bezüglich der Person der Mutter sollte dies vorausgesetzt werden können. Wie aufzuzeigen sein wird, sind in diesem Zusammenhang, was die Person des Vaters betrifft, durchaus Zweifel angebracht.

Die Väterforschung sowie Erkenntnisse aus Entwicklungspsychologie, Sozialisations- und Scheidungsforschung belegen sehr eindrucksvoll die große Bedeutung einer engagierten Vaterschaft für die positive Entwicklung von Kindern, zumal von Söhnen. Die Bindungsforschung (Grossmann/Grossmann 2004) zeigt auf, dass schon Kleinstkinder Beziehungen aktiv gestalten und frühzeitig zu mehreren Personen Bindungen mit differenten und damit spezifischen Qualitäten entwickeln können. Der Vater ist als zweites Bindungsobjekt eine alternative Bezugs- und Bindungsperson für das Kind. Mütter und Väter erfüllen spezifische Funktionen und haben jeweils eine besondere Bedeutung für die Entwicklung des Kindes. Väter gehen mit Kindern oft anders um als Mütter. Die Betonung von spielerischen Aktivitäten fördert die Motorik und den Körper des Kindes. Väter stimulieren Kinder visuell und akustisch stärker und haben mit ihnen einen sogenannten distanten, aufregenden Körperkontakt. Mit Söhnen sind sie tendenziell strenger, wilder und direktiver im Spiel, mit ihren Töchtern eher weicher, vorsichtiger und unterstützender. Viele Väter lenken Lernvorgänge anders. Sie sind oft herausfordernder, sie konfrontieren ihre Kinder mit Gefahren, belassen ihnen größere Freiräume und neue Erfahrungen und fördern damit deren Selbständigkeit. Väter sprechen anders als Mütter mit ihren Kleinkindern, ihr Vokabular ist oft präziser und umfassender. Mütter und Väter repräsentieren in der Familie das gesellschaftliche System der Zweigeschlechtlichkeit. Die Präsenz beider Geschlechter begünstigt die positive Entwicklung der Geschlechtsidentität von Jungen und Mädchen. Gerade für die geschlechtliche Entwicklung von Jungen sind Väter sehr wichtig, indem sie als männliches Rollenmodell und Identifikationsobjekt fungieren (Seiffge-Krenke 2004; Grossmann/Grossmann 2004; LeCamus 2003).

Förderung der Vaterschaft in sozial benachteiligten Familien

Das Stereotyp des „neuen Vaters“ verbindet man vor allem mit den Milieus der Mittelschicht. Dort wird aktive Vaterschaft zunehmend diskutiert, eingefordert, angestrebt und teilweise auch realisiert (Matzner 2004). Für sozial benachteiligte Familien wird eine aktive Vaterschaft bislang noch nicht propagiert. Sicher auch deswegen, weil es sich oft um vaterlose Familien in dem Sinne handelt, dass die Mütter alleinerziehend sind. Die Väter wohnen dann nicht (mehr) mit Müttern und Kindern zusammen, manchmal sind sie einfach „verschwunden“. Andere sind drogenabhängig, krank, arbeitslos, im Strafvollzug oder nur „körperlich anwesend“. Mit den Vätern des Klientels werden in der Fachöffentlichkeit dementsprechend eher negative Dimensionen verknüpft. Viele Fachkräfte erleben sie nicht selten als abwesend, unsicher, dominant, verantwortungslos, gewalttätig, schwach, süchtig oder labil. Balluseck (1999) sowie van Stolk und Wouters (1987) führen dies vor allem auf eine Milieuschädigung in den Herkunftsfamilien dieser Väter zurück. Viele dieser Männer orientieren sich an traditionellen Männlichkeits- und Väterlichkeitskonzepten mit den Funktionen Zeugen, Beschützen und Versorgen. In Zeiten einer „neuen Armut“ und Massenarbeitslosigkeit sind sie jedoch immer seltener in der Lage, selbst diesen eingeschränkten Konzepten gerecht zu werden. Die „starken Kerle“ sind von einem „Akkulturationsproblem“ betroffen, ihre Fähigkeiten werden in der modernen Dienstleistungsgesellschaft immer seltener gebraucht (van Stolk/Wouters 1987, 241f). Natürlich gibt es in solchen Familien durchaus auch Väter, die sich trotz vieler Probleme redlich bemühen, ihrer Vaterrolle nicht nur im ökonomischen Sinne gerecht zu werden. Damit stellen Väter in Unterschichtfamilien eine Ressource dar, „die sich die Sozialarbeit stärker als bisher zunutze machen könnte“ (Ballusek 1999, 117).

Bislang werden Väter in sozial schwachen Familien in Theorie, Ausbildung und Praxis Sozialer Arbeit noch weitgehend ignoriert. Manche werden als „Störenfriede“ sogar bewusst ausgegrenzt. Dies ist umso tragischer, da die Resilienzforschung gut aufzeigen kann, dass sozioökonomisch benachteiligte Kinder durchaus altersangemessene Kompetenzen und Fähigkeiten erwerben können, zumal dann, wenn sie über soziale Unterstützung im Nahbereich verfügen (Werner 1990). Resilienz (Widerstandsfähigkeit) ist die „Fähigkeit, sich von den nachteiligen Folgen früherer Erfahrungen schnell zu erholen oder angesichts belastender Lebensumstände ohne offensichtliche psychische Schädigungen zu bestehen und Bewältigungskompetenzen zu entwickeln“ (Petermann u.a. 1998, 222). Die individuelle Resilienz ist nicht angeboren, sondern wird im Laufe der Entwicklung erworben. Bei den resilienzfördernden protektiven Faktoren lassen sich personale Ressourcen und soziale Ressourcen (Familie, Umfeld) unterscheiden. Für uns interessant ist in diesem Zusammenhang die soziale Ressource Familie. Als resilienzfördernd werden die Existenz mindestens einer stabilen Bezugsperson, die Autonomie und Vertrauen fördert, ein autoritativer Erziehungsstil sowie Zusammenhalt, Stabilität und konstruktive Kommunikation in der Familie verstanden (Wustmann 2004). Insofern muss es bei einer Resilienzförderung im Bereich der sozialen Ressourcen darum gehen, Mütter und Väter in ihren Erziehungsmotivationen und -kompetenzen zu stärken. Gerade im „traditionellen“ Klientel der Familiensozialarbeit sollte eine aktive Vaterschaft gefördert werden. Diese Familien sind sozioökonomisch unzureichend ausgestattet, wodurch die vorhandenen personellen Ressourcen eine noch größere Bedeutung erlangen. Eine systematische, präventive und offensive Aktivierung und Einbeziehung der Ressource Vater in der Sozialen Arbeit mit Familien verspricht einen wichtigen Beitrag zur Verbesserung der Lebenslagen von Kindern, (alleinerziehenden) Müttern und Vätern. Manchen Kindern und ihren Familien könnten stationäre erzieherische Hilfen erspart bleiben. Die hohen Anteile von Kindern alleinerziehender Mütter in den diversen Erziehungshilfen deuten auch auf fehlende positive väterliche Autoritäten hin.

Außerdem ist zu betonen, dass ein enger Zusammenhang zwischen Vernachlässigung, Gewalt oder sexuellem Mißbrauch von Kindern und einer mangelnden Eltern- bzw. Vater-Kind-Bindung existiert. Engagierte und präsente Väter und Mütter, die eine positive Beziehung und Bindung zu ihrem Kind entwickeln, werden es sehr wahrscheinlich nicht vernachlässigen, demütigen, schlagen oder gar missbrauchen. Missbrauchende Väter sind „gerade nicht in die alltäglichen körperbezogenen Aktivitäten involviert" „die für normale Väter so charakteristisch sind" (Seiffge-Krenke 2004, 219).

Förderung der Vaterschaft in Scheidungs- und Trennungsfamilien

Die Mitwirkungspflicht des Jugendamtes bei Sorge- und Umgangsrechtsentscheidungen nach § 50 des Kinder- und Jugendhilfegesetzes (KJHG) sowie die Aufgabe der Beratung und Unterstützung von Müttern im Falle der Vaterschaftsfeststellung und Geltendmachung bei Unterhaltsansprüchen (§ 52 a KJHG) haben zur Folge, dass vor allem Fachkräfte der Jugendämter „zwangsläufig" mit Vätern in Berührung kommen. Da die Anzahl der Kinder, die von der Scheidung ihrer Eltern betroffen sind, weiter wächst, und nicht wenige Eltern sich nicht einvernehmlich einigen können, nimmt trotz der gemeinsamen Sorge als Regelfall die Anzahl der Fälle zu, in denen das Jugendamt im Rahmen seiner Mitwirkungspflicht „gehört" wird und damit unmittelbaren Einfluss auf die Gestaltung von Eltern-Kind-Beziehungen erhält. Das Jugendamt hat Beratungs- und Hilfsangebote für Eltern und Kinder bereit zu stellen, die darauf abzielen, zum Wohle des Kindes zu kooperieren und beide Elternteile als aktive Erzieher und Bezugspersonen ihrer Kinder zu fördern.

Tatsächlich existiert hier ein ganz erheblicher Handlungsbedarf, wie auch die vehement geführte öffentliche Debatte zeigt. Die dramatischen Zahlen von ca. 50 % aller Kinder, die nach einigen Jahren gar keinen bzw. nur geringen Kontakt zu ihrem Vater haben, verweisen auf dieses ungelöste Problem. Kinder, die einen kontinuierlichen Kontakt zum getrennt lebenden Elternteil halten, bewältigen die Scheidung ihrer Eltern am besten – Ausnahmen bestätigen die Regel. Eine ganze Reihe von Studien (s. zusammenfassend Matzner 2005) belegt, dass bei Kindern, die keinen oder nur geringen Kontakt zum getrennt lebenden Elternteil, zumeist dem Vater, haben, Verhaltensauffälligkeiten und psychische Störungen am stärksten ausgeprägt sind.

Väterförderung sollte auch die Gruppe der ledigen Väter umfassen, deren Anzahl und Anteil sehr stark ansteigt. Viele Männer kommen mit dem Jugendamt erstmals in Kontakt, wenn sie als lediger Mann Vater werden.

Allerdings interessiert man sich selten für ihre Bedürfnisse oder ihr pädagogisches Potential. Vielmehr geht es bisher ausschließlich um rechtliche und finanzielle Interessen der Mütter und Kinder. Das Jugendamt hat bei nichtehelichen Elternschaften der Mutter Beratung und Unterstützung bei der Vaterschaftsfeststellung und der Geltendmachung von Unterhaltsansprüchen (§ 52a KJHG) zu leisten. Für ledige Väter ist vom Gesetzgeber bislang noch keine Beratung und Unterstützung vorgesehen.

Förderung der Vaterschaft in besonderen Lebenslagen

Soziale Arbeit hat nicht nur die Ressource Vaterschaft im Interesse des Kindes zu aktivieren. Vielmehr ist es ethisch geboten, sich auch den Bedürfnissen und Interessen von Vätern zuzuwenden und ihnen bei Bedarf zu helfen. Manche Männer leiden darunter, ihre Vaterschaft überhaupt nicht bzw. nicht kompetent verwirklichen zu können. Geschiedene oder ledige Väter, die von ihren Kindern getrennt leben und denen positive Vater-Kind-Beziehungen versagt bleiben, kommen mit ihrer Situation nur schwer zurecht, manche werden sogar krank (Amendt 2004; Napp-Peters 1995). Anderen Vätern, die mit ihren Kindern zusammenwohnen, gelingt es nicht, eine positive Beziehung zu ihren Kindern zu entwickeln, präsent und engagiert zu sein. Eine ungünstige Sozialisation oder Faktoren wie Arbeitslosigkeit, Sucht oder Armut hindern sie bei der Realisierung einer positiven Väterlichkeit. Auch Vätern, die ihre Kinder vernachlässigen oder misshandeln, könnte geholfen werden. Für alleinerziehende Väter existieren ebenfalls keine spezifischen Angebote. Vermeintlich geschlechtsneutrale Hilfen für alleinerziehende Eltern sind in der Regel an den Bedürfnissen von Müttern orientiert.

Väter als Ressource und Zielgruppe Sozialer Arbeit mit Familien – eine erste Bestandsaufnahme

Das Kinder- und Jugendhilfegesetz betont den präventiven Charakter einer modernen Jugendhilfe, welche die Erziehungsinstitution Familie stärken möchte. Eingriffe in die Familie sollen in den Hintergrund treten, während ihre Potentiale zur Selbsthilfe aktiviert werden sollen. Gerade aus diesem Zusammenhang heraus gewinnt der Vater seine Relevanz als wichtige Ressource einer modernen Kinder- und Jugendhilfe. Dies werde ich im Folgenden am Beispiel diverser Leistungs- und Arbeitsbereiche aufzeigen. Dabei handelt es sich um eine erste Bestandsaufnahme. Bisher gibt es keine spezifische Forschung zum diesem Thema.

Erziehungsberatung

Im Jahr 2001 beendeten ca. 282.000 junge Menschen bzw. deren Eltern eine Erziehungsberatung nach §28 KJHG, wobei 57% der Minderjährigen männlich waren. „Es sind vor allem Mütter, die den Kontakt zu den Beratungsstellen aufnehmen, und zwar mit steigender Tendenz (1991: 59% aller Beratungen, 2001: 66%). Väter taten dies nur in 9%, beide Eltern gemeinsam in 7% der Hilfen" (Statistisches Bundesamt 2003, 8). Demnach sind Väter „immer noch Randfiguren an Erziehungsberatungsstellen und nehmen bei weitem nicht den Raum ein, den ihnen die moderne Sozialwissenschaft im Familiensystem zugesteht" (Lohmeier 2004, 177). Als mögliche Erklärung wird die im Verlaufe der männlichen Sozialisation seltener erworbene Bereitschaft, sich mit Krisen und Schwächen auseinanderzusetzen und dabei professionelle Hilfe in Anspruch zu nehmen, diskutiert. Dies gelte besonders für Männer aus Ober- und Unterschichten, deren Maskulinität besonders ausgeprägt sei.

Lohmeier (2004, 178ff) machte in einer ländlichen Erziehungsberatungsstelle die Erfahrung, dass Väter „meist passiver, distanzierter und weniger empathisch als die Mütter" seien. Sie hätten oft „allgemeine Vorbehalte gegen den generellen Sinn und Zweck von Beratung". „Väter versuchen, Familienprobleme grundsätzlich selbst zu lösen". Im Unterschied zu Müttern sähen sie den Umstand, Beratung in Anspruch zu nehmen, als eigenes Versagen an. Auch klassische Rollenmuster, vor allem bei Vätern aus zugewanderten Familien, verhinderten eine Teilhabe. Wenn sich Väter auf eine Beratung einließen, zeigten sie als „passive Mitläufer" oft andere Verhaltensstile im Beratungsprozess (Lohmeier 2004, 179).

Nachmann (1995) und Rosenthal/Sczygiel (1995) zufolge trägt die Familien- und Erziehungsberatung mitunter selbst dazu bei, dass Väter eher als „Gäste" und die Mütter und Kinder als die eigentlich Beteiligten wahrgenommen würden. Aus ihren beruflichen Erfahrungen heraus sprechen sie von einer „Sonderbehandlung" von Männern und Vätern durch manche Kollegen. „Innere Familienmuster der Berater und Therapeuten", traditionelle Vorstellungen im Sinne bipolarer Rollenzuschreibungen und Vorurteile bezüglich des familiären Engagements von Müttern und Vätern würden vermeintlich oder auch tatsächlich „bestätigt" und bewirkten nicht selten die Fokussierung auf Mütter und Kinder. Während Mütter als „kompetent", „zuständig", „integriert" und „interessiert" wahrgenommen würden, gelte der Einbezug von Vätern unter Kollegen allgemein als „schwierig". „Väter werden mehr der konfliktschaffenden oder -stabilisierenden Seite zugerechnet als der konfliktlösenden und erhöhen offenbar den Schwierigkeitsgrad familientherapeutischer Arbeit" (Nachmann 1995, 114ff).

Es wird deutlich, dass an mehreren Stellen angesetzt werden muss, wenn man Väterlichkeit über den Bereich der Erziehungsberatung fördern möchte. Als wichtig erscheint eine Perspektivenerweiterung hinsichtlich der Funktionen von Müttern und Vätern. Erziehungsberatung sollte davon ausgehen, dass Mütter und Väter „einen gleichwertigen Handlungsbeitrag zum Konfliktgeschehen liefern“ können (Nachmann 1995, 120). Insofern sollte sie sich weniger an Aussagen der Mutter über den Vater orientieren und den Vater aktiv mit einbeziehen. Es geht darum, die subjektive Perspektive des Vaters nachzuvollziehen und eine verständnisvollere Haltung für die psychische Situation von Männern und Vätern zu entwickeln. Beispielsweise kann Misstrauen, Zurückhaltung, Aggression oder Dominanz auch als emotionelle Unsicherheit und Hilflosigkeit verstanden werden. Allerdings fehlt es oft an spezifischen Beratungskonzepten für Männer, obwohl seit einiger Zeit das Geschlecht als zentrale Kategorie von Beratung verstanden wird. Konzeptionelle Erweiterungen sollten durch strukturelle ergänzt werden. Hierzu zählen die Erhöhung des Männeranteils bei den Professionellen, das verstärkte Anbieten von Abend- und Wochenendsprechstunden sowie eine väterorientierte Öffentlichkeitsarbeit (Lohmeier 2004, 180f).

Sozialpädagogische Familienhilfe

Obwohl sich die Sozialpädagogische Familienhilfe an die ganze Familie wendet und die inner- und außerfamiliale Ressourcenaktivierung als ein primäres Wirkprinzip gilt, werden Schuster zufolge häufig „die Ehemänner oder die neuen Partner alleinerziehender Mütter (...) aus vielschichtigen Gründen zu Randfiguren des Veränderungsprozeßes“ (Schuster 1992, 46). Auch hier wird primär die Mutter zur Ansprechpartnerin der zumeist weiblichen Fachkräfte (Frauenanteil ca. 80 %). Dies ist nicht erstaunlich, da sich vor allem Mütter Hilfe erhoffen und Väter oft abwesend sind bzw. sich den Problemen in der Familie entziehen. Dann existiert die „Gefahr einer unbewußten Koalition mit der Mutter“ aufgrund einer möglichen geschlechtsspezifischen Identifikation mit der „starken Frau“ (Schuster 1992, 47). Eine mutterzentrierte Perspektive führt in Kombination mit abweisendem oder reserviertem männlichen Verhalten dazu, dass die Interessen, Bedürfnisse und Potentiale des (Stief-)Vaters unberücksichtigt bleiben. Dieser könnte als „Störenfried“ bewusst oder unbewusst aus dem Hilfeprozess hinausgedrängt werden. Seine Verantwortung als Bezugsperson, Erzieher und Partner würde dann nicht eingefordert und aktiviert. Möglicherweise wird die Arbeit vordergründig erleichtert, wenn man die Schuld für die Misere eindimensional dem Vater zuweist und die Mutter ausschließlich als Opfer des Vaters begreift, die dann durch weibliche Fachkräfte im Sinne einer sogenannten „parteilichen Sozialarbeit“ wieder aufgebaut werden muss. Der Einsatz eines weiblichen und eines männlichen Familienhelfers verhindert eventuell eine solche Entwicklung. „Die Aufgaben des männlichen Helfers bestehen anfangs überwiegend darin, durch bewußte partielle Koalition mit dem Vater, diesen für den anstehenden Veränderungsprozeß zu öffnen. Er ist besser als seine Kollegin in der Lage, die versteckten Wünsche und Ängste des Vaters zu erspüren und sich zur Identifikation anzubieten" (Schuster 1992, 48). Die konstruktive Veränderung von Familienorganisation und -kultur kann nur dann gelingen, wenn die Interessen, Ängste und Fähigkeiten beider Elternteile berücksichtigt werden. Gerade von den Vätern werden dabei erhebliche Einstellungs- und Verhaltensänderungen erwartet. Der männliche Helfer kann als männliches Vorbild das beim Vater vorherrschende Männer- und Vaterbild sowie die mit der Veränderung dieses Bildes verbundenen Ängste relativieren. „Zu erleben, daß eine Abweichung von der bisherigen Rolle auch zu Anerkennung (besonders durch den männlichen Helfer) führen kann und nicht zur Entwertung der eigenen Person beiträgt, eröffnet eine Erweiterung des Verhaltensrepertoires" (Schuster 1992, 48).

Eine Sichtung der Fachliteratur ergab, dass Väter mit wenigen Ausnahmen (BMFSFJ 1998, 158) auch in der Theorie der Sozialpädagogischen Familienhilfe als soziale Ressource nahezu unberücksichtigt bleiben. Es wird zwar von Eltern gesprochen, faktisch werden aber die Mütter gemeint, sie stehen im Mittelpunkt der Intentionen. So werden im Handbuchartikel von Helmling (2001, 552f) vor allem Hilfen und Maßnahmen genannt, die sich auf Kinder und Mütter beziehen. Wir finden in der Literatur keine Konzepte, die das Ziel haben, den Vater in die Familie zurückzuholen oder zu aktivieren.

Beratung in Fragen der Partnerschaft, Trennung und Scheidung sowie der Ausübung der Personensorge/Mitwirkung des Jugendamtes bei familiengerichtlichen Entscheidungen

Immer mehr Väter verstehen sich primär als Erzieher ihrer Kinder und erwarten im Falle einer Scheidung nicht eindimensional als zukünftiger Zahl- und Besuchsvater behandelt zu werden. Dieser gewandelte Anspruch korrespondiert mit den Intentionen der Reform des Kindschaftsrechtes im Jahr 1998. Demnach haben die Fachkräfte der Jugendämter den Auftrag, im Falle einer Scheidung bzw. Trennung zwischen den Eltern zu vermitteln und die Übernahme von Erziehungsverantwortung durch beide Elternteile zu fördern. Bis dahin hatten sie den für das Kindeswohl geeigneteren Elternteil zu „ermitteln". Dabei orientierte man sich vor allem am Kriterium der Kontinuität der Versorgung und Betreuung des Kindes, sodass zumeist die Mutter als Sorgeberechtigte vorgeschlagen wurde (Matzner 1998). Die

Allgemeinen Sozialdienste (ASD) haben aufgrund ihrer Aufgabenvielfalt oft das Problem, überhaupt eine bedarfsgerechte Beratung sicherzustellen. Dazu gesellt sich in hochstrittigen Fällen das Problem, dass die Aufgaben der Beratung und der Mitwirkung in familiengerichtlichen Verfahren mitunter in Personalunion betrieben werden. Außerdem sind manche Fachkräfte des ASD durch ihre eigene, jahrzehntelang praktizierte mütterzentrierte Praxis in ihrem neuen Beratungsauftrag mentalitätsmäßig vorgeprägt. Insofern darf man unterstellen, dass die spezifischen Bedürfnisse und Interessenlagen von Vätern und damit die Förderung ihrer Erziehungsbeteiligung längst nicht immer Berücksichtigung findet. Darauf verweisen auch die hohen Zahlen von Kindern, die gar keinen bzw. nur sehr seltenen und unbefriedigenden Kontakt zu ihrem Vater haben, die je nach Studie zwischen 40 % und 60 % liegen (Napp-Peters 1995; Proksch 2002; Schneider u. a. 2001).

Die Studie „Scheidungsväter" (Amendt 2004/2006, siehe auch den Beitrag von Amendt in diesem Buch) belegt ebenfalls die Benachteiligung von Vätern bei der Wahrnehmung ihrer Erziehungsaufgabe.

> „Wie unsere Befragung ergab, finden Scheidungsväter bei Jugendämtern oft nur in eingeschränktem Maß Verständnis und Mitgefühl für ihre emotionale Lage, was einem lösungsorientierten Handeln nicht wenig im Wege steht. Besonders ausgeprägt scheint dies bei Mitarbeiterinnen von Jugendämtern vor allem städtischer Regionen zu sein. Hier herrscht oft die Ideologie der „allein erziehenden Mutter als Opfer" vor. Scheidungsväter treffen dort statt auf offene Ohren eher auf Vorurteile und Zurückweisung. Das ist umso folgenschwerer, weil gerade Jugendämter von einer ganz großen Zahl von Scheidungsvätern aufgesucht werden, die nur schwer Zugang zu familienberaterischen oder psychotherapeutischen Hilfen finden." (Amendt 2004, 232f)

Dorn (2002) kam nach der Auswertung von ca. 3.000 Beratungsgesprächen der Berlin-Brandenburger Väterinitiative e.V. mit Vätern in Trennung und Scheidung zu ähnlichen Erkenntnissen.

> „Die Rückmeldungen von Vätern über die Arbeit von Jugendämtern und Familiengerichten sind zwar differenziert, ihre Grundtendenz stimmt jedoch nur wenig optimistisch, denn: Viel scheint sich bisher bei der Umsetzung des Anliegens der Reform, dem Recht des Kindes auf beide Elternteile zu entsprechen, auch nach 4 Jahren nicht getan zu haben (...). D. h. die Vater-Kind-Beziehung erfährt bei der Trennung der Eltern diese Wertschätzung nur selten! Das bezieht sich nach den Aussagen der Väter hauptsächlich auf die Arbeit von Jugendämtern" (Dorn 2002, 42).

Dorn zufolge sehen sich Väter durch das Jugendamt unzureichend unterstützt. Sie würden oft nicht ernst genommen, müssten ihr Engagement rechtfertigen und fühlten sich als Bittsteller und Zahlvater. Nicht selten gerieten sie unter Erklärungszwang, warum sie überhaupt Kontakt mit ihrem Kind haben wollten. Kindeswohl werde oft mit „Mutterwohl“ verbunden (Dorn 2002, 41f).

Auch die Untersuchungen von Proksch (2002), Buchholtz-Graf/Sgolik (2004) und Stürmer (2006) verweisen auf den Genderbias hinsichtlich der Dienstleistungen von Jugendämtern. Väter sind über die Inhalte des neuen Kindschaftsrechtes schlechter als Mütter informiert und nutzen die vorhandenen Beratungsangebote seltener. Sie bekommen insgesamt weniger Unterstützung als ihre ehemaligen Frauen. Ganz besonders betrifft dies Fälle, in denen die Mutter das alleinige Sorgerecht hat. Auch die Art und Weise der Information durch das Jugendamt ist abhängig vom Geschlecht des Elternteils sowie von der Sorgeregelung. So fand bei allein sorgeberechtigten Müttern zu 64,3 % ein persönlicher Besuch statt, bei den nicht sorgeberechtigten Vätern nur zu 38,9 %. Väter wurden häufiger als Mütter schriftlich bzw. gar nicht informiert (Proksch 2002). Darüber hinaus sind die Ressourcen bezüglich der Beratung und Unterstützung bei der Ausübung der Personensorge nach § 18 KJHG, die ja auch die Beratung von Elternteilen mit Umgangsrecht betrifft, sehr ungleich verteilt. Während viele Angebote für Alleinerziehende (Mütter) existieren, gibt es nur bei 5 % der Einrichtungen konzeptionell besondere beraterische Maßnahmen für umgangsberechtigte Elternteile und damit Väter (Menne/Weber 2000).

Manchmal kommt es sogar zur aktiven Ausgrenzung von Vätern durch Mütter und Fachkräfte. Dies geschieht vor allem dann, wenn ein „Ersatzvater“ im Spiel ist. Der Vater „solle doch keine Unruhe stiften und froh darüber sein, daß das Kind in einer intakten Familie lebt …“ (Dorn 2002, 43). Trotz aller positiven Entwicklungen gibt es noch immer die Tendenz, auftretende Konflikte und Probleme bei der Realisierung des väterlichen Umgangs mit den Kindern so zu „lösen“, indem man den Umgang verringert oder gar ganz aufhebt. Die Strategien väterlicher Ausgrenzung werden durch Fachkräfte des Jugendamtes sowie bestellte Gutachter oft mit den Argumenten „Zerrissenheit“, „Ruhe“, „Trauer“ und „mangelnde Kompetenz des Vaters“ begründet. Bei einem kontinuierlichen und häufigem Umgang mit dem Vater würde das Kind zu sehr hin- und hergerissen. In das gestörte Familiensystem müsse erst einmal wieder „Ruhe“ einkehren. Ein präsenter Vater sei schädlich, weil das Kind immer wieder neu an die Trennung der Familie erinnert werde (Blesken 1998, 347). Solche Begründungen widersprechen in der Regel den aktuellen wissenschaftlichen Erkenntnissen. Gerade in der ersten Zeit der Nachscheidungsphase ist der Erhalt der Beziehungen des Kindes zu beiden Eltern ganz wichtig für die weitere Persönlichkeitsentwicklung des Kindes (Staub/Felder 2004, 99, 106f).

Erfreulicherweise hat die Beibehaltung der gemeinsamen Sorge nach der Scheidung in mittlerweile ca. 75 % bis 80 % aller Fälle, wie Proksch (2002) belegt, insgesamt betrachtet, zu einer recht positiven Entwicklung geführt. Die gemeinsame Sorge fördert regelmäßige und häufige Kontakte zum nicht bei den Kindern lebenden Elternteil. Gleichwohl besteht noch immer die Gefahr, dass in hochstrittigen Fällen eine mütterzentrierte Vorgehensweise bei Familiengerichten und Jugendämtern die Praxis bestimmt. Im Zweifelsfall wird oft eher die Mutter als Verantwortliche für die Betreuung und Erziehung favorisiert, der Vater soll zahlen und „bekommt" dafür ein „großzügiges" Umgangsrecht.

Beratung und Unterstützung lediger Väter

Nach § 52a KJHG haben Mütter mit nichtehelichen Kindern einen Anspruch auf Beratung durch das Jugendamt. Dabei geht es um die Unterstützung bei der Vaterschaftsfeststellung und der Geltendmachung von Unterhaltsansprüchen. Das Jugendamt interessiert sich demnach nur für die rechtlichen und finanziellen Dimensionen einer nichtehelichen Vaterschaft. Soziale und pädagogische Aspekte einer nichtehelichen Vaterschaft erfahren dagegen aus der Perspektive vieler Jugendämter bislang wenig Beachtung. Eine ledige Mutter hat Anspruch auf Beratung und Unterstützung, ein lediger Vater nicht. Dies gilt auch hinsichtlich der Beratung des Vaters zum Aspekt der gemeinsamen Sorge. Insofern stoßen ledige Väter ohne gemeinsames Sorgerecht in Jugendämtern auf verschlossene Türen. „Man sagt ihnen, man sei nur für verheiratete/geschiedene und für Mütter zuständig. Anschließend werden sie manchmal direkt auf den Gerichtsweg geschickt, ohne sie angehört zu haben" (Dorn 2002, 42). Verantwortlich für diese Benachteiligung sind nicht die Jugendämter, sondern der Gesetzgeber. Bis 1998 konnte ein lediger Vater nicht einmal mit Zustimmung der Mutter in Sorgebefugnisse für sein Kind einbezogen werden. Darüber hinaus hatte er kein Recht auf Besuch oder Umgang mit seinem Kind. Bis zum Jahr 1969 galt der nichteheliche Vater nach § 1589 Abs. 2 BGB als nicht verwandt mit seinem leiblichen Kind. Es kam öfters vor, dass die Adoption seines Kindes durch die Mutter und ihren Ehemann mit Unterstützung des Jugendamtes durchgeführt wurde, ohne dass er etwas davon erfuhr.

Ein engagierter, mit der Mutter des Kindes zusammenlebender lediger Vater kann das gemeinsame Sorgerecht nur dann bekommen, wenn die Mutter zustimmt. Und zwar selbst dann, wenn er seit Jahren überwiegend das Kind betreut und erzieht. Das Bundesverfassungsgericht bestätigte diesen Sachverhalt im Jahr 2003. Darüber hinaus passiert es immer wieder, dass eine verhängnisvolle Koalition von Jugendamt und Familiengericht teilweise willkürlich den Umgang von nichtehelichen Kindern mit ihren Vätern verhindert. So warf beispielsweise das Bundesverfassungsgericht in seiner spektakulären Entscheidung zum Fall Görgülü dem Oberlandesgericht Naumburg „willkürliche Entscheidungen" vor, als es darum ging, eine Entscheidung über das Recht eines ledigen Vaters auf Umgang mit seinem Kind zu treffen. Das OLG hatte sich dabei über drei Entscheidungen eines Amtsgerichts sowie des Europäischen Gerichtshofes für Menschenrechte zugunsten des Vaters und seines Kindes hinweggesetzt (Süddeutsche Zeitung 2004, 1).

Beratung und Unterstützung alleinerziehender Väter

In den letzten Jahrzehnten ist die Gruppe der alleinerziehenden Väter trotz der mutterzentrierten Entscheidungspraxis vieler Familiengerichte aufgrund der hohen Scheidungszahlen deutlich angestiegen. Im Jahr 2003 dürfte es ca. 240.000 Familien mit alleinerziehenden Vätern gegeben haben (Statistisches Bundesamt 2004, 46; Matzner 2002). Entgegen dem Klischee des akademisch ausgebildeten, gut verdienenden, alleinerziehenden Vaters, der sich „sein" Sorgerecht erstritten hat und die Betreuung der Kinder anderen Frauen überlässt, ist diese Familienform recht heterogen, was ihr Entstehen, ihre Struktur, ihre soziale Lage sowie das Selbstkonzept der Väter betrifft (Matzner 1998; 2002). Für Männer ist das Alleinerziehen keine frei wählbare Option. Vielmehr „trifft" es sie eher – durch Verwitwung, Trennung oder Scheidung. Insofern stellt sich der Bedarf an Hilfe und Unterstützung für die Väter teilweise anders dar. Tendenziell brauchen Väter mehr Beratung und Hilfe hinsichtlich der Betreuung und Erziehung ihrer Kinder, während Mütter öfters bezüglich der Sicherung des Familieneinkommens Unterstützung benötigen. Während für alleinerziehende Mütter umfangreiche, auf die spezifische Personengruppe ausgerichtete Hilfen, Fachdienste, Mütterzentren und Selbsthilfegruppen existieren, trifft das für alleinerziehende Väter nicht zu. Hier fehlt es noch an einer geschlechtsspezifischen Zugangsweise. Die sozialen Dienste sind nicht auf männliche Alleinerziehende eingestellt. In der Befragung von Matzner (2002, 205) äußerte sich ein alleinerziehender Vater folgendermaßen:

> „Alleinerziehende Mütter ist die Regel, daß auch Männer ihre Kinder alleinerziehen können, ist gar nicht gedacht worden. Das sieht man daran, daß es zum Beispiel nur Mutter-Kind-Kuren gibt, oder Mutter-Kind-Wohnheime oder Frauenhäuser. Ich kenne kein Männerhaus, wo Männer mit Kindern in Notsituationen hingehen könnten, wenn die Frau durch Alkoholismus, Drogenmißbrauch oder psychische Krankheit nicht in der Lage ist, die Kinder zu erziehen und zu betreuen."

Schlussfolgerungen

Mittlerweile gibt es vor allem in Großstädten einzelne Hilfe- und Unterstützungsangebote für Väter im Rahmen von Geburtsvorbereitungskursen, Familienbildungsstätten, Selbsthilfegruppen und Vätergruppen. Gleichwohl fehlt es an einer systematischen Berücksichtigung von Vätern in Theorie und Praxis der kinder- und familienbezogenen Sozialen Arbeit. In der von Jugendämtern geleisteten bzw. finanzierten Kinder- und Jugendhilfe herrscht weitgehend Fehlanzeige, was die systematische und spezifische Einbeziehung von Vätern in die Hilfe- und Unterstützungsprozesse betrifft. Im Unterschied zu Müttern existiert in Deutschland nahezu keine institutionalisierte Soziale Arbeit mit Vätern. Diese Ignoranz der Person des Vaters als wichtige Bezugsperson seiner Kinder ist auch daran erkennbar, dass er in sozialpädagogischen Handbüchern oder Fachlexika entweder gar nicht auftaucht oder nur als Rechtsperson verstanden wird. Beispielweise finden wir im Fachlexikon der sozialen Arbeit (Dabitz 1993) die Begriffe „Vaterrecht“, „Vaterschaft“, „Vaterschaftsanerkennung“ und „Vaterschaftsprozeß“. Auch beim Begriff der „Vaterschaft“ bezieht sich dieses Fachlexikon nur auf die rechtliche Dimension: „Vaterschaft ist das Rechtsverhältnis zwischen einem Manne und seinem ehelichen oder nichtehelichen Kinde. Die nichteheliche V. setzt die diesbezügliche Feststellung voraus, § 1600a Bürgerliches Gesetzbuch (BGB)“ (Dabitz 1993, 989).

Wenn überhaupt, werden Väter unter dem Begriff der Eltern subsumiert. Ihre spezifischen Interessen, Bedürfnisse und Kompetenzen werden in der Regel nicht berücksichtigt. Dies widerspricht der häufig propagierten Ressourcenorientierung. Das stetige Wachsen von Organisationen und Selbsthilfegruppen für Väter, die im Unterschied zu anderen Selbsthilfegruppen oft keine staatliche finanzielle Förderung erfahren, zeigt den großen Hilfebedarf auf. Es ist eher eine Ausnahme, wenn Väter als wichtige sozialpädagogische Ressource wahrgenommen werden und man sich intensiv darum bemüht, sie systematisch (wieder) in das soziale Geschehen in der Familie mit einzubeziehen. Abwesende oder desinteressierte Väter sollten durch geeignete Maßnahmen dazu angehalten werden, sich um ihre Kinder zu kümmern. Die Qualifikation sowie das professionelle Selbstverständnis des Personals in der Kinder- und Jugendhilfe sollten eine solche Perspektivenerweiterung ermöglichen. Man kann durchaus erwarten, dass Fachkräfte offensiv auf Väter, zumal solche in sozial schwachen Familien, zugehen. Auch aus finanziellen Erwägungen sollte der Institution Jugendamt die Förderung aktiver Vaterschaft am Herzen liegen. Väter mit lebendigem Kontakt zu ihren Kindern kommen ihren Unterhaltszahlungen in der Regel nach. Ganz besonders gilt dies, wenn sie das gemeinsame Sorgerecht mit der Mutter des Kindes haben (Schneider u. a. 2001, 231).

Literatur

Amendt, G. (2004): Scheidungsväter. Institut für Geschlechter- und Generationenforschung, Eigenverlag, Bremen

– (2006): Scheidungsväter. Wie Männer die Trennung von ihren Kindern erleben. Campus, Frankfurt/New York

Balluseck, H. von (1999): Allein und doch zu (mindestens) zweien. Einelternfamilien. In: Dies. (Hrsg.): Familien in Not. Wie kann Sozialarbeit helfen? Lambertus, Freiburg, 125–146

Blesken, K. (1998): Der unerwünschte Vater: zur Psychodynamik der Beziehungsgestaltung nach Trennung und Scheidung. In: Praxis der Kinderpsychologie und Kinderpsychiatrie, Jg. 47, 344–354

Buchholtz-Graf, W., Sgolik, V. (2004): Familien in Trennung und Scheidung nach der Kindschaftsrechtsreform. In: Zentralblatt für Jugendrecht, 91. Jahrgang, Heft 3, 81–88

Bundesministerium für Frauen und Jugend (1994): Kinder- und Jugendhilfegesetz (Achtes Buch Sozialgesetzbuch). Bonn

Bundesministerium für Familie, Senioren, Frauen und Jugend (1998): Handbuch Sozialpädagogische Familienhilfe. 2., überarbeitete Auflage. Kohlhammer, Stuttgart

Dabitz, G. (1993): Fachlexikon der sozialen Arbeit. Deutscher Verein für Öffentliche und Private Fürsorge, Stuttgart

Dorn, D. (2002): Väter in Trennung und Scheidung nach der Kindschaftsrechtsreform. In: Heinrich-Böll-Stiftung (Hrsg.): Vater werden, Vater sein, Vater bleiben. Psychosoziale, rechtliche und politische Rahmenbedingungen. Berlin, 38–45

Figdor, H. (2004): Kinder aus geschiedenen Ehen: Zwischen Trauma und Hoffnung. Psychosozial-Verlag, Gießen

Fthenakis, W. E. (1999): Engagierte Vaterschaft. Die sanfte Revolution in der Familie. Leske und Budrich, Opladen

Fthenakis, W. E., Minsel, B. (2002): Die Rolle des Vaters in der Familie. Schriftenreihe des Bundesministeriums für Familie, Senioren, Frauen und Jugend, Band 213. Kohlhammer, Stuttgart

Grossmann, K., Grossmann, K. (2004): Bindungen. Das Gefüge psychischer Sicherheit. Klett-Cotta, Stuttgart

Helmling, E. (2001): Sozialpädagogische Familienhilfe und andere Formen familienbezogener Hilfen. In: Birtsch, V., Münstermann, K., Trede, W. (Hrsg.): Handbuch Erziehungshilfen. Leitfaden für Ausbildung, Praxis und Forschung. Votum, Münster, 541–571.

LeCamus, J. (2003): Väter. Die Bedeutung des Vaters für die psychische Entwicklung des Kindes. Beltz, Weinheim/Basel

Lohmeier, A. (2004): Väter in der Erziehungsberatung. In: Beratung Aktuell, Heft 3/2004, 174–183

Matzner, M. (1998): Vaterschaft heute. Klischees und soziale Wirklichkeit. Campus, Frankfurt/New York

– (2002): Alleinerziehende Väter. In: Walter, H. (Hrsg.): Männer als Väter. Psycho-Sozial-Verlag, Gießen, 187–218

– (2004): Vaterschaft aus der Sicht von Vätern. VS Verlag, Wiesbaden
– (2005): Väter – eine noch unerschlossene Ressource und Zielgruppe in der Sozialen Arbeit mit Kindern und ihren Familien. In: Neue Praxis. 35. Jg., 6/2005, 587–610
Menne, K., Weber, M. (2000): Beratung in Fragen der Partnerschaft, Trennung und Scheidung. In: Weigel, G., Winkler, M. u. a. (Hrsg.): Kinder- und Jugendhilfe. Kinder in Maßnahmen – verbandliche Stellungnahmen. Leske und Budrich, Opladen, 193–238
Nachmann, S. (1995): Der Vater – ein Gast in der Familientherapie? In: Michelsen, H. (Hrsg.): Über Väter. Skizzen einer wichtigen Beziehung. Matthias-Grünewald-Verlag, Mainz, 113–122
Napp-Peters, A. (1995): Familien nach der Scheidung. Kunstmann, München
Petermann, F., Kusch, M., Niebank, K. (1998): Entwicklungspsychopathologie. Ein Lehrbuch. Beltz, Weinheim
Proksch, R. (2002): Rechtstatsächliche Untersuchung zur Reform des Kindschaftsrechts. Bundesanzeiger, Köln
Rosenthal, G., Sczygiel, C. (1995): Männer in der Erziehungs- und Familienberatung. In: Michelsen, H. (Hrsg.): Über Väter. Skizzen einer wichtigen Beziehung. Matthias-Grünewald-Verlag, Mainz, 103–112
Schneider, N., Krüger, D., Lasch, V., Limmer, R., Matthias-Bleck, H. (2001): Alleinerziehen – Vielfalt und Dynamik einer Lebensform. Schriftenreihe des Bundesministeriums für Familie, Senioren, Frauen und Jugend, Band 199. Kohlhammer, Stuttgart
Schuster, E. (1992): Die weibliche Front gegen den Vater. Kritische Überlegungen zur Gefahr der Ausgrenzung des Vaters in der Sozialpädagogischen Familienhilfe. In: Sozialmagazin, 11(1992), 46–49
Seiffge-Krenke, I. (2004): Väter: Notwendig, überflüssig oder sogar schädlich für die Entwicklung ihrer Kinder? In: Dies.: Psychotherapie und Entwicklungspsychologie. Springer, Berlin/Heidelberg, 195–224
Sozialgesetzbuch (SGB) Achtes Buch (VIII) Kinder- und Jugendhilfe. In: Jugendrecht. 22., überarbeitete Auflage, Stand : 1. Oktober 1998. Beck, München
SINUS-Institut (1998): Die Sinus Milieus und ihre Anwendung. Heidelberg
Statistisches Bundesamt (2003): 11 Jahre Kinder- und Jugendhilfegesetz in Deutschland. Ergebnisse der Kinder- und Jugendhilfestatistiken. Erzieherische Hilfen 1991 bis 2001. Metzler-Poeschel, Stuttgart
– (2004): Statistische Jahrbücher für die Bundesrepublik Deutschland 2003, 2004. Stuttgart
Staub, L., Felder, W. (2004): Scheidung und Kindeswohl. Hans Huber, Bern
Stolk, B. van, Wouters, C. (1987): Frauen im Zwiespalt. Beziehungsprobleme im Wohlfahrtsstaat. Suhrkamp, Frankfurt
Stürmer, D. (2006): Väter fühlen sich von Jugendämtern oft allein gelassen. In: Sozialmagazin, 31. Jg., 9/2006, 28–30
Süddeutsche Zeitung (2004): „Karlsruhe wirft Oberlandesgericht Willkür vor". Seite 1
Walter, H. (2002): Männer als Väter. Sozialwissenschaftliche Theorie und Empirie. Psychosozial-Verlag, Gießen

Werner, E. (1990): Protective factors and individual resilience. In: Meisels, S., Shonkoff, J. (Hrsg.): Handbook of early childhood intervention. Cambridge University Press, Cambridge, 97–116
Wustmann, C. (2004): Von den Stärken der Kinder ausgehen. In: Unsere Jugend, 56. Jg., H. 10, 402–412

Scheidung und Geschlechterarrangement

von Gerhard Amendt

Die Scheidung einer Ehe oder die Auflösung einer nicht-ehelichen Partnerschaft ist für alle Beteiligten eine Quelle schwerer Kränkungen und deshalb in gut der Hälfte aller Fälle Ausgangspunkt für eine konfliktgeladene Zukunft. Die Konfliktträchtigkeit der nachpartnerschaftlichen Zukunft wird individuell wie gesellschaftspolitisch jedoch weitgehend vernachlässigt (Thompson 1999). An die Stelle von Konfliktbewusstsein und eines entwickelten Systems professioneller Hilfen tritt vielmehr die Neigung, die Scheidung allein als einen individuellen Partnerkonflikt zu beschreiben, an dem einer schuldig und der andere unschuldig ist. Das entspricht der Tradition wie den alltäglichen Erfahrungen. Solche Zuschreibungen münden in der Suche nach einem Schuldigen und einem Unschuldigen für die Auflösung einer Ehe oder Partnerschaft. Dabei ist es gerade während der vergangenen 20 bis 25 Jahre üblich geworden, Schuld mit Männlichkeit und Unschuld mit Weiblichkeit zu identifizieren. Diese allgemeine Neigung wurde auch auf den Bereich der Scheidung ausgedehnt.

Als 1977 im Familienrecht die Scheidung nach dem verfehlungsbedingten Schuldprinzip abgeschafft wurde und an dessen Stelle das Zerrüttungsprinzip trat, ging damit die Erwartung einher, dass nach einer Übergangszeit alle Beteiligten in Gesellschaft, Politik und Richteramt darauf verzichten könnten, wie bislang nach einem Schuldigen zu suchen und stattdessen vernünftige Auflösungen gescheiterter Beziehungen treten würden, die *Rosenkriege* überflüssig machen. Diese Hoffnung hat sich in mehr als 50 % aller Fälle nicht erfüllt (Amendt 2004b). Zwar wird davon ausgegangen, dass Paare, die glücklich miteinander sind, diesen erstrebenswerten Zustand nur gemeinsam herbeiführen konnten. Für den unglücklichen Zustand, dem die Beziehung zum Opfer fällt, wird hingegen die Gemeinsamkeit weitgehend aberkannt. Auf diese Weise wird der Weg zur Benennung eines Schuldigen und damit indirekt eines von Schuld freien Anderen weiterhin offen gehalten.

Die Frage nach der Schuld ist insofern bedeutsam, weil sie jenseits von materiellen Interessen – wie dem Abruf gesellschaftlicher Hilfen – Mitleidsbekundungen für den als unschuldig Deklarierten auslöst. Der Anspruch auf Mitleid setzt in aller Regel den Besitz des Opferstatus voraus. Es entsteht somit für das Opfer der Scheidung in Anlehnung an den sekundären Krankheitsgewinn (bei Kindern ist das die Sonderration von Pudding, wenn sie krank sind) ein Anrecht auf Rücksicht und Verständnis. Das wiederum begründet sozialstaatliche Leistungen. Davon kann Tröstung ausgehen, die allerdings immer mit dem Verlust von Autonomie verbunden ist, denn Scheidung ist keine Krankheit, sondern Ausdruck autonomer Lebensgestaltung. Das Recht auf selbstbestimmtes Leben gilt historisch als Überwindung fremdbestimmter Lebensgestaltung – traditionell sind damit die Familienvorstellungen der christlichen Kirchen und deren ethisches Scheidungsverbot gemeint.

Unverkennbar besteht zwischen der Art und Weise, wie die Auflösung von ehelichen oder der Ehe ähnlichen Beziehungen diskutiert wird und dem allgemeinen Diskurs über die Beziehungen der Geschlechter zueinander ein argumentativer Zusammenhang. Generelle Vorurteile und Mythen über Männer, Männlichkeit und Väterlichkeit, wie wir sie aus der feministischen Variante der Frauenbewegung vor allem in der Erscheinung des Verdammungsfeminismus (Amendt 2004a; Pinker 2002, 337 ff; Rave 1991; Turkat 1995) kennen, haben in Politik, Wissenschaft und den Massenmedien auch die Interpretation von Ehescheidungen maßgeblich bestimmt. Das führte dazu, dass die im allgemeinen Genderdiskurs üblich gewordene Polarisierung des Geschlechterarrangements (Dinnerstein 1979) in weibliche Opfer und männliche Täter weitgehend übernommen wurde. Die Ideologie einer Konstitution von gesellschaftlichen Herrschaftsverhältnissen nach dem Prinzip von männlichen Tätern und weiblichen Opfern, die das „Prinzip Patriarchat" hervorbringe, lässt sich deshalb auch in der Scheidungsdebatte als zentraler Mythos benennen (Braver 1998; Amendt 2002). Dieser besagt in etwa, dass Männer sich nach der Scheidung verdrücken, sich das Leben leicht machen, sich junge Frauen suchen, die Exfrau ähnlich einer Witwe unversorgt zurücklassen und ihre Kinder in Armut aussetzen.

Die sozialstaatlich bedingten Risiken für Scheidungskinder, die allerdings mit der von beiden Eltern gemeinsam zu verantwortenden sozialen Deklassierung einhergehen, sind im Wesentlichen davon geprägt, dass der verfügbare Lebensunterhalt an eine blinde Macht – den Vater Staat – delegiert wird und nicht anschaulich mit der Arbeit eines oder beider Elternteile in Verbindung gebracht werden kann (Amendt 2006; Amato 1997). Nicht die Armut ist für Kinder schädlich, sondern die Erfahrung, dass Geld fließt, das nicht der Arbeit einer geliebten Person zugeordnet werden kann, die darin ihre Fürsorglichkeit äußert. Die Identifikation mit Arbeit als Grundlage der Lebenssicherung wird durch die ausbleibende Identifikation geschwächt oder in krassen Fällen weitgehend in Frage gestellt.

Jenseits des verdammungsfeministischen Mythos vom Scheidungsvater (Amendt 2004a), der sich seinen Pflichten entzieht, hat der Mythos allerdings eine viele stärkere, wenn auch oft übersehene Verwurzelung in den Traditionen des Geschlechterarrangements (Dinnerstein 1979). Die unerwartete Nähe von Verdammungsfeminismus – im Gegensatz zur Frauenbewegung – und geschlechterpolitischen Traditionsbeständen, die sich hier auftut, wird abschließend noch einmal betrachtet werden müssen.

Obwohl durch die Beteiligung der Frauen am Arbeitsprozess – aus Interesse oder ökonomischer Notwendigkeit – deren Lage sich wesentlich verändert hat, herrscht in der Scheidungsdebatte eine affektive Erwartung vor, als seien geschiedene Männer für die Bewahrung des gewohnten Lebensstandards trotz Scheidung auch weiterhin zuständig. Vielfach soll die Scheidung die Versorgungserwartung nicht ebenfalls beenden.

Der Mythos von „verantwortungslosen Scheidungsvätern, die Exfrau und Kinder der Armut" vermeintlicherweise aussetzen (Braver 1998; Andreß/Güllner 2001; Andreß/Lohmann 2000; Marquardt 2005) wird durch zwei Tendenzen am Leben erhalten. Die eine schlägt sich in der Scheidungsforschung als Dominanz weiblicher Perspektiven nieder. Die andere hingegen schließt scheidungsväterliche Perspektiven aus der beruflichen Wahrnehmung professioneller Berater und Sozialpädagogen weitgehend aus. Beides stellt den vermeintlichen Wahrheitsgehalt des Mythos nicht in Frage, sondern bringt ihn bestätigend eher noch hervor. Charakteristisch und beispielhaft zugleich für das öffentliche Desinteresse an männlichen Belangen ist das sozialstaatliche Missverhältnis von Beratungsangeboten für Drogenpathologien, Schwangerschaftsabbrüche und Gewaltproblematiken und der Mangel an Beratungsstellen für Scheidungskonflikte; zumal solcher, die ausdrücklich männliche Probleme anerkennen. Eine Interessen von Frauen vorwiegend privilegierende Forschung und Frauen bevorzugende sozialpädagogische Berufspraxis in Jugendämtern haben zudem verhindert, dass sich für die weiter reichenden Auswirkungen von Scheidungen auf Gesellschaft und Kinderwunschentstehung (Schmitt/Winkelmann) 2005) sowie die Elternschaftskultur kein Problembewusstsein entwickeln konnte. Beispielhaft dafür ist ebenso, dass die Scheidung aus kindlicher Perspektive bislang nicht als traumatisierender Verlust von Elterlichkeit wahrgenommen wurde. So wird der elterliche Gewaltaspekt gegenüber den eigenen Kindern trotz einer bereits zwei Jahrzehnte währenden Gewaltdebatte bislang verleugnet (Amendt 2006, 278f). Der Mythos von den bösen Männern und die daraus als Komplementärmythos sich herstellende Einhegung der Frauen in einen Kokon von Friedfertigkeit (Mitscherlich 1978) stehen einer empathischen Orientierung an den Interessen der Kinder entgegen. So zeigt sich, dass die bipolare Sicht auf das Geschlechterarrangement in der Form der „guten Frauen" und der „bösen Männer" nicht nur deren gegenseitige Wahrnehmung erschwert, sondern dass die Geschlechter darüber hinaus nicht mehr als gemeinsam Handelnde gedacht werden dürfen. Für die Veränderung des Geschlechterarrangements ist kein gemeinsamer Raum für Männer und Frauen mehr vorgesehen. Deshalb werden für diese Sicht des Sozialdemokratischen – nicht im Sinne von Parteipolitik – Lösungen vor allem von staatlichen Eingriffen in die private Sphäre erwartet.

Die Vernachlässigung der Scheidung in der Gesellschaftspolitik eröffnet für die Sozialpädagogik andererseits aber ein weitgehend unerschlossenes Berufsfeld, das sich allerdings nur dann erschließen lässt, wenn die Konfliktvermeidung gegenüber persönlich bedrückenden Erfahrungen – statistisch gesehen, geht fast jeder zweite Sozialpädagogikstudent aus einer Scheidungsfamilie hervor – durch entsprechende selbstreflexive Qualifizierungen (Devereux 1984) aufgehoben werden kann. Da das Problembewusstsein für kindliche wie kulturelle Auswirkungen für das Bevölkerungswachstum und die Hervorbringung des Kinderwunsches sich aber zusehends schärft, wird die Sozialpädagogik dabei auf konkurrierende Professionen treffen. Erfolgreich kann Sozialpädagogik in der sich abzeichnenden Konkurrenz deshalb nur sein, wenn sie sich von der traditionellen Verleugnung männlicher und der Bevorzugung weiblicher Konfliktlagen, die die Frau als Opfer idealisieren, als weit verbreiteter Kernideologie sozialer Arbeit befreit. Das setzt voraus, dass das Geschlechterarrangement nicht mehr als polarisiertes Modell von passiven weiblichen Opfern und aktiven männlichen Tätern als Inbegriff „patriarchalischer Herrschaft“ gesehen wird. Stattdessen müssen Geschlechterbeziehungen als eine von unterschiedlichen Herrschaftstechniken und -interessen sowie Herrschaftsbereichen bestimmte Beziehungsanalyse verstanden werden (Amendt 1999, 2006; Dinnerstein 1979; Bauriedl 1998; Bloom 2005). Damit männliche Lebensperspektiven wie deren Verankerung in Kultur, Ethnie, Sozialstatus und Persönlichkeitsstrukturen in Theorie und Praxis der Sozialpädagogik eine methodisch gesicherte Position gewinnen können, soll hier zweierlei exemplarisch versucht werden.

Zum einen soll die teilweise Entmythologisierung von väterlichem Verhalten an Hand neuerer Forschungsergebnisse geleistet werden. Das soll am Teilmythos des väterlichen Beziehungsabbruchs nach der Scheidung gezeigt werden. Dazu werden statistische Daten und Auszüge von Tiefeninterviews aus der Bremer Scheidungsväterstudie herangezogen (Amendt 2004). Zum anderen soll auszugsweise die Psychodynamik von Scheidungspartnern entwickelt werden. Diese Skizzierung ist gewissermaßen der zum gemeinschaftlichen, partnerschaftlichen Handeln unter Mithilfe sozialpädagogischer Professionalität befähigende methodologische Gegenentwurf zum polarisiert vorgestellten Geschlechterarrangement als mächtig-ohnmächtiges Freund-Feindverhältnis mit einem parteilich gegen die Männer agierenden Staat. Die versteckten quasi-biologischen Grundannahmen in der Freund-Feind-Ideologie schließen eine auf Kommunikation, Konfliktlösung und Versöhnung angelegte Bearbeitung aus. Sozialpädagogische *Professionalität* ist unter diesen Voraussetzungen nicht möglich.

Wenn Väter den Kontakt zu ihren Kindern abbrechen

Für Kinder bedeutet die Scheidung, dass sie die Elterlichkeit ihrer Eltern verlieren (Amendt 2006, 287f). Vater wie Mutter können nach der Scheidung nicht mehr vereint, sondern nur noch emotional getrennt als Vater und Mutter auftreten. Selbst wenn sie sich noch vertragen, so sind sie nicht mehr in der Lage, die frühere Elterlichkeit zu praktizieren. Das Ende ihrer Liebesbeziehung ist nämlich zugleich das Ende ihrer Elterlichkeit. Der Elterlichkeitsverlust kann noch dadurch verschärft werden, wenn Männer die Beziehung zu ihren Kindern abbrechen oder Frauen den Kindern die Beziehung zum Vater erschweren. Das gilt in der Umkehr für den Verlust der Mutter gleichermaßen.

Der Mythos will es, dass Väter aus egoistischen Motiven die Beziehung zu ihren Kindern abbrechen, was einer Kindesaussetzung gleichkäme. Nun hat die Bremer Scheidungsväterstudie jedoch das Gegenteil gezeigt. Väter halten trotz großer Schwierigkeiten an der Beziehung zu ihren Kindern fest und sie werfen die Flinte keineswegs fahrlässig ins Korn. Wie Väter sich letztlich verhalten, hängt nicht unerheblich vom Verhalten der Exfrau wie vom eignen Durchhaltevermögen ab. Unabhängig vom Verhalten der Exfrau, gibt es jedoch Väter, die mit dem Ende der Partnerschaft auch die Beziehung zu ihren Kindern beenden. Allerdings haben die meisten Beziehungsabbrüche eine Vorgeschichte, die von den Konflikten der Geschiedenen geprägt ist und von der Funktionalisierung der Kinder für die Kränkung des Anderen ausgeht. Nach unseren Tiefeninterviews kann man davon ausgehen, dass der unvermittelt erscheinende Abbruch der Beziehung zu den Kindern deshalb auf eine heftige und langwierige Vorgeschichte verweist (Amendt 2006, 144f). Der Mythos von der mehr oder weniger generellen kinderfeindlichen Vernachlässigung wird weder durch unsere Forschung noch die von Sanford Braver (1998) bestätigt.

Allerdings wird eine die Beziehung des Vaters zu seinen Kindern erschwerende Psychodynamik von vielen Müttern kurz nach der Scheidung in Bewegung gesetzt (Turkat 1995; Gardner 1987), wenn sie, möglicherweise sogar wohl meinend, die Kinder daran hindern, den Vater nach dessen Auszug weiterhin zu sehen. Sie vermeinen damit wieder Ruhe und Beständigkeit ins Leben der Kinder bringen zu können, weil Besuche beim Vater in dessen neuen Räumlichkeiten die Kinder emotionalen Belastungen aussetzen würden. Solche Art „mütterlicher Fürsorglichkeit" löst Konflikte aus. Da sie weder pädagogisch noch psychologisch begründbar ist, wird man in ihr vielmehr ein Indiz mangelnder Empathie in die kindlichen Bedürfnisse angesichts des Auszugs des Vaters aus der Wohnung erblicken müssen. Andererseits drückt sich darin auch die Selbstüberschätzung mütterlicher Fähigkeiten aus, die meint, kindliches Scheidungselend durch solcherlei Anstrengung kompensieren zu können. Bewusste Entfremdungswünsche gegen den Vater sollen deshalb aber keineswegs ausgeschlossen werden.

Rechtlich gesehen widerspricht die Vaterverdrängung auch der Familienrechtsreform von 1998 (Lipp 1998), die vorschreibt, dass beide Eltern für die Kinder nach der Scheidung verfügbar sein müssen. Eine Priorität des Mütterlichen, wie sie alltäglich und familienpolitisch üblich war, und deshalb noch immer gepflegt wird, gilt seit 1998 offiziell als schädlich für die Kinder. Väter werden diese Art mütterlicher Fürsorge nicht nur als Boykott der Vater-Kind-Beziehung erleben, sondern auch als Zuweisung der Schuld für die Nachscheidungsmisere.

Was mancher Exfrau als Einkehr von Ruhe ins kindliche Leben erscheint, wird von Kindern – abhängig von ihrem Alter – als vorsätzliche Verdrängung des Vaters aus ihrem Leben durch die Mutter erlebt. Wenn sie jedoch diesen mütterlichen Verdrängungsversuch loyal tragen, dann werden sie in ihrer Vorstellungswelt zu Halbwaisen und die Exfrau in der eigenen Fantasie zur alleinerziehenden Mutter, die auf gesellschaftliches Mitleid – eben sekundären Scheidungsgewinn – hofft.

Die beschriebene destruktive „Fürsorglichkeit" setzt unter den Kindern eine äußerst ambivalente Psychodynamik in Gang. Sie fantasieren dann mitunter, sie hätten selber dazu beigetragen, dass die Mutter den Vater verstieß. Sie wähnen sich selbst als schuldig, wenn der Vater ausbleibt. Schlagen sie sich auf die Seite der Mutter, so ist der Verlust des Vaters möglicherweise mit der Fantasie verbunden, ihn unglücklich gemacht oder sogar umgebracht zu haben. Diese Fantasien sind für Kinder umso quälender, wenn ihr Vater zu der großen Gruppe von Männern zählt, die mit der Auflösung der Partnerschaft gesundheitliche Probleme entwickeln (Amendt 2004, 2006, 251 ff; Goeschel 2005).

Familiäre Beziehungen als unauflösbares System

So sehen wir hier bereits, dass jede Handlung eines Elternteils – ganz wie früher – auch im strukturell veränderten System der geschiedenen Familie weiterhin die Kinder beeinflusst. Allerdings wird dieser Vorgang maßgeblich von der verloren gegangenen Elterlichkeit beherrscht. Jede Handlung hat ihre psychodynamischen Auswirkungen, die keinen Systemteilnehmer unberührt lässt. Die Blockierung des Besuchsrechtes durch einen Elternteil erfasst beispielhaft alle Mitglieder der Familie. Ein Verständnis der daraus folgenden Konflikte in Begriffen von Tätern und Opfern ist nicht nur analytisch unangemessen, sondern es verschließt – wie bereits angedeutet – jede Möglichkeit, sich in einer Beziehung zu verändern, ohne diese zu zerstören; diese Begrifflichkeit schließt auch professionelles Handeln aus. Was dem Professionellen in diesem Denken bleibt, ist die Solidarisierung mit einem Familienmitglied gegen ein anderes. Das widerspricht dem Konflikt aufdeckenden Denken professioneller Sozialpädagogen, wie deren praktischer Ethik, die Konflikte zwischen Menschen nicht als irreversible Freund-Feind-Verhältnisse begreift.[1]

Gravierende Ereignisse und folgenreiche Psychodynamiken, die dazu führen, dass Väter den Kontakt zu ihren Kindern abbrechen, können wir auf zwei Ebenen beschreiben. Zum einen anhand statistischer Zahlen, deren Vorteil darin besteht, dass sie die Verbreitung bestimmter Erfahrungen quantifizieren. Zum anderen lassen sich die befragten Väter in Gruppen einteilen, die trotz aller Individualität der Einzelschicksale Gemeinsamkeiten aufweisen. Auffällig ist dabei, dass sich unter Männern nur in beschränktem Maße die Ideologie entwickelt, wie Frauen ein Opfer ohne eigenes Zutun geworden zu sein. Das entspricht dem Geschlechterarrangement, das Männern eine solche vermeintlich passive Rolle nicht zugesteht. Folglich beanspruchen Männer sie auch nicht.

Statistische Daten zum Kontaktabbruch

Anhand ausgewählter Berechungen wollen wir darstellen, aus welchen Faktoren sich Entscheidungen zusammenfügen, die zum Kontaktabbruch führen können. Diesen Berechnungen liegt die Befragung des Instituts für Geschlechter- und Generationenforschung der Universität Bremen von 3.600 (Amendt 2004b) Scheidungsvätern zugrunde. Finanziert wurde die Studie über mehrere Jahre von einem Mäzen.

So zeigt die Studie, dass für fast ein Viertel, nämlich 23,7 % der Befragten die Trennung von der Partnerin auch das Ende der Beziehung zu den Kindern bedeutet. 1,6 % der befragten Väter konnten nur noch telefonisch in Kontakt zu ihren Kindern treten (vgl. Tab. 1). Das kommt einer Beinahe-Kontakteinstellung gleich.

Die Statistik verdeutlicht, dass Väter, die keinen Kontakt mehr zu ihren Kindern haben, im Durchschnitt etwas älter sind, über eine unterdurchschnittliche Bildung verfügen, überdurchschnittlich oft erwerbslos sind und nur ein unterdurchschnittliches Einkommen erzielen. Während nur knapp 10 % der Männer mit regelmäßigem Kontakt über ein Einkommen unter 1.000 Euro verfügen, gehören Männer ohne Kontakt zu gut 20 % der niedrigsten Einkommenskategorie an. Ebenso geben ledige Männer und Geschiedene, die in einer neuen Partnerschaft leben, überdurchschnittlich häufig an, keinen Kontakt mehr zu den Kindern zu haben. Eine neue Partnerschaft einzugehen und ledig zu sein, schwächt offenbar den Wunsch, die Beziehung zu den Kindern aufrecht zu halten; je mehr unterhaltspflichtige Kinder es in dieser Gruppe gibt, umso höher ist das Risiko des Kontaktabbruchs.

Tab. 1: Wie oft haben Sie derzeit noch Kontakt zu Ihren Kindern?

	Anzahl	in Prozent
jedes Wochenende	520	15,6
jedes zweite Wochenende	1328	39,9
einmal im Monat	345	10,4
einmal in drei Monaten	123	3,7
zwei- bis dreimal im Jahr	107	3,2
nur zu besonderen Anlässen	66	2,0
nur telefonischen Kontakt	52	1,6
keinen Kontakt mehr	788	23,7
Gesamt (gültige Angaben)	3329	100

Mehr als die Hälfte der Scheidungsväter ohne Kontakt zu den Kindern trennten sich von ihrer Partnerin vor Inkrafttreten des geänderten Kindschaftsrechts im Jahre 1998 (Lipp 1998). Sie blicken in der Regel auf eine eher lange Partnerschaft zurück. Die Trennung oder Scheidung liegt deutlich länger zurück als bei Befragten mit regelmäßigem bzw. unregelmäßigem Kontakt. Bei 41,4 % der Scheidungsväter ohne Kontakt zu den Kindern lag die Scheidung schon mehr als fünf Jahre zurück. Das Alter der verlassenen Kinder liegt bei Scheidungsvätern, die keinen Kontakt mehr haben, überdurchschnittlich häufig bei über 13 Jahren.

Scheidungsväter, die regelmäßigen und häufigen Kontakt zu ihren Kindern haben, zahlen überdurchschnittlich häufig Unterhalt an ihre Exfrau. Der Zusammenhang von häufigen Besuchen sowie gemeinsam verbrachter Zeit mit den Kindern und andererseits der Zuverlässigkeit der Unterhaltungszahlungen deutet sich hier bereits an. Man kann deshalb vermuten, dass das Problem eingestellter oder unregelmäßiger Unterhaltszahlungen sich wesentlich entschärfen würde, wenn dem väterlichen Wunsch nach alltäglicher Teilhabe am Leben seiner Kinder Rechnung getragen würde. Im Übrigen würde das auch den Wünschen ihrer Kinder entspräche (Braver 1998; Marquardt 2005). Das setzt voraus, dass Exfrauen darauf verzichten, Besuchsregelungen zu ignorieren oder zu manipulieren.

Vor allem Scheidungsväter, die keinen Kontakt zu ihren Kindern mehr haben, gaben im Interview oder im Fragebogen der Expartnerin die alleinige Schuld an den Konflikten. In fast 60 % dieser Fälle wurde die Scheidung von der Frau eingereicht (siehe Tab. 2).

Im Hinblick auf die Abschiedssituation von den Kindern sind die Unterschiede zwischen Scheidungsvätern, die Kontakt zu den Kindern haben,

Tab. 2: Kontakthäufigkeit und wer die Scheidung eingereicht hat

Wer von beiden hat die Scheidung eingereicht?		**Kontakthäufigkeit**			
		regelmäßiger Kontakt	**seltener Kontakt**	**kein Kontakt**	**Gesamt**
Ich	Anzahl	497	162	195	854
	in Prozent	36,2	32,1	33,1	34,6
meine Frau	Anzahl	672	284	352	1308
	in Prozent	48,9	56,2	59,7	53,0
beide gemeinsam	Anzahl	205	59	43	307
	in Prozent	14,9	11,7	7,3	12,4
Anzahl	Gesamt (gültige Antworten)	1374	505	590	2469
Prozente		100,0	100,0	100,0	100,0

und denen, die keinen Kontakt mehr haben, besonders auffällig. Bei fast 70 % der Väter ohne Kontakt teilte die Expartnerin den Kindern mit, dass die Eltern die Absicht haben, sich zu trennen. Zudem verhinderte sie, dass Vater und Kinder sich in angemessener Weise voneinander verabschieden konnten. Zum Abschied von Familie und Kindern äußerten Väter ohne Kontakt überdurchschnittlich häufig, dass sie sich betrogen und hintergangen fühlten.

Männer ohne Kontakt sprechen nach der Trennung mit Freunden, Bekannten und Verwandten vergleichsweise wenig über ihre Probleme. Gespräche, die sie geführt haben, wurden überproportional häufig als wenig hilfreich empfunden. Dazu zählen ganz besonders die Gespräche, die sie mit Mitarbeiterinnen von Jugendämtern führten. Andererseits fällt auf, dass es diese Gruppe von Scheidungsvätern ist, die professionelle Hilfe überdurchschnittlich häufig in Anspruch nimmt. Die Bedingungen der Scheidung werden offenbar nicht nur als besonders leidvoll erlebt, sondern sind der Anlass, fremde Hilfe zu suchen, weil eine selbstständige Konfliktbewältigung für nicht möglich gehalten wird. Als Anlaufstellen werden vor allem Rechtsanwalt und Jugendamt genannt. Diese Gruppe von Männern mit geringem Einkommen und unterdurchschnittlicher Ausbildung sieht im Jugendamt gewissermaßen „die Stelle, zu der man geht, wenn man alleine nicht mehr weiterkommt“. Psychologische Beratung und Psychotherapie scheinen als besonders geeignete Hilfeform hingegen wenig bekannt

Tab. 3: Kontakthäufigkeit nach Inanspruchnahme professioneller Hilfe

Haben Sie während der Trennungsphase professionelle Hilfe gesucht?		**Kontakthäufigkeit**			
		regelmäßiger Kontakt	**seltener Kontakt**	**kein Kontakt**	**Gesamt**
nein	Anzahl	634	275	251	1160
	In Prozent	34,3	43,1	30,0	34,9
ja	Anzahl	1213	363	586	2162
	In Prozent	65,7	56,9	70,0	65,1
Anzahl	Gesamt (gültige Antworten)	1847	638	837	3322
in Prozent		100,0	100,0	100,0	100,0

zu sein. Der Rechtsanwalt ist deshalb derjenige, der die eigenen Probleme „wasserfest" macht. Von Jugendamt wie Rechtsanwalt wird erwartet, dass sie stellvertretend die Angelegenheit „voranbringen oder bereinigen". Eine Problematisierung der eigenen Erlebnis- und Handlungsweisen, wie wir sie bei Scheidungsvätern mit höherer Bildung antreffen, ist in dieser Gruppe eher selten. Das könnte einem Männlichkeitsbild entsprechen, das ein funktionierender Mann alles alleine schafft oder, wenn das nicht der Fall ist, dass er andere sein Problem stellvertretend, wie beim Arzt gewohnt, lösen lässt. Tabelle 3 zeigt auf, wie häufig Scheidungsväter, die professionelle Hilfe in Anspruch nehmen, zu ihren Kindern Kontakt haben.

Scheidungsväter ohne Kontakt zu den Kindern sind auch durchschnittlich häufiger in Vätervereinen (http://www.vaeteraufbruch.de/frankfurt/index.htm) organisiert als Väter mit regelmäßigem bzw. unregelmäßigem Kontakt. Die Solidarität mit einer Gruppe von Männern mit vergleichbaren Problemen scheint eine besonders bevorzugte Form der Selbsthilfe zu sein. Zudem ist es zurzeit noch die einzige, zumal viele Jugendämter Hilfe suchende Männer häufig diskriminieren.

Überdurchschnittlich oft führten Väter ohne Kontakt zu ihren Kindern Auseinandersetzungen wegen des Kindesunterhalts, des Sorge- und vor allem des Umgangsrechts an. Der Verlust der Beziehung zu den Kindern steht in einem signifikanten Verhältnis zur feindselig getönten Nachscheidungssituation der Expartner.

Im Übrigen muss auch die Mutter ihr Verhältnis zu den Kindern neu bestimmen, denn wie der Vater kann sie nur noch als einzelner Elternteil auftreten. Dass sie mit den Kindern weiterhin in der alten Wohnung lebt,

Tab. 4: Kontakthäufigkeit nach Sorgerechtsregelung

Wem wurde das Sorgerecht zugesprochen?		**Kontakthäufigkeit**			
		regel mäßiger Kontakt	**seltener Kontakt**	**kein Kontakt**	**Gesamt**
mir	Anzahl	13	3	9	25
	Spalten-prozente	0,8	0,5	1,2	0,8
meiner Frau	Anzahl	703	368	635	1706
	Spalten-prozente	40,9	62,3	82,0	55,4
uns beiden	Anzahl	1 001	220	130	1351
	Spalten-prozente	58,3	37,2	16,8	43,8
Anzahl	Gesamt (gültige Antworten)	1717	591	774	3082
Spalten-prozente		100,0	100,0	100,0	100,0

scheint die Einsicht in diesen Kontinuitätsbruch allerdings oft zu erschweren. Die Neubestimmung der Beziehung zu den Kindern ergibt sich auch für sie aus der bereits angedeuteten Auflösung der Elterlichkeit (Amendt 2006, 151 ff) und die an ihre Stelle tretende monadische Elternform, die gerne als Alleinerziehen umschrieben wird.

Der bedeutsamste Unterschied zwischen Vätern ohne Kontakt und Vätern mit regelmäßigem oder seltenem Kontakt besteht aber in der Frage des Sorge- und Umgangsrechts.

65,3 % aller Väter, die keinen Kontakt zu ihren Kindern mehr haben, wurde kein Umgangsrecht eingeräumt. Sie dürfen, zumeist dem Begehren ihrer Expartnerin entsprechend, von „Amtswegen" ihre Kinder nicht mehr sehen. Dabei fällt auf, dass erst nach der Scheidung die vermutete mangelhafte Eignung als Vater und damit die Gefährdungen des Interesses der Kinder festgestellt wird. Episodische Evidenz legt in solchen Fällen nahe, dass sich in Jugendämtern eine gegen die Interessen der Kinder gerichtete Privilegierung mütterlicher Vorstellungen vom Leben nach der Scheidung niederschlägt. Der Vater soll aus dem Leben der Kinder verbannt werden. Warum das so ist, kann hier nicht erörtert werden. Scheidungsväter erleben das oft als Diskriminierung, Amts- und Kindesmissbrauch.

Nach der Trennung kam es vor allem bei Scheidungsvätern ohne Kontakt zu zahlreichen Konflikten mit ihrer Exfrau. Diese Männer geben überdurchschnittlich häufig an, dass die Expartnerin die Kinder gegen sie aufhetzt, die Umgangsrechte boykottiert, nicht mehr mit ihnen sprechen will und sich nicht an Scheidungsvereinbarungen wie die Häufigkeit der Besuche, Informationsweitergabe über relevante Ereignisse von Schulverlauf, Krankheit, Einweisungen in eine Klinik etc. hält (Amendt 2006, 33–176). Hier kommt es überdurchschnittlich oft zu gerichtlichen Auseinandersetzungen.

Vergleichsweise viele Scheidungsväter ohne Kontakt sehen sich zudem der Anschuldigung ausgesetzt, ihre Kinder sexuell zu missbrauchen (Amendt 2006, 127f, 247f). Zumeist geschieht das erst im Verlauf des gerichtlich geführten Sorgerechtsstreites. Die väterliche Eignung soll damit in Frage gestellt werden und der Wunsch des Vaters nach Fortführung seiner Beziehung zu den Kindern abgewiesen oder nur unter Aufsicht stattfinden dürfen. Die Anschuldigungen stehen nicht im Widerspruch dazu, dass von Müttern wie Vätern im Zuge der Nachscheidungsrealität regressive Verarbeitungen narzisstischer Kränkungen oder sexueller Einschränkungen stattfinden. Sie können zu einer Sexualisierung der Vater- oder Mutter-Kind-Beziehung in unterschiedlich traumatisierenden Formen führen (Amendt 1999).

Auffälligerweise tauchen Handgreiflichkeitsvorwürfe, eben gewalttätige Übergriffe auf Kinder, im Kontext von Scheidungskonflikten während der gesamten Gewaltdebatte des ausgehenden 20. Jahrhunderts nur ausnahmsweise auf. Der Grund dafür liegt im prinzipiellen Verzicht vor allem weiblicher Gewaltforscher (Hagemann-White 2001; kritisch zu dieser Methodologie: Kelly 2003), handgreifliche Episoden sozialen oder psychischen Kontexten wie Scheidungssituationen mit ihren schweren Kränkungen und reaktiven Aggressionspotentialen zuzuweisen. Der Verstehensverzicht in diesem Zusammenhang ist ideologisch begründet. So wird prinzipiell davon ausgegangen, dass Männlichkeit mit Gewalttätigkeit identisch sei: *„Alle Männer sind Gewalttäter!“* Damit erübrigte sich das Aufsuchen Gewalt begünstigender sozialer wie psychischer Dynamiken. Der Mythos gewalttätiger Männlichkeit machte das empirische und theoretische Aufsuchen von Kontexten überflüssig, da nach dem Mythos männliche Gewalt allgegenwärtig sei. Zugleich wurde damit aber die Perspektive blockiert, nicht nur Scheidungen, sondern jede andere Form gewaltsam-handgreiflicher Episoden, sowohl von Männern wie Frauen gleich welcher Altersstufe (Amendt 2006, 260), als Beziehungsgeschehen zu begreifen. So hat unsere Befragung gezeigt, dass 64,4 % aller Handgreiflichkeiten in Scheidungskonflikten von Frauen begonnen werden, aber nur 14,8 % von Männern. Insgesamt kommt es in einem Drittel aller Scheidungen zu gewalttätigen Episoden. Diese Ergebnisse stellen das triviale Modell von männlichen Tä-

Tab. 5: Handgreiflichkeiten in der Zeit der Scheidung

		Anzahl	In %
Kam es zwischen Ihnen und Ihrer Partnerin zu Handgreiflichkeiten	Nein	1000	68,2 %
	Ja	467	31,8 %
Gesamt		1467	100,0 %
Wer hat begonnen?	Meine Partnerin	304	64,4 %
	Ich	70	14,8 %
	Wir beide	98	20,8 %
Gesamt		472	100,0 %
Wie oft kam es dazu?	Nur einmal	131	29,5 %
	Zweimal	113	25,5 %
	Öfter	200	45,0 %
Gesamt		444	100,0 %

tern und weiblichen Opfern im Scheidungsprozess, sicher dem schwierigsten Kontext von Liebesbeziehungen, in Frage (Williams u. a. 2001).

Der schwerwiegendste Mangel der bisherigen Gewaltforschung besteht darin, dass gewalttätige Episoden zwischen Beziehungspartnern nicht nach Kontexten erforscht wurden, sondern beinahe ausschließlich nach ihrer Häufigkeit und der Art der „Bewaffnung" (Ohrfeige, Faustschlag, Messer, heiße Flüssigkeit, Nudelholz, Besenstil, Tritte etc.).

Werden hingegen die Psychodynamiken von handgreiflichen Paaren untersucht, so fällt bei der Befragung der beteiligten Männer auf, dass sie oft von einer *Verführung zum Schlagen* sprechen. So sei es der Partnerin darum gegangen, sie zum Schlagen zu „stimulieren" – eben „zur Weißglut zu treiben". Viele Scheidungsväter befürchteten demnach, gegen ihren Willen schwach und zu Handgreiflichkeiten verführt zu werden. In den guten Zeiten einer Partnerschaft ist die Verführung in den meisten Fällen ein genussvoller Aspekt des Lebens. In schlechten Zeiten empfinden Männer die Verführung zur Handgreiflichkeit hingegen als einen Versuch, etwas tun zu sollen, das ihnen Selbstachtung und den Respekt ihrer Partnerin nimmt. Im Gegensatz zur Verführung, die kunstvoll und erotisierend die Widerstände des anderen mit dessen schwankender Zustimmung schrittweise außer Kraft setzt, wird in der *provozierenden Verführung* die Aggressivität offen angestachelt. Letztlich geht es dann darum, wer die Selbstbeherrschung verliert und die persönlich wie gesellschaftlich verpönte gewalttätige Handlung begeht und wer dadurch sich als der sprachlichen Verständigung unfähig erweist.

Tab. 6: Anzahl der Handgreiflichkeiten nach Initiator der Handgreiflichkeiten

			Wie oft?			
			nur einmal	**zweimal**	**öfter**	**Gesamt**
Wer hat begonnen?	Meine Partnerin	Anzahl	77	73	136	286
		Spalten %	60,6 %	65,8 %	68,0 %	65,3 %
	Ich	Anzahl	29	18	15	62
		Spalten %	22,8 %	16,2 %	7,5 %	14,2 %
	Wir beide	Anzahl	21	20	49	90
		Spalten %	16,5 %	18,0 %	24,5 %	20,5 %
Gesamt		Anzahl	127	111	200	438
		Spalten %	100,0 %	100,0 %	100,0 %	100,0 %

„Ich glaube, sie hat es bewusst bis zum Äußersten provoziert, um dann am Ende als unschuldige, geschlagene Frau mit reiner Weste dazustehen."

Wenn Scheidungsväter der Verführung erlegen sind und geschlagen haben, dann empfinden sie das als eine Beschämung und als Verlust ihrer Selbstbeherrschung:

„Ich hätte niemals gedacht, dass mich eine Frau so provozieren oder verletzen könnte. Ich habe weder vorher noch nachher jemals eine Frau geschlagen."

Andere wiederum räumen ihre Unfähigkeit zur sprachlichen Verständigung ein, indem sie aus der Situation flüchten oder sich als unerreichbar geben:

„Sie hat blind mit den Fäusten zugeschlagen. Ich habe mich nicht provozieren lassen und bin in solchen Situationen geflüchtet."

„Meine Frau hat mich explizit herausgefordert, provoziert, sie zu schlagen. Ich habe darauf nie entsprechend reagiert."

Einen anderen zur Gewalttätigkeit zu verführen, ist deshalb in gewisser Hinsicht das Gleiche wie die Handgreiflichkeit selber zu begehen. Der Unterschied besteht darin, wie Außenstehende und Beteiligte darauf reagieren. Öffentlich wird zumeist der Schlagende missbilligt, aber nicht derjenige, der dazu verführt hat. Weil das so ist, zeigen viele Männer, die handgreiflich wurden, tiefe Schuld- und Schamgefühle. Andererseits sind sie stolz, wenn sie sich nicht zur Handgreiflichkeit haben verführen lassen. Das zeigt unsere Studie (Für Frauen wurden solche Untersuchungen bislang nicht durchgeführt).

Dabei fällt auf, dass die Handgreiflichkeit auf ebenso großer Nähe zum anderen beruht wie die Provokation, die nur möglich ist, weil der Provozierende weiß, wie er sich den Schwachstellen des anderen „intim nähern" kann. Der Provozierende möchte die Beziehung nicht selber beenden. Das soll der andere tun, der durch die verpönte Handlung sich von der hoch geschätzten Norm der Gewaltlosigkeit verabschiedet.

Und wenn auf der partnerschaftlichen Ebene der hoch besetzte Kontext der sprachlich vermittelten Beziehung außer Kraft gesetzt wird, dann wird verständigungsorientierte Kommunikation auch in anderen Konfliktbereichen des Scheidungsverlauf unwahrscheinlicher. So stimmen über 80 % dieser Väter der Aussage vollkommen zu: „Es ist keine vernünftige Kommunikation zwischen uns möglich". Scheidungsväter mit regelmäßigem Kontakt hingegen stimmen dieser Aussage nur zu 45,7 % zu.

Der Aussage: „Sie macht mir den Umgang mit den Kindern schwer" stimmen 83,6 % der Väter ohne Kontakt voll und ganz zu, aber nur 24,8 % der Scheidungsväter, die regelmäßigen Kontakt zu ihren Kindern haben.

Väter, die keinen Kontakt zu den Kindern mehr haben, sind seltener in der Lage, mit ihrer Expartnerin im gemeinsamen Gespräch Probleme zu besprechen. Je seltener Kontakt zu den Kindern möglich ist, desto häufiger berichten sie von Gefühlen der Machtlosigkeit in den vielgestaltigen Auseinandersetzungen.

Gesundheit und Beziehungen nach der Scheidung

Das Gefühl der Orientierungslosigkeit scheint bei vielen Männern nicht auf die familiären Nachscheidungskonflikte begrenzt zu sein, sondern es scheint ihre gesamte Lebenssituation zu überfluten. So wirkt sich bei Scheidungsvätern, die den Kontakt zu ihren Kindern verloren haben, die Trennung vergleichsweise häufig nachteilig auf Beruf und den allgemeinen Gesundheitszustand aus. Vieles deutet darauf hin, dass das Scheitern der Partnerschaft und das Schwinden der alltäglichen familiären Gemeinsamkeit das Selbstverständnis und den Lebenssinn vieler Männer erschüttern. Von diesem geht aber ganz erheblich die familienintrinsische Motivation zur Erarbeitung des Lebensunterhaltes aus. Gerade in den unteren sozialen Schichten, in denen der Arbeitsprozess wenig Entfaltung und Aufstieg bietet, dürfte die Motivation zur Erhaltung der Familie durch der „eigenen Hände Arbeit" das tragende Element für Disziplin, berufliche Risikobereitschaft wie erfolgreiche Arbeitsperformance sein (Bundesministerium 2005). Der Wegfall der Familie wirkt sich, mehr als in den Mittelschichten, deshalb destabilisierend aus. So geben überproportional viele Väter ohne Kontakt zu ihren Kindern an, im Zuge der Trennung den Arbeitsplatz gewechselt zu haben oder sogar gekündigt worden zu sein. Sie leiden ebenso überdurchschnittlich häufig an ständigen psychischen oder somatischen Beschwerden.

Hier zeigt sich abermals, dass eingeschränkter sozialer und psychischer Kontakt zu den Kindern und letztlich die Verarmung der Beziehung besonders die Lebenssituation von Männern aus den unteren Sozialschichten be-

Tab. 7: Kontakthäufigkeit und Empfindungen zur ehemaligen Partnerin (Mehrfachantworten möglich)

Was empfinden Sie heute noch für Ihre ehemalige Partnerin?	**Kontakthäufigkeit**				
	regelmäßiger Kontakt (n = 1753)	**seltener Kontakt (n = 614)**	**kein Kontakt (n = 783)**	**Gesamt (n = 3150) (gültige Antworten)**	
	In %	**In %**	**In %**	**Anzahl**	**In %**
Ich liebe sie immer noch.	18,5	21,7	30,5	697	22,1
Sie ist mir völlig gleichgültig.	34,7	40,4	44,1	1201	38,1
Ich bin froh, sie los zu sein.	41,0	38,6	29,4	1186	37,7
Ich wünsche ihr, dass sie glücklich wird.	20,2	19,4	8,2	537	17,0
Ich bin eifersüchtig auf ihre neue Beziehung.	11,0	7,5	6,6	290	9,2
Ich bin eifersüchtig, weil sie die Kinder hat.	29,5	23,0	26,8	868	27,6
Ich fühle mich machtlos ihr gegenüber.	24,2	23,9	29,8	804	25,5
Ich empfinde ihr gegenüber nur Aggressionen.	11,9	15,6	22,5	481	15,3
Ich hasse sie.	17,9	21,7	24,5	639	20,3

einträchtigt. (In den Mittelschichten sind die Abläufe anders.) Die Situation wird mit der einsetzenden Verarmung durch Scheidung verschärft, zumal ihre Chancen am Heiratsmarkt sinken, ein zweites Mal von einer Frau attraktiv genug für eine Ehe und gemeinsame Kinder befunden zu werden. Die materielle Attraktivität des Mannes in einer Kultur des Geschlechterarrangements mit stark polarisierten Rollenverständnissen macht geschiedene Männer materiell eher unattraktiv. Die Aussichtslosigkeit hängt mit der in den Unterschichten noch stark ausgeprägten Arbeitsteilung zusammen. Sie sieht die Außenwelt als alleinige Sphäre der Bewährung von Männlichkeit und Väterlichkeit vor. Frauen erwächst bei gleicher Ausschließlichkeit eine vergleichbar zwingende Bewährungserwartung aus dem familiären Bereich zu. Das entspricht weitgehend den gegenseitigen Erwartungen im Arrangement der Geschlechter. Es beruht auf tradierter Übereinstimmung und gewährt beiden Herrschaftsansprüche gegeneinander auf Grund des jeweils beherrschten Lebensbereichs.

Eine wichtige Erkenntnis der Befragung ist der Zusammenhang, der zwischen unterlassener Unterhaltszahlung und der Häufigkeit des Kontakts zu den Kindern besteht. So zahlen Väter mit regelmäßigem/häufigem Kontakt überdurchschnittlich häufig nicht, weil die Kosten des Umgangs – etwa Reisekosten, Hotel, Verpflegung – mit den Kindern sonst für sie nicht finanzierbar sind (31,8 %) und/oder sie sowieso schon zu viel Unterhalt gezahlt hätten (15,5 %). Scheidungsväter ohne Kontakt zahlen überdurchschnittlich häufig nicht, weil sie die Kinder nicht sehen dürften (46,7 %) und/oder der Unterhalt grundsätzlich zu hoch sei (39,6 %).

Vor allem bei Scheidungsvätern, die keinen Kontakt zu ihren Kindern mehr haben, bestehen noch heftige emotionale Bindungen gegenüber der Expartnerin (siehe Tab. 5).

Die individuelle Sicht auf das Beziehungsende

Bei vielen Männern stellt sich mit der Scheidung das bedrückende, wenn nicht sogar beschämende Gefühl ein, gescheitert zu sein. Was früher selbstverständlich war, als Vater geliebt und geachtet zu werden, soll nach der Scheidung nicht mehr gelten. Deshalb scheinen einige Scheidungsväter es vorzuziehen, ganz auf den Kontakt mit den Kindern zu verzichten, anstatt als machtlos, hilflos, unerwünscht und als Spielball der Exfrau zu erscheinen. In einer Reihe von Fällen werden diese Scheidungsväter von der Mutter als unmännlich, kastriert, unwert und für die Kinder überflüssig dargestellt. Sie erleben das nicht nur als niederschmetternde Abwertung, die ihr Selbstwertgefühl verletzt und ihre väterliche Autorität untergräbt, sondern ebenso als Aberkennung ihrer Bedeutung für die Familie während der guten alten Zeit. Manchmal scheinen sie zu glauben, dass ein Kontaktabbruch zu den Kindern das Bild des selbstbewussten Vaters eher zu hinterlassen vermag, als sich ihnen entwürdigt und rechtlos gegenüber Expartnerin, Jugendämtern, Gerichten etc. zu zeigen. So sehr narzisstische Kränkungen nachvollziehbar sind, so werden Kinder die väterliche Reaktion darauf nicht akzeptieren. Ein empathisches Verständnis und die Rücksichten, die Erwachsene darauf nehmen, können von Kindern auf Grund ihrer kulturtypischen Befreiung von den Anforderungen an die Erwachsenen nicht erwartet werden. Wenn das trotzdem geschieht, dann ist das missbräuchlich und eine Quelle von psychischer Pathologisierung (Amendt 1999). Den Rückzug von Vätern erleben Kinder als Enttäuschung, weil er sie in einer äußerst brisanten Situation allein der Mutter überlassen hat (Amendt 2006, 287f).

Hinter jedem Kontaktabbruch stehen persönliche Erfahrungen. Mitunter ist es die uneingeschränkte Macht der Mutter über die Kinder, an der Männer scheitern; mitunter ist es bloß die eigene Fantasie, die die Exfrau als übermächtig erscheinen lässt.

Unsere Tiefeninterviews mit Scheidungsvätern haben in Streitfällen deutlich gemacht, dass die Einigung über Besuche und deren Häufigkeit weniger in sorgsamer Abwägung der Vor- und Nachteile für die Kinder erfolgt sind. Es scheint in der Tat vielmehr so zu sein, dass Exfrauen ihre Beziehung zu den Kindern – noch nachdrücklicher als in guten Zeiten – der väterlichen überlegen erachten. Dieser Selbstüberschätzung liegt eine Verwechselung der in 85 % von den Müttern im Alltag erbrachten Leistungen mit den Wünschen der Kinder zugrunde. Nicht selten enthält dieses Bewusstsein die Vorstellung, dass die Finanzierung der Scheidungsfamilie durch die väterliche Arbeit keine liebevolle Tätigkeit sei, sondern eine Selbstverständlichkeit. Väter erleben ihre Arbeit selber – wie bereits angedeutet – als sinnstiftend und Teil ihrer alltäglichen Verantwortung für Frau und Kind. Wird von Ehefrauen diese Tätigkeit nicht als Sorge und Verantwortung anerkannt, so verdichtet sich bei ihnen schnell der Eindruck, sie würden von ihren Exfrauen oder Ex-Lebenspartnerinnen nachträglich für die Scheidung bestraft. Unter den vielfältigen Reaktionen auf Nachscheidungskonflikte haben wir mehrere Typen qualitativ identifiziert, wie Scheidungsväter ihr Verhältnis zu ihren Kindern begründen.

Reaktionen auf die Väterlichkeitseinschränkung

1. Heroischer Verzicht dem Kind zuliebe

Scheidungsväter beschreiben die Situation nach der Scheidung oftmals als so verfahren, dass sie lieber auf ihr Kind verzichten als mit ansehen zu müssen, wie es als Waffe gegen sie selber eingesetzt wird. Sie wollen ihren Kindern noch schlimmere Erfahrungen ersparen.

> „Die Mutter hat versucht, mich aus dem Leben meiner Kinder zu entfernen, und sie hat das zum schlimmen Ende sogar geschafft. Mir ist aber das Wohl meiner Kinder lieber als mein Recht auf Umgang. Meinen Kindern geht es jetzt gut, auf jeden Fall besser, als wenn ich auf dem Umgang bestanden hätte."

Manchen scheint der Verlust der Väterlichkeit so schwer zu fallen, dass sie eine Entscheidung vermeiden. Stattdessen verkehren sie ihren Beziehungsabbruch zu einer autonomen Entscheidung ihrer Kinder. Die Kinder wollten es so und deren Wille soll deshalb geschehen. Beispielhaft meint Herr Ohlegg:

> „Ich kann mir nicht vorstellen, dass die Kinder in so einem verhexten Klima etwas von der Beziehung zu ihrem Vater haben. Ich glaube vielmehr, dass die Kinder unbeschwerter ohne mich leben und aufwachsen können."

> **Herr Lange:** „Die Mutter verbot mir mit Unterstützung von Jugendamt und Familiengericht grundlos den Kontakt. Mittlerweile musste sie einen Grund für ihre Umgangsverweigerung angeben, aber der Junge kennt mich in der Zwischenzeit gar nicht mehr. Bei meinem letzten Kontakt war er 15 Monate alt, jetzt ist er 11 Jahre. Würde ich den Kontakt aufleben lassen, so würde ihm der hauptsächlich seelische Konflikte bringen. Zumindest nichts Gutes oder nur wenig an Vorteilen."

> **Herr Stein:** „Trotz einer eindeutigen Besuchsrechtsregelung (...) sind die Besuche von meiner geschiedenen Frau unterbunden worden. Die Gutachterin hatte meine Besuche sehr positiv beurteilt, aber empfohlen, der Mutter etwas Zeit zu geben, (...) Meine wiederholte Nachfrage, ob denn Besuche nicht wieder möglich sein könnten, wurde jedes Mal zurückgewiesen: Meine Tochter könne die Besuche nicht verkraften und wünscht sie auch nicht. Daraus wurde dann ein Dauerzustand (...) Ich gab auf."

2. Als Vater nicht ausreichend gut

Manche Männer verzichten auf den Kontakt mit ihrem Kind, weil sie meinen, für das Kind nicht ausreichend gut zu sein. Sie vermitteln den Eindruck mit ihrer boykottierenden Expartnerin nicht zu Recht zu kommen. Sie sind verstrickt in Schuld- und Schamgefühle, in Schuldzuweisungen und Versuchen sich Vorwürfen zu entziehen. Sie beschreiben sich als *minderwertige Väter*.

> **Herr Schreber:** „Die Trennungssituation und die Schwierigkeiten, die meine Exfrau bereitete, und unbegründete Parteinahmen des Jugendamtes endeten in einem Selbstmordversuch. Daraufhin sah ich nach 12 Monaten nur noch die Möglichkeit, den Kontakt zu meinen Kindern abzubrechen."

> **Herr Tobler:** „Es ist so deprimierend, meinen Sohn nur stundenweise zu sehen. Die Schuldgefühle, nicht stark genug gewesen zu sein und für ihn das Beste getan zu haben, nämlich als sein Vater versagt zu haben, das treibt mich an den Rand der Verzweiflung. Es ist besser, ihn unter den Umständen nicht zu sehen."

3. Das Kind wollte mich nicht mehr sehen

Auch Scheidungsväter, die angeben, dass ihr Kind sie nicht mehr besuchen wollte, entziehen sich wichtigen Auseinandersetzungen. Sie scheinen das Beziehungsgefüge nicht wahrzunehmen, in dem sie einen Part spielen. Denn was sie unterlassen, hat in jedem Fall Konsequenzen. Weil hier die Kränkungen durch die Exfrau in den Mittelpunkt gerückt sind, werden die kindlichen Wünsche vernachlässigt. Diese Väter sind so sehr mit ihren Machtkämpfen beschäftigt, dass sie ihre Kinder nicht mehr als eigenständige Akteure wahrnehmen.

> **Herr Meister:** „Ich habe wegen der eintretenden Entfremdung den Kontakt abgebrochen. Anfänglich, als die Kinder kleiner waren, habe ich die Treffen hauptsächlich mit Spielen ausgefüllt. Als sie heranwuchsen, stellten sich immer mehr Probleme im Zusammenleben wie in der Schule ein. Diesen Problemen konnte ich nicht mehr begegnen, ich war hilflos, da sich die Kinder abschotteten."

> **Herr Bregenzer:** „Trotz mehrmaliger Telefonate kommt mein Kind mich nicht besuchen, obwohl wir in demselben Ort wie seine Freundin wohnen – nämlich bei mir um die Ecke. Damit ist der Kontakt zum Kind zu Ende."

> **Herr Schreiner:** „Die Kinder wurden unter erheblichen psychischen Stress gesetzt. Eine Entscheidung für den Papa bedeutet, gegen die Mama zu sein, und gegen den Papa bedeutet für die Mama zu sein. Das hat zwei der Kinder überfordert und sie haben sich gegen mich entschieden."

> **Herr Frey:** „Ihre Mutter unterbindet den Kontakt mit allen Kräften. An einem Umgangsrecht, das mir alle 14 Tage ein ‚Besichtigungsrecht' meiner Kinder einräumt, daran habe ich wirklich kein Interesse. Ich kann die ganze seelische Belastung, die damit verbunden ist, nicht so ohne Weiteres wegstecken. Und längere Umgangsmöglichkeiten während der Ferien werden von der Mutter ausnahmslos blockiert. Das war das Ende des Kontaktes."

4. Der trotzige Vater

Diesen Scheidungsvätern scheint Trotz die letzte Möglichkeit zu sein, nicht völlig in einer verfahrenen Situation unterzugehen.

Exemplarisch für diese Problematik ist Herr Dehmel, der erklärt: „Wenn die Besuche nicht nach meiner Vorstellung ablaufen, dann sehen die Kinder ihren Vater nicht mehr und schlimmstenfalls verlieren sie ihn sogar ganz." Die Schlussfolgerung ist: Sie verlieren den Vater durch die Mutwilligkeit der Mutter! Oder aus tiefer Kränkung: „Jetzt sind die Kinder alt genug, um zu mir zu kommen und sich für mich zu entscheiden." Statt Vater zu sein, lässt er sich die Vaterschaft von seinen Kindern zurückgeben.

> **Herr Elbe:** „Seit März 2002 macht die Mutter, die früher die Kinder zu meinem Wohnsitz gebracht und geholt hat, den Umgang von der Kindesübergabe an ihrem eigenen Wohnsitz abhängig. Das verweigere ich, weil es bei der letzten Übergabe dort zu Tätlichkeiten zwischen mir und dem Großvater mütterlicherseits kam. Meine Tochter musste das auf meinem Arm miterleben."

> **Herr Schlegel:** „Ich habe 1999 den Kontakt zu den Kindern abgebrochen. Ich bin der Auffassung, dass die Kinder aus meiner Sicht alt genug sind, um mit dem Zug zu mir zu fahren. Jeder Versuch meinerseits, mich den Kindern zu nähern, wird von der Mutter mit Psychoterror gegen die Kinder beantwortet."

5. Die Heimkehr der verloren gegangenen Kinder

Hier berichten Väter von Konstellationen, in denen die Kinder gegen die Machenschaften ihrer Mutter aufbegehren und zum Vater wieder zurückkehren. Die Väter sind darauf besonders stolz. Sie selbst hatten den Kampf bereits verloren gegeben. Mit ihrem Verzicht auf die Beziehung überließen sie den aktiven Part den Kindern. Dass die Kinder wieder auftauchen, bedeutet für Scheidungsväter zweierlei. Sie fühlen sich in ihrer Behauptung bestätigt, wonach die Mutter den Kindern den Umgang „vermiest" hat, aber an den Kindern gescheitert ist. Zum anderen ist die Heimkehr der Kinder eine Art wiedergutmachender Anerkennung.

> **Herr Streicher:** „Den Kontakt hatte ich 1998 zu meinem Sohn vorübergehend verloren. Insofern ist der Kontakt eigentlich nicht richtig abgebrochen. Der Grund dafür war damals, dass meine Frau durchgesetzt hat, dass Kontakte nur stattfinden, wenn es mein Sohn auch wünscht. Er hat dann nach zwei Jahren von sich aus zu mir zurückgefunden."

> **Herr Specht:** „Meine Exfrau hat die Kinder genötigt, den Kontakt abzubrechen. Nach der Volljährigkeit haben zwei meiner Kinder den Kontakt wieder zu mir aufgenommen."

Wie gegensätzlich trotz der Familienrechtsänderung (1998) die Bedeutung von Vater und Mutter in der Gesellschaft wahrgenommen wird, demonstriert folgendes. Man stelle sich vor, ein Vater würde seine Kinder nur zur Mutter lassen, wenn sie dies selber wünschen. Die erste Antwort wird sein: „Warum, um Himmels willen, sollte ein Kind seine Mutter nicht sehen wollen?"

Eine professionelle Öffnung der Sozialarbeit für eine an Beziehungsbewahrung orientierte Arbeit mit Geschiedenen oder getrennt Lebenden und deren Kindern setzt offenbar die systematische Bearbeitung von Scheidungserfahrungen oder Beobachtungen im Familien oder Freundeskreis voraus; und nicht nur den gerade benannten eklatanten Widerspruch. Der Verzicht auf Selbsterfahrung macht die unbefangene Wahrnehmung von widerstreitenden Erfahrungen schwer, wenn nicht sogar unmöglich. Aber vielleicht sind es diese Schwierigkeiten, die erklären, dass bislang Scheidungsproblematiken in der Sozialarbeit eine ihrer sozialpolitischen Bedeutung entsprechende Aufmerksamkeit noch nicht geschenkt wurde.

Anmerkung

1 Siehe hierzu den Versuch im letzten Jahrhundert in Frauenhäusern aus einer vorbehaltlosen Solidarität mit „weiblichen Opfern männlicher Gewalt" eine „parteiliche Therapie" zu begründen. Damit war den Helfern nicht nur das komplexe Verständnis von Gewaltdynamiken entgangen, sondern sie missbrauchten die Frauen ein weiteres Mal, indem sie sie zur Übernahme der ideologischen Interpretation des Gewaltgeschehens aus der Sicht ihrer wohlmeinenden Helferinnen zwangen. Ähnlich sadistisch und retraumatisierend verfährt auch „männlich-parteiliche Therapie" (Böhnisch 2001, 55).

Literatur

Amato, P. (1997): More than money? Men's contributions to their children's lives. In: Booth, A., Crouter, A. (Hrsg.): Men in families: When do they get involved? What difference does it make? Erlbaum, Mahwah/New Jersey/New York, 241–278

Amendt, G. (1999): Vatersehnsucht. Institut für Geschlechter- und Generationenforschung (IGG), Universität Bremen, Bd. 7

– (2002): Genderized Power. Männliche Passivität und weibliche Aktivität. In: texte – psychoanalyse. ästhetik. kulturkritik, 22/1, 13–30

– (2004a): Über die These von der Verdammnis durch die Frauen. In: Das Parlament, Nr. 46, 08.11.2004

– (2004b): Scheidungsväter – Forschungsbericht, Download: wwww.igg.uni-bremen.de

– (2006): Scheidungsväter. Wie Männer die Trennung von ihren Kindern erleben. Campus, Frankfurt/New York

Andreß, H., Lohmann, H. (2000): Die wirtschaftlichen Folgen von Trennung und Scheidung. Band 180 der Schriftenreihe des Bundesministeriums für Familie, Senioren, Frauen und Jugend. Kohlhammer, Stuttgart

Andreß, H., Güllner, M. (2001): Scheidung als Armutsrisiko. In: Barlösius, E., Ludwig-Mayerhofer, W. (Hrsg.): Die Armut der Gesellschaft. Leske und Budrich, Opladen, 169–197

Bauriedl, T. (1998): Beziehungsanalyse. Suhrkamp, Frankfurt/M.
Bloom, D. (2005): Laura Perls: The Aesthetic of Commitment. In: Gestalttherapie, 19. Jg., Heft 2, 14–28
Böhnisch, L. (2001): Männlichkeiten und Geschlechterbeziehungen – Ein männertheoretischer Durchgang. In: Brückner, M., Böhnisch, L. (Hrsg.): Geschlechterverhältnisse. Juventa, Weinheim/München, 39–118
Braver, S. (1998): Divorced Dads. Shattering the Myths. Jeremy Parcher/Putnam, New York
Bundesministerium für Soziale Sicherheit, Generationen und Konsumentenschutz (2005): Positive Väterlichkeit und männliche Identität. Wien
Devereux, G. (1984): Angst und Methode in den Verhaltenswissenschaften. Suhrkamp, Frankfurt/M.
Dinnerstein, D. (1979): Das Arrangement der Geschlechter. Deutsche Verlagsanstalt, Stuttgart
Gardner, R. (1987): The Parental Alienation Syndrome and the Differentation Between Fabricated and Genuine Child Sex Abuse. Creative Therapeutics, New Jersey
Goeschel, A. (2005): Trennung und Scheidung als Gesundheitsrisiko für die Männer in den Regionen Deutschlands: Überlegungen zu einer Präventivstrategie. Beitrag zum 11. Kongress Armut und Gesundheit, November 2005
Hagemann-White, C. (2001): European Research on the Prevalence of Violence Against Women. In: Violence Against Women, 7/7, 732–759
Kelly, L. (2003): Disabusing the Definition of Domestic Abuse: How Women Batter Men and the Role of the Feminist State. In: Florida State University Law Review, 30, 791–855
Lipp, M. (1998): Das elterliche Sorgerecht für das nichteheliche Kind nach dem Kindschaftsrechtsreformgesetz. In: Zeitschrift für das gesamte Familienrecht, 66
Marquardt, E. (2005): Between Two Worlds. The Inner Lives of Children of Divorce. Crown Publishers, New York
Mitscherlich, M. (1978): Die friedfertige Frau. Eine psychoanalytische Untersuchung zur Aggression der Geschlechter. Fischer Verlag, Frankfurt/M.
Pinker, S. (2002): The Blank Slate: the Modern Denial of Human Nature. Viking, New York
Rave, M. (1991): Befreiungsstrategien. Der Mann als Feindbild in der feministischen Literatur. Kleine, Bielefeld
Thompson, R., Amato, P. (Eds.): The Postdivorce Family. Children, Parenting, and Society. Sage, Thousand Oaks/ California
Turkat, I. (1995): Divorce-Related Malicious Mother Syndrome. In: Journal of Familiy Violence, 10/3, 253–264
Schmitt, C., Winkelmann, U. (2005): Wer bleibt kinderlos? Sozialstrukturelle Daten zur Kinderlosigkeit von Männern und Frauen. DIW – Discussion Papers 473, Berlin
Williams, J., Kennedy, C., Braver, S., Griffin, W. (2001): Matched Reports of Domestic Violence Among the Recently Divorced, Ariziona State University, unveröffentlichtes Manuskript.
Väteraufbruch: http://www.vaeteraufbruch.de/frankfurt/index.htm (9.2.2007)

Männlichkeit und Soziale Arbeit im Kontext der Migration

von Ahmet Toprak

Männliche Migranten, und dabei in erster Linie jugendliche mit muslimischem Hintergrund, sind in den letzten Monaten verstärkt ins Visier der Öffentlichkeit gerückt. Durch den Hilferuf der Berliner Rütli-Schule wurden Politik und Öffentlichkeit aufgerüttelt, weil die Kinder und Jugendlichen (vor allem die männlich-muslimischen) mit ihrem Verhalten die Lehrkräfte zur Aufgabe gezwungen haben. Die Fachkräfte scheinen mit ihrem „pädagogischen Latein" am Ende zu sein, da sich diese Migranten auf die Besonderheit ihrer kulturellen Identität – und hier insbesondere auf den Wert der Ehre – berufen. Aus diesem aktuellen Anlass wird sich dieser Beitrag schwerpunktmäßig den Migranten widmen, die einen muslimischen Hintergrund haben; je nach Kontext werden auch die Aussiedler miteinbezogen. Der Bedarf an Information und Hintergrundwissen bei pädagogischen Fachkräften über diese Zielgruppen scheint groß zu sein.

Zunächst wird ein kurzer Rückblick über die Migrantenentwicklung gegeben und der Forschungsstand im Allgemeinen dargelegt. Im Hauptteil sollen die Sozialisationsbedingungen und Männlichkeitskonzepte der Migranten und deren öffentliches Bild beleuchtet werden. Die geschlechtsspezifischen Ansätze und die Konsequenzen für das weitere Vorgehen in der Sozialen Arbeit runden diesen Beitrag ab.

Migranten in Deutschland – ein Rückblick

Ab Mitte der 50er Jahre wurden zwischen der Bundesrepublik und Staaten wie Italien, Spanien, Portugal, Griechenland, Marokko, Tunesien, Ex-Jugoslawien und der Türkei Anwerbeverträge unterschrieben, da der Bedarf an Arbeitskräften auf dem deutschen Arbeitsmarkt durch inländische Arbeitskräfte nicht mehr gedeckt werden konnte (Firat 1996, 36). Der erste Vertrag wurde am 20.12.1955 zwischen Italien und Deutschland abgeschlossen. Die ersten „Gastarbeiter", die ohne Kinder und Familien nach Deutschland kamen, wurden meist in Wohnheimen und Sammellagern untergebracht. Die Bewohner wurden nach Geschlecht getrennt und lebten in unsoliden, überfüllten und überteuerten Unterkünften (Borris 1974, 134). Anfang der 1970er Jahre war der überwiegende Teil der Arbeitnehmer männlich und verheiratet (Borris 1974, 17). Der Wendepunkt der Anwerbung von ausländischen Arbeitnehmern war das Jahr 1973, als die Bundesrepublik aufgrund der Wirtschaftskrise einen Anwerbestopp verhängte, davon ausgenommen war der Nachzug enger Familienangehöriger (Ehepartner und Kinder unter 18 Jahren) der bereits in Deutschland tätigen Arbeitnehmer im Rahmen der Familienzusammenführung (Firat 1996, 37). Ziel war es, einerseits den Vorrang des nationalen Arbeitsmarktes sicherzustellen und andererseits einen Wendepunkt in der staatlichen Ausländerpolitik zu markieren, denn der Anwerbestopp war von Anfang an auf Dauer angelegt. Ein Blick auf die Entwicklung der Migrantenbevölkerung von September 1973 bis September 1975 zeigt folgendes Bild: Die Migrantenbeschäftigung ist um 23,1 % zurückgegangen, die Zahl der Migrantenbevölkerung zwischen null und 15 Jahren hat um 34,0 % und die Zahl der weiblichen Migranten über 25 Jahren um 7,9 % zugenommen; die Zahl der männlichen Migranten über 25 Jahre hat um 11,5 % abgenommen (Borris 1974, 356). Der Anwerbestopp hat neben den wirtschaftlichen Auswirkungen eine wichtige gesellschaftliche Dimension, nämlich dass die Männer ihre Frauen und Kinder nach Deutschland brachten, weil sie sich für einen dauerhaften Aufenthalt entschieden hatten.

Die Zahl der Jugendlichen mit Migrationshintergrund steigt seit dem Anwerbestopp von 1973 kontinuierlich. Seit Mitte der 90er Jahre ist die Erfassung der Jugendlichen mit Migrationshintergrund schwieriger geworden, weil durch die Einbürgerung viele Migranten als Deutsche erfasst werden. Die Aussiedler und deren Familien werden statistisch nicht als Migranten geführt. Zum Stichtag des 31.12.2003 lebten 7.334.765 Menschen in Deutschland, die keinen deutschen Pass besaßen. 26,0 % davon bzw. 1,88 Millionen Menschen hatten einen türkischen Pass; ca. 600.000 türkische Einbürgerungen müssen hinzugerechnet werden. Laut Statistik stellen Italiener die zweitgrößte Gruppierung, nämlich 601.258 oder 8,2 %, gefolgt von Serbien und Montenegro mit 568.240 oder 7,7 %. Überdurchschnittlich hoch ist der Anteil der unter 25-Jährigen bei den türkischen Staatsangehörigen mit 38,3 % und bei den Serben und Montenegrinern mit 35,2 %. Auffallend bei allen drei Gruppierungen ist der Männerüberschuss: Bei der italienischen Bevölkerung sind 59 % männlich, bei den Türken sowie Serben und Montenegrinern 54 % (www.integrationsbeauftragte.de, zuletzt abgerufen am 17.06.2006).

Forschungsstand Migration und Gender

Da Kinder, Jugendliche und Familien mit Migrationshintergrund seit Mitte der 1970er Jahre in allen Bereichen der Gesellschaft präsent sind, hat sich die sozialwissenschaftliche Forschung des Themas angenommen, und es wurden zahlreiche Studien über Migranten veröffentlicht. Die ersten Veröffentlichungen waren geprägt von einer allgemeinen Situationsbeschreibung der einzelnen Volksgruppen, wie z. B. der Sammelband „Ausländische Kinder", herausgegeben im Jahre 1977 von Boos-Nünning und Hohmann, oder es erfolgte eine allgemeine Beschreibung der Kinder und Jugendlichen, ohne eine bestimmte Volksgruppe hervorzuheben. Dazu zählt die erste ausführliche Bestandsaufnahme über die Sozialisation ausländischer Kinder, die Schrader u. a. 1976 vorgelegt haben. Die erste Studie, die sich explizit einem der Geschlechter zuwandte, war das Buch von Baumgartner-Karabak und Landesberger „Die verkauften Bräute" (1978) über die türkischen Frauen in Berlin-Kreuzberg. In der Literatur wurde das männliche Geschlecht erst Anfang der 1980er Jahre von Schiffauer entdeckt, als er in seiner ethnografisch angelegten Studie „Die Gewalt der Ehre" (1983) eben diese bei türkischen Jugendlichen untersucht hat. Seit es den Aspekt der Geschlechterforschung in der Migrationsliteratur gibt, wird allerdings auch stark nach den Herkunftsländern unterschieden. Während bis Anfang der 1990er Jahre der vor allem Türken, Italiener, Griechen und Jugoslawen das Forschungsinteresse fanden, werden seit Mitte der 1990er Jahre verstärkt die Aussiedler untersucht, da sie inzwischen zu den drei größten Migrantengruppen gehören. Eine Studie über die wichtigsten Migrantengruppierungen, die die Mädchen in den Mittelpunkt stellt, wurde 2005 von Boos-Nünning und Karakasoglu unter dem Titel „Viele Welten leben" vorgelegt. Bis dahin existierten einzelne, qualitativ angelegte Studien, meistens Diplom- oder Doktorarbeiten über einzelne Volksgruppen; exemplarisch nenne ich zwei Titel: „Auf allen Stühlen" (Otyakmaz 1995) und „Bildung, Autonomie, Tradition und Migration" (Gültekin 2003).

Die Untersuchungen über männliche Migranten konzentrieren sich in der Regel auf einzelne Volksgruppen und Problembereiche, wie z. B. Gewalt. Die wichtigsten und sehr intensiv wahrgenommenen Bücher legten Tertilt („Türkish Power Boys" 1996) und Heitmeyer u. a. („Verlockender Fundamentalismus" 1997) vor. Beide Bücher beschäftigen sich ausschließlich mit männlichen türkischen Jugendlichen und jungen Männern in Verbindung mit Gewalt bzw. extremistischem Fundamentalismus. In den späten 90er Jahren konzentrierten sich die wichtigsten Studien auf die männlichen Migranten aus der Türkei, bis die Aussiedlerjugendlichen als problematisch entdeckt wurden. Die erste wichtige und ganzheitliche Veröffentlichung über Aussiedler legten Bade und Oltmer im Jahre 1999 unter dem Titel „Aussiedler: deutsche Einwanderer aus Osteuropa" vor. Auch „Aussiedlerkinder – ein sonderpädagogisches Problem?" von Bahlmann (2000) oder „Die mitgenommene Generation" vom Deutschen Jugendinstitut (2002) sind wichtige Studien über diese Gruppe. Die aktuellste und explizit männliche Aussiedler thematisierende Untersuchung hat Reich im Jahre 2005 unter dem Titel „Integrations- und Desintegrationsprozesse junger männlicher Aussiedler aus der GUS" vorgelegt. Eine alle wichtigen Gruppen männlicher Migranten umfassende Studie – nach dem Vorbild „Viele Welten leben“ – gibt es noch nicht. Jedoch wurden über die männlichen türkischen Migranten in den letzten Jahren einige Studien vorgelegt. Hier eine kleine Auswahl: „Migration, Jugendhilfe und Heimerziehung“ von Deniz (2001), „Türkische Männer in Deutschland“ von Spohn (2002) sowie „Das schwache Geschlecht – die türkischen Männer“ (2005) von Toprak.

Schul- und Berufsausbildung

Obwohl allgemein bei Schülern mit Migrationshintergrund seit Mitte der 1980er und Anfang der 1990er Jahre ein leichter Trend zu gymnasialer Ausbildung und höheren Schulabschlüssen festzustellen war, zeigt sich dieser Trend seit Mitte der 1990er Jahre wieder leicht rückläufig (Mitteilungen der Beauftragten der Bundesregierung für Ausländerfragen, 2002 und 2004). Auch wenn der Besuch einer qualifizierten Schule bei ihren Eltern ganz oben auf der Wunschliste steht, ist der Anteil der Migranten an den Gymnasien und Realschulen, verglichen mit deutschen Jugendlichen, sehr gering. Dagegen ist der Anteil an Schülern mit Migrationshintergrund an Haupt- und Sonderschulen überproportional hoch (Mitteilungen der Beauftragten der Bundesregierung für Ausländerfragen, 2002 und 2004). Unabhängig von der Nationalität zeigt sich, dass der Erfolg in der Schule in vielfältiger Weise von der sozialen Herkunft abhängig ist. Es hat sich eine klare Chancenrangfolge gebildet: Beamte, Angestellte, Selbstständige und schließlich Arbeiter (Deutsches PISA-Konsortium 2001).

Trotz der relativ langen Aufenthaltsdauer in Deutschland und der leicht verbesserten Schulabschlüsse der Migranten sind diese aus unterschiedlichen Gründen in der Berufsausbildung unterrepräsentiert. Die Ausbildungsbeteiligung der Migranten erhöhte sich zwar bundesweit von 2,8 % aller Auszubildenden 1985 auf 8 % im Jahr 1994, liegt aber trotzdem weit unter ihrem Anteil von 15 % an der Gruppe der 15- bis unter 18-Jährigen in Deutschland insgesamt. Seit Mitte der 90er Jahre wird ein Rückgang bei der Ausbildungsbeteiligung der Migranten festgestellt. 1986 lag sie bei 25 % und stieg bis 1994 deutlich auf 44 %. Dies ist zwar eine erhebliche Steigerung, doch im Vergleich zu Einheimischen, von denen 1994 knapp 70 % eine Ausbildung im dualen System aufnahmen, zeigt sich dennoch bei der Ausbildungsbeteiligung der Migranten ein Rückstand. Seit diesem Höchststand aus dem Jahre 1994 sind die Zahlen im Hinblick auf höhere Schul- und Berufsausbildung aber wieder stark rückläufig (Mitteilungen der Beauftragten der Bundesregierung für Ausländerfragen, 2002, 193). Die Berufsausbildung der Migranten konzentriert sich auf einige wenige Berufe, deren Verwertbarkeit auf dem Arbeitsmarkt als gering zu veranschlagen ist, häufig handelt es sich um weniger zukunftsträchtige Branchen oder gering bezahlte Tätigkeiten. In den Metallberufen erreicht die Ausbildungsbeteiligung der

Nichtdeutschen zum Beispiel nahezu ihren Anteil an der Bevölkerung ihrer Altersgruppe. Dagegen liegt die Ausbildungsbeteilungung in den unter den Ausbildungsbewerbern beliebten Berufen, wie z. B. Bank- oder Versicherungskaufmann, mit zwei bis drei Prozent weit unter dem Durchschnitt (Mitteilungen der Beauftragten der Bundesregierung für Ausländerfragen, 2002, 193).

Soziale Rahmenbedingungen

Eines der wichtigsten Merkmale für soziale Rahmenbedingungen sind die Wohnverhältnisse bzw. der Wohnort. Die Wohnverhältnisse beeinflussen nationenübergreifend die gesamte Lebenssituation der Kinder und Jugendlichen. Sie haben Auswirkungen auf die Art und Weise des Zusammenlebens innerhalb des Haushaltes, auf die Erziehung der Kinder, die Erholung nach der Arbeit, die Pflege von Kontakten und das Freizeitverhalten.

Bei der Wahl des Wohnortes bevorzugen 80 % der Migranten Städte, die eine Einwohnerzahl von mindestens 100.000 aufweisen, und leben in schlecht ausgestatteten Wohnungen (Mitteilungen der Beauftragten der Bundesregierung für Ausländerfragen, 1997 und 2002). Der Grund für die schlechten Wohnverhältnisse ist einerseits das geringe Einkommen der Familien, die die hohen Mieten für ihren großen Wohnraumbedarf nicht aufbringen können; andererseits werden Migrantenfamilien von einigen Vermietern diskriminiert – bedingt auch durch die überproportional hohe Kinderzahl – sodass ihnen keine andere Wahl bleibt, als unattraktive Wohnquartiere und Stadtteile zu beziehen (Mitteilungen der Beauftragten der Bundesregierung für Ausländerfragen, 2002). Der Anteil der Haushalte mit einer Überbelegung liegt bei Migrantenfamilien in München um das Fünffache über dem entsprechenden Wert für die deutschen Haushalte. Auch zwischen den einzelnen Nationalitäten gibt es große Unterschiede. Weit über dem Durchschnitt rangiert die Überbelegung in den größeren türkischen Haushalten (Landeshauptstadt München 1997, 78). Die Wohnsituation kann Auswirkungen auf die Gesundheit und das familiäre Zusammenleben haben. In sehr vielen Familien können sich die Kinder aufgrund der beengten Verhältnisse weder zurückziehen noch einen eigenen Wohnbereich und eine Intimsphäre aufbauen. Aus dieser Situation ergeben sich viele familiäre Konflikte im alltäglichen Zusammenleben.

Ein anderer wichtiger Faktor für die sozialen Rahmenbedingungen, die die Kinder und Jugendlichen positiv bzw. negativ beeinflussen können, ist die Erwerbstätigkeit und Arbeitslosigkeit bzw. Armut der Eltern. Alle aktuellen Untersuchungen belegen, dass die Migranten am stärksten von der Arbeitslosigkeit betroffen sind. Während die Arbeitslosigkeit in Deutschland insgesamt bei ca. zehn Prozent liegt, beträgt sie bei türkischen Migranten ca. 23 % (Mitteilungen der Beauftragten der Bundesregierung für Ausländerfragen 2004). Die Untersuchung von Tekin belegt darüber hinaus, dass Migranten doppelt so häufig Sozialhilfe beziehen wie deutsche Familien (Tekin 2003, 45).

Diskriminierungserfahrungen

Dass es in Deutschland latente und offensichtliche Diskriminierung und Ausländerfeindlichkeit gibt, steht außer Frage und soll hier auch nicht diskutiert werden. In der Studie von Heitmeyer u. a. (1997) werden zwei Formen von Diskriminierungserfahrungen türkischer Jugendlicher bzw. junger Erwachsener unterschieden: „Diskriminierungserfahrungen im öffentlichen Raum“ und „Diskriminierungserfahrung im privaten Bereich“ (Heitmeyer u. a. 1997, 53f). Zum öffentlichen Bereich zählen die Autoren Behörden, Wohnungssuche, Arbeitsplatz/Schule und Polizei. Dem privaten Bereich wurden deutsche Jugendgruppen, Discos, Nachbarschaft, Supermärkte, Sportvereine sowie Jugendzentren zugeordnet. Schaut man sich die Ergebnisse genauer an, kann man feststellen, dass sich die Migranten im öffentlichen Bereich stärker benachteiligt fühlen als im privaten. Im Hinblick auf die Aussage „Deutsche und Ausländer werden im täglichen Leben häufig ungleich behandelt. Sagen Sie uns bitte, ob Sie auch diese Erfahrungen von ungleicher Behandlung gemacht haben!“ wurden folgende Ergebnisse erzielt: Behörden (38,7 %), Wohnung (36,6 %), Arbeitsplatz/Schule (36,2 %), Polizei (34,1 %), deutsche Jugendgruppen (33,9 %), Discos (33,0 %), Nachbarschaft (32,8 %), Supermärkte (26,4 %), Sportvereine (18,3 %) und Jugendzentrum (16,6 %).

Männlichkeitskonzepte

Werden die oben dargestellten Umstände sowohl bei muslimischen Jugendlichen als auch bei Aussiedlerjugendlichen (zu Aussiedlerjugendlichen siehe den Beitrag von Schmidt 2002) zu negativ erfahren, gewinnen andere Faktoren eine entscheidende Bedeutung. Beispielsweise identifizieren sich die Kinder, Jugendlichen und jungen Männer dann nicht mehr über die erfolgreiche Schul- und Berufsausbildung, sondern legen Wert auf ein ausgeprägtes Männerbild. Auffällige männliche Migranten, die keine Schul- und Berufsausbildung haben, häufige Frustrationserlebnisse erfahren, als Hilfsarbeiter tätig sind und in den jeweiligen Communities keinen hohen Stellenwert haben, betonen ihre Männlichkeit (Toprak 2001; Schmidt 2002). Ausgeprägte Männlichkeit, bezogen auf Solidarität und Loyalität innerhalb des Freundeskreises, und bedingungslose Verteidigung der weiblichen Familienmitglieder werden rigide gehandhabt und spielen vor allem im Lebenskonzept der gewaltbereiten, auffälligen und benachteiligten Kinder, Jugendlichen und jungen Männer eine zentrale Rolle. Im Folgenden sollen diese Bedingungen näher beleuchtet werden, da die Fachkräfte in der Sozialen Arbeit mit diesen Eigenzuschreibungen der Jungen und jungen Männer täglich konfrontiert werden.

1. Solidarität und Loyalität gegenüber dem Freund

Zu den komplexen Ursachen für erhöhte Strafanfälligkeit und deviantes Verhalten männlicher Migranten gehört auch der Werte- und Normenkodex, mit dem sie aufwachsen und über den sie ihre Identität definieren. Der Autor konnte im Rahmen von Anti-Aggressivitäts-Trainings mit straffälligen arabischen, türkischen, albanischen Jugendlichen und Aussiedlern feststellen, dass diese aufgrund ihres Ehrbegriffes zu Straftaten bereit sind. Zu diesem Ehrbegriff gehört ein spezielles Verständnis von Freundschaft. Auch auf die Gefahr hin, dass sie verletzt werden, setzen sich die männlichen Migranten für den Freund ein, in bedingungsloser Solidarität und ohne die Situation zu hinterfragen. Über dieses Verhaltensmuster wird nicht nachgedacht, denn eine Infragestellung würde nicht nur die Freundschaft, sondern auch die Ehre und die Männlichkeit beschädigen. „Ehre" und „Männlichkeit" sind Schlüsselbegriffe, mit denen die Betroffenen immer wieder operieren. Im Folgenden sollen sie kurz erläutert werden, um die kognitiven Hypothesen dieser Migranten verständlich zu machen.

Ein ehrenhafter Mann muss klar und offen zu seinem Wort stehen, er darf niemals mit „vielleicht" oder „kann sein" ausweichen, weil diese Antworten nur von einer Frau zu erwarten sind. Darüber hinaus muss ein ehrenhafter Mann willens und in der Lage sein zu kämpfen, wenn er dazu herausgefordert wird; er zeichnet sich aus durch Virilität, Stärke und Härte. Er muss in der Lage sein, auf jede Herausforderung und Beleidigung, die seine Ehre betrifft, zu reagieren und darf sich nicht versöhnlich zeigen.

Der andere wichtige Begriff ist „Männlichkeit", der die Dimensionen Stärke, Dominanz, selbstbewusstes Auftreten sowie Heterosexualität subsumiert.

Stärke: Das wichtigste Indiz für eine ausgeprägte Männlichkeit ist die geistige und körperliche Stärke eines Mannes. Bereits im Kindesalter werden die Jungen zum Ringen, Boxen und zu anderen Kampfsportarten ermutigt und darin gefördert, während dies bei den Mädchen kategorisch abgelehnt wird. Wenn sich ein Junge beim Spielen verletzt und dann weinend zur Mutter geht, wird er unter Umständen bestraft, da Weinen als Zeichen von Schwäche und somit von Weiblichkeit schon im frühen Kindesalter für Jungen als unpassend empfunden wird.

Homosexualität: Die Bezeichnung „schwul" ist sowohl unter Migranten als auch unter Deutschen in bestimmten Kontexten negativ besetzt. Aber bei muslimischen Männern gibt es zwei unterschiedliche Bewertungen von Homosexualität. Die aktive Rolle beim Geschlechtsverkehr wird mit den Begriffen Stärke, Dominanz, Potenz und Männlichkeit in Verbindung gebracht. Die passive Rolle wird dagegen mit den Begriffen Schwuchtel, Frau und Schwächling abgewertet und ist verpönt. In diesem Kontext wird man nur dann als „schwul" bezeichnet, wenn man die Rolle des Schwächeren übernimmt, weil diese in der Regel die Frauenrolle impliziert und nicht in das beschriebene Männerbild passt.

Dominanz und selbstbewusstes Auftreten: Jungen und junge Männer mit Migrationshintergrund treten im Gegensatz zu den Mädchen sehr dominant und selbstbewusst auf. Sie werden zu diesem Verhalten erzogen und ermuntert. Ein Junge muss in der Lage sein zu entscheiden, was für die später zu gründende Familie das „Richtige" und „Vorteilhafte" ist. Diese Fähigkeit kann er u.a. dadurch unter Beweis stellen, dass er seine Position selbstbewusst verteidigt und auf Meinungen, die von außen an ihn herangetragen werden, keine Rücksicht nimmt. Ein solches Verhalten könnte ihm als Schwäche ausgelegt werden und wird als nicht rollenkonform wahrgenommen.

2. Bedingungslose Verteidigung der weiblichen Familienmitglieder

Die bedingungslose Verteidigung der weiblichen Familienmitglieder begründet sich vom Wert der Ehre her. Männer in Deutschland mit wenig Selbstwertgefühl und geringem sozialen Ansehen betonen diesen Wert rigider – wie auch beim Thema „Solidarität und Loyalität gegenüber dem Freund" festgestellt – als Männer, die den sozialen Aufstieg vollzogen haben bzw. vollziehen werden.

Der Begriff der Ehre im traditionellen Kontext klärt die Beziehung zwischen Mann und Frau sowie die Grenzen nach innen und außen. Ein Mann gilt als ehrlos, wenn seine Frau oder Freundin beleidigt oder belästigt wird und er nicht extrem und empfindlich darauf reagiert. Ehrenhaft dagegen ist ein Mann, der seine Frau verteidigen kann, Stärke und Selbstbewusstsein zeigt und die äußere Sicherheit seiner Familie garantiert. Eine Frau, die einen Ehebruch begeht, befleckt damit nicht nur die eigene Ehre, sondern auch die ihres Gatten, weil er nicht Manns genug war, sie davon abzuhalten.

Auf die Beibehaltung dieser familialen Grenze nach innen und außen wird auch in Deutschland großen Wert gelegt. Ehre regelt nicht nur die Beziehung nach innen und außen, sondern sie bestimmt auch das Verhältnis zwischen Mann und Frau. Wenn von Ehre gesprochen wird, bedeutet sie für den Mann und die Frau Unterschiedliches. Ehre bedeutet für die Frau, dass sie bis zur Hochzeitsnacht ihre Jungfräulichkeit bewahrt und während der Ehe treu bleibt. Die Ehre eines Mannes hängt in erster Linie vom Verhalten seiner Frau ab. Ehre impliziert, dass die Männer die Sexualität ihrer Frauen, Ehefrauen, Töchter und Schwestern kontrollieren und dass Männer Ehre besitzen, wenn ihre Kontrolle sozial anerkannt und gerechtfertigt ist.

In diesem Verständnis ist die Verteidigung der weiblichen Familienmitglieder eine wichtige Anforderung an die Männer. Während selbstbewusste und offene Männer sich von diesen vorgegebenen Normen befreien und sich beispielsweise über ihr Studium oder ihren Beruf definieren, klammern sich Männer mit wenig Selbstwertgefühl und geringer Bildung bzw. geringem Prestige gerade an diese Werte und betonen diese besonders rigide. Folgende Indizien deuten darauf hin, dass Männer den Wert der Ehre bzw. die bedingungslose Verteidigung der weiblichen Familienmitglieder überbetonen könnten: geringe Schul- und Berufsausbildung, Arbeitslosigkeit oder Tätigkeit als Hilfsarbeiter, geringe Allgemeinbildung, keine (eigenen) Hobbys, Überschätzung eigener Fähigkeiten, geringe Frustrationstoleranz.

Der geschlechtsspezifische Umgang mit Migranten

Wenn in der Öffentlichkeit und in der Praxis der sozialen Arbeit von männlichen Migranten gesprochen wird, meint man in erster Linie die muslimischen Männer. Sie werden mit den Synonymen „muslimische Machos" oder „die kleinen Prinzen" beschrieben. Die öffentliche Zuschreibung wird auf den Islam reduziert, obwohl bekannt ist, dass beispielsweise auch die italienischen Jungen und Männer in vielen Bereichen, beispielsweise beim Zugang zur höheren Bildung, wenig integriert sind (Beauftragte der Bundesregierung für Ausländerfragen 2004, 51). Der muslimische Mann wird im Kontext der Familie nicht nur verwöhnt, sondern auch zu einem Gewalttäter und Frauenwächter erzogen. Diese Annahme wird primär mit dem Islam begründet, der die Frau unterdrücke und als Mensch zweiter Klasse sehe, so die undifferenzierte und stereotype öffentliche Zuschreibung seitens der Mehrheitsgesellschaft. Dadurch wird das Feindbild Islam geschürt, das als Bedrohung für die eigene Kultur und die Emanzipation empfunden wird. Die jungen muslimischen Männer, die nicht in dieses Raster passen, werden nicht wahrgenommen und sind unsichtbar (Lenz 2006, 17). Vor allem wird aber übersehen, dass nicht nur die ausländische Bevölkerung in sich alles andere als homogen ist (Beck-Gernsheim 2006, 33), sondern auch die muslimische Bevölkerung. Während Teile der Politik, der Medien, der Sozialen Arbeit und der Wissenschaft sich nicht ganz trauten, die Kritik am Islam und am muslimischen Mann öffentlich zu artikulieren, hat sich das Bild gewandelt, nachdem eine öffentliche Diskussion über Zwangsheirat und Ehrenmorde – initiiert von Migrantinnen – in Gang gekommen ist. Insbesondere biografische Publikationen von muslimischen Autorinnen haben eine hohe mediale Aufmerksamkeit erhalten und die Diskussion um das Schicksal von muslimischen Frauen, die von muslimischen Männern unterdrückt werden, in Deutschland intensiviert: Seyran Ates („Große Reise ins Feuer" 2003), Ayaan Hirsi Ali („Ich klage an" 2005), und Necla Kelek („Die fremde Braut" 2005). Es muss angemerkt werden, dass diese Bücher wissenschaftliche Kriterien und Standards nicht erfüllen. Vor allem die Bücher von Kelek und Ali wirken sehr pauschalisierend, indem sie ausschließlich den Islam als Folie für Gewaltanwendung und Unterdrückung der Frau seitens des Mannes annehmen. Die Lebens- und Sozialisationsbedingungen der Männer und Frauen werden ebenso wenig berücksichtigt wie die wirtschaftlichen Rahmenbedingungen. Der öffentliche Tenor – bestätigt von Kelek und Ali als Kronzeuginnen – geht in der Regel in eine Richtung: Der Islam als soziale Konstruktion ist integrationsfeindlich. Über die Etikettierung Islam wird eine Stigmatisierung und Segregation vorgenommen, die die Partizipation der „Muslime" an gesellschaftlichen Prozessen erschwert (Treibel 2006, 12f). Das Ausmaß der Re-Islamisierung – insbesondere bei der dritten türkischen Generation, wenn die Integration in die hiesige Gesellschaft nicht erfolgreich war – ist allerdings nicht zu verharmlosen (Bozay 2005; Heitmeyer u. a. 1997).

In Bezug auf die Mädchen ist ein ähnliches Bild zu beobachten. Die Mädchen, vor allem die mit muslimischem Hintergrund, werden als unselbstständig und unterdrückt dargestellt, als unter den patriarchalischen Strukturen leidend. Diese öffentliche Zuschreibung wurde auch – wie oben erwähnt – von Autorinnen bestätigt. Positive und erfolgreiche weibliche Biografien werden in der breiten Öffentlichkeit nicht wahrgenommen. Die oben erwähnte Studie „Viele Welten leben" (Boos-Nünning/Karakasoglu 2005) zeigt allerdings sehr eindrucksvoll, wie vielfältig das Leben der Migrantinnen aussehen kann.

Ansätze geschlechtsspezifischer sozialer Arbeit mit Migranten

Ansätze zu einer geschlechtsspezifischen sozialen Arbeit mit männlichen Kindern und Jugendlichen sind sehr rar, Ansätze mit männlichen Erwachsenen existieren meines Wissens nicht. Spezielle, maßgeschneiderte Angebote gibt es sowohl für Mädchen und Frauen mit Migrationshintergrund als auch für „einheimische" Mädchen. Während es z. B. in den meisten Jugendfreizeitheimen ganz selbstverständlich ist, mädchengerechte Angebote oder „nur Mädchen-Räume" zu installieren, reicht es für die Jungen oft aus, eine Tischtennisplatte oder einen Billardtisch bereitzustellen. Explizit auf die Bedürfnisse der Jungen gerichtete Angebote gibt es in Freizeitheimen in der Regel durch Sportangebote, wie z. B. Fußballturniere.

Geschlechtsspezifische Angebote existieren vor allem für Gefährdete (Jungen und junge Männer) oder Unterdrückte (Mädchen oder junge Frauen), beispielsweise Mädchen- und Frauenhäuser für Migrantinnen oder Anti-Gewalt-Trainings für Jungen oder junge Männer. Zwei Ansätze, die auf die Bedürfnisse der Kinder, Jugendlichen und jungen Männer ausgerichtet sind, sollen allerdings nicht unerwähnt bleiben, weil sie mittlerweile bundesweit bekannt sind: „Buntkicktgut!" und Anti-Aggressivitäts-Trainings mit jungen Migranten.

Die Initiative „Buntkicktgut!“ hat sich primär zum Ziel gesetzt, jungen Menschen verschiedener kultureller und nationaler Herkunft eine sinnvolle Freizeitbeschäftigung zu geben. Aus einer lokalen Betreuungsmaßnahme für Kinder und Jugendliche in Münchener Gemeinschaftsunterkünften für Bürgerkriegsflüchtlinge und Asylbewerber entwickelte sich allmählich die Idee dieses erfolgreichen und mehrfach ausgezeichneten Integrationsprojektes. Der von Beginn an betont gewaltpräventive Ansatz bildet mittlerweile den konzeptionellen Schwerpunkt. Zielgruppe der Maßnahme sind Kinder, Jugendliche und junge Erwachsene. Fünf Kriterien machen den Erfolg von „Buntkicktgut!“ aus.

1. Wettbewerb und Wettbewerbsmodus: Durch die Liga lernen Kinder, ihre Aggressionen und gruppenbezogenen Kämpfe auf dem Platz konstruktiv und durch körperliche Leistung zu kompensieren. Durch das akzeptierte Regelwerk werden gleichzeitig soziales Verhalten, Fairness und Gruppenfähigkeit geschult.
2. Identität, Identifizierung, Integration: Entscheidend ist hier, dass die entwickelte Gruppendynamik und Identitätsfindung widerstandsfähig macht gegen die Ausübung von Gewalt. Durch „Buntkicktgut!“ wird dieser Prozess begleitet und in eine positive Richtung gelenkt.
3. Kommunikation im interkulturellen Kontext: Die Durchführung eines kontinuierlichen Ligabetriebs mit bis zu fünf Spieltagen pro Woche verlangt ein ständiges Kommunizieren zwischen allen Beteiligten. Die Kommunikation mit und zwischen den Teams stellt gleichzeitig eine der wichtigsten gewaltreduzierenden Komponenten dar, erzeugt und pflegt eine persönliche Nähe zur Liga.
4. Peer-Group: Kinder und Jugendliche sind primär Peer-group-bezogen. Hier finden sie das, was sie in anderen formellen Gruppenbeziehungen vermissen, nämlich gleiche Interessen, Verständnis und Wertschätzung.
5. Strukturierte Partizipation: Allen Partizipationsinstrumenten ist gemein, dass sie auf eine Stärkung des Selbstvertrauens der Jugendlichen mittels Übergabe von Verantwortung und eines ressourcenorientierten Arbeitens abzielen. Darüber hinaus lernen die Kinder und Jugendlichen soziale Schlüsselkompetenzen, die sie auch außerhalb des Projektes anwenden können (Heid 2005, 22 ff).

Das Anti-Aggressivitäts-Training, das bei der Arbeiterwohlfahrt Ende der 1990er Jahre entwickelt wurde, hat bzw. hatte die folgende Ausgangslage: Bei knapp der Hälfte der Jugendgerichtshilfefälle männlicher Migranten war Aggressivität im Spiel, wie z. B. Körperverletzung, Raub, Raubüberfall oder Vandalismus. Die meisten Jugendlichen und jungen Erwachsenen zwischen 14–21 Jahren gaben dem entgegen an, nicht gewalttätig zu sein, aber aufgrund der Werte Ehre, Männlichkeit oder Solidarität mit dem

Freund Gewalt, wie sie oben beschreiben wurde, ausgeübt zu haben. Um diese Jugendlichen und jungen Erwachsenen aufzufangen und gezielt mit den speziellen Problemlagen zu arbeiten, wurde ein Anti-Aggressivitäts-Training für die türkischen Jugendlichen entwickelt, das später auf alle Migranten übertragen wurde. Das Training arbeitet auch heute noch auf der Basis des Konzepts von 1998. Das „Besondere“ oder „Innovative“ an diesem Kurs besteht darin, dass – neben den herkömmlichen Methoden dieser Trainings – die migrationsbedingten Aspekte, wie Diskriminierungserfahrungen, Familien- und Generationskonflikte, Männlichkeitskonzepte, Ethnisierung oder Selbstethnisierung und Bikulturalität als Ressource, als ein eigenständiges und zentrales Modul implementiert wurden (Toprak 2001, 89).

Konsequenzen und Schlussfolgerungen

Alle einschlägigen Untersuchungen zeigen, dass die Bedingungen des Heranwachsens bei Migranten in den meisten Fällen ungünstiger sind als die von Deutschen. Ausschlaggebendes Indiz bei der Bestimmung von spezifischen Risikofaktoren ist die soziale Lage. Die sozialen Rahmenbedingungen haben zusammen mit den ungünstigeren schulischen und beruflichen Chancen der Migranten eine besonders große Bedeutung für das Auftreten von abweichendem Verhalten.

Hervorzuheben ist in diesem Zusammenhang, dass in der öffentlichen Wahrnehmung das männliche Geschlecht eher auffällt als das weibliche Geschlecht. Da die Frauen von der Familie in ihrer Freizeitgestaltung stärker reglementiert werden, orientieren sie sich nach innen, d. h. ihre Hauptbezugspersonen sind in der Regel Familienmitglieder, Verwandte und einige den Eltern bekannte Freundinnen. Aus diesem Grund scheinen die Frauen „angepasster“ und unauffälliger zu sein, weil sie diese eingeschränkten Bedingungen für sich ins Positive ummünzen. In der Schule beispielsweise sind sie erfolgreicher und schließen öfter mit dem Abitur ab. Dadurch sind sie in der Lage, für Studienzwecke temporär das Elternhaus zu verlassen und selbstständig in einer anderen Stadt zu leben. Da die Männer intensiver als die Mädchen nach außen orientiert sind, fallen sie stärker auf – nicht nur mit ihren Stärken, sondern auch mit ihren Problemen. Folgende Konsequenzen sind daher für die Sozialarbeit zu ziehen:

- Das Hauptaugenmerk ist auf die Elternarbeit zu richten. Ohne die konkrete Unterstützung der Eltern kann wenig erreicht werden, denn die Migrantenfamilien sind anders organisiert als die deutschen. Beispielsweise sind Berufs- bzw. Schulentscheidungen keine individuellen Belange der Kinder, sondern werden in erster Linie von den Eltern vorgegeben. Die letzten Studien zeigen, dass elterliche Gewaltanwendung in türkischen und ex-jugoslawischen Familien verbreitet ist (Kriminologisches Forschungsinstitut Niedersachsen 2002) und die Eltern unterstützt werden müssen, um eine gewaltfreie Erziehung zu fördern (Aktion Jugendschutz 2005).

- In der konkreten Arbeit mit dieser Zielgruppe ist es zu empfehlen, ressourcenorientiert vorzugehen. Das heißt, nicht die Schwächen der Zielgruppe in den Vordergrund zu stellen, sondern ihre Stärken. Auch die oben erwähnten Männlichkeitskonzepte können hier thematisiert werden. Um die Kinder und Jugendlichen zu motivieren, ist es sinnvoll, ihnen gute Vorbilder aus der eigenen Ethnie aufzuzeigen. Gerade in der türkischen, arabischen und albanischen Community fehlen oft solche Vorbilder.
- Um die Migranten bei gezielten Fragestellungen adäquat beraten zu können, sollten die Fachkräfte entsprechend geschult werden. Der Besuch eines Wochenendseminars im Bereich der „interkulturellen Kompetenz" geht zwar in die richtige Richtung, reicht aber bei weitem nicht aus, um die Hintergründe und die kognitiven Hypothesen (beispielsweise die oben dargelegten Männlichkeitskonzepte) der Kinder, Jugendlichen und deren Eltern vollständig zu verstehen. Maßgeschneiderte Konzepte und Angebote für Migranten werden aufgrund von Sparmaßnahmen immer seltener finanziert. Sie werden in der Regel in die Maßnahmen der Regeldienste integriert und in ihnen müssen die besonderen Bedingungen der Migranten berücksichtigt werden, um erfolgreich arbeiten zu können. Aus diesem Grund muss die interkulturelle Kompetenz als ein wichtiger Qualitätsstandard in die bestehenden Konzepte und in das Leitbild der Einrichtungen integriert und auch umgesetzt werden.
- Die Mehrheit der Eltern ist nicht in der Lage, die Kinder in schulischen (und auch anderen) Fragen, wie z.B. bei den Hausaufgaben, zu unterstützen. Einerseits können sie den vielfältigen und komplizierten Fragen ihrer Kinder – u.a. aufgrund des geringen Bildungsniveaus – nicht gerecht werden. Andererseits gehen die Eltern mehreren oder von Schichtarbeit geprägten Tätigkeiten nach, um das Familieneinkommen zu sichern, auch wenn einige von ihnen offiziell als Hausfrau oder arbeitslos gemeldet sind. Deshalb benötigen die meisten Schüler mit Migrationshintergrund professionelle Hilfen von außen, wie Hausaufgabenbetreuung im Rahmen einer Arbeitsgemeinschaft in der Schule oder sozialpädagogisch betreute Maßnahmen unter der Zuständigkeit der Kinder- und Jugendhilfe.

Literatur

Aktion Jugendschutz Landesarbeitsstelle Bayern e.V. (2005): Türöffner und Stolpersteine. Interkulturelle Elternarbeit mit türkischen Eltern als Beitrag zur Gewaltprävention, München

Bade, K., Oltmer, J. (1999): Aussiedler: deutsche Einwanderer aus Osteuropa. Universitätsverlag Rasch, Frankfurt a. M.

Bahlmann, M. (2000): Aussiedlerkinder – ein (sonder-)pädagogisches Problem? LIT Verlag, Münster/Hamburg/Berlin/Wien/London

Baumgartner-Karabak, A., Landesberger, G. (1978): Die verkauften Bräute. Rowohlt, Reinbek

Beauftragte der Bundesregierung für Ausländerfragen (1997, 2002, 2004): Der Beauftragte der Bundesregierung für Ausländerfragen über die Lage der Ausländer in der Bundesrepublik Deutschland. Bonn/Berlin

Beck-Gernsheim, E. (2006): Türkische Bräute und die Migrationsdebatte in Deutschland. In: Aus Politik und Zeitgeschichte, Nr. 1, Berlin, 32–37

Boos-Nünning, U., Hohmann, M. (1977): Ausländische Kinder. Schule und Gesellschaft im Herkunftsland. Schwann, Düsseldorf

–, Karakasoglu, Y. (2005): Viele Welten leben. Zur Lebenssituation von Mädchen und jungen Frauen mit Migrationshintergrund. Waxmann, Münster

Borris, M. (1974): Ausländische Arbeiter in einer Großstadt. Eine empirische Untersuchung am Beispiel Frankfurt. Europa-Verlagsanstalt, Frankfurt a. M.

Bozay, K. (2005): „...ich bin stolz, Türke zu sein". Ethnisierung gesellschaftlicher Konflikte im Zeichen der Globalisierung. Wochenschau-Verlag, Schwalbach

Deniz, C. (2001): Migration, Jugendhilfe und Heimerziehung. Iko-Verlag, Frankfurt a. M.

Deutsches Jugendinstitut (Hrsg.) (2002): Die mitgenommene Generation. DJI, München

Deutsches PISA-Konsortium (Hrsg.) (2001): PISA 2000. Leske und Budrich, Opladen

Firat, D. (1996): Migration als Belastungsfaktor türkischer Familien. Auswirkungen auf die soziale Identität und das Familiensystem. Verlag Dr. Kovac, Hamburg

Gültekin, N. (2003): Bildung, Autonomie, Tradition und Migration. Doppelperspektivität biographischer Prozesse junger Frauen aus der Türkei. Leske und Budrich, Opladen

Heid, R. (2005): Buntkicktgut. Soziales Lernen, Konfliktmanagement und Gewaltprävention durch organisierten Straßenfußball. In: proJugend, Nr. 2, München, 22–25

Heitmeyer, W., Müller, J., Schröder, H. (1997): Verlockender Fundamentalismus. Türkische Jugendliche in Deutschland. Suhrkamp, Frankfurt a. M.

Landeshauptstadt München (Hrsg.) (1997): Lebenssituation ausländischer Bürgerinnen und Bürger in München, München

Kriminologisches Forschungsinstitut Niedersachsen (Hrsg.) (2002): Jugendliche in Deutschland zur Jahrtausendwende: Gefährlich oder gefährdet? Ergebnisse der KFN-Schülerbefragung 2000. Nomos, Baden-Baden

Lenz, I. (2006): Wie können wir Ethnizität und Geschlecht zusammendenken? Der Kampf der Kulturen und Geschlechter: Zum Kopftuch vor den Augen. In: Sozialmagazin, 31. Jahrgang, Nr. 1., Weinheim, 17–23

Otyakmaz, B. Ö. (1995): Auf allen Stühlen. Das Selbstverständnis junger türkischer Migrantinnen in Deutschland. Neuer Isp-Verlag, Köln

Reich, K. (2005): Integrations- und Desintegrationsprozesse junger männlicher Aussiedler aus der GUS. Lit, Münster

Schrader, A., Nikles, B., Griese, H. (1976): Die zweite Generation. Sozialisation und Akkulturation ausländischer Kinder in der Bundesrepublik. Athenäum, Kronberg

Schiffauer, W. (1983): Die Gewalt der Ehre. Erklärungen zu einem türkisch-deutschen Sexualkonflikt. Suhrkamp, Frankfurt a. M.

Schmidt, L. (2002): Pädagogische Reaktionen auf „gewalttätige“ männliche Aussiedlerjugendliche. In: DJI (Hrsg): Die mitgenommene Generation. DJI, München, 148–173

Spohn, M. (2002): Türkische Männer in Deutschland. Transcript, Bielefeld

Tekin, U. (2003): Die Lebenssituation allochthoner Jugendlicher in Köln. In: Bukow, W., Jünschke, K., Spindler, S., Tekin, U. (Hrsg.): Ausgegrenzt, eingesperrt und abgeschoben. Migration und Jugendkriminalität. Leske und Budrich, Opladen

Tertilt, H. (1996): Türkish Power Boys. Ethnographie einer Jugendbande. Suhrkamp, Frankfurt a. M.

Toprak, A. (2001): Ich bin eigentlich nicht aggressiv. Theorie und Praxis eines Anti-Aggressions-Kurses mit türkischen Jugendlichen. Lambertus, Freiburg

– (2005): Das schwache Geschlecht – die türkischen Männer. Zwangsheirat, häusliche Gewalt, Doppelmoral der Ehre. Lambertus, Freiburg

Treibel, A. (2006): Islam und Integration – ein Gegensatz? Ein soziologisches Plädoyer für eine neue Aufmerksamkeit. In: Sozialmagazin, 31. Jahrgang, Nr. 1., Weinheim, 11–16

Gesundheit und Gesundheitsförderung: männerspezifische Zugänge

von Toni Faltermaier

Traditionell scheinen Gesundheit und Krankheiten vor allem ein Gegenstand der Medizin und damit der Naturwissenschaften zu sein. Ein genauerer Blick zeigt jedoch sehr schnell, dass Gesundheit und ihre verschiedenen Störungsformen nicht nur körperlich-biologische Phänomene umschreiben, sondern ganz wesentlich soziale und psychologische Dimensionen enthalten. Die empirische Forschung über Gesundheit und Krankheit zeigt immer deutlicher die Verbindungen zwischen den körperlichen, psychischen und sozialen Anteilen von Gesundheit, daher wird heute in den Gesundheitswissenschaften von einem biopsychosozialen Modell von Gesundheit und Krankheit ausgegangen (Hurrelmann/Laaser/Razum 2006; Waller 2002). Das Erleben und Verhalten von Individuen sowie die Verhältnisse in sozialen Gruppen und Gesellschaften können wesentlich zur Entstehung von Krankheiten beitragen, aber auch Bedingungen für die Erhaltung und Wiederherstellung von Gesundheit bereitstellen. Gesundheit und Krankheit sind daher immer auch soziale Probleme, die mit den Theorien und Methoden der Sozialwissenschaften bearbeitet werden können und müssen. Die empirisch vielfach belegte Erkenntnis, dass Gesundheit ein multidimensionales Phänomen darstellt, trug wesentlich zur Entwicklung der Gesundheitswissenschaften als interdisziplinärem Verbund bei. Sie verbinden die wissenschaftlichen Zugänge von Medizin, Psychologie, Soziologie, Politologie, Ökonomie, Pflege sowie Ernährungs- und Sportwissenschaften usw. (Hurrelmann u. a. 2006; Waller 2002). Die Gesundheitswissenschaften möchten über empirische Forschung ihre theoretischen Modelle weiter entwickeln und damit letztlich Praxisansätze optimieren, welche die Gesundheit der Bevölkerung verbessern. Gesundheit ist heute zunehmend ein Handlungsfeld psychosozialer Arbeit geworden. Die professionellen Aufgaben der Prävention, Gesundheitsförderung und Rehabilitation stehen in engem Zusammenhang mit den traditionellen Praxisfeldern von Psychologie, Pädagogik und sozialer Arbeit, sie erfordern multiprofessionelle Ansätze und Kooperationen (Hurrelmann u. a. 2004).

Eine Analyse des Zusammenhangs von Geschlecht und Gesundheit kann sich daher nicht auf die biologische Seite beschränken, sondern muss auch die soziale Seite im Sinne von Gender thematisieren (Kuhlmann/Kolip 2005). Die Tradition der Frauengesundheitsforschung scheint sich allmählich zu einer Geschlechterperspektive zu erweitern, denn seit einigen Jahren wird nun auch die Gesundheit von Männern stärker zum Thema gemacht (Altgeld 2004). Im Konzept des „Gender Mainstreaming" findet diese Perspektive auf beide Geschlechter ihren politisch-praktischen Ausdruck und dient in verschiedenen Praxisbereichen von Prävention und Gesundheitsförderung zunehmend als Orientierung (Altgeld/Kolip 2006).

In diesem Beitrag wird die Gesundheit von Männern im Mittelpunkt stehen und als Handlungsfeld der psychosozialen Arbeit beleuchtet. Es werden zunächst zentrale Ergebnisse über die gesundheitliche Lage von Männern berichtet und dann in Erklärungsmodellen für die Gesundheit von Männern gebündelt. Über die Bedeutung männlicher Identität für die Gesundheit von Männern wird eine theoretische Integration der empirischen Befunde und Modelle versucht, die aber auch eine differentielle Perspektive betont, um über das Männern Gemeinsame auch ihre Unterschiede herauszuarbeiten. Abschließend werden Folgerungen aus diesem Erkenntnisstand für die Praxis der Gesundheitsförderung bei und mit Männern gezogen.

1 Wie sieht die gesundheitliche Lage von Männern aus? – Epidemiologische Befunde

Die gesundheitliche Lage der Bevölkerung wird durch die Epidemiologie beschrieben. Gesundheit wird dabei über verschiedene Indikatoren bestimmt, die Sterberaten (Mortalität), die Häufigkeit spezifischer Krankheiten (Prävalenz) oder Neuerkrankungen (Inzidenz) und die Verteilung bestimmter Risikofaktoren für Krankheiten. Sie werden im Folgenden herangezogen, um die gesundheitliche Situation von Männern zu beschreiben.

1.1 Lebenserwartung und Mortalität von Männern

Das markanteste Ergebnis ist die deutlich geringere Lebenserwartung von Männern, die seit Mitte des 20. Jahrhunderts in allen westlichen Industriegesellschaften konstant um etwa fünf bis acht Jahre niedriger ist als die Lebenserwartung von Frauen (Brähler/Kupfer 2001). In Deutschland differiert die Lebenserwartung bei Geburt um etwa 6 Jahre zwischen den Geschlechtern, Frauen werden im Mittel 80,6 Jahre und Männer 74,4 Jahre (Merbach/Brähler 2004). Der in der zweiten Hälfte des 20. Jahrhunderts in Europa beobachtbare kontinuierliche Anstieg der Lebenserwartungen hat jüngst in den osteuropäischen Ländern einen drastischen Einbruch gezeigt: Nach dem Zusammenbruch des Kommunismus sank die Lebenserwartung in den 1990er Jahren in kurzer Zeit dramatisch ab, die der Männer aber noch weit deutlicher als die der Frauen, sodass sich teilweise Geschlechterdifferenzen von mehr als 13 Jahren (z. B. in Russland) ergaben (Brähler/Kupfer 2001).

Die Gründe für diese niedrigere Lebenserwartung von Männern liegen in ihrer höheren Sterblichkeit in allen Phasen des Lebens, von der Geburt bis ins hohe Alter; besonders hoch ist die Mortalität von Männern im Alter zwischen 15 und 65 Jahren (Merbach/Brähler 2004). Als Todesursachen spielen Unfälle, Gewalteinwirkungen und Suizide vor allem bei jüngeren Männern eine bedeutsame Rolle, bei älteren sind es vor allem Herz- und Kreislauferkrankungen und Krebserkrankungen, die insgesamt den höchsten Beitrag zum Sterbegeschehen leisten (Merbach/Brähler 2004).

1.2 Morbidität von Männern

Männer erkranken im Vergleich zu Frauen häufiger an Herzinfarkt, Bluthochdruck, an Krebserkrankungen (vor allem der Atemwege), Lebererkrankungen und Alkoholismus (Merbach/ Brähler 2004; Sieverding 2005). Diese objektiven Daten deuten darauf hin, dass Männer insbesondere an jenen Krankheiten leiden, die akut und lebensbedrohlich sind; Frauen überwiegen demgegenüber bei eher chronischen Krankheiten (wie z. B. bei Allergien, rheumatischen und psychischen Erkrankungen), die aber nicht unbedingt lebensbedrohlich sind. In Studien, die in repräsentativen Stichproben die Krankheiten oder Beschwerden subjektiv abfragen, geben Frauen insgesamt mehr Krankheiten und Beschwerden an als Männer. Männer schätzen ihre Gesundheit insgesamt als besser ein als Frauen; sie fühlen sich weniger anfällig für Krankheiten und auch weniger durch gesundheitliche Probleme bei der Erfüllung alltäglicher Aufgaben beeinträchtigt (Merbach/Brähler 2004).

1.3 Risikofaktoren von Männern

Wir kennen aus Jahrzehnten gesundheitswissenschaftlicher Forschung eine Reihe von Faktoren, welche die Wahrscheinlichkeit in der Bevölkerung erhöhen, jeweils eine der genannten schwerwiegenden Krankheiten (wie z. B. Herz-/Kreislauferkrankungen) zu entwickeln. Diese Risikofaktoren lassen sich unterteilen nach somatischen (z. B. erhöhtes Cholesterin, Bluthochdruck, Diabetes), psychosozialen (z. B. Stress) und verhaltensbedingten Faktoren (z. B. Rauchen) (Faltermaier 2005). Die Verteilung dieser Risikofaktoren nach den Geschlechtern gibt Hinweise auf die geschlechtsspezifische Genese dieser Krankheiten. Männer dominieren insbesondere in den verhaltensbedingten Risikofaktoren: Im Vergleich zu Frauen rauchen Männer häufiger und länger (obwohl sich in den letzten Jahren die Geschlechter zunehmend angleichen), sie trinken häufiger und stärker Alkohol, sie konsumieren häufiger illegale Drogen (Waldron 1995) und zeigen häufiger sexuelles Risikoverhalten (Lee/Owens 2002). Männer weisen über die ganze Lebensspanne, insbesondere in der Jugendphase, eine ausgeprägte Bereitschaft auf, Risiken einzugehen; das trägt zu ihrer stärkeren Gefährdung für Unfälle (in Straßenverkehr und Freizeit) bei, aber auch zur höheren Wahrscheinlichkeit, Opfer (und Täter) von Gewalthandlungen zu werden.

2 Wie ist die Gesundheit von Männern zu erklären? – Empirisch gestützte Erklärungsmodelle

2.1 Theoretische Ansätze im Überblick

Diese epidemiologischen Befunde zu Mortalität und Morbidität geben ein erstes Bild über die gesundheitliche Lage von Männern. Sie zeigen, dass Männer gesundheitlich deutlich stärker gefährdet sind, weil sie mehr Risikofaktoren und schwerwiegende Krankheiten aufweisen und häufiger vorzeitig sterben. Die Ergebnisse können aber noch nicht erklären, warum das so ist. Biologische Faktoren allein können diese Geschlechtsunterschiede nicht erklären; viele Ursachen dieser Krankheiten haben mit Verhalten, Lebensstil und Lebensverhältnissen zu tun. Sie erfordern psychologische und sozialwissenschaftliche Theorien. Die Gesundheit von Männern ist erst seit wenigen Jahren explizit zum Gegenstand der Gesundheitsforschung geworden. Dennoch können wir auf der Grundlage der vorliegenden Modelle empirisch begründete Annahmen machen, warum Männer die beschriebenen gesundheitlichen Beeinträchtigungen und Gefährdungen entwickeln.

Es gibt zwei große wissenschaftliche Paradigmen in der Forschung über Gesundheit und Krankheit (Faltermaier 2005): Das Paradigma der Pathogenese versucht zu erklären, unter welchen Bedingungen eine bestimmte Krankheit bei Menschen entsteht. In der empirischen Forschung wird nach Risiken oder Risikofaktoren für Krankheiten gesucht. Das Paradigma der Salutogenese versucht dagegen, die Bedingungen von Gesundheit zu bestimmen, also zu erklären, warum Menschen gesund bleiben. Empirisch wird nach gesund erhaltenden Kräften, nach Ressourcen gesucht.

Ich werde im Folgenden einige psychosoziale Faktoren herausgreifen, von denen wir wissen, dass sie zur Entstehung von Krankheit oder Gesundheit beitragen, und diese mit der Lebenssituation und dem Lebensstil von Männern in Verbindung bringen. Aus der ätiologischen Forschung haben wir solide Belege dafür, dass eine Reihe von psychosozialen Faktoren zur Entstehung von Krankheiten beitragen; gut untersucht sind vor allem Herz- und Kreislauferkrankungen, Infektionserkrankungen, Krebserkrankungen und psychische Störungen (Faltermaier 2005). Als ätiologische Faktoren sind Stressfaktoren, Risikoverhaltensweisen und persönliche Dispositionen gut belegt; sie können über psychophysiologische Prozesse wie zum Beispiel das kardiovaskuläre System, das Immunsystem und das Hormonsystem bei andauernden Expositionen zu pathologischen körperlichen

Veränderungen führen (Faltermaier 2005). Die Forschungen zur Salutogenese sind noch weniger fortgeschritten, aber sie geben dennoch einige Hinweise, welche Kräfte als gesundheitliche Ressourcen oder Schutzfaktoren wirken. Dazu zählen insbesondere angemessene Bewältigungsstile im Umgang mit Stressoren, soziale und personale Ressourcen, ein hohes Gefühl der Kohärenz im Leben und das Gesundheitshandeln von Individuen und sozialen Gruppen (Faltermaier 2005).

2.2 Stress und Stressbewältigung

Stress und Stressbewältigung sind vielfach und lange untersuchte und in ihren gesundheitlichen Auswirkungen gut belegte psychosoziale Phänomene (Faltermaier 2005). Stressoren lassen sich differenzieren in Lebensereignisse, Dauerbelastungen und alltägliche Ärgernisse. Psychologische Stresstheorien gehen davon aus, dass die körperlichen Erscheinungen von Stress davon abhängen, ob wir Stressoren subjektiv als bedrohlich einschätzen. Stress entsteht nur dann, wenn externe oder interne Anforderungen die verfügbaren Anpassungskapazitäten einer Person übersteigen und diese Überforderung für sie subjektiv bedrohlich ist. Jede Person reagiert auf den Stress und versucht, das erlebte Ungleichgewicht durch ein Bewältigungshandeln auszugleichen, die emotionalen Belastungen durch kognitive Prozesse oder Verhalten abzubauen (Faltermaier 2005). Stress ist also immer eine Frage des Verhältnisses zwischen Person und Umwelt, seine Qualität und Folgen werden bestimmt von objektiven Lebensbedingungen, von psychischen Bewertungen, von personalen und sozialen Ressourcen und von Bewältigungskompetenzen.

Wie steht es nun um die Belastungen von Männern? Männer werden wie Frauen mit einer Vielzahl von Belastungen im Laufe ihres Lebens konfrontiert, die sie nicht unbedingt gesundheitlich gefährden müssen. Ihre Geschlechtsrolle und ihre Lebenssituation als Mann bringt sie jedoch in typische Belastungssituationen und lässt sie in spezifischer Weise damit umgehen. Aufgrund der großen Bedeutung der beruflichen Arbeit für Männer stellen chronische Belastungen am Arbeitsplatz und belastende berufliche Ereignisse ein häufiges Risiko für sie dar. Insbesondere hat sich die Verbindung von dauerhaft hohen Anforderungen am Arbeitsplatz (wie z. B. Überforderung, Zeitdruck, soziale Konflikte) und geringen Kontrollmöglichkeiten als gesundheitlich riskante Konstellation erwiesen (Faltermaier 2004 und 2005). Eine weitere Quelle von Belastungen von Männern stellen negative berufliche Ereignisse wie zum Beispiel Arbeitsplatzverlust, beruflicher Abstieg oder geschäftliche Misserfolge dar; sie werden zu riskanten Konstellationen, weil sie zentrale Aspekte männlicher Identität bedrohen.

Ähnliches gilt für Familie und Partnerbeziehung: Negative private Lebensereignisse wie der Verlust oder die Trennung von nahe stehenden Personen (Partnerin, Eltern, Kinder) und chronische Beziehungskonflikte in Ehe und Familie stellen eine häufige Quelle von Belastungen für Männer dar. Entscheidend für die gesundheitlichen Folgen ist aber, wie bedeutsam diese Ereignisse für Männer sind und wie sie damit umgehen. In der traditionellen Männerrolle werden eine erfolgreiche und glückliche Partnerschaft und Familie als die zentralen Momente eines männlichen Lebensentwurfs verstanden, entsprechend bedrohlich wird ein Scheitern auf diesem Feld erlebt. Männer tendieren dazu, Probleme in Beziehungen zunächst abzuwehren; eine Trennung dann aber als massive Bedrohung ihrer Identität wahrzunehmen. Männer neigen zu defensiven Bewältigungsstilen der Abwehr und Verleugnung (Sieverding 2005), die oft mit einem riskanten Verhalten verbunden sind (Alkohol- und Drogenmissbrauch), zu sozialem Rückzug oder zu radikalen Lösungen mit Aggression und Gewalt führen (Faltermaier 2004). Diese Stile verhindern nicht nur eine adäquate Bewältigung, sondern führen zu gesundheitlichen Gefährdungen für sich und andere.

2.3 Risiken und Risikoverhalten

Wie die Jugendgesundheitsforschung belegt, sind Jungen in der Adoleszenz eher dazu bereit, Risiken einzugehen als Mädchen (Raithel 2003). Diese erhöhte Risikobereitschaft zeigt sich in verschiedenen Bereichen – im Straßenverkehr, in der Sexualität, in riskanten Sportarten und Freizeitaktivitäten – und sie erklärt den hohen Anteil von Jungen bei Unfällen, Verletzungen, Krankheiten und Todesfällen. Gleichzeitig zeigen Jungen auch deutlich mehr Formen eines konsumorientierten Risikoverhaltens als Mädchen, dessen gesundheitliche Folgen eher langfristig sind: Im Rauchen, im Konsum von Alkohol und illegalen Drogen dominieren Jungen, umso mehr je niedriger ihr sozialer Status ist. Eine hohe Risikobereitschaft scheint eng mit der Entwicklung einer männlichen Geschlechtsidentität verbunden zu sein (Raithel 2003).

Auch im Erwachsenenalter sind diese Formen eines Risikoverhaltens bei Männern deutlich verbreiteter als bei Frauen – mit einer Ausnahme. Im Konsum von Medikamenten dominieren Frauen über die gesamte Lebensspanne. Riskante Konsummuster in den Bereichen Rauchen, Essen, Alkohol und Drogen spielen oft eine zentrale Rolle bei der Bewältigung von Belastungen (Helgeson 1995); sie sind daher oft funktionale Verhaltensmuster mit hoher Änderungsresistenz und hohem Suchtpotential. Zudem neigen Männer dazu, ihre gesundheitlichen Risiken zu verharmlosen; das scheint mit Illusionen der Unverwundbarkeit und mit männlichen Selbstbildern der Stärke zusammenhängen (Faltermaier 2004).

Ein häufiges psychosoziales Risiko weisen Männer in ihren personalen Dispositionen auf: Das Typ-A-Verhaltensmuster wurde als personaler

Risikofaktor für Herz-/Kreislauferkrankungen belegt, wobei nach heutigem Stand die negativen Emotionen Ärger, Feindseligkeit und Aggression entscheidend zu sein scheinen (Faltermaier 2005). Diese Merkmale korrelieren deutlich mit Maßen der Maskulinität (Helgeson 1995), hängen also mit Stereotypen von Männlichkeit und mit sozialen Erwartungen an erfolgreiche und starke Männer zusammen, die hohe Anforderungen an sich stellen, sich in Konkurrenz mit anderen begeben und sich mit aggressiven Umgangsstilen durchsetzen.

2.4 Ressourcen und Gesundheitsverhalten

Im Modell der Salutogenese spielen Ressourcen eine zentrale Rolle, weil sie erklären können, wie Menschen Risiken und Belastungen erfolgreich bewältigen und damit ihre Gesundheit positiv beeinflussen können. Wir unterscheiden materielle, körperliche, personal-psychische, sozial-interpersonale und soziokulturelle Ressourcen (Faltermaier 2005). Positive Effekte auf die Gesundheit können auch durch ein präventives Gesundheitsverhalten erzielt werden, Menschen handeln dabei aktiv und bewusst zur Erhaltung ihrer Gesundheit. Die kognitiven, motivationalen und sozialen Bedingungen, die zum positiven Gesundheitsverhalten oder zum Abbau eines Risikoverhaltens führen, wurden vielfach empirisch untersucht und in theoretische Modelle integriert (Faltermaier 2005; Schwarzer 2004). Ich werde mich hier auf die sozialen und personalen Ressourcen von Männern konzentrieren und fragen, wie es um ihr Gesundheitsverhalten bestellt ist.

Soziale Ressourcen gelten als entscheidende protektive Faktoren und sind in ihren positiven Auswirkungen auf Gesundheit vielfach belegt (Faltermaier 2005; Schwarzer 2004). Soziale Ressourcen sind zunächst nur Potentiale, die mobilisiert werden müssen, um wirksam sein zu können. Soziale Netzwerke umschreiben die sozialen Beziehungsmuster einer Person. Soziale Unterstützung bedeutet die durch nahe Bezugspersonen in Belastungssituationen geleistete und als solche wahrgenommene Hilfe.

Männer haben kleinere und weniger ausgeprägte Netzwerke und sie tendieren in Stresssituationen weniger dazu, soziale Unterstützung zu mobilisieren, manchmal lehnen sie sie sogar ab (Helgeson 1995; Sieverding 2005). Männer verlassen sich zudem oft in hohem Maße auf die soziale Unterstützung in der Partnerbeziehung, investieren aber meist weniger in die gegenseitige Unterstützung als ihre Partnerin, wodurch Beziehungen oft weniger reziprok und damit auch weniger stabil sind. Studien zeigen, dass Männer in festen Beziehungen gesundheitlich geschützter sind, vor allem weil die soziale Unterstützung zur besseren Bewältigung von Belastungen, zu weniger Risikoverhalten und mehr Gesundheitsverhalten beiträgt (Faltermaier 2005); sie sind aber dann gefährdet, wenn die Partnerschaft zerbricht, weil sie weniger alternative Unterstützungsquellen haben.

Personale Ressourcen sind Bedingungen für ein angemessenes Bewältigungsverhalten und Gesundheitsverhalten; sie umfassen Persönlichkeitsmerkmale (wie z.B. Optimismus, Selbstwertgefühl), gesundheitliches Wissen und Einstellungen sowie Handlungskompetenzen (Faltermaier 2005). Personale Merkmale wie Kontrollerwartungen und Selbstwirksamkeitsüberzeugungen wurden vielfach empirisch untersucht und gelten als wichtige Bedingungen für die Umsetzung eines Gesundheits- und Bewältigungsverhaltens. Eine grundlegende Bedingung für Gesundheit wird im Modell der Salutogenese postuliert: Das Gefühl der Kohärenz meint die Grundüberzeugung eines Menschen, dass sein Leben im Wesentlichen verstehbar ist, dass es als sinnvoll erlebt wird und dass auf ihn zukommende Probleme im Leben zu bewältigen sind. Empirische Studien zeigen, dass Männer in diesen personalen Merkmalen meist positive Ausprägungen haben.

Trotz dieser potentiell guten Ausgangsbedingungen werden Männer aber deutlich weniger für ihre Gesundheit aktiv als Frauen (Faltermaier 2004; Sieverding 2005). Das zeigt sich bei den meisten gesundheitlich relevanten Handlungsbereichen, bei ärztlichen Vorsorgeuntersuchungen (z.B. Krebsfrüherkennungsuntersuchungen), bei gesunder Ernährung, Stressbewältigung oder Entspannung, aber auch beim Besuch von Gesundheitskursen; nur im Bereich Sport und Bewegung sind Männer aktiver als Frauen (allerdings oft mit überzogener Leistungsorientierung). Die Gründe dafür liegen darin, dass Männer in ihrem Leben weniger Interesse und Motivation für Gesundheit entwickelt haben bzw. oft andere Prioritäten setzten.

2.5 Inanspruchnahme des Gesundheitssystems und Umgang mit Beschwerden

Wenn im Alltag gesundheitliche Beschwerden auftreten, dann müssen komplexe psychologische Prozesse der Wahrnehmung und Bewertung, der sozialen Kommunikation, der Selbstdiagnose und Selbstbehandlung angenommen werden, bevor sich Menschen entschließen, einen Experten (z.B. einen Arzt) aufzusuchen (Faltermaier 2005). Es gibt große individuelle Unterschiede im Hilfesuchverhalten und deutliche Unterschiede zwischen den Geschlechtern. Männer zeigen nicht nur eine geringere Bereitschaft, soziale Unterstützung zu mobilisieren, sondern auch eine geringere Inanspruchnahme von Diensten des Gesundheitssystems. Zudem geben Männer im Selbstbericht weniger körperliche Beschwerden und Krankheiten an, was aber nicht unbedingt an weniger objektiven Problemen liegt. Diese Unterschiede lassen sich dadurch erklären, dass Männer ihre Symptome weniger wahrnehmen, Schmerzen nicht zugeben, Beschwerden als weniger ernst bewerten und weniger bereit sind, diese öffentlich zu machen und professionelle Hilfe in Anspruch zu nehmen (Helgeson 1995). Empirische Studien zeigen auch, dass die Wahrnehmung von Symptomen stark vom Selbstkonzept abhängig ist; Männer, die ein traditionelles männliches Selbstbild haben (Prototyp des Marlboro-Mannes) gaben deutlich weniger Beschwerden an als jene Männer, die diesem Stereotyp nicht entsprachen und die sich in den berichteten Beschwerden nicht von Frauen unterschieden (Sieverding 2005). In den meisten Familien sind es schließlich die Frauen, die sich für die Gesundheit verantwortlich fühlen, die ihre Männer und Kinder zu den notwendigen Arztbesuchen motivieren; Frauen gelten als „gatekeeper" des professionellen Gesundheitssystems (Faltermaier 2005).

3 Geschlechtsrollen, männliche Identität und Gesundheit

Wie passen diese Ergebnisse der Gesundheitsforschung zusammen? Warum verhalten sich viele Männer scheinbar so irrational, dass sie ihre Gesundheit gefährden? Wie weit sind gesellschaftliche Kräfte für die gesundheitlichen Risiken von Männern verantwortlich? Der folgende Abschnitt wird einige Verbindungen zwischen der gesundheitlichen Lage von Männern und ihrer gesellschaftlichen Situation herstellen. Das Bild wird jedoch noch manche Leerstellen und Unsicherheiten enthalten, weil wir bisher noch wenig solide Grundlagen aus einer männerspezifischen Gesundheitsforschung besitzen.

Die Gender-Perspektive betrachtet das Geschlecht als sozial konstruiert. Wie jede soziale Rolle wird auch das Geschlecht durch ein System gesellschaftlicher Normen, Erwartungen und Institutionen hergestellt und aufrechterhalten. Dieses System ist allerdings nicht starr, sondern potentiell veränderbar. Für die Männerrolle sind zwei aktuelle gesellschaftliche Veränderungsprozesse von großer Bedeutung. Seit einigen Jahrzehnten zeigt sich ein deutlicher Wandel in der Frauenrolle, der als Emanzipationsprozess Frauen aus einer marginalisierten Lage in Richtung Gleichberechtigung vorangebracht hat. Zudem zeigen sich gesellschaftliche Umbauprozesse, die als Individualisierung gekennzeichnet werden (Beck 1986) und die zusammen mit der ökonomischen Globalisierung eine massive Veränderungsdynamik herstellen. Gesellschaftliche Individualisierung beschreibt die Auflösung traditioneller sozialer Einbindungen der Gesellschaftsmitglieder in den Arbeitsmarkt, in familiäre Beziehungen und in Geschlechterverhältnisse. Damit brechen nicht nur normative Muster und Bindungen auf, sondern es verändern sich auch gesellschaftliche Praxen. Die Lebensläufe der Menschen sind weniger sozial geregelt in „Normalbiografien"; sie enthalten zunehmend Brüche, aber auch mehr Spielräume und sind dadurch stärker individuell gestaltbar. Diese gesellschaftlichen Veränderungen betreffen wesentlich auch die Männer, weil damit ihre soziale Rolle und ihre Lebensentwürfe verunsichert werden. Die männliche Rolle hat sich aber bisher weit weniger verändert als die weibliche. Die traditionelle Rolle, die von Männern primär Leistungen in der öffentlichen Sphäre und beruflichen Arbeit und weniger im Bereich der Haus- und Reproduktionsarbeit erwartet, besteht fort; das Spektrum an möglichen Ausgestaltungen der Rolle hat sich zwar erweitert, jedoch deutlich weniger als bei Frauen. Aufgrund ihrer Dominanz im traditionellen patriarchalischen Geschlechterverhältnis scheinen Männer wenig motiviert, diese Lage offensiv zu verändern, vielmehr dominieren defensive Haltungen, die den Status zu verteidigen suchen. Es spricht vieles dafür, dass die traditionelle Männerrolle zur Erhaltung der männlichen Hegemonie noch immer eine wichtige Funktion und große Verbreitung hat und dass sie immer noch durch Prozesse einer geschlechtsspezifischen Sozialisation von Männern wie von Frauen aufrechterhalten wird. Jungen werden in Kindheit und Jugend immer noch in eine traditionelle männliche Rolle sozialisiert und entwickeln ihre männliche Identität in Abgrenzung zur weiblichen. Dennoch zeigen die vielen Probleme im Verhältnis der Geschlechter, dass sich die Widersprüche verschärfen und die traditionelle Rolle zunehmend auch für die Männer selbst Schwierigkeiten mit sich bringt.

Die zentrale These dieses Beitrags ist, dass Grundzüge einer traditionellen männlichen Rolle immer noch wirksam sind und entscheidende Bedingungen für den riskanten Umgang von Männern mit der eigenen Gesundheit darstellen (Courtenay 2000). Merkmale einer traditionell männlichen Identität passen – und das wird nun thesenartig entwickelt – zu den Ergebnissen über die psychosozialen Determinanten von Gesundheit bei Männern:

- Die Gesundheit hat für viele Männer geringe Bedeutung, weil sie nicht den männlichen Rollenerwartungen entspricht; Gesundheit wird vielmehr als das Handlungsfeld von Frauen verstanden, als Teil der mit der weiblichen Rolle verbundenen Beziehungs- und Pflegearbeit. Bemühungen, die eigene Gesundheit zu erhalten, müssen hinter den großen Anforderungen und Zielen der beruflichen Arbeit zurückstehen.
- Berufliche Belastungen gehören selbstverständlich zur Erwerbsarbeit, gerade in der Bewältigung hoher Anforderungen kann sich ein Mann beweisen. Um große Ziele zu erreichen, muss der Mann hart arbeiten, sich selbst hohe Anforderungen stellen und sich auch gegen die Konkurrenz anderer durchsetzen (Typ-A-Muster). Möglicherweise werden dabei aber die eigenen Bewältigungskompetenzen überschätzt und die eigene Verwundbarkeit unterschätzt. Berufliche Risiken werden zwar wahrgenommen, aber vor allem dann als gering bewertet, wenn der Beruf sehr positiv besetzt ist. Diese Abwehr von Risiken impliziert Illusionen der Unverwundbarkeit und versucht, Stärke zu demonstrieren.

- Die Tendenz von Männern, gesundheitliche Risiken zu unterschätzen, ihre hohe Bereitschaft, Risiken einzugehen und die große Verbreitung von Formen gesundheitlichen Risikoverhaltens können zum einen als Versuche verstanden werden, Stärke zu demonstrieren und keine Schwäche zuzulassen. Männer versuchen in ihrem Leben immer wieder und in verschiedener Weise, ihre Stärken öffentlich zu zeigen, bei Leistungen im Beruf, in sozialen Beziehungen und in Freizeitaktivitäten. Zudem dient der riskante Konsum von Suchtmitteln (vor allem Alkohol) oft dazu, Belastungen oder das Scheitern von männlichen Projekten (im Beruf, in Beziehungen, in der Familie) zu verdecken. Riskantes Verhalten hat vielfach die Funktion einer Problembewältigung und ist indirekt dadurch motiviert, Schwächen vor sich und anderen zu verbergen.
- Gesundheitliche Beschwerden und Probleme werden als Einschränkung der Leistungsfähigkeit und Behinderung von Lebenszielen verstanden. Auch sie werden von Männern oft als Zeichen von Schwäche wahrgenommen, die es zunächst zu verdrängen und öffentlich zu verbergen gilt, weil sie das Selbstbild von Stärke und Autonomie gefährden.
- Männer investieren weniger emotional in soziale Beziehungen; sie sehen Beziehungen stärker unter funktionalen Aspekten und engagieren sich nur dann, wenn Nutzen zu erwarten ist. Die fehlende Reziprozität in Beziehungen führt zu weniger stabilen sozialen Netzwerken und geringeren Unterstützungsressourcen, was Männer in Krisensituationen verwundbarer macht. Männer verlassen sich in Ehe und Familie oft stark auf ihre Frau als Quelle von sozialer Unterstützung; sie soll durch die Übernahme der Aufgaben in der Familie und durch die Schaffung eines emotionalen Rückzugraums dem Mann den Rücken für berufliche Herausforderungen frei halten. Diese ungleichen Beziehungsmuster brechen zunehmend auf, weil Frauen nicht mehr bereit sind, auf Dauer in diesen für sie unbefriedigenden Beziehungen zu leben. Damit geraten Männer immer häufiger in die Lage, dass zentrale soziale Unterstützungsquellen verloren gehen, ohne dass Alternativen verfügbar wären. Diese Beziehungsmuster sind Teil einer auf Unabhängigkeit, Stärke und berufliche Dominanz setzenden Identitätskonstruktion; Männer interpretieren die Mann-Frau-Beziehung in einer traditionellen Arbeitsteilung, die heute aufgrund der gesellschaftlichen Veränderungen nicht mehr lebbar ist.
- Die männliche Scheu, bei Problemen, Belastungen oder gesundheitlichen Beschwerden aktiv Hilfe zu suchen, kann einerseits als Demonstration von Unabhängigkeit und Stärke verstanden werden, weil Männer das öffentliche Eingestehen von Hilfsbedürftigkeit als Zeichen von Schwäche interpretieren. Es kann aber auch der männlichen Abgrenzung von der Frauenrolle dienen, weil das Geben und Nehmen von Hilfe als weibliches Attribut verstanden wird.

Diese allgemein formulierten Verbindungen zwischen dem Umgang mit Gesundheit und der traditionellen männlichen Identität vernachlässigen jedoch die vielen individuellen Unterschiede zwischen Männern und die subtilen Veränderungen, die in der Männerrolle bereits erfolgt sind. Differenzierungen müssen insbesondere in Hinblick auf den sozialen Status, den Lebenslauf, die Geburtskohorte und den kulturellen Kontext gemacht werden. Die traditionelle Männlichkeit dürfte bei Männern aus niedrigeren sozialen Schichten, aus älteren Generationen und aus traditionalen Herkunftskulturen höher ausgeprägt sein. In den höheren sozialen Schichten, der jüngeren Generation von Männern und in modernen Gesellschaften dürften dagegen die mit dem Geschlecht verbundenen sozialen Normen bereits stärker aufgebrochen und eine Pluralität von Männlichkeitskonzepten und Lebensformen von Männern entstanden sein. In einer Individualisierungsgesellschaft werden sich zunehmend auch für Männer Möglichkeiten für individuelle Lebenswege ergeben, weil sich die normativen Bindungen lockern und Abweichungen nicht mehr sanktioniert werden.

4 Männer als Zielgruppen der Gesundheitsförderung

Abschließend sollen einige Schlussfolgerungen für die Prävention und Gesundheitsförderung bei Männern gezogen werden. Die Ausrichtung der Gesundheitsförderung am Prinzip des „Gender Mainstreaming“ gewinnt heute zunehmend an Bedeutung und entsprechend werden gender-sensible Ansätze nicht nur für verschiedene Zielgruppen von Frauen sondern auch für Männer entwickelt (Altgeld/Kolip 2006). Die Gesundheitsförderung bei Männern gilt vor allem deshalb als eine aktuelle Herausforderung für die Praxis, weil wie gezeigt der Bedarf hoch ist, die Erreichbarkeit und Motivation aber schwierig sind. Umso wichtiger ist es, die Praxisangebote für spezifische Zielgruppen von Männern anzupassen, professionelle Ansätze an den Lebenswelten und subjektiven Voraussetzungen von Männern zu orientieren und in geeigneten Settings zu implementieren sowie die Männer über ihre Partizipation für den Veränderungsprozess zu gewinnen (Faltermaier 2005).

Entscheidend für die Wirksamkeit der Prävention und Gesundheitsförderung ist es jedoch, die wissenschaftlichen Erkenntnisse über die Genese von Gesundheit und Krankheit als Grundlagen für die Praxis zu verwenden. Für die Zielgruppe Männer heißt das, ihre spezifischen gesundheitlichen Gefährdungen, Risiken und Risikofaktoren, aber auch ihre Ressourcen und Potentiale zu berücksichtigen. Das bedeutet, Ziele für Veränderungen auf der Grundlage einer genauen Analyse der gesundheitlichen Bedingungen und gemeinsam mit Männern zu entwickeln. Interventionen können dann in verschiedenen Settings (z. B. Betrieb, Schule, Sportverein) und sowohl an den sozialen Verhältnissen (am Arbeitsplatz, am öffentlichen Männerbild, an der Sozialisation von Männern) als auch am Verhalten des Mannes ansetzen.

Im Folgenden werden exemplarisch Themen angedeutet, die in der Gesundheitsförderung mit Männern eine wichtige Rolle spielen sollten:

- Das Verhältnis von Männern zu ihrer Arbeit und ihrem Beruf ist in vieler Hinsicht zentral für ihre Gesundheit. In der Gesundheitsförderung könnte an der realistischen Wahrnehmung beruflicher Risiken und dem langfristigen Umgang mit ihnen gearbeitet werden. Zweitens könnte die Leistung im Beruf ein Thema sein, insbesondere die externen und internen Leistungsanforderungen, der langfristige Erhalt der eigenen Leistungsfähigkeit und die spürbaren Grenzen, insbesondere wenn Männer Zeichen ihres Alterns erleben. Drittens könnten soziale Beziehungen zu Kollegen, Vorgesetzen und Mitarbeitern thematisiert werden. Welche Konkurrenzen bestehen, welche sozialen Unterstützungen werden geleistet und wären mobilisierbar; wie gehen Arbeitskollegen mit ihrer Gesundheit (und Beschwerden) um und wo sind gemeinsame Aktivitäten notwendig?
- Das Verhältnis zu Risiken scheint ein zentrales Thema für die Gesundheit von Männern zu sein und spricht ihr Selbstbild der Stärke an. In der Praxis könnte an der realistischen Wahrnehmung von gesundheitlichen Risiken in der eigenen Lebenssituation, an der Risikobereitschaft sowie am Risikoverhalten und seinen Funktionen gearbeitet werden. Dabei könnten wichtige Fragen sein, was Männer damit ausdrücken, wenn sie ihre Risiken bagatellisieren; welche Bedeutung für sie der Erhalt der Gesundheit hat und welche Folgen sie befürchten, wenn sie zugestehen, auch verwundbar zu sein.
- Das Verhältnis zwischen Männern und Frauen wird auch bei der Gesundheitsförderung mit Männern eine wesentliche Rolle spielen müssen. Es betrifft nicht nur die Frage, wie sich Männer in Partnerbeziehungen verhalten und was sie zum Entstehen von Konflikten und Spannungen beitragen. Auch die männlichen Defizite in der Beziehungsarbeit könnten ein wichtiger Ansatzpunkt sein, um Männer besser in die Lage zu versetzen, soziale Netzwerke auch außerhalb der Familie aufzubauen, reziproke soziale Unterstützung in sozialen Beziehungen zu leisten und sich Hilfen im sozialen Netzwerk und bei Professionellen zu erschließen.
- Ein wichtiger präventiver Ansatz für Männer wird es sein, Kompetenzen und Unterstützungspotentiale aufzubauen, die einen angemessenen Umgang mit sozialen Krisen und kritischen Lebensereignissen (Trennungen, berufliche Verluste) ermöglichen. Es geht darum, effektive Strategien der Stressbewältigung zu entwickeln, die sowohl riskantes Fluchtverhalten (Alkohol, Drogen) als auch aggressive Lösungen vermeiden.

- Der Umgang mit dem Körper muss ein zentrales Thema der Gesundheitsförderung mit Männern werden. Es erfordert Reflexionen darüber, wie der eigene Körper wahrgenommen wird, welche Anforderungen an ihn gestellt werden, wie Grenzen erfahren werden und wie Beschwerden und Störungen erlebt werden. Ziele dieser Körper-Arbeit könnten darin liegen, dass Männer für körperliche Prozesse sensibilisiert und besser über sie informiert werden, dass sie Beschwerden und Krankheiten als mögliche Signale einer körperlichen Überforderung erkennen lernen, dass sie eine Balance finden zwischen sportlicher Leistung und sanfter Bewegung sowie zwischen körperlicher Kontrolle (Disziplin) und Wohlbefinden (Entspannung).

Professionelle Ansätze der Gesundheitsförderung mit Männern müssen differenziert nach verschiedenen Lebensphasen ansetzen. Eine zentrale Altersphase ist dabei die Adoleszenz, also die professionelle Arbeit mit Jungen, weil sich hier wesentliche Prozesse der Entwicklung einer männlichen Identität, eines eigenen Lebensstils und von personalen und sozialen Ressourcen abspielen, die für die Gesundheit zentral sind. Professionelle Gesundheitsarbeit könnte sich allgemein als Unterstützung der Identitätsbildung von Jungen mit ihren vielfältigen Herausforderungen begreifen. Wichtige Themen einer gesundheitsfördernden Jungenarbeit könnten der Umgang mit dem Körper und der Sexualität sein, der Umgang mit Emotionalität und Aggressivität, der Umgang mit Genussmitteln, die Suchtpotential haben, der Umgang mit dem sozialen Druck in Peer-Gruppen, die Wahrnehmung und Abschätzung von Risiken, oder das Ausloten der eigenen Grenzen.

Eine andere professionelle Strategie könnte an kritischen Lebensereignissen im Lebenslauf von Männern (Arbeitsplatzverlust, Scheidung) oder an den Übergängen zwischen sozialen Rollen (Familiengründung, Ruhestand) ansetzen. An diesen Einschnitten im Leben konzentrieren sich Belastungen, aber gleichzeitig werden auch Identitäten labilisiert; daraus ergeben sich Chancen für grundlegende Veränderungen. Ähnliche Prozesse und Chancen zeigen sich auch für Männer in der Lebensmitte zwischen 40 und 60 Jahren. In dieser Lebensphase häufen sich bei Männern die Zeichen ihres Alterns und gesundheitlicher Einschränkungen. Diese Erfahrungen können die Grenzen einer Identitätskonstruktion markieren, die auf Stärke, Unverwundbarkeit, Leistungsfähigkeit und Autonomie setzt, und tendenziell Raum dafür geben, die eigene Gesundheit neu zu bewerten.

Literatur

Altgeld, T. (Hrsg.) (2004): Männergesundheit. Neue Herausforderungen für Gesundheitsförderung und Prävention. Juventa, Weinheim

Altgeld, T., Kolip, P. (Hrsg.) (2006): Geschlechtergerechte Gesundheitsförderung und Prävention. Juventa, Weinheim

Beck, U. (1986): Risikogesellschaft. Auf dem Weg in eine andere Moderne. Suhrkamp, Frankfurt

Brähler, E., Kupfer, J. (Hrsg.) (2001): Mann und Medizin. Jahrbuch der Medizinischen Psychologie 19. Hogrefe, Göttingen

Courtenay, W. H. (2000): Constructions of masculinity and their influence in men's well-being: a theory of gender and health. In: Social Science & Medicine, 50, 1385–1401

Faltermaier, T. (2004): Männliche Identität und Gesundheit. Warum Gesundheit von Männern? In: Altgeld, T. (Hrsg.): Männergesundheit. Neue Herausforderungen für Gesundheitsförderung und Prävention. Juventa, Weinheim, 11–33

Faltermaier, T. (2005): Gesundheitspsychologie. Kohlhammer, Stuttgart

Gilligan, C. (1984): Die andere Stimme. Lebenskonflikte und Moral der Frau. Piper, München

Helgeson, V. S. (1995): Masculinity, men's roles, and coronary heart disease. In: Sabo, D., Gordon, D.F. (Hrsg.): Men's health and illness. Gender, power, and the body. Sage, London, 68–104

Hurrelmann, K., Klotz, T., Haisch, J. (Hrsg.) (2004): Lehrbuch Prävention und Gesundheitsförderung. Huber, Bern

Hurrelmann, K., Laaser, U., Razum, O. (Hrsg.) (2006): Handbuch Gesundheitswissenschaften (4., vollst. Überarb. Auflage). Juventa, Weinheim

Kuhlmann, E., Kolip, P. (2005): Gender und Public Health. Grundlegende Orientierungen für Forschung, Praxis und Politik. Juventa, Weinheim

Lee, C., Owens, R. G. (2002): The psychology of men's health. Open University Press, Buckingham

Merbach, M., Brähler, E. (2004): Daten zu Krankheiten und Sterblichkeit von Jungen und Männern. In: Altgeld, T. (Hrsg.): Männergesundheit. Neue Herausforderungen für Gesundheitsförderung und Prävention. Juventa, Weinheim, 67–84

Raithel, J. (2003): Risikobezogenes Verhalten und Geschlechtsrollenorientierung im Jugendalter. In: Zeitschrift für Gesundheitspsychologie, 11 (1), 21–28

Schwarzer, R. (2004): Psychologie des Gesundheitsverhaltens (3. Aufl.). Hogrefe, Göttingen

Sieverding, M. (2005): Geschlecht und Gesundheit. In: Schwarzer, R. (Hrsg.): Gesundheitspsychologie. Enzyklopädie der Psychologie C/X/1. Hogrefe, Göttingen, 55–70

Waldron, I. (1995): Contributions of changing gender differences in behavior and social roles to changing gender differences in mortality. In: Sabo, D., Gordon, D.F. (Hrsg.): Men's health and illness. Gender, power, and the body. Sage, London, 22–45

Waller, H. (2002): Gesundheitswissenschaft. Eine Einführung in Grundlagen und Praxis von Public Health. 3. Auflage. Kohlhammer, Stuttgart

Männer im Alter – Altern von Männern

von François Höpflinger

Männer sind im Vergleich zu gleichaltrigen Frauen einerseits auch im Alter oft sozial privilegiert. So liegt das Armutsrisiko älterer Männer tiefer als bei Frauen, und ältere pflegebedürftige Männer werden häufig von ihren Frauen und Töchtern gepflegt. Andererseits unterliegen Männer einem höheren Risiko, vorzeitig zu sterben. Dadurch werden Männer im Alter zu einer Minderheit, die in einer weitgehend von Frauen bestimmten Umwelt und Pflegewelt zu leben haben. Damit werden im höheren Alter beruflich oder sportlich definierte Männlichkeitsvorstellungen fragwürdig, wobei auch der männliche Körper biologischen und hormonalen Alterungsprozessen unterliegt. Die Lebenslage älterer Männer ist allerdings sehr heterogen, und die Geschlechtszugehörigkeit ist auch bei Männern immer nur einer von vielen Einflussfaktoren. Eine Diskussion des Alterns von Männern muss von den Grundsätzen einer differentiellen Gerontologie ausgehen, und es sind spezifische Gruppen von Männern, die im höheren Lebensalter besondere soziale, gesundheitliche oder psychische Probleme aufweisen.

Im folgenden kurzen Text werden nicht alle Facetten und Differenzierungen des Alterns von Männern diskutiert und analysiert, sondern es werden einige zentrale Grundtendenzen und Problembereiche aufgeführt und angesprochen.

Problemskizze

Das Altern von Männern – im Vergleich zum Altern von Frauen – ist gegenwärtig vor allem durch die folgenden drei Themenstellungen charakterisiert:

Erstens liegt die Lebenserwartung von Männern tiefer als diejenige von Frauen. Männer zeigen in nahezu allen Altersgruppen ein höheres Mortalitätsrisiko, und damit schöpfen weniger Männer als Frauen die Chancen eines langen Lebens aus. Gesundheitsförderung und Mortalitätsprävention bei jungen wie älteren Männern steht häufig im Zentrum des Interesses, da auch die beste Alterspolitik für Männer wenig nützt, wenn Männer vorzeitig sterben.

Zweitens divergieren die Lebensformen von Männern und Frauen im höheren Lebensalter deutlich. Frauen leben im Alter häufiger allein, wogegen Männer vielfach bis ins höhere Lebensalter in einer Paarbeziehung leben, und entsprechend von einer „privaten Pflege" im Alter zu profitieren vermögen. Im hohen Alter werden Männer immer mehr zu einer Minderheit, die in einer vorwiegend weiblich dominierten Umwelt zu leben hat.

Drittens erweisen sich klassische männliche Lebensstrategien und traditionelle Bilder von Männlichkeit in der zweiten Lebenshälfte – zumindest teilweise – als hinderlich und inadäquat zur Bewältigung der nachberuflichen Lebensphase. In Diskussion steht auch die Frage, inwiefern es im höheren Lebensalter nicht zu einer Androgynisierung beider Geschlechter kommt.

Bei der Diskussion und Analyse der Lebenslage wie auch der Männlichkeitsvorstellungen älterer Männer von heute ist allerdings die Tatsache zu beachten, dass wir es mit älteren Generationen zu tun haben, die aufgrund ihrer beruflichen und familialen Generationenprägungen andere Vorstellungen zum männlichen Altern aufweisen als dies bei nachkommenden Generationen der Fall sein wird. Die Beobachtungen über heute alt gewordene Männer geben wenig Auskunft über die Zukunft, und neue Generationen von Männern können, werden und müssen ihr Altern anders gestalten als alte Männer heutzutage. Beispielsweise sind heutige alte Männer oft nicht in der Lage, selbstständig zu haushalten, weil sie es nie gelernt haben, während jüngere Generationen von Männer damit weniger Mühe haben. Ein bedeutender Teil der heute älteren Männer arbeitete früher in klar männlich dominierten Arbeitsbereichen, und ihnen fehlen teilweise die sozialen Kompetenzen, um in einer stark von Frauen bestimmten Freiwilligenarbeit des Alters zu partizipieren, usw. Auch die Vorstellungen von Männlichkeit und Körperlichkeit unterliegen einem raschen Kohortenwandel. Gleichzeitig erlebt auch die Gruppe der homosexuellen Männer einen Prozess demografischer Alterung, und auch in dieser Hinsicht können sich in Zukunft neue Entwicklungen ergeben (wie die vermehrte Einrichtung von Hausgemeinschaften alternder homosexueller Männer). Eine männerspezifische Sozialarbeit für Männer im Alter hat in jedem Fall die bisherige Lebensgeschichte und Generationenprägung verschiedener Gruppen von Männern zu berücksichtigen, und da jede Generation von Männern anders altert, sind Konzepte für eine männerspezifische Sozialarbeit der zweiten Lebenshälfte immer wieder neu zu überdenken.

Forschungsstand im deutschsprachigen Raum

Die Altersforschung (Gerontologie) war lange Zeit implizit stark auf männliche Erwerbsbiografien und Lebensverhältnisse bezogen, ohne dass jedoch geschlechtsspezifische Fragen gezielt einbezogen wurden. Als in Deutschland 1986 ein erstes Themenheft zum „männlichen Alter“ (Fooken 1986) erschien, war das Echo überaus schwach. Der alte Mensch als Mann war lange Zeit kein zentrales Thema der Gerontologie, obwohl klar ist, dass Männer im Alter nicht identisch sind mit „dem alten Menschen“. Der amerikanische Gerontologe Edward Thompson sprach in diesem Zusammenhang von den älteren Männern als „unsichtbare Männer“ (Thompson 1994b).

Erst später wurden geschlechtsspezifische Themen und Fragestellungen stärker gewichtet, wobei namentlich in der deutschsprachigen Gerontologie die Genderforschung lange Zeit primär als Frauenforschung verstanden wurde (Backes 2002; 2006). Heute ist es zwar üblich geworden, demografische und gerontologische Daten – etwa zur Mortalität und Morbidität im Alter – geschlechtsspezifisch zu differenzieren, ohne dass damit aber eine differenzierte Betrachtung der geschlechtsbiographischen Aspekte (sozial unterschiedliche Lebensgeschichte von Frauen und Männern) schon gegeben wäre. Die Verhaltens- und Entwicklungsspielräume von Männern und Frauen werden allerdings gerade auch im höheren Lebensalter nachhaltig von ihrer Geschlechtszugehörigkeit bestimmt bzw. davon, „was sie als männliche und weibliche Individuen im Laufe ihrer Biografien an sozialen und materiellen Lebensbedingungen als Männer und Frauen erfahren haben.“ (Fooken 1999, 442).

In den letzten zwei Jahrzehnten standen primär zwei Themen im Vordergrund, wenn es um Männer in der zweiten Lebenshälfte ging: Erstens hat der verstärkte Trend zu Frühpensionierungen und zur Auflösung traditioneller männlicher Berufsbiografien zu einem verstärkten Interesse an älteren Arbeitnehmern und neuen Formen des Übergangs in den Ruhestand geführt (Clemens 2001; Clemens u. a. 2003). Zweitens wurden die geschlechtsspezifischen Differenzen von Gesundheit und Krankheit gezielter untersucht (Hollstein 1999; Hurrelmann/Kolip 2002), wobei etwa im Rahmen der wegweisenden Berliner Altersstudie ein spezifisches Kapitel den Geschlechtsunterschieden des Alters gewidmet wurde (Baltes u. a. 1996). Weitaus weniger erforscht wurden hingegen die Zusammenhänge zwischen Männlichkeitsvorstellungen und männlichem Altern (Thiele 2000), auch wenn sich die Hinweise mehren, dass sich männliche Geschlechtsrollenvorstellungen im Verlaufe des Alterungsprozesses wandeln können. In diesen Zusammenhang gehört auch die These eines „gender-cross-over“ (Verweiblichung älterer Männer, parallel zur Vermännlichung älterer Frauen) (Gutmann/Huyck 1994). In den letzten Jahren hat das Altern einer spezifischen Gruppe von Männern – der homosexuellen Männer – vermehrt Aufmerksamkeit erfahren (weil auch diese Gruppe von Männern eine demografische Alterung erfährt) (Gerlach u. a. 2002; Neuberg 2002; Reimann/Lasch 2006).

Im Folgenden sollen die in der Problemskizze angeführten drei Themenbereiche genauer ausgeführt und illustriert werden.

Übersterblichkeit der Männer

Die höhere Lebenserwartung von Frauen bzw. die Übersterblichkeit von Männern ist ein relativ neues Phänomen der Menschheitsgeschichte. In einigen Regionen Europas (wie Schweden oder einigen Regionen der Schweiz) begann der Trend zur weiblichen Langlebigkeit zwar schon gegen Ende des 18. Jahrhunderts, aber zu einer markanten Ausweitung der geschlechtsspezifischen Unterschiede der Lebenserwartung kam es erst im späten 19. Jahrhundert und vor allem im 20. Jahrhundert. Historische Analysen zeigen, dass sich die geschlechtsspezifischen Unterschiede der Lebenserwartung mit steigender industrieller Entwicklung und verstärkter Verstädterung ausweiten. Inzwischen ist die geringere Lebenserwartung der Männer zum weltweiten Phänomen geworden (Höpflinger 2000). Die Angaben in Tabelle 1 illustrieren die geschlechtsspezifischen Unterschiede der Wahrscheinlichkeit, alt und vor allem sehr alt zu werden, am Beispiel von Deutschland und der Schweiz.

Nahezu ein Drittel der Männer in Deutschland stirbt vor dem 70. Lebensjahr, und während über 60 % der Frauen den 80. Geburtstag feiern können, sind es nur wenig mehr als 40 % der Männer. Oder in anderen Worten: Die Mehrheit der Männer in Deutschland wird nicht hochaltrig. In der Schweiz sind – da dieses Land vom Wohlstandsaufschwung der Nachkriegsjahrzehnte früher zu profitieren vermochte – die Werte etwas höher, aber auch in der Schweiz stirbt nahezu die Hälfte der Männer noch vor dem 80. Lebensjahr. Auch in Zukunft ist mit bedeutsamen geschlechtsspezifischen Unterschieden der Lebenserwartung zu rechnen, selbst wenn sich

Tab. 1: Überlebenswahrscheinlichkeit ins höhere Lebensalter: Männer und Frauen im Vergleich
(Es handelt sich hier um Querschnittsdaten. Deutschland: Klein 2004, Tab. 4, 68, Schweiz: Menthonnex 2006, Tab. 5, 40)

	Deutschland 1997/1999		**Schweiz 1998/2004**	
Von 100 Geborenen überleben bis zum Alter:				
Alter	Männer	Frauen	Männer	Frauen
60	86,4 %	92,9 %	88,9 %	95,5 %
70	70,0 %	84,3 %	77,5 %	87,6 %
80	41,0 %	62,4 %	51,5 %	70,9 %
90	9,9 %	22,4 %	15,2 %	30,5 %

Tab. 2: Potenziell verlorene Lebensjahre nach Geschlecht, Schweiz 1970 und 2000, zwischen dem 1. und 70. Lebensjahr pro 100.000 Einwohner (altersstandardisierte Raten; Bundesamt für Statistik 1993, 317; 2003, 633f)

	1970 (Quotient Männer/Frauen)	**2000 (Quotient Männer/Frauen)**
Alle Todesursachen	2.0	2.0
Unfälle	3.6	3.9
Selbsttötung	3.0	3.0
Infektiöse Krankheiten/Aids	1.6	1.6
Krebskrankheiten	1.2	1.2
Diabetes mellitus	1.1	1.7
Kreislaufsystem/ Herzerkrankungen	2.5	3.0
Atmungsorgane	1.9	1.7
Alkohol. Leberzirrhose	5.6	2.4

seit Ende der 1980er Jahre in einigen westeuropäischen Ländern eine gewisse Angleichung in der Lebenserwartung beider Geschlechter feststellen lässt.

Bis heute gilt, dass Männer – wenn sie erkranken – eher an lebensbedrohlichen Erkrankungen leiden, während Frauen stärker nicht lebensbedrohliche, aber chronische Beschwerden aufweisen (Baltes u. a. 1996, 577). Daher ist bei Männern sowohl die aktive Lebenserwartung als auch die inaktive Lebensphase (Lebenszeit mit Behinderungen) kürzer als bei Frauen (Höpflinger/Hugentobler 2003; Klein 1999). Die gemäß der Berliner Altersstudie fünf häufigsten Erkrankungen bei über 70-jährigen Männer sind: Herzinsuffizienz, koronare Herzkrankheit, Beeinträchtigung des Sehsystems, Hypertonie sowie Beeinträchtigung des Gehörs (vgl. Baltes u. a. 1996, 583).

Zusätzliche Informationen über die Ursachen des vorzeitigen Sterbens bei Männern erlauben die Angaben in Tabelle 2. Angeführt sind – für die Schweiz – die geschlechtsspezifischen Differenzen der potenziell verlorenen Lebensjahre 1970 und 2000. Ein Quotient von über 1.0 weist darauf, dass mehr Männer als Frauen vorzeitig sterben (und ein Quotient von unter 1.0 weist auf ein höheres Sterberisiko von Frauen hin).

Insgesamt haben die Männer ein zweifach so hohes Risiko, noch vor dem 70. Altersjahr zu sterben, und obwohl sich zwischen 1970 und 2000 das Risiko eines vorzeitigen Todes auch bei den Männern markant reduziert hat, haben sich die geschlechtsspezifischen Unterschiede wenig bewegt.

Deutlich höhere Risiken weisen Männer namentlich bezüglich des Unfallrisikos auf, und das Risiko von Männern an berufs- oder freizeitbedingten Unfällen zu sterben, ist in der Schweiz mehr als dreimal so hoch wie bei Frauen, was unter anderem mit aggressiverem Verhalten im Verkehr und während der Freizeit zu tun hat. Zusätzlich sind mehr Männer als Frauen in unfallträchtigen und relativ gefährlichen Berufen tätig. Obwohl mehr Frauen als Männer depressive Störungen aufweisen, ist auch die Selbsttötungsrate bei Männern dreimal so hoch als bei Frauen, weil Männer bei Selbsttötungsversuchen häufiger aggressivere Verfahren (Erschießen, Erhängen) wählen (Teising 1996). Auch im Alter ist Selbsttötung bei Männern häufiger als bei Frauen, wobei die höheren Selbsttötungsraten bei Männern – im Sinne eines brutalen Selektionseffektes – auch dazu führen, dass Männer im Alter weniger psychische Probleme aufweisen als gleichaltrige Frauen.

Höhere Anfälligkeiten weisen Männer auch bei Infektionskrankheiten auf, genauso wie ein überdurchschnittliches Risiko bei Kreislauf- und Herzerkrankungen, einerseits weil Frauen immunbiologisch gegenüber Kreislauf- und Herzerkrankungen etwas besser geschützt sind, andererseits aber auch, weil mehr Männer deutlich übergewichtig sind und einen zu hohen Blutdruck aufweisen (Brähler/Felder 1999). In jedem Fall ist das Risiko von Männern vor dem 70. Altersjahr an Kreislauf- und Herzkrankheiten zu sterben, dreimal so hoch als bei Frauen. Da zumindest in den höheren Altersgruppen mehr Männer rauchen bzw. geraucht haben, liegt auch die Sterblichkeit durch Schädigungen der Atmungsorgane bei Männern höher als bei Frauen. Auch beim Alkoholkonsum zeigen sich klare Unterschiede im Verhalten von Frauen und Männern. Frauen konsumieren häufiger nie oder nur selten Alkohol, wogegen ein zu hoher Alkoholkonsum bei Männern öfter auftritt.

Als Fazit lässt sich festhalten, dass mehr Männer als Frauen riskant und gefährlich leben. Auch bei gesundheitsbezogenen Verhaltensweisen sind Männer auffälliger: Sie rauchen und trinken mehr und regelmäßiger. Trotz der häufigen Ansicht, selber viel für die Erhaltung bzw. Verbesserung der eigenen Gesundheit tun zu können, nehmen sie ärztliche Vorsorgeuntersuchungen teilweise weniger in Anspruch. Seelische Einflüsse auf die eigene Gesundheit werden von Männern häufiger verneint (Brähler/ Felder 1999; Kolip/Koppelin 2002).

Wie lassen sich diese Geschlechtsdifferenzen erklären bzw. genauer gesagt, worauf gehen die vielfach gegen die eigene Person gerichteten, destruktiven Verhaltensweisen mancher Männer zurück? Je nach Erklärungsansatz werden biologische Faktoren (hormonale und immunbiologische Stärken des weiblichen Körpers), psychologische Faktoren (unterschiedlicher Umgang mit Gefahren und Emotionen) oder soziale Bedingungen (geschlechtsspezifische Arbeitsteilung in der Gesellschaft) herangezogen (Stuckelberger/Höpflinger 1996). Sinnvoll erscheint es, die unterschiedlichen Lebensbedingungen und Lebenserfahrungen von Frauen und Männern zu betonen, namentlich was Generationen betrifft, die in einer Welt aufwuchsen, wo Frauen und Männer eine ausgeprägte geschlechtsspezifische Arbeitsteilung erlebten. Neben den Auswirkungen gesellschaftlicher Faktoren, wie etwa die unterschiedlichen Arbeitsplatzbedingungen und die Unterschiede familial-beruflicher Aktivitäten von Frauen und Männern, spielt auch die männliche Rollenidentität eine bedeutsame Rolle. Der Männerforscher Walter Hollstein (1999) spricht in diesem Zusammenhang von einer „Krise der Männlichkeit“, die sich in verschiedenen Ängsten niederschlägt. So unterdrücken Männer häufig ihre Emotionen und leben kompensatorisch stärker Aggressivität, Kontrolle, Macht und Dominanz aus, um ihre eigene Männlichkeit unter Beweis zu stellen und sogenannte „weibliche“ Anteile abzuwehren. Gemäß Walter Hollstein erleben namentlich ältere Generationen von Männer die Rollenveränderungen der Frauen in den letzten Jahrzehnten teilweise als derart verunsichernd, dass sie sich zu verschiedenen männlichen Reaktionsformen provoziert fühlen. Dazu gehört auch, körperliche Beschwerden und Krankheitssymptome „wegzustecken“.

Dabei ist auffallend, dass Männergesundheit lange Zeit kaum ein zentrales Thema darstellte. Zum Thema „Frauen und Gesundheit“ gibt es ein Mehrfaches an Publikationen als zum ebenso wichtigen Thema „Männer und Krankheit“. Sonntag und Blättner (1998) ziehen für diesen Unterschied drei Ursachen in Betracht: Erstens wird Gesundheit mit Geschlecht so stark in Verbindung gebracht, dass eine Beschäftigung damit Männer in den Ruf mangelnder Männlichkeit bzw. Potenz bringen würde. Zweitens werden Männer immer noch als die eigentlichen Menschen betrachtet, von denen Frauen abzugrenzen sind. Eine spezielle Darstellung der Männergesundheit scheint damit nicht notwendig, und drittens fehlt eine Männerbewegung, die quantitativ und qualitativ in ihrem emanzipatorischen Gehalt mit der Frauenbewegung mithalten könnte.

Dabei ist allerdings anzuführen, dass sich die erhöhten gesundheitlichen und sozialen Risiken namentlich bei Männern in der zweiten Lebenshälfte (45/50+) stark auf spezifische Gruppen von Männern konzentrieren. Schicht- und bildungsbezogene Unterschiede von Mortalität und Morbidität sind gerade bei Männern im Alter von 45–65 Jahren sehr ausgeprägt. Eine Gesundheitsförderung für Männer in der zweiten Lebenshälfte ist immer zielgruppenspezifisch auszurichten, und vielfach sind gesundheitliche Risiken bei Männern eng mit sozialen Problemlagen – wenig Bildung und geringe Berufschancen, tiefe Einkommen und Arbeitslosigkeit, erlebte

Tab. 3: Leben in einer Paarbeziehung im Alter: Deutschland 2004; zu Hause lebende Bevölkerung (Kohli u.a. 2005, Tab. 4A.8 (Survey of Health, Ageing and Retirement (SHARE) 2004))

	Prozentualer Anteil in einer Paarbeziehung (verheiratet oder unverheiratet zusammenlebend)		**Prozentual verwitwet**	
	Männer	Frauen	Männer	Frauen
50–59 J.	71 %	67 %	2 %	8 %
60–69 J.	74 %	65 %	8 %	20 %
70–79 J.	77 %	45 %	17 %	40 %
80+ J.	73 %	10 %	25 %	80 %

Scheidung usw. – verknüpft. Dies impliziert, dass männliche Gesundheitsförderung und männliche Sozialarbeit gerade bei Männern im Alter von 50 Jahren und älter eng zusammenarbeiten müssen.

Auseinanderfallen der Lebensformen von Frauen und Männern im Alter

Die Unterschiede der Überlebenswahrscheinlichkeit von Männern und Frauen führen in Kombination mit geschlechtsspezifischen Unterschieden des Partnerschaftsverhaltens im höheren Lebensalter zu einem markanten Auseinanderfallen der Lebensweisen von Frauen und Männer. Frauen leben im Alter häufig allein, und sie sind mehrheitlich verwitwet, Männer hingegen leben zumeist auch im Alter in einer Paarbeziehung, und ihr Risiko einer Verwitwung ist deutlich geringer. Dieser Tatbestand wird durch die Angaben in Tabelle 3 eindeutig illustriert.

Der deutlich höhere Anteil älterer Männer in einer Paarbeziehung ist das Resultat davon, dass Männer früher sterben und mehrheitlich eine jüngere Frau heiraten (wodurch primär Frauen ein hohes Verwitwungsrisiko aufweisen). Zudem gehen Männer im höheren Alter nach einer Scheidung oder Verwitwung häufiger als Frauen erneut eine Partnerschaft ein, wozu auch die Tatsache beiträgt, dass sie als demografische Minderheit mehr Chancen haben, eine neue Partnerschaft einzugehen als dies bei Frauen der Fall ist. Die Unterschiede der Lebensformen zwischen älteren Männern und

Frauen erklären weitgehend, weshalb Männer im Alter häufiger von Frauen gepflegt werden als umgekehrt. Die Pflegebereitschaft von Männern bei Pflegebedürftigkeit ihrer Partnerin ist jedenfalls nicht geringer als die Pflegebereitschaft von Frauen (Grässel 2000). Die Übernahme einer partnerschaftlichen Pflege führt bei älteren Männern nicht selten zu einem wichtigen Entwicklungsschritt hin zu einer mehr fürsorglicheren Lebensperspektive.

Verwitwung im Alter ist – wie erwähnt – zwar primär ein Frauenschicksal, gleichzeitig sind Männer von einer Verwitwung oft negativer betroffen. So wird in der deutschen Arbeiterrenten- und Angestelltenversicherung eine reduzierte Restlebenserwartung verwitweter Männer sichtbar, während eine Verwitwung bei Frauen diesbezüglich keinen Effekt zeigt (Brähler u.a. 2000). In einer Studie der Genfer Seniorenuniversität (Groupe ‚Sol' 1996) zur Verwitwung bei Männern wurden einige geschlechtsspezifische Unterschiede im psychologischen Umgang mit dem Erleben einer Verwitwung deutlich. So sprachen die verwitweten Männer häufiger von ihren beruflichen und freizeitmäßigen Aktivitäten, aber weniger über ihr seelisches und emotionales Befinden als verwitwete Frauen. Emotionale Aspekte wurden speziell von stark männlich orientierten Witwern eher verdrängt. Männlichkeitsnormen, die es verbieten, emotional-affektive Gefühle auszudrücken, erschweren die Bewältigung eines Partnerverlustes. Die Bewältigung einer Verwitwung ist allerdings auch bei Männern von vielen Faktoren abhängig: Qualität der Ehebeziehung und Kontakte außerhalb der Ehe, Form und Plötzlichkeit des Todes der Ehepartnerin, soziale Unterstützung durch Angehörige und Freunde, biografische Erfahrungen und Lebenseinstellungen, Gesundheitszustand usw.

Männer im Alter sind insofern privilegiert, als sie häufiger als gleichaltrige Frauen auf eine langjährige und/oder neue Partnerbeziehung bauen können. Auch wirtschaftlich sind Männer im Alter weniger armutsgefährdet als Frauen. Während gemäß des deutschen Alterssurvey 2002 9,1 % der 70–85-jährigen Frauen als einkommensschwach eingestuft wurden, waren es nur 4,8 % der 70–85-jährigen Männer (Motel-Klingebiel 2006, Tabelle 3). Einerseits können aufgrund besserer Karrierechancen mehr Männer als Frauen auf eine gute Altersvorsorge zählen. Andererseits spielen auch soziale Selektionseffekte eine Rolle, da primär wohlhabende Männer alt bzw. sehr alt werden.

Fallen ältere Männer jedoch aufgrund von Scheidung oder Verwitwung aus dem partnerschaftlichen Rahmen, erweisen sie sich oft als stärker gefährdet als Frauen. Auch berufliche und wirtschaftliche Benachteiligungen wirken sich bei älteren Männern negativ auf die Gesundheit im Alter aus. Vereinfacht formuliert existieren deshalb im höheren Lebensalter zwei unterschiedliche Gruppen von Männern (vgl. auch Fooken 1999):

Einerseits zeichnet sich eine große Gruppe älterer Männer durch eine ausgeprägte Unauffälligkeit bezüglich materieller und sozialer Lebensaspekte aus. Diese Männer weisen eine gute materielle Alterssicherung aus, haben gute Ressourcen für eine aktive Lebensgestaltung nach der Pensionierung, und sie sind meist eingebettet in eine langjährige Partnerbeziehung, die häufig auf einer traditionellen männlich-weiblichen Arbeitsteilung beruht. Problematisch sind bei dieser Gruppe von Männern höchstens ein ungenügendes Gesundheitsverhalten und eine zu starke Abhängigkeit von der Partnerin (was bei Partnerverlust zu Problemen führen kann).

Andererseits existiert eine (zahlenmäßig ansteigende) Gruppe von Männern, die schon während ihres Berufslebens wirtschaftliche und soziale Desintegrationsprozesse erlebt hat, sei es aufgrund von langjähriger Arbeitslosigkeit oder zwangsweiser Frühpensionierung; sei es aber auch aufgrund von Suchtproblemen (Alkoholismus), unbewältigter Ehescheidung usw. Die Einschränkungen und biografischen Brüche während der Berufsjahre führen bei diesen Männern im Alter zu erhöhten Risiken (sofern sie überhaupt alt werden). Mangelnde materielle Sicherheit und lückenhafte soziale Integration im mittleren Lebensalter wirken sich in der nachberuflichen Lebensphase in einem vergleichsweise geringen Bewältigungs- und Kompensationspotenzial aus. Bei dieser Gruppe wenig integrierter, isolierter Männer ist nicht so sehr das Alter das Hauptproblem, sondern primär die Nachwirkungen einer negativ erlebten bzw. missglückten beruflichen und familiären Karriere im mittleren Lebensalter.

Mit steigendem Lebensalter befinden sich Männer immer mehr in einer sozio-demografischen Minderheitsposition, was ihre Lebensumwelt beeinflusst. Mit steigendem Lebensalter müssen sie sich – zumindest was Gleichaltrigenkontakte betrifft – immer mehr in einer weiblich geprägten Umwelt bewegen. Dies ist vor allem bei Alten- und Pflegeeinrichtungen ausgeprägt, wo nicht nur die Bewohnerschaft mehrheitlich weiblich ist, sondern auch das Pflegepersonal. Es ist jedenfalls auffällig, dass männliche Individuen sich heute sowohl zu Beginn als auch am Ende ihres Lebens in stark weiblich bestimmten Lebenswelten bewegen (müssen): Während der Säuglings- und der frühen Kindheitsphase sind die prägenden Bezugs- und Erziehungspersonen zumeist Frauen (was durch die Entwicklung zur „vaterlosen Gesellschaft“ verstärkt wurde). Im Jugend- und Erwachsenenalter stehen eher geschlechtlich-gemischte Gruppen im Zentrum. Im höheren Lebensalter kehrt sich das Bild erneut, und Frauen dominieren sowohl zahlenmäßig wie auch sozial immer mehr.

> „Ähnlich wie zu Beginn der Lebensspanne befinden sich Männer im Alter nun wieder in weiblich dominierten Kontexten, nur diesmal tendenziell eher vereinzelt, denn ein Großteil der gleichgeschlechtlichen ‚peers‘, die Männlichkeit vorleben und verstärken könnten, steht nicht mehr so un-

mittelbar zur Verfügung. Identifikationen und Substitutionen können diesen Prozess abfedern, dennoch wirkt männliche Identität in besonderer Weise bedroht: Alter wird quasi konstruiert als eine Negation von Männlichkeit“ (Fooken 1999, 444–445). Bei einigen Männern führt dies zum ‚Hahn-im-Korb-Phänomen‘, bei anderen Männern jedoch zu einer tiefen Verunsicherung und zum sozialen Rückzug aus einer Welt, in der durchsetzungsstarke Frauen immer bestimmender werden; sei es als Mitbewohnerinnen von Alters- und Pflegeheimen, sei es als Pflegefachpersonen in Familien, Spitälern oder ambulanter Altersbetreuung.

Männlichkeitsbilder und männliches Altern

Gesellschaftlicher Wertewandel wie auch emanzipatorische Bestrebungen von Frauen haben in den letzten Jahrzehnten zu einem Verlust von klaren Männlichkeitsvorstellungen beigetragen (Steffen 2002). Dies trägt bei einigen Gruppen älterer Männer zu einer ausgeprägten Verunsicherung bei. Umgekehrt erschwert bei einigen Männern aus älteren Generationen gerade die starke Orientierung an veralteten Männlichkeitsidealen ihr Altern. In der gerontologischen Forschung wird seit längerem die These vertreten, dass eine Persönlichkeitsentwicklung in Richtung eines Ausgleichs von männlichen und weiblichen Eigenschaften gerade im höheren Lebensalter wichtig sei (Gutmann 1987; Pleck 1981). Neuere Studien lassen tatsächlich erkennen, dass eine einseitige Orientierung an traditionellen männlichen Rollenbildern im Übergang zum höheren Lebensalter zu Anpassungsschwierigkeiten und Beeinträchtigungen der körperlichen und psychischen Gesundheit führen kann. „Erfolgreiches Altern bedeutet somit für viele Männer, sich mit ihrer Maskulinität auseinander zu setzen“ (Thiele 2000, 121). Eine „Androgynie des späteren Lebensalters“ bei Männern impliziert allerdings keineswegs eine „Verweiblichung älterer Männer“, sondern die Ergänzung bisher gelebter männlicher Werte durch mehr weibliche Anteile, etwa bezüglich Gefühlen, sozialen Kompetenzen usw. Schon in der von Ursula Lehr durchgeführten Bonner Längsschnittstudie wurde sichtbar, dass Männer, die im Vergleich zu ihren Geschlechtsgenossen länger lebten, häufiger um die Erhaltung und Ausweitung sozialer Kontakte bemüht waren und eher von Gefühlen der inneren Verbundenheit, der Akzeptanz und des Vertrauens im zwischenmenschlichen Bereich berichteten (Fooken 1987). Auch neuere Forschungsstudien unterstützen die Feststellung, dass Männer, denen es im Übergang zum höheren Lebensalter gelingt, Partnerschaft und Familie höher zu bewerten und flexibel auf emotionale Lebenselemente zurückzugreifen, sich eher durch ein besseres Wohlbefinden auszeichnen. Umgekehrt tendieren ältere Männer, die hartnäckig auf jugendlich-männliche Werte ausgerichtet sind, dazu ihre altersbedingten körperlichen Leistungseinbußen zu verdrängen, mit der Folge, dass sie sich unter Umständen nicht altersadäquat verhalten und körperlichen ‚Raubbau' betreiben (Thiele 2000, 125).

Namentlich körperliche und sexuelle Potenz bei Männern und äußere Attraktivität bei Frauen sind zentrale geschlechtstypisierte Eigenschaften, die vergleichsweise stark von biologischen Alterungsprozessen tangiert werden. In einer deutschen Studie zum Altern bei Männern wurde deutlich, dass einerseits ältere Männer mit niedriger Fitness mehr Beschwerden vermerken, weil sie eine schlechte Gesundheitsvorsorge pflegen. Andererseits war aber auch eine hohe Fitness gekoppelt mit stark maskuliner Orientierung mit mehr Beschwerden assoziiert, weil auch viel Fitness-Training schlussendlich das Alt-Werden nicht aufhalten kann (Thiele 1998).

Ein Problem besteht darin, dass kaum positiv bewertete männliche Altersrollen bestehen, mit einer Ausnahme: die Rolle des Großvaters. Großvaterschaft – analog wie Großmutterschaft – ist eine positiv besetzte, wenn auch stark stereotypisierte familiäre Altersrolle. Allerdings hat sich das Großvaterbild in den letzten Jahrzehnten immer stärker von männlich-väterlichen Rollenvorstellungen entfernt (Chvojka 2003). Großväter sind immer seltener ‚Lehrmeister', sondern primär ‚Kameraden' ihrer Enkelkinder, und in diesem Rahmen haben sich die faktischen Unterschiede im Verhalten von Großvätern und Großmüttern weitgehend aufgelöst (obwohl die klassischen Geschlechterstereotype zu Großmutter und Großvater weiterhin verankert bleiben). Eine 2004 bei 658 12–16-jährigen Enkelkindern aus urbanen Regionen der Schweiz durchgeführte Studie über ihre Beziehungen zu (allen noch lebenden) Großeltern ließ erkennen, dass sich im Vergleich der Eigenschaftsbeschreibungen von Großvätern und Großmüttern zwar weiterhin einige statistisch signifikante Unterschiede nachweisen lassen, aber diese Unterschiede nicht besonders ausgeprägt sind: Großmütter werden (weiterhin) signifikant häufiger als liebevoll eingeschätzt als Großväter, aber die heutigen Enkelkinder stufen auch eine große Mehrheit ihrer Großväter als liebevoll ein (77 % verglichen mit 86 % der Großmutter) (Höpflinger/Hummel/Hugentobler 2006). Auch Kontakthäufigkeit und Ausmaß an gemeinsamen Aktivitäten variieren kaum nach Geschlecht der Großeltern (wie auch nicht nach dem Geschlecht der Enkelkinder). Geschlechtsdifferenzen der Enkelkind-Großeltern-Beziehungen sind weniger ausgeprägt als oft vermutet wird, und heranwachsende Enkelkinder von heute erleben eine weitgehend ‚geschlechtsneutrale' Beziehung zu Großmüttern und Großvätern (Höpflinger/Hummel 2006). Auch dies kann auf einen verstärkten Trend zu einer stärker androgynen Gestaltung männlichen Alters hinweisen, zumindest im Umgang mit der jüngsten Familiengeneration.

Homosexuelle Männer im Alter

In den letzten Jahren erreichte die erste Generation homosexueller Männer, die sich offen zu ihrer Homosexualität bekannten, das ‚Seniorenalter', wodurch das Altern dieser Gruppe allmählich thematisiert wird, namentlich in Großstädten (Baum 2004). So führte beispielsweise das Referat für Gleichgeschlechtliche Lebensweisen des Berliner Senats 2002 eine Fachtagung zum Altern homosexueller Männer und Frauen durch (Referat für gleichgeschlechtliche Lebensweisen 2002), und 2005 integrierte der Berliner Senat erstmals in Deutschland die Interessen dieser Gruppe offiziell in ihre Leitlinien für Senioren-Politik. In der Schweiz unterstützte die Pro Senectute Schweiz – als größte Dienstleistungsorganisation für ältere Menschen – 2005 mit Blick auf die Situation älterer homosexueller Paare im Abstimmungskampf das „Bundesgesetz über die eingetragene Partnerschaft gleichgeschlechtlicher Paare".

Allerdings fehlen in Deutschland wie der Schweiz weiterhin wesentliche Informationen zur Lebenslage verschiedener Generationen homosexueller Männer. Entsprechend ist auch offen, inwiefern ältere homosexuelle Männer tatsächlich einer doppelten Diskriminierung – als Homosexuelle und Alte – unterworfen sind. Negative Vorstellungen – etwa dass homosexuelle Männer schneller altern als Heterosexuelle, oder dass homosexuelle Männer im Alter generell vereinsamen – sind in jedem Fall nicht mehr realitätsgerecht (Reimann/Lasch 2006). Bei heutigen älteren homosexuellen Männern wirken allerdings früher erlebte Diskriminierungen und Stigmatisierungen oft auch im Alter weiter nach (Koch-Burghardt 1997). Es ist zu vermuten, dass dies bei jüngeren Generationen – und vor allem bei guter sozialer Integration in eine homosexuelle Subkultur – weniger oder nicht mehr der Fall ist.

Im Alter sind homosexuelle Männer in analoger Weise wie heterosexuelle Männer mit Fragen einer abnehmenden körperlichen Leistungsfähigkeit (und Attraktivität), aber auch mit dem Verlust von Partner oder anderen Vertrauenspersonen sowie mit veränderten Rollenerwartungen nach der Pensionierung konfrontiert. Problematisiert wird von homosexuellen älteren Männern recht häufig, das Thema ‚Einsamkeit im Alter' bzw. die Notwendigkeit, auch im Alter entsprechende soziale Kontakte und Netzwerke gezielt zu pflegen (da sie nicht auf Nachkommen zurückgreifen können). Homosexuelle ältere Männer bezweifeln zudem, ob das Personal in der professionellen Alterspflege und -betreuung für die spezifische Situation pflegebedürftiger Schwuler und Lesben genügend sensibilisiert ist (Baum 2004). Insgesamt lässt sich jedoch feststellen, dass nicht die gleichgeschlechtliche Lebensweise an sich problematisch ist oder ein ‚erfolgreiches' Altern fördert. „Vielmehr sind das eigene positive Selbstkonzept, der Umgang mit Homophobie und Stigmatisierungen sowie die jeweiligen sozialen Kontakte neben anderen Dimensionen, wie Einkommen und Gesundheit ausschlaggebend für ein zufriedenes Altern" (Reimann/Lasch 2006, 18). Analog zu anderen Gruppen älterer Menschen konstituieren auch homosexuelle Männer im Alter keine homogene Gruppe, sondern ihre Lebenslage und ihre Bedürfnisse sind heterogen. Ebenso wie bei anderen Gruppen unterliegt auch das Altern homosexueller Männer einem starken Generationenwandel, da unterschiedliche Generationen homosexueller Männer unterschiedliche Berufs-, Lebens- und Stigmatisierungserfahrungen mitbringen.

Praxisbezug

Spezifische männerbezogene Projekte im Alter oder im Rahmen von Altersorganisationen sind selten bzw. die Ausnahme. Sozialarbeiterische Aktivitäten bestehen – lokal – primär für alternde Männer, die schon in früheren Lebensjahren sozialarbeiterisch betreut werden mussten (wie Langzeitarbeitslose, behinderte Menschen, Suchtgefährdete, desintegrierte Migranten usw.). Einige dieser Gruppen erfahren aktuell eine demografische Alterung, wodurch etwa mehr Männer mit Suchtproblemen oder psychischen Behinderungen ins Alter begleitet werden müssen. Modelle aktiven Alterns führen zudem zu einer steigenden Zahl älterer Gefängnisinsassen, wie auch die erste Generation von Arbeitsmigranten – sofern sie nicht in ihr Herkunftsland zurückkehren – älter wird.

Viele Seniorengruppen sind indirekt männerorientiert, als die Mehrheit der aktiven und leitenden Mitglieder pensionierte Männer sind. Dies gilt insbesondere für Organisationen, die aus der Berufswelt entstanden sind (Pensionierten- und Ehemaligen-Vereine) oder die eine Weiterführung beruflicher Aktivitäten anstreben (wie Adlatus oder Senexpert). Männer sind auch im Alter häufiger ehrenamtlich in Vereinen und Verbänden tätig als Frauen (Künemund 2006, 300).

In anderen Worten: Explizite Altersprojekte für Männer im Alter sind selten, aber Männer sind nicht selten auch im Alter in – oft stark von Männern dominierten – nachberuflichen Aktivitäten engagiert. Explizite Männerprojekte entstehen zur Zeit primär innerhalb der Homosexuellen-Bewegung, wobei für alternde homosexuelle Männer vor allem altersgerechte Wohn- und Pflegeformen, die ihrer spezifischen Lebensgeschichte und -form entgegenkommen, von besonderem Interesse sind. Im Rahmen homosexueller Selbsthilfe entstehen allmählich spezifische Netzwerk- und Wohnprojekte für die zweite Lebenshälfte (vgl. www.40plus-berlin.de; www.village-ev.de) sowie erste Initiativen zur Errichtung schwul-lesbisch orientierter Alterspflegeeinrichtungen (vgl. www.altenpflegegayheim.de). Sozialarbeiterische und heilpädagogische Projekte konzentrieren sich ihrerseits primär auf Gruppen von Männern, die schon früher eine Betreuung benötigten, und im Zentrum steht somit weniger das männliche Altern als das Altern sozialer Problemgruppen.

Literatur

Backes, G. M. (2002): Geschlecht und Alter(n) als künftiges Thema der Alter(n)soziologie, in: Backes, G.M., Clemens, W. (Hrsg.): Zukunft der Soziologie des Alter(n)s. Leske und Budrich, Opladen, 111–148

– (2006): Geschlecht und Alter(n). In: Zeitschrift für Gerontologie und Geriatrie, 39, 1–4

Baltes, M.M., Horgas, A.L., Klingenspor, B., Freund, A.M., Carstensen, L.L. (1996): Geschlechtsunterschiede in der Berliner Altersstudie In: Mayer, K.U., Baltes, P.B. (Hrsg.): Die Berliner Altersstudie. Akademie Verlag, Berlin, 573–598

Baum, G. (2004): „Thema oder Tabu“ – Die gesellschaftspolitische Relevanz betagter homosexueller Menschen in der deutschsprachigen Schweiz. Abschlussarbeit des Interdisziplinären Universitären Gerontologischen Studienganges. Universitäres Institut Alter und Generationen (INAG), Sion

Brähler, E., Felder, H. (1999): Weiblichkeit, Männlichkeit und Gesundheit. Westdeutscher Verlag, Opladen

Brähler, E., Goldschmidt, S., Kupfer, J. (2000): Männer und Gesundheit. www.uni-leipzig.de/~medpsy/maenner/maenner.html

Bundesamt für Statistik (Hrsg.) (1993): Statistisches Jahrbuch der Schweiz. Verlag Neue Zürcher Zeitung, Zürich

– (Hrsg.) (2003) Statistisches Jahrbuch der Schweiz. Verlag Neue Zürcher Zeitung, Zürich

Clemens, W. (2001): Ältere Arbeitnehmer im sozialen Wandel. Leske und Budrich, Opladen

–, Künemund, H., Parey, M. (2003): Alter(n) und Erwerbsarbeit – Probleme und Potenziale in einem gesellschaftlichen Spannungsfeld. In: Herfurth, M., Kohli, M., Zimmermann, K. F. (Hrsg.): Arbeit in einer alternden Gesellschaft. Leske und Budrich, Opladen, 43–64

Chvojka, E. (2003): Geschichte der Großelternrollen vom 16. bis zum 20. Jahrhundert. Böhlau Verlag, Wien/Köln

Fooken, I. (1986): Gerontologie eine Männerwissenschaft oder: Der Mann im Alter – das unbekannte Wesen? In: Zeitschrift für Gerontologie, 19, 221–222

– (1987): Geschlechtsrollenspezifizität und ausgeprägte Langlebigkeit als Klassifikationskriterium zur Identifizierung von Alternsstilen – Ergebnisse aus der Bonner Gerontologischen Längsschnittstudie. In: Lehr, U., Thomae, H. (Hrsg.): Formen seelischen Alterns. Enke, Stuttgart, 250–255

– (1999): Geschlechterverhältnisse im Lebensverlauf. Ein entwicklungspsychologischer Blick auf Männer im Alter, in: Jansen, B., Karl, F., Radebold, H., Schmitz-Scherzer, R. (Hrsg.) Soziale Gerontologie. Ein Handbuch für Lehre und Praxis. Beltz-Verlag, Einheim, 441–452

Gerlach, H., Knese, M., Ness, S., Swoboda, J. (2002): Gay and Grey: Ältere Lesben und Schwule. Kuratorium Deutsche Altershilfe, Köln

Grässel, E. (2000): Warum pflegen Angehörige? Ein Pflegemodell für die häusliche Pflege im höheren Lebensalter. In: Zeitschrift für Gerontopsychologie und -psychiatrie, 13,2, 85–94

Groupe ‚Sol' de l'Université du 3e âge de Genève (1996): Vivre sans elle. Le veuvage au masculin. Georg, Genève

Gutmann, D. (1987): Towards a new psychology of men and women in later life. Basic Books, New York

–, Huyck, M.H. (1994): Development and pathology in postparental men: A community study. In: Thompson, E.H. (Hrsg.): Older men lives. Sage, Thousand Oaks, 65–84

Hollstein, Walter (1999): Männlichkeit und Gesundheit. In: Brähler, E., Felder, H. (Hrsg.): Weiblichkeit, Männlichkeit und Gesundheit. Westdeutscher Verlag, Opladen, 64–75

Höpflinger, F. (2000): Auswirkungen weiblicher Langlebigkeit auf Lebensformen und Generationenbeziehungen. In: Perrig-Chiello, P., Höpflinger, F. (Hrsg.) Jenseits des Zenits. Frauen und Männer in der zweiten Lebenshälfte. Haupt-Verlag, Bern, 61–74.

Höpflinger, F., Hugentobler, V. (2003): Pflegebedürftigkeit in der Schweiz. Prognosen und Szenarien für das 21. Jahrhundert. Huber, Bern

–, Hummel, C. (2006): Heranwachsende Enkelkinder und ihre Großeltern – im Geschlechtervergleich. In: Zeitschrift für Gerontologie und Geriatrie, 39,1, 33–40

–, –, Hugentobler, V. (2006): Enkelkinder und ihre Großeltern – intergenerationelle Beziehungen im Wandel. Seismo-Verlag, Zürich

Hurrelmann, K., Kolip, P. (Hrsg.) (2002): Geschlecht, Gesundheit und Krankheit. Männer und Frauen im Vergleich. Verlag Hans Huber, Bern/Göttingen, 419–438

Klein, T. (1999): Soziale Determinanten der aktiven Lebenserwartung. In: Zeitschrift für Soziologie, 28,6, 448–464

– (2004) Lebenserwartung – gesellschaftliche und gerontologische Bedeutung eines demografischen Konzepts. In: Kruse, A., Martin, M. (Hrsg.): Enzyklopädie der Gerontologie. Verlag Hans Huber, Bern/Göttingen, 66–81

Koch-Burghardt, V. (1997): Identität und Intimität. Eine biographische Rekonstruktion männlich-homosexueller Handlungsstile. Verlag Rosa Winkel, Berlin

Kohli, M., Künemund, H., Lüdicke, J. (2005): Family Structure, Proximity and Contact. In: Börsch-Supan, A. u.a. (Hrsg.): Health, Ageing and Retirement in Europe. First Results from the Survey of Health, Ageing and Retirement in Europe. Mannheim Research Institute für the Economics of Ageing, Mannheim

Kolip, P., Koppelin, F. (2002): Geschlechtsspezifische Inanspruchnahme von Prävention und Krankheitsfrüherkennung. In: Hurrelmann, K., Kolip, P. (Hrsg.): Geschlecht, Gesundheit und Krankheit. Männer und Frauen im Vergleich. Huber, Bern/Göttingen, 491–504

Künemund, H. (2006): Tätigkeiten und Engagement im Ruhestand. In: Tesch-Römer, C., Engstler, H., Wurm, S. (Hrsg.): Altwerden in Deutschland. Sozialer Wandel und individuelle Entwicklung in der zweiten Lebenshälfte. VS Verlag für Sozialwissenschaften, Wiesbaden, 289–327

Neuberg, S. (2002): Älter werden – Ältere Lesben und Schwule in Berlin. In: Referat für gleichgeschlechtliche Lebensweisen (Hrsg.): Anders sein und älter werden – Lesben und Schwule im Alter. Berlin, 77–124

Menthonnex, J. (2006): Tables de mortalité longitudinale pour la Suisse. Service Cantonal de Recherche et d'Informations Statistiques (SCRIS), Lausanne

Motel-Klingebiel, A. (2006): Materielle Lagen älterer Menschen – Verteilungen und Dynamiken in der zweiten Lebenshälfte, in: Tesch-Römer, C., Engstler, H., Wurm, S. (Hrsg.): Altwerden in Deutschland. Sozialer Wandel und individuelle Entwicklung in der zweiten Lebenshälfte. VS Verlag für Sozialwissenschaften, Wiesbaden, 155–230

Pleck, J.H. (1981): The myth of masculinity. MA: MIT Press, Cambridge

Reimann, K., Lasch, V. (2006): Differenzierte Lebenslagen im Alter. Der Einfluss sexueller Orientierung am Beispiel homosexueller Männer. In: Zeitschrift für Gerontologie und Geriatrie, 39, 13–21

Referat für gleichgeschlechtliche Lebensweisen (Hrsg.) (2002): Anders sein und älter werden – Lesben und Schwule im Alter. Berlin

Rott, C. (2004): Demografie des hohen und sehr hohen Alters. In: Kruse, A., Martin, M. (Hrsg.) Enzyklopädie der Gerontologie. Verlag Hans Huber, Bern/Göttingen, 51–81

Sonntag, U., Blättner, B. (1998): Gesundheitshandeln von Frauen und Männern – eine Literaturrecherche. In: Gesundheitsakademie/Landesinstitut für Schule und Weiterbildung NRW (Hrsg.): Die Gesundheit der Männer ist das Glück der Frauen? Mabuse-Verlag, Frankfurt/Main

Steffen, T. (Hrsg.) (2002): Masculinities – Maskulinitäten. Mythos – Realität – Repräsentationen – Rollendruck. Weimar, Stuttgart

Stuckelberger, A., Höpflinger, F. (1996): Vieilliessement différentiel: hommes et femmes. Seismo, Zürich

Teising, M. (1996): Suizid im Alter – Männersache. Psychodynamische Überlegungen zur Erklärung einer statistischen Auffälligkeit. In: Psychosozial IV, 66, 43–51

Thiele, A. (1998): Verlust körperlicher Leistungsfähigkeit. Bewältigung des Alterns bei Männern im mittleren Lebensalter. Schulz-Kirchner, Idstein

– (2000): Männer, Maskulinität und psychische Adaptation im Kontext körperlicher Altersveränderungen. In: Perrig-Chiello, P., Höpflinger, F. (Hrsg.): Jenseits des Zenits. Frauen und Männer in der zweiten Lebenshälfte. Haupt-Verlag, Bern, 119–144

Thompson, E. H. (ed.) (1994): Older men's lives: research on men and masculinities. Sage, Thousand Oakes/London

Beispielgebende Projekte und Ansätze der Sozialen Arbeit mit Jungen und Männern

Weder Brandbekämpfung noch Weichspülung Jungenarbeit ist ein Qualitätsmerkmal zeitgemäßer Jugendhilfe

von Alexander Bentheim

Über die Sinnhaftigkeit heutiger Jungenarbeit – ob in Pädagogik, Sozialarbeit oder Jugendbildung – muss 25 Jahre nach den ersten Beiträgen dazu (Brunke 1981; Paschke/Sawatzki 1981) nicht mehr gestritten werden. Auch viele frühe Richtungsdebatten – aufgrund welcher theoretischer Annahmen und empirischer Erkenntnisse welche Ziele mit Jungenarbeit zu verfolgen seien (Sturzenhecker 1996) – sind zumeist ausgetragen oder mündeten faktisch in eine halbwegs friedliche Koexistenz (Bentheim u. a. 2004). Endlich, sollte betont werden, denn die von Schnack/Neutzling (1990) bereits vor vielen Jahren überzeugend vorgetragenen, weitgehend noch gültigen Beobachtungen zu Lebenssituationen von Jungen sind für die meisten Konzepte nach wie vor ein wesentlicher Bezugspunkt – auch wenn Beuster heute schon von „Katastrophe" spricht und nicht mehr nur von der „Not" der „kleinen Helden" (Beuster 2006; Beuster/Bentheim 2006). Die stete Frage, ob Jungenarbeit angezeigt sei, weil Jungen „Probleme machen" (Korrekturpädagogik) oder „Probleme haben" (Sorgepädagogik), ist – zumindest in der Fachdiskussion – zugunsten eines balancierenden Sowohl-als-auch in den Hintergrund gerückt (Neubauer/Winter 2001). Dabei wird Arbeitsansätzen, die die Kompetenzen, Ressourcen und Entdeckungslust von Jungen statt deren Defizite betonen, mittlerweile der Vorzug gegeben.

Gleichwohl: Trotz des 1991er Kinder- und Jugendhilfegesetzes mit seinem wichtigen § 9 (3), den PISA- und IGLU-Studien, Gender Mainstreaming oder regionalen Boys' Days zeigen sich Politik, Verwaltungen und Trägerlandschaft nur mäßig beweglich, werden dort überkommene Männlichkeitsentwürfe kaum angetastet, gibt es erst sechs (mehr schlecht als recht ausgestattete) Landesarbeitsgemeinschaften Jungenarbeit und regional nur wenige aktualisierte, stärker auf tatsächliche Jungenbedarfe hin fokussierende Jugendhilfe-Leitlinien, zudem mit rein „empfehlendem" Charakter (Facharbeitskreis Jungenarbeit der kommunalen Jugendbildungswerke in Hessen 2000; Heppner 2005; Englert 2006) – aber immerhin. So kommt es, dass Jungenarbeit in der öffentlichen Meinung noch weitgehend als domestizierende „Brandbekämpfung" oder als romantisierender „Weichspüler" wahrgenommen wird – nicht jedoch als das, was ihre Protagonisten über viele Jahre, oft in und aus der unverschuldeten Abseitsfalle heraus, kontinuierlich aus ihr gemacht haben: ein Qualitätsmerkmal in der

Jugendhilfelandschaft, das Antworten zu geben vermag, wo herkömmliche Präventions- und Interventionspraxen vielfach versagt haben.

Ob die (medial gepuschte) neue Benachteiligungsdebatte – nach der nicht mehr die Mädchen, sondern die Jungen die eigentlichen „Modernisierungsverlierer" seien – einen Paradigmenwechsel im gesellschaftlichen Blick auf Jungen einzuleiten in der Lage ist, sei noch dahingestellt. Tatsache ist, dass es bereits seit Jahren viel versprechende Konzepte und Projekte gibt, die die Sorgen von Jungen aufnehmen, ihre Interessen oder Bedarfe formulieren helfen und ihnen wichtige Handlungsoptionen erfahrbar machen.

Herauskristallisiert – und überwiegend positiv bestätigt sowohl von Jungen als auch von „Jungenarbeitern" – haben sich vor allem jene Konzepte, die einen kollektiven, Erlebnisse aktivierenden Anteil integrieren und die individuelle Reflexion dabei nicht aus den Augen verlieren, seien dies eintägige (gut), mehrtägige (besser) oder auf Dauer (optimal) angelegte Begleitungsangebote für Jungen und Jungengruppen. Dabei lautet ein oft bewährter Zugang: „Erst machen, dann reden". Denn Jungen, fast gleich welchen Alters, erleben sich körperlich und seelisch stärker – und damit nachhaltiger – im (gemeinsamen) Tun als im Vorabdiskutieren. Sie wollen Lösungen ausprobieren und nicht Probleme analysieren, wollen „können" statt „lernen" (Jantz 2006) und ein Ergebnis, gar Stolz über etwas Erreichtes ist ihnen – zunächst – wichtiger als der Weg dorthin. „Zugang" bedeutet für den pädagogischen Begleiter aber nicht, nur Attraktionen anzubieten und damit leichtfertig bekannte männliche Karrieremuster zu bedienen. „Zugang" bedeutet im Gegenteil ein hohes Maß an vorheriger Selbstreflexion von Männlichkeit(en) einschließlich der eigenen, ein klarer und empathischer Blick auf alle und einzelne Jungen, größtmögliche Offenheit für enthierarchisierende Prozesse, ein ausreichend selbst erprobtes Methodenrepertoire (Bentheim 2001), angemessene Integration der pädagogischen Vorhaben in die Lebenswelten und Bezugssysteme der Jungen. Das Grenzen setzen, erfahren (lassen), Widerstand aushalten und einen Umgang damit finden gehört eben dazu wie das Innehalten, Gewahrwerden und unterstützende Bewältigen von Ängsten und Traurigkeit bei Jungen (Bentheim 1999; 2004) – wozu es oftmals einer männlichen Aufforderung oder gar „Erlaubnis" bedarf, denn die meisten Jungen haben „weiche" Themen, aus guten (schlechten) Gründen, nicht im Horizont. Solch eine ganzheitliche Haltung bei Jungenarbeitern vorausgesetzt, geraten auch Attraktionen nicht zum Selbstzweck und *en passant* wieder zu Bausteinen eines heimlichen Lehrplans traditioneller Männlichkeit.

Jungenarbeit findet ihre Qualität darin, die Aneignungs- und Bewältigungsprozesse von Jungen in den verschiedenen Lebensphasen und Lebenslagen zu begleiten und zu fördern. Fragen müssen nicht immer sofort beantwortet, aber ernst genommen werden, Zweifel und Ambivalenzen sind erlaubt, Selbstbehauptung erwünscht, Respekt und Verantwortung vor anderen und für das eigene Leben gelten als prioritäre Lernfelder. Patent- und Erfolgsrezepte gibt es dabei schon wegen der Vielfalt an Jungenbiografien und Arbeitskonstellationen nicht, wohl aber die stete Aufforderung an die Pädagogen, Jungen in schwierigen Situationen und zuweilen auch ungemütlichen Beziehungsverhältnissen nicht aufzugeben (Bentheim 2005a) und das eigene Engagement auf Dauer anzulegen.

Eine so verstandene und praktizierte Jungenarbeit ist tatsächlich dann „sinn-voll", wenn sie Körper, Geist und Seele der Jungen anspricht und ihren individuellen Entwicklungen den nötigen Raum gibt, statt sie eindimensional auf „männlich verwertbare" Funktionalitäten hin zu fordern, zu trainieren, zu beurteilen und damit daran zu hindern, die Vielseitigkeiten und zugleich Einzigartigkeiten eines Männerlebens sukzessive zu entdecken. Gute Beispiele dafür gibt es durchaus und spiegeln sich in einer ganzen Reihe, im Folgenden teilweise illustrierten Projekten wider.

Die vom Manne e.V. Potsdam etwa konzipierte „Phoenixzeit", eine Art modernisierte Jugendweihe der früheren DDR (Stanke 2006), adressiert Jungen zu Beginn ihrer Pubertät. Über einen Zeitraum von gut einem halben Jahr, in der es mehrere angeleitete, themenbezogene Treffen gibt (z. B. „Meine Familie und ich", „Sucht sucht", „Liebe, Sex und Körper"), stehen sinnliche Naturerlebnisse (Übernachtung im Freien, kochen, klettern und abseilen, kämpfen, tanzen, bauen, Atemübungen) im Vordergrund und die Erfahrung, dass Freundschaft wichtiger ist als Konkurrenz. Am Ende der Zeit gibt es mit vier „Phoenixtagen", in denen die Jungen von selbst gewählten männlichen Paten begleitet werden, einen rituellen Abschluss und sie kehren – symbolisch gereift vom Jungen zum Jugendlichen – in ihre Familien zurück.

„Die Jungen werden vom Team darin unterstützt, sich selbst besser wahrzunehmen und aus dieser Selbstwahrnehmung heraus zu handeln. Jeder von ihnen kann sich als einzigartig erleben und erfahren, dass er mit seinem Anderssein akzeptiert ist. Dadurch entsteht Selbstsicherheit. Er spürt seine Grenzen und lernt, dass er sich dafür entscheiden kann, sie zu erweitern oder zu respektieren. Rituelle Handlungen ‚entfalten ihre Wirkung, wenn die Jungen einen Bezug zu ihren Erfahrungen und Lebensperspektiven herstellen können' und sind damit ‚emotionale Höhepunkte, an die sie sich jahrelang erinnern können'" (Stanke 2006, 9).

Die „Phoenixzeit" ist kein Einzelgänger: Ähnliche „initiatorische" Projekte, die in erlebnispädagogischen Konzepten wurzeln und Mitte der 1990er Jahre noch skeptisch beäugt wurden, gewinnen an Attraktivität (Rohner 1999; Kümmel 2006).

Ein anderes Beispiel für ein auf mehrere Monate angelegtes Projekt ist der Freiwilligendienst „Sozial engagierte Jungs“ für Schüler ab 14 Jahre (Wanielik 2006). Konzipiert als ein generationenübergreifendes bzw. -integrierendes Modellprogramm (mit Unterstützung des Bundesjugendministeriums und unter Leitung der Paritätischen Bildungswerke Bundesverband, Brandenburg und RLP/Saarland) wurde im Juni 2005 damit begonnen, für Haupt- und Realschüler praxisbezogene und geschlechtsbewusste Perspektiven zur Berufs- und Lebensplanung zu entwickeln (Bentheim 2005b). Unter Einbeziehung sogenannter Seniormentoren wird drei Jahre lang erprobt und wissenschaftlich begleitet, welche Erfahrungen Jungen in sozialen Einrichtungen – wie z.B. in Krankenhäusern, der Behinderten- und Altenarbeit oder in Kindertagesstätten und -horten – machen und wie sie diese für ihre späteren beruflichen Vorstellungen nutzen können. Eine Besonderheit dabei ist, dass die Jungen mittels ihres Engagements nicht nur ihre Fähigkeiten und Grenzen kennen lernen, sondern – bei erfolgreichem und zertifiziertem Abschluss der Arbeit – einen positiven Eintrag im Zeugnis erhalten, der schwache Leistungen in Schulpflichtfächern ausgleichen kann.

Dieses Modell könnte durchaus und im wahrsten Sinne des Wortes „Schule“ machen: das bundesweite Pilotprojekt „Neue Wege für Jungs“ eruiert derzeit, was unter den Stichworten „Berufswahlspektrum erweitern – Rollenbilder reflektieren – Sozialkompetenz stärken“ mit und für Jungen umzusetzen ist und erhielt aufgrund seiner Wettbewerbsausschreibung „Fort-Schritte wagen!“ Ende 2005 unerwartet viele Konzeptideen, von denen die praktikabelsten auf der Projekt-Site www.neue-wege-fuer-jungs.de einzusehen sind.

Ein drittes Beispiel schließlich illustriert die Jungenarbeit in der stationären Jugendhilfe. Hölscher/Jelinski (2001) zeigen anhand ihrer Arbeit in der „Therapeutischen Lebensgemeinschaft Haus Narnia“ – wo aus konzeptionellen Gründen ausschließlich Jungen aufgenommen werden – dass diese mit einer dezidiert jungenbezogenen Pädagogik für ihre eigenen Persönlichkeitsentwicklungen aktiv gewonnen werden können. „Wir begreifen uns als Männer und die Jungen als Jungen, die Männer werden wollen. Vielleicht deshalb spüren sie nach kurzer Zeit, dass sie als heranwachsende Männer wahr- und ernst genommen werden“, schreiben Hölscher und Jelinski über ihre 14- bis 17-jährigen Klienten, die in ihrem bisherigen Leben eine positive männliche Geschlechtsidentität kaum kennen gelernt haben. „Bei unseren Jungen ist das Vater-Sohn-Verhältnis ausnahmslos das am stärksten zerrüttete. Die Väter sind verstorben, vor oder kurz nach der Geburt verschwunden, desinteressiert, verhasst oder unbekannt. Auch wenn viele Einflüsse die Jungen so werden lassen, wie sie sind, bleibt die Nichtexistenz des Vaters oft unberücksichtigt oder unausgesprochen. Wir versuchen, den Blick der Jungen auch auf Erfahrungen, Wünsche und Enttäuschungen mit ihrem Vater zu richten“ (Hölscher/Jelinski 2001, 14). Zentrale Begriffe in ihrer Arbeit sind daher „Lebensgemeinschaft“, „Individualität“ und „Körperarbeit“ – und sie werden mit Leben gefüllt: Es gibt wöchentliche „Gewittersitzungen“, wo Dampf abgelassen werden kann, Schwierigkeiten und Fähigkeiten beim Namen genannt und alternative Konfliktlösungsmöglichkeiten angesprochen werden. Es gibt gezielte zwischenmännliche Begegnungen, wie das abendliche Vorlesen am Bett, das Angeln zu zweit an einem ruhigen See, das Sich-Miteinander-Messen beim Armdrücken und Gespräche von Mann zu Mann auch über sexuelle Fragen, wo „die Jungen erfahren, dass sie mit den sie übermannenden Gefühlen nicht alleine in der Welt stehen“ (Hölscher/Jelinski 2001, 15). Und es gibt Körperarbeit, „da die Jungen meist überhaupt nicht mit ihrem Körper verbunden sind. Gemeinsame handwerkliche Arbeiten und Sporttreiben stehen Massagen und Entspannungsbädern gegenüber. ‚Rangeleien‘ werden als Versuch der Kontaktaufnahme gedeutet. Dadurch werden freundschaftliche Umarmungen häufig erst möglich“ (Hölscher/Jelinski 2001, 15). Die Jungen lernen damit: Auch unter Männern ist es möglich, Nähe, Verbindlichkeit und Offenheit zu erleben.

Aber auch auf kürzere Zeit angelegte Projekte sind geeignet, Jungenarbeit sinnvoll zu gestalten und können – sofern wegen mangelnder Finanzierung keine Verstetigungen stattfinden – wenigstens Impulse setzen. Sie können Jungen eine Ahnung davon vermitteln, welche Lebensentwürfe auch jenseits konventioneller Männlichkeitsentwürfe denkbar und vielleicht sogar attraktiv sind – ob als Jungen-Aktionstage in Schulen (z. B. Schnettler 2004; Rudolph 2005; Achterwinter u. a. 2005; Knop/Laackmann 2005), als außerschulische Ein- bis Mehrtagesseminare (z. B. Tiemann 2001; Weigel 2003; Schmidt 2004; Lindenberg 2005; Decurtins 2005; Sickinger 2006; Schmidt 2006) oder als gemischt-getrennte Kurse im Kontext geschlechtsbezogener, reflektiert-koedukativer Arbeit gemeinsam mit Mädchen (z. B. Sieling 2006), insbesondere in der Gewaltprävention (z. B. Kabs/Sartingen 2001; Keller/Riederle 2004; Pfeiffer/Waskiewicz 2004).

Welche Potenziale in der Jungenarbeit noch stecken, lässt sich nicht erst seit der neueren „cross gender“-Debatte erahnen: Diskussionen darüber, ob nur Männer mit Jungen arbeiten können oder sollen, haben sich – zumindest für manche Alterstufen – überholt (z. B. Rohrmann/Thoma 1998; Schlimme/Bentheim 2004). Schon in der nachsorgenden Arbeit mit sexuell missbrauchten Jungen wurde deutlich, dass von Männern missbrauchte Jungen sich vornehmlich weibliche Hilfe wünschen (z. B. Bunjes 1998).

Alle Erfahrungen bei der Umsetzung dieser Konzepte weisen die Gemeinsamkeit auf, dass Jungen, wenn sie mit ihren oft unausgesprochenen Lebensfragen wahr- und angenommen werden, erst zögerlich, dann mutiger sind, soziales Neuland zu betreten und sich auf ungewohnte Erfahrungen mit sich und anderen einzulassen – wenn sie von Pädagogen nicht überfordert werden. Zwar gibt es noch kaum empirische Untersuchungen darüber, wie Jungenarbeit bei Jungen „ankommt", aber die meisten bislang vorliegenden Berichte ermutigen sehr, den eingeschlagenen Wegen zu folgen, Jungenarbeit (auch im Ausbildungsbereich) weiter zu qualifizieren und vor allem: sie zu praktizieren – je mehr desto besser.

Literatur

Achterwinter, D., Bleicher, U., Jannan, M. (2005): Buddy & Mind. Jungenarbeit an Schulen – ein Praxisbeispiel. In: Switchboard 173, 4–9

Bentheim, A. (1999): Was haben Jungen mit Sehnsucht am Hut? Umfrage unter Jugendlichen im Rahmen der BZgA-Wanderausstellung „SehnSucht" in Kiel, September 1998. In: Switchboard 119, 13

– (2001): Jungenarbeit und Methoden. In: Verein zur Förderung Evangelischer Jugendarbeit e.V. (Hrsg.): das baugerüst/Zeitschrift für Jugend- und Bildungsarbeit, Heft 3/01, Schwerpunkt „Mann, oh Mann, die Jungs". Nürnberg, 66–73

– (2004): Behind Cool Eyes – Jungen zwischen Verletzung, Beschämung und Bewältigung. In: Männerpolitische Grundsatzabteilung im Bundesministerium für Soziale Sicherheit, Generationen und Konsumentenschutz (Hrsg.): Psychosoziale und ethische Aspekte der Männergesundheit. Wien, 121–130

– (2005a): Erweiterte Lebensentwürfe für Jungen. Dokumentation des Praxisprojektes im Haus der Jugend Alter Teichweg. Im Auftrag der Behörde für Soziales und Familie, Hamburg, http://www.maennerzeitung.de/downloads/start.html

– (2005b): Die Jungs und der GirlsDay – Zur Diskussion um Angebote für Jungen im Zusammenhang mit dem Mädchenzukunftstag. Input zum 1. Vernetzungstreffen des bundesweiten Pilotprojektes „Neue Wege für Jungs"

–, May, M., Sturzenhecker, B., Winter, R. (2004): Gender Mainstreaming und Jungenarbeit. Juventa, Weinheim/München

Beuster, F. (2006): Die Jungen-Katastrophe. Das überforderte Geschlecht. Rowohlt, Reinbek

Beuster, F., Bentheim, A. (2006): „Nicht unbedingt ein pädagogischer Wert, aber ein Wert für die Jungs ..." – Ein Gespräch über Jungen, Katastrophen und die Schule der Zukunft. In: Switchboard 176, 6–10

Brunke, M. (1981): Zur geschlechtsspezifischen Arbeit mit Jungen – Bericht über die Jungenarbeit im Wannseeheim für Jugendarbeit Berlin. In: Neuer Rundbrief, Informationen über Familie, Jugend und Sport, Berlin, Heft 2/3

Bunjes, C. (1998): Als Frau in der Arbeit mit Jungen. In: Switchboard 117, 14

Decurtins, L. (2005): Speed! Ist Rasen männlich? Ein Präventionswettbewerb des schweizerischen Netzwerks Schulische Bubenarbeit in Zusammenarbeit mit der Suchtpräventionsstelle Zürich und des Fonds für Verkehrssicherheit. In: Switchboard 173, 22

Englert, W. (2006): Mitteilung zur Verabschiedung der „Frankfurter Leitlinien zur Förderung der Jungenarbeit in der offenen Kinder- und Jugendarbeit“ durch den Jugendhilfeausschuss der Stadt Frankfurt/Main. In: Switchboard 176, 17

Facharbeitskreis Jungenarbeit der kommunalen Jugendbildungswerke in Hessen (2000): Leitlinien zur Jungenarbeit. Empfehlungen zur Förderung geschlechtsbewusster Jungenarbeit. Wiesbaden

Heppner, S. (2005): „Kein Nischendasein mehr, aber auch noch nicht selbstverständlich …“ – Ergebnisse einer Umfrage zur geschlechtsbewussten Jungenarbeit unter hessischen Trägern der Kinder- und Jugendhilfe. In: Switchboard 168, 17

Hölscher, T., Jelinski, T. (2001): Ein Zuhause statt eines Heimes. Zur Arbeit mit Jungen in der „Therapeutischen Lebensgemeinschaft Haus Narnia“. In: Switchboard 148, 13–15

Jantz, O. (2006): Nur Memmen, Macher oder Sportskanonen? Ausschreibung zur gleichnamigen Veranstaltung am 6. März 2006 in Hannover (Vortrag in der Reihe „Ich krieg' die Krise – Kinder und Eltern in der Pubertät“), zit. n. Switchboard 174, 38

Kabs, K., Sartingen, P. (2001): „Starke Mädchen, starke Jungen“. Geschlechterdifferenzierende Präventionsarbeit gegen sexualisierte Gewalt und andere Gewalterfahrungen/Kooperationsprojekte PfunzKerle e.V. und TIMA e.V. In: Switchboard 145, 14–17

Keller, M., Riederle, J. (2004): Selbstbehauptung und Selbstwahrnehmung – geschlechterdifferenzierend trainiert. Erfahrungen mit einer 2-Tages-Veranstaltung für Jungen und Mädchen einer 9. Klasse. In: Switchboard 163, 8–9

Knop, O., Laackmann, R. (2005): Der „Bergisch-Buddy-Check“ – Wuppertaler Jungs beweisen soziale Kompetenzen. In: Switchboard 171, 20–21

Kümmel, W. (2006): Große Wirkung. Zum 14. Geburtstag: eine Jugendfeier mit Schwitzhütte – und ungeteilte männliche Aufmerksamkeit. In: Switchboard 174, 20–21

Lindenberg, T. (2005): Zwischen Gewaltprävention und Parteilichkeit. Aus meiner Praxis der Sozialen Gruppenarbeit mit Jungen. In: Switchboard 171, 16–19

Neubauer, G., Winter, R. (2001): dies und das – Das Variablenmodell „Balanciertes Junge- und Mannsein“ als Grundlage für die pädagogische Arbeit mit Jungen und Männern. Neuling-Verlag, Tübingen

Paschke, B., Sawatzki, V. (1981): Die Probleme und Möglichkeiten einer geschlechtsspezifischen Jugendarbeit mit männlichen Jugendlichen aus der Arbeiterklasse. Unveröff. Diplomarbeit, Institut für Soziologie der FU Berlin

Pfeiffer, A., Waskiewicz, N. (2004): Gewalt macht kalt – Lust statt Frust! Das Präventionsprojekt des Männerbüro Mainfranken e.V. und des FrauenNotruf Würzburg für SchülerInnen ab 14 Jahren. In: Switchboard 163, 15–19

Rohner, F. (1998): Die Nacht des Feuers. Ein Modell für ein Initiationswochenende für männliche Firmlinge und deren männliche Firmpaten. Männerbüro der Diözese Feldkirch. Selbstverlag, Feldkirch

Rohrmann, T., Thoma, P. (1998): Jungen in Kindertagesstätten. Ein Handbuch zur geschlechtsbezogenen Pädagogik. Lambertus, Freiburg

Rudolph, W. (2005): BoysDay im Tecklenburger Land – Ein Vormittag mit Jungen zur Zukunfts- und Lebensplanung. In: Switchboard 170, 9–11

Schlimme, S., Bentheim, A. (2004): „Es können auch Frauen den Jungentag leiten – kann gemischt sein". Erste Erfahrungen mit einem Jungentag im Spielhaus Burgwedel in Hamburg-Schnelsen. Ein Interview. In: Switchboard 162, 12–13

Schmidt, J. (2004): Mit Good Guys und Bad Boys in einer Mission Impossible!? Erlebnisorientierte politische Bildung mit Jungen und Männern im City Bound. In: Switchboard 162, 4–11

Schmidt, R. (2006): „Sind Sie selbst schwul?" – Eine Jungenintensivwoche im Kinder- und Jugendheim Sperlingshof. In: Switchboard 174, 12–14

Schnack, D., Neutzling, R. (1990): Kleine Helden in Not – Jungen auf der Suche nach Männlichkeit. Rowohlt, Reinbek

Schnettler, R. (2004): Jungenarbeit braucht Visionen, nicht die Beschwörung von Defiziten – Erster Jungentag 2004 in Hermeskeil. In: Switchboard 166, 14–15

Sickinger, H. (2006): Bo(d)yzone. Ein Projekt für Jungen mit und ohne sogenannte Behinderungen. In: Switchboard 174, 18–19

Sieling, C. (2006): „Fußball ist unser Leben" – Jugendbildungsarbeit mit fußballbegeisterten Jungen (und Mädchen). In: Switchboard 176, 4–5

Stanke, R. (2006): Phoenixzeit – eine Jugendweihe für Jungen. Für den Übergang vom Jungen zum Jugendlichen hat eine Initiative Potsdamer Väter und Pädagogen eine rituelle Begleitung entwickelt. In: Switchboard 175, 8–9 (www.phoenixzeit.de)

Sturzenhecker, B. (Hrsg.) (1996): Leitbild Männlichkeit?! Was braucht die Jungenarbeit? Votum, Münster

Tiemann, R. (2001): Alles anders bei den anderen? Sexualaufklärung mit interkulturellen Jungengruppen. In: Switchboard 147, 17

Wanielik, R. (2006): Projekt „Sozial engagierte Jungs" – Ein Freiwilligendienst für Schüler ab 14 Jahre. In: Switchboard 177, 17–19

Weigel, T. (2003): Floßbau – ein Jungenworkcamp in Klempenow. In: Switchboard 161, 7

Entwicklung von Beziehungsfähigkeit

von Eduard Waidhofer

Während Frauen häufig versuchen, sich in Beziehungen selbst zu verwirklichen, erleben Männer ihren Beruf und ihre Leistung als entscheidend für ihre Selbstverwirklichung und delegieren die Beziehungsarbeit oft unausgesprochen an die Frau. Ihre Energie und Aufmerksamkeit ist meist nicht auf die Beziehung, sondern auf die Arbeit gerichtet. Andererseits scheinen Männer auf Beziehung viel existenzieller angewiesen zu sein als Frauen, was sich z. B. deutlich zeigt, wenn eine Beziehung scheitert. Um mit den eigenen Bedürfnissen und Gefühlen in Kontakt zu kommen, bedarf es oft eines Anstoßes von außen (Krankheit, Verlust des Arbeitsplatzes, Schicksalsschlag, Lebenskrise, Trennung, Scheidung). Männer müssen erst lernen, sich selbst wahrzunehmen und sich ihre Bedürftigkeit einzugestehen. Viele Männer spüren, dass sie etwas in ihrem Leben verändern wollen, wissen aber nicht genau, wie sie die Veränderung angehen sollen. Hier kann eine Männerberatung hilfreich sein, wie sie in vielen Männerbüros und Männerberatungsstellen angeboten wird.

Die Beziehung zu sich selbst

Männer verleugnen sozialisationsbedingt häufig ihre Gefühle und emotionalen Bedürfnisse und äußern selten ihren Ärger, ihre Wut oder Unzufriedenheit. Ein Ziel der psychosozialen Arbeit mit Männern ist es, dass die Männer Zugang zu ihren Gefühlen und eigentlichen Bedürfnissen finden, in Kontakt mit sich selbst und den inneren Impulsen kommen, auf die innere Stimme hören und Körpersignale rechtzeitig wahrnehmen. Dazu ist es vor allem notwendig, den Stellenwert der Berufsarbeit zu überdenken und das typisch männliche Lebenskonzept kritisch zu hinterfragen (Waidhofer 2003).

Die Partnerbeziehung

Wir erleben in der Beratung oft eine tiefe Sehnsucht der Männer nach fürsorglicher Liebe und Anerkennung. Gleichzeitig haben die Männer oft Angst vor dem Weiblichen, vor Hingabe, Zurückweisung, Verletzung, Abhängigkeit oder sie haben Angst, nicht gebraucht zu werden, zu versagen, verlassen zu werden, unterlegen und überfordert zu sein. „In ihrer Männlichkeit unsichere Männer stehen unter dem Zwang, sich und anderen ihre Autonomie ständig beweisen zu müssen. Wirkliche Nähe und das Gefühl von Abhängigkeit können für sie deshalb identitätsbedrohend sein" (Bullinger 2003, 62).

Während Frauen zunehmend autonomer werden, fühlen sich Männer immer noch häufig abhängig von der emotionalen Unterstützung durch ihre Partnerinnen. Die emotionale Abhängigkeit von der Frau zeigt sich insbesondere, wenn diese sich emanzipiert, vom Mann unabhängig macht oder sich von ihm trennt. Dies kann ein Gefühl der Verunsicherung, Hilflosigkeit und Ohnmacht erzeugen, was für die männliche Identität als bedrohend erlebt werden kann. Manche Männer versuchen dann durch Gewalt sich kurzfristig zu stabilisieren und die Geschlechtsidentität wieder herzustellen, wofür sie aber einen hohen Preis bezahlen (Waidhofer 2003, 55).

Aus Angst, die Frau zu verlieren oder etwas falsch zu machen, neigen viele Männer dazu, sich an die Vorstellungen und Wünsche der Frauen anzupassen und auf die Entwicklung von Autonomie zu verzichten. Andere lassen sich auf Beziehung und Intimität erst gar nicht ein, gehen in die innere Immigration und werden schweigsame „Gefühlsverweigerer". Männer müssen lernen, die Beziehung aktiv und bewusst mitzugestalten, indem sie das Schweigen überwinden, das „Zwiegespräch" mit der Frau suchen und lernen, empathisch zuzuhören und den Beitrag der Partnerin zur Erziehungs- und Familienarbeit anzuerkennen und wertzuschätzen.

Missverständnisse und Kommunikationsprobleme zwischen den Geschlechtern sind vielfach auch auf die unterschiedliche Beziehungsgestaltung von Männern und Frauen zurückzuführen. Männer orientieren sich eher an Sachen und Fakten, Frauen wollen hingegen wissen, was den anderen bewegt. Männer sind ziel- und ergebnisorientiert und schnell mit Ratschlägen zur Hand. Frauen möchten, dass der andere zuhört und emotional mitschwingt.

Von entscheidender Bedeutung für den Veränderungsprozess ist die Bewusstmachung der eigenen Erwartungen und Einstellungen in Bezug auf die Beziehung, das Erkennen des verborgenen Machtstrebens und der Ängste hinter den Partnerkonflikten und die Übernahme von Verantwortung für die eigenen Bedürfnisse, Entscheidungen und persönlichen Veränderungen (Meth/Pasick 1992, 107 f).

Oftmals wird die Beziehungsfähigkeit von Männern eingeschränkt durch das Fehlen einer emotionalen Beziehung zum eigenen Vater oder eine symbiotisch belastete Mutterbeziehung. „Die ambivalente Erfahrung mit der Mutter wird zur Ambivalenz des Mannes gegenüber dem Weiblichen im Allgemeinen. Sehnsucht und Angst bewegen ihn fortan in seinem Verhältnis zum anderen Geschlecht" (Hollstein 2004, 94). Aber nicht nur die

Ablösung von der Mutter, sondern auch die seelischen Verletzungen durch fehlende Anerkennung, Abwertung oder Vernachlässigung seitens des Vaters („Vaterwunde“ nach Richard Rohr) müssen in einer Therapie bearbeitet werden, um das für die Beziehungsfähigkeit notwendige Selbstbewusstsein erwerben zu können.

Die Beziehung zu den Kindern

Väter brauchen oft längere Zeit, um in die Vaterrolle auch seelisch hineinzuwachsen. Hier ist es in der Männerberatung wichtig, die Männer zu bestärken, dass sie fähig sind, ihre Kinder ebenso einfühlsam und kompetent zu versorgen und zu ihnen eine Bindung aufzubauen wie Mütter. Die Männer müssen ermutigt werden, sich von der ersten Stunde an aktiv mit den Kindern zu beschäftigen und sich auch für Versorgungstätigkeiten wie Wickeln und Baden, Vorlesen und Vorsingen, ins Bett bringen, kranke Kinder pflegen und zum Kinderarzt gehen zuständig zu fühlen und sich nicht wie üblich auf die hedonistischen Tätigkeiten und Freizeitaktivitäten wie Spielen, Spazieren gehen und Sport zu beschränken. Damit Kinder ihr Potenzial entfalten können, ist es wichtig, sie zu unterstützen, zu ermutigen, ihnen Schutz und Fürsorge anzubieten, aber auch sich mit ihnen zu reiben, ihnen Grenzen zu setzen.

Der Umgang mit anderen Männern

Häufige Themen in der Männerberatung sind Einsamkeit, soziale Isolation und das Fehlen von echten Männerfreundschaften. Männer verlassen sich vielfach lieber auf Frauen als auf Männer, wenn sie Nähe suchen oder persönliche Unterstützung brauchen. In der Einzelberatung wird den Männern oft die Bedeutung von vertrauten Kontakten mit anderen Männern bewusst und was sie hindert, solche Kontakte aufzubauen und zu pflegen. Oft stehen die Angst vor Zurückweisung und körperlicher Nähe, das Konkurrenzdenken und der Wunsch nach Unabhängigkeit einer Entwicklung von Männerfreundschaften entgegen. Auch Zeitmangel wegen übermäßiger Inanspruchnahme durch die Arbeit wird häufig als Grund für das Fehlen von Männerfreundschaften angegeben.

Sehr hilfreich für die Entwicklung von Männerbeziehungen sind unserer Erfahrung nach angeleitete und strukturierte Männergruppen. Die Männer treffen sich regelmäßig und tauschen sich unter der Anleitung eines Männerberaters persönlich aus. Sie entdecken oft überrascht, dass sie mit ihren Problemen nicht alleine sind, dass sie Verständnis finden und dass es vielen Männern ähnlich geht. Die Männer können neues Verhalten zu anderen

Männern ausprobieren, sich gegenseitig unterstützen, aber auch konfrontieren. Häufige Themen sind: die Vaterbeziehung, die Mutterbeziehung, Vater sein, Kinder, Partnerschaft, Sexualität, Umgang mit Aggression und Gewalt, männliches Rollenverständnis und gesellschaftliche Zwänge, Trennung und Scheidung, Zukunftspläne, Wünsche, berufliche Entscheidungen, persönliche Krisen, Ängste, Schwierigkeiten am Arbeitsplatz, Stress, Nähe zu Männern, Homosexualität, Gesundheit, Körper, Spiritualität und Sinnfragen.

Der Beratungsprozess

Viele Männer sind in der Beratung überfordert, wenn man sie fragt, wie es ihnen im Moment geht. Sie fühlen sich durch solche Fragen gestresst und flüchten in ausschweifende Erzählungen, Rationalisierungen oder Ablenkungen. Humorvolle Interventionen, Arbeit mit Bildern und Metaphern und das zur Sprache bringen des inneren Jungen sind vielversprechende Wege zur Entdeckung der inneren Welt.

> „Männer verlieren im Laufe ihrer Kindheit/Jugend immer mehr den Zugang zu ihren eigenen Impulsen. Um diesen Zugang wieder herzustellen müssen wir den Mann zur Sprache bringen! ‚Den Mann zur Sprache bringen' meint dabei zweierlei: Mit dem Mann über ihn selbst zu sprechen, über seine Gefühle und Gedanken, seine Enttäuschungen und Hoffnungen, seine Weltsicht und seine Beziehungen und auch über den Jungen, der er gewesen ist." (Neumann/Syfke 2004, 16).

Die Feststellung Süßenbachs (1998, 220), dass „männliche Klienten aufgrund von geschlechtsspezifischen Persönlichkeitsfaktoren und Werten gehemmt sind, therapeutische Hilfe aufzusuchen und sich auf eine offene therapeutische Interaktion einzulassen", muss aufgrund der Erfahrungen in der Männerberatung etwas relativiert werden. Es stimmt zwar, dass die Inanspruchnahme psychosozialer Hilfe oft mit einer Kränkung des Selbstwertgefühls verbunden sein kann, und Nähe und Kontakt die männliche Geschlechtsidentität bedrohen kann. Wenn jedoch einmal ein guter Kontakt und eine Vertrauensbasis zwischen dem Berater und dem Klienten hergestellt ist, stellen auch angstbesetzte Themen wie Verletzlichkeit, Schmerz, Trauer, Schwäche, Abhängigkeit, Verunsicherung oder Verwirrung die Männlichkeit nicht mehr in Frage. Mit einem lösungs- und ressourcenorientierten Beratungsansatz kann der sogenannte Widerstand des Klienten relativ leicht abgebaut bzw. umgangen werden. Auf jeden Fall muss der Mut und die Entscheidung, eine Beratung aufzusuchen, vom Berater als Zeichen der Stärke anerkannt und gewürdigt werden. Es kann auch entlastend sein, das Problem des Klienten als etwas Normales zu beschreiben und in einen größeren Zusammenhang zu stellen, um die Schuld- und Schamgefühle des Mannes zu reduzieren.

Inhaltlich ist die Bearbeitung des Themas der unterschiedlichen Beziehungsgestaltung von Männern und Frauen äußerst hilfreich, um sich selbst und die Missverständnisse in der Paarbeziehung besser verstehen zu können. Dieser kognitive Ansatz kommt den Männern ausgesprochen entgegen. Eine große Rolle in der Beziehungsfähigkeit spielt außerdem der Umgang mit Macht und Konflikten. Mit der Stärkung des Selbstwerts und mit zunehmender Klarheit über die eigenen Gefühle im Verlauf der Beratung lernen die Männer, sich selbst und ihre Anliegen besser zu vertreten, Konflikten nicht mehr aus dem Weg zu gehen, sich nicht ausnützen zu lassen, Kritik nicht verletzend anzubringen, sich von Argumenten überzeugen zu lassen, Probleme offen zu besprechen, den anderen nicht mehr zu bevormunden, nichts nachzutragen, mit Gefühlsausbrüchen der Partnerin gelassen umzugehen und nicht mehr ständig Anerkennung zu suchen. Konfliktfähigkeit kommt auch darin zum Ausdruck, dass die Männer zunehmend in der Lage sind, Ärger angemessen auszudrücken und nicht hinunterzuschlucken, Unzufriedenheit zu äußern, Störungen anzumelden, sich nicht persönlich angegriffen zu fühlen, nicht dem Frieden zuliebe nachzugeben, aufmerksam zuzuhören, den anderen ausreden zu lassen, und wenn angebracht, sich zu entschuldigen.

Um als Berater erfolgreich zu sein, ist eine fundierte Ausbildung und eine intensive Auseinandersetzung mit der eigenen Männlichkeit im Rahmen einer Selbsterfahrung unbedingt notwendig. Ebenso hilfreich ist die Kenntnis von Mechanismen der Übertragung des Klienten und der Gegenübertragung des Beraters. Der Berater ist aber nicht nur Projektionsfläche für den Mann, sondern auch Modell für die Beziehung zu Männern. Die neutrale, nicht wertende und einfühlsame Haltung des Beraters kann eine enorme Bedeutung für den Klienten und die Entwicklung seiner Beziehungsfähigkeit bekommen. Der Mann erfährt, dass er eine vertraute Beziehung eingehen kann, ohne seine Selbständigkeit und Autonomie aufzugeben zu müssen.

Literatur

Bullinger, H. (2003): Männliche Beziehungsgestaltung zwischen Autonomie und Abhängigkeit. In: Waidhofer, E. (Hrsg.): Kraftvoll und lebendig Mann sein. Tyrolia Verlag, Innsbruck, 55–67

Hollstein, W. (2004): Geschlechterdemokratie. Männer und Frauen: Besser miteinander leben. VS Verlag, Wiesbaden

Meth, R., Pasick, R. (1992): Mut zur Veränderung. Männer in der Therapie. Matthias-Grünewald-Verlag, Mainz

Neumann, W., Süfke, B. (2004): Den Mann zur Sprache bringen. Psychotherapie mit Männern. dgvt-Verlag, Tübingen

Süßenbach, J. (1998): Männer in der Psychotherapie. In: BauSteineMänner (Hrsg.): Kritische Männerforschung. Neue Ansätze in der Geschlechtertheorie. Argument Verlag, Berlin/Hamburg, 217–248

Waidhofer, E. (2003)(Hrsg.): Kraftvoll und lebendig Mann sein. Tyrolia Verlag, Innsbruck

Männer zur Besinnung bringen

von Markus Hofer

Ratgeber zur Männergesundheit sind voll im Trend. Doch wer liest, was man alles gegen Stress tun soll, befindet sich bereits im größten Stress: Lange Checklisten ausfüllen, Zeitmanagement einführen, Gehirn-Jogging betreiben (viel lesen, Rätsel lösen, Fremdsprachen üben, Tagesordnungen auswendig lernen), immer tief durchatmen und sich von Problemen distanzieren, während des Zähneputzens Kniebeugen und am Computer Dehnungsübungen machen, im Bürosessel immer wieder den Gesäßmuskel zusammenziehen, Meditation und Yoga lernen, der Wut freien Lauf lassen, ein Dutzend Ernährungsregeln beachten, nicht rauchen und wenig trinken natürlich, Prioritäten setzen und dazu auch noch so oft wie möglich Sex haben. In typisch männlicher Manier enthalten manche dieser Bücher so viele Lösungen und Ratschläge, dass sie das Gegenteil dessen bewirken, was sie vorgeben. Die Katze beißt sich in den Schwanz und die Lösung wird wieder zum Problem. Der Stress, keinen Stress zu haben, ist ein typisch männlicher Holzweg: Der Mann, der alles richtig machen will, macht es bereits falsch.

Das Verständnis von Gesundheit, das hinter den meisten dieser Ratgeber steckt, ist im Grunde typisch männlich geprägt von der Machbarkeit von Gesundheit und einem letztlich mechanistischen Männerbild. Der Körper ist eine Maschine und die darf man nicht kaputtfahren. Man muss sie ständig und aufmerksam warten und pflegen. Das Ziel ist und bleibt aber das Funktionieren der Maschine. Auch hier gilt: Diese Haltung ist das Problem, für dessen Lösung sie sich ausgibt. Letztlich ist es nur wieder eine Anleitung zu noch mehr Leistung und Perfektion, zu dem, was Männer eben kaputt macht. Das Männerbild selbst wird nicht hinterfragt. So gibt es auch keine Kritik an ausbeuterischen Formen der Arbeitswelt, am Zwang zu funktionieren, an lebensfeindlichen Männerklischees oder einseitiger Lebensorientierung.

Mann-Sein in der heutigen Leistungsgesellschaft kann eine gefährliche Sache sein. Die Eigenschaften, die einem Mann Aufstieg und Prestige verheißen, sind in Summe eine hochgefährliche Lebensform. Um dagegen zu halten gibt es jetzt zwar alle möglichen Anti-Stress-Programme und Gesundheitsprodukte, aber der Blickwinkel bleibt das reibungslose Funktionieren im System, politische oder gar spirituelle Dimensionen bleiben ausgeblendet. Es ist keine Rede von Muße, Natur, Kreativität, Gefühlen, Empfindungen, Beziehungen, Kindern, Werten, Sinn oder Spiritualität. Es sind Ratgeber von der und für die Gesundheitsindustrie. Schließlich darf es kein Problem geben, an dem nicht mindestens jemand verdient. Und klarer Weise wird das System selbst nicht in Frage gestellt.

Ein Lob der Faulheit

Benedikt von Nursia, der Patron des Abendlandes, bemühte sich im sechsten Jahrhundert, den Menschen die Arbeit nahe zu bringen als etwas, das den Menschen würdigt, in dem er sich selbst verwirklichen und einen Dienst an der Gemeinschaft verrichten kann. Seine bekannte Formel lautete deshalb: *ora et labora*, betet und arbeitet; die Betonung lag auf dem „und".

Benedikts Formel würde heute umgekehrt lauten: *labora et ora*, arbeiten UND beten. Für alle, die bei *ora* nur an Frömmigkeitsübungen denken, sei die Formel anders übersetzt: Arbeit und Muße. Muße ist nicht einfach nur Nichts-Tun, vielmehr schafft sie einen Raum unverzweckten Daseins, Freiräume, die noch nicht verpfändet sind, die für sich selbst stehen und den Wert aus sich schöpfen. Muße verweigert sich den äußeren Zwängen, lässt uns zu uns selber kommen und das hier und jetzt und nicht erst in der Pension oder wann immer „alles anders werden" soll. In diesem Sinn ist Muße auch nicht das freiwillige Schinden auf einem Sportgerät zur Erhaltung des Waschbrettbauches.

Eine Portion fröhliche Verweigerung am richtigen Ort könnte gerade für Männer ein subversives Überlebensmittel sein. Männer brauchen Inseln im Alltag, wo die sozialen und beruflichen Rollen, die alltäglichen Zwänge und der Konkurrenzkampf vor der Tür bleiben. Es gibt im Leben eines Mannes noch andere Werte als die Arbeit. Die Wiederentdeckung echter Muße könnte ein Gegengift sein. Sie schafft Abstand und Besinnung, gibt neue Visionen und Kraft zur Veränderung. Der Mann lebt nicht vom Job allein.

Stille, Finsternis und Bedürftigkeit

„Hauptsache gesund!" Wenn es nur so einfach wäre. Das Leben erspart uns die Frage, was wir wollen, nicht und da reicht Gesundheit als Selbstzweck nicht aus. Die propagierte Vision des achtzigjährigen, hochpotenten Waschbrettbauchs verdeckt die wahren Freuden und Hoffnungen der Männer von heute ebenso wie ihre Trauer und ihre Ängste. Gesundheit in einem ganzheitlichen Sinn kann sich nicht auf die Angebote der Gesundheitsindustrie beschränken. Fit sein ist das eine, heil sein in einer spirituellen Perspektive das andere. Dazu müssen Männer sich vermehrt den entscheidenden Fragen ihres Lebens stellen: Was ist mir wirklich wichtig? Welche Werte gelten für mich in meinem Leben? Woran möchte ich mich orientieren und was sind meine wahren Ziele? Was kommt vor dem anderen? Was sind meine persönlichen Wünsche, Bedürfnisse und Sehnsüchte?

Das Leben ist kein Selbstbedienungsladen und schon gar nicht eine Einrichtung mit Glücksgarantie. Ebenso steht nirgends geschrieben, dass das Leben gerecht sei. Darum braucht es auch einen guten Umgang mit den Verletzungen, die das Leben mit sich bringt. Männer tendieren schnell dazu, das Leiden erklären oder reparieren zu wollen. Oft ist Wut dann nichts anderes als die ungelebte Trauer. Männer müssen sich spätestens ab der Lebensmitte auch dem ungelebten Leben stellen, die Wunden reinigen statt sie verdrängen oder bekämpfen, die Asche ihres Lebens mit herein nehmen.

Franz von Assisi hat alle Höhen und Tiefschläge eines Männerlebens fast exemplarisch durchlebt. Damit ihm das Feuer nicht ausgeht, hat er sich zwischendurch aus dem Leben immer wieder in seine Einsiedeleien zurückgezogen, um ganz bei sich und bei Gott zu sein, um sich den brennenden Fragen zu stellen. Solche ‚Einsiedeleien' könnten auch für Männer heute etwas Heilsames sein, egal was es für den Einzelnen konkret sein mag. Männer brauchen Rückzugsorte, wo sie zu sich selber kommen können, Zeiten der Stille, damit sich in ihnen etwas tun kann, Zeiten der Bedürftigkeit, in denen sie ihre Grenzen spüren und lernen mit ihnen umzugehen, vielleicht sogar Zeiten der Finsternis, um sich über sich selber klar zu werden.

Aus der Bahn werfen

Spirituelle Angebote müssen Männer vorerst fast „aus der Bahn werfen", aus den Geleisen des ständigen Funktionierens, aus dem zur Gewohnheit gewordenen Hamsterrad. Wer die Stille gar nicht mehr gewohnt ist, wird sie anfangs kaum aushalten; es können Schmerzen sein wie bei einem Entzug. Die Angebote werden sich aber daran messen lassen müssen, ob sie die Männer tatsächlich zu sich selber bringen. Nach fünfzehn Jahren in einer biblischen Männerrunde bekannte ein Mitglied: „Vielleicht wäre es schon gut, wir würden auch einmal über uns reden." So etwas schaffen vielleicht überhaupt nur Männer, jahrelang über Bibelstellen, aber nicht über sich selber zu reden. Das spirituelle Streicheln nach dem Motto „Wasch mich, aber mach mich nicht nass", bringt Männern nicht viel und reizt sie im Grunde auch nicht. Der Anhörkreis mit gestalteter Mitte, bei dem man die eigene spirituelle Befindlichkeit bekundet, dürfte für die meisten Männer überhaupt eher abschreckend sein.

Meine persönliche Erfahrung ist: Bei Männern tut sich im spirituellen Bereich umso mehr, je mehr ihnen abverlangt wird. Wenn es Frauen vielleicht reicht, Teekerzen zu einem Kreuz auszulegen und sie anzuzünden, müssen Männer schon mindestens mittelschwere Steine irgendwo hinaus tragen und dort zu einem Kreuz auslegen. Das Abverlangen bezieht sich ganz konkret auf die Dauer, die Zeit, den körperlichen Einsatz. Stille ist das eine, aber Männer tun auch gerne etwas und sie dürfen ihren Körper im spirituellen Tun durchaus spüren. Die Natur ist zudem ein Ort, der vieles in Männern in Bewegung bringt verbunden – mit verschiedenen Tages- und Nachtzeiten, Phasen der Gemeinschaft wie des Alleinseins, des Gesprächs wie der Stille. Feuer kann Männerseelen schnell zum Leuchten bringen und am Lagerfeuer haben sich unter Männern schon Gespräche ergeben, die sonst kaum möglich gewesen wären. Spirituelle Angebote für Männer sollten Räume schaffen, in denen Männer auch in ihrer Besinnung einmal unter sich oder für sich sind und sie sollten den Mut haben, Spiritualität und Erlebnispädagogik, Liturgische Rituale und Indianerspielen neu miteinander zu verbinden.

Literatur

Hofer, M. (2001): Franz für Männer. Was uns der Mann aus Assisi zu sagen hat. Tyrolia, Innsbruck

Hofer, M. (2003): Männer glauben anders. Tyrolia, Innsbruck

Hofer, M. (2005): Männerspiritualität. Modelle, Rituale, Gottesdienste. Tyrolia, Innsbruck

Soziale Beratung für Männer

von Harald Ansen

Die Soziale Beratung richtet sich nicht primär aus der Perspektive des sozialen Geschlechts an Männer, sie hat es aber vielfach wegen der typischen Probleme, die in die Soziale Beratung führen, mit Männern zu tun. Wenn die mit dem Thema Männlichkeit und Mann-Sein verbundenen Fragen im Zusammenhang mit der Sozialen Beratung erörtert werden, handelt es sich nur um einen sehr begrenzten Ausschnitt des Themenspektrums der Sozialen Beratung, der bisher allerdings weitgehend vernachlässigt wird. Nach orientierenden Hinweisen über die Strukturen und Inhalte der Sozialen Beratung werden ausgewählte Aspekte des Männerthemas aufgegriffen und methodische Implikationen herausgestellt.

1 Konturen der Sozialen Beratung

Beratung ist in ihrer ursprünglichen Form ein zwischenmenschlicher Prozess, in dem eine ratsuchende Person durch die Interaktion mit einem Berater mehr Klarheit über eigene Probleme und Bewältigungsmöglichkeiten gewinnt und damit die persönliche Problemlösungskompetenz erweitert (Rechtien 1998, 16). Die Anlässe für die Soziale Beratung reichen von wirtschaftlichen, sozialen über seelische bis zu körperlichen Schwierigkeiten mit ihren Auswirkungen auf die alltägliche Lebenspraxis. Die inhaltlichen Themen der Sozialen Beratung erfordern neben kommunikativen Formen der Unterstützung auch die Organisation von praktischen Hilfen für den Alltag.

Hinsichtlich der Organisation von Hilfen für den Alltag dominieren in der Sozialen Beratung sozialadministrative und vernetzende Handlungsformen, um die materiellen Lebensgrundlagen zu sichern und eine ausreichende soziale Unterstützung zu realisieren (Ansen 2006, 163f). In Bezug auf die pädagogische Dimension geht es darum, wie Ratsuchende befähigt werden können, persönliche und soziale Probleme zu bewältigen. Die gemeinsame Reflexion von Problemen dient der Aufklärung über soziale und biografische Hintergründe und der Erschließung alternativer Sichtweisen, die neue Handlungsweisen ermöglichen (z. B. Mollenhauer 1964 und 2001, 120). In der pädagogischen Beratung werden vor allem Orientierungs- und Kompetenzlücken aufgegriffen, die mit einem sozialen Problem in Verbindung stehen (Dewe 2001, 369).

Männer suchen in der Regel eine Soziale Beratungsstelle wegen Straffälligkeit, Arbeitslosigkeit, drohendem Wohnungsverlust bzw. Wohnungslosigkeit oder Schulden auf. Sachthemen sind für sie unverfänglicher als persönliche Themen. Sie erleichtern es ihnen, Beratungshilfe in Anspruch zu nehmen. Erst im Verlauf der Sozialen Beratung treten dann auch immer wieder Probleme auf, die mit ihren Vorstellungen von Männlichkeit und Mann-Sein kollidieren, beispielsweise wenn der mit der Arbeitslosigkeit verbundene Rollenverlust in der Familie oder der Gesellschaft bewältigt werden muss. Auf diese vordergründig begleitenden Probleme muss man in der Sozialen Beratung behutsam eingehen, um Ratsuchende bei der Bewältigung zu unterstützen. Ratsuchende vertrauen sich einem Berater, der in Bezug auf soziale und wirtschaftliche Probleme kompetent auftritt, leichter auch mit ihren persönlichen Fragen an, insofern besteht zwischen den Sachthemen und den persönlichen Themen kein Widerspruch. Im Gegenteil, würde man beide Bereiche getrennt bearbeiten, würden sich viele Männer ausschließlich auf Sachthemen einlassen.

2 Männer in der Sozialen Beratung

Die Auseinandersetzung mit dem Mann-Sein erfolgt in der Sozialen Beratung aus der Gender-Perspektive. Gender steht für die soziale Dimension des Geschlechts. Angesprochen sind damit die kulturellen und schichtspezifischen Entwürfe in Bezug auf Frauen und Männer. Für Männer gilt noch immer ein hegemoniales Bild, an dem sie u. a. scheitern, wenn sie ihren Arbeitsplatz verlieren, verlassen werden oder zu einer sogenannten gesellschaftlichen Randgruppe gehören (Tatschmurat 2004, 231f). Männer realisieren u. a. ihre Männlichkeitsbilder in ihrem Beruf, ihrem Körper, ihrer Sexualität und ihren Beziehungen (Winter 2005, 1167). Damit sind zentrale Themen angesprochen, die begleitend zu den wirtschaftlichen und sozialen Themen in der Sozialen Beratung potenziell eine Rolle spielen.

Es gibt allerdings weder den Mann noch die Frau als Typus, sodass alle generalisierenden Aussagen nur als Idealtypus im Sinne Max Webers zu verstehen sind. Bezogen auf die Soziale Beratung, die es überwiegend mit Männern in sozial und wirtschaftlich prekären Lebenslagen zu tun hat, interessieren die hier verbreiteten Verhaltens- und Deutungsmuster, die das Handeln prägen. Die ökonomische und kulturelle Entwertung körperlicher Arbeit führt teilweise dazu, dass Männer ihre soziale Benachteiligung durch die Präsentation körperlicher Stärke bis hin zur Gewalttätigkeit kompensieren. Weitere psychosoziale Schwierigkeiten entstehen, wenn mit dem Verlust der Arbeit auch soziale Anerkennung verloren geht und die männliche Identität bedroht wird (Scherr 2002, 383).

Die Soziale Beratung wird vielfach von Männern aufgesucht, die ihre Probleme als persönliches Scheitern erleben. Das Gefühl des Scheiterns bezieht sich auf die wirtschaftlichen und sozialen Bereiche ihres Alltags, aber auch auf ihr Bild eines in der Gesellschaft erfolgreichen Mannes. Der folgende Gesprächsauszug aus der Krisenintervention dokumentiert den angesprochenen Zusammenhang. Hintergrund ist eine durch Arbeitslosigkeit entstandene Überschuldung, die zur Kündigung eines Baudarlehens geführt hat und den Anrufer verzweifeln lässt:

> „So weit, dass ich bei sowat wie bei Ihnen anrufen muss, bin ick schon jekommen. Na ja, viel tiefer kann man ja wohl nicht rutschen." „Finden Sie es eine Schande, wenn Sie andere um Hilfe fragen müssen?" „Bisher hab ick mein Leben jedenfalls immer selber in den Griff bekommen und ick dachte, dasset och so bleibt. So kann man sich täuschen. Meene Familie kann ick bald ooch nicht mehr versorgen" (Kunz u. a. 2004, 42).

Hier kommt es darauf an, den Ratsuchenden von seinem überhöhten Männlichkeitsbild zu entlasten, das eher krisenverschärfend wirkt. Die Aufgabe besteht darin, Männlichkeitsvorstellungen zu erweitern, die es ermöglichen, trotz sozialstrukturell bedingter Probleme ein Männlichkeitsbild aufzubauen, das auch unter schwierigen Alltagsbedingungen durchgehalten werden kann und nicht täglich mit dem Scheitern konfrontiert (Winter 2005, 1166). Eine Veränderung von persönlichen Männlichkeitsvorstellungen setzt voraus, biografische Erfahrungen zu rekonstruieren und zukünftige Entwürfe von Verzerrungen zu befreien. Für die Soziale Beratung ist an dieser Stelle eine biografische Gesprächsführung indiziert.

Ein Ausgangspunkt für die Modifikation biografisch verfestigter und/oder in den Bezugsgruppen verbreiteter Männlichkeitsvorstellungen ist häufig eine krisenhafte Zuspitzung von alltäglichen Problemen. Männer – und das gilt nicht nur für Männer der so genannten unteren sozialen Schichten – sind in der Beratung seltener bereit, sich mit ihren Schwächen und unzureichenden Bewältigungsstrategien auseinander zu setzen. „Die Kommunikations-, Konflikt- und Kooperationsfähigkeit, die wesentlich die Beratungssituation mitbestimmen, werden von Männern oft als weibliche Fähigkeiten angesehen" (Stecklina/Böhnisch 2004, 224). Krisenhafte Entwicklungen konfrontieren Männer mit den Grenzen ihrer Handlungsmöglichkeiten und öffnen sie zumindest in sensiblen Zeiten für die „weichen" Themen in der Beratung. Erforderlich sind methodische Vorgehensweisen, die Männer mit den für sie ungewohnten Themen nicht überfordern.

3 Methodik der Sozialen Beratung für Männer

Systematisch betrachtet dient die Methodik der Sozialen Beratung der Verbesserung der alltäglichen Lebensbedingungen von Ratsuchenden. In der Sprache der lebensweltorientierten Sozialen Arbeit kommt es darauf an, die objektiven Strukturen, wie sie sich in der Güterausstattung und den konkreten Handlungsbedingungen mitteilen, und die subjektiven Handlungsmöglichkeiten in Einklang zu bringen. Neben dem Respekt vor den konkreten Lebensbezügen ist es andererseits wichtig, verborgene Handlungsmöglichkeiten aufzudecken und sich nicht mit dem Status quo abzufinden (Thiersch 2005). Für eine Verbesserung der sozialen Handlungsmöglichkeiten und der subjektiven Bewältigungsmöglichkeiten ist es wichtig, Ratsuchende in ihrem Selbstwertgefühl zu stärken, sie in der Suche nach sozialer Orientierung zu unterstützen, Hilfen in ihrem Lebensraum zu erschließen und die soziale Integration zu fördern (Böhnisch 2002, 199f). Aus den Proklamationen leiten sich Ziele für die Soziale Beratung ab, die methodisch umgesetzt werden müssen.

Grundlegend bedeutsam ist eine tragfähige Beziehung zwischen Ratsuchenden und Berater/-innen. Wie bereits ausgeführt, suchen Männer die Soziale Beratung primär wegen wirtschaftlicher oder sozialer Probleme auf. Die Sachorientierung sollte auch in der Beziehungsgestaltung zum Ausdruck kommen. Aus diesem Grund bietet sich eine Arbeitsbeziehung für die Soziale Beratung an, in der Ratsuchende eine haltgebende, ermutigende und motivierende Unterstützung durch das Interesse des Beraters/der Beraterin an den beratungsauslösenden Problemen erfährt. In der Beratung dominiert eine beobachtende, vergleichende und schlussfolgernde Haltung des Beraters/der Beraterin. Erforderlich ist eine ausreichende Distanz, die eine vorschnelle Vereinnahmung durch Ratsuchende verhindert (Finke 1999, 15f). Die Arbeitsbeziehung ist von einem rationalen und argumentativen Klima geprägt, in dem genügend Raum für eine empathische Anteilnahme besteht. Eine zu große Nähe in der Beratungsbeziehung könnte Männer emotional überfordern. Was sachlich beginnt, kann phasenweise in der Sozialen Beratung emotional sehr intensiv werden und dann zur Sachebene zurückkehren.

Die Intensität der Sozialen Beratung hängt wesentlich von der Beratungskommunikation ab, auf die sich Ratsuchende und Berater/-innen einlassen können. Bezogen auf die Auseinandersetzung mit dem Männlichkeitsbild von Ratsuchenden bieten sich aufklärende und reflektierende Formen der Kommunikation an:

Aufklärende Wirkungen werden in der Sozialen Beratung durch die Vermittlung von Informationen und Wissen erzielt. So können Ratsuchende beispielsweise über unterschiedliche Männlichkeitsvorstellungen aufgeklärt werden. Möglicherweise wird dadurch eine kritische Auseinandersetzung ausgelöst, die zu veränderten Deutungsmustern führt oder das Selbstbild zumindest in Frage stellt. Um diese Wirkung zu erzielen, muss geklärt werden, welche Informationen der Ratsuchende benötigt und wie die Informationen verständlich vermittelt werden können, wobei mögliche emotionale Reaktionen antizipiert werden (Pallasch/Kölln 2002, 144f). Informationen sollen für den Ratsuchenden auf Anhieb verständlich und situationsangemessen sein (Giesecke 1997, 84f). Diese Qualität der Informations- und Wissensvermittlung setzt theoretisches Wissen über Männlichkeitsbilder, Gesprächsführungsfähigkeiten und situatives Einfühlungsvermögen voraus. Gleichzeitig kommt es darauf an, beim Ratsuchenden in Gang gekommene Reflexionsprozesse zu begleiten und beraterisch zu nutzen.

Die Reflexion oder vertiefende Betrachtung ist stärker als die Vermittlung von Informationen und Wissen mit dem Austausch von Argumenten, Gedanken und Empfindungen verbunden. So werden u.a. die Selbstwahrnehmung und die Interpretation der vergangenen wie auch der aktuellen Lebensumstände thematisiert. Bei eingetretener Arbeitslosigkeit kann es darum gehen, den Stellenwert der Arbeit für das Selbstwerterleben zu erörtern und dabei auf lebensgeschichtlich erworbene Interpretationsmuster einzugehen. Die Auseinandersetzung mit der eigenen Biografie etwa in Bezug auf das etablierte Männlichkeitsbild, das durch Arbeitslosigkeit fragwürdig wird, enthält die Chance, Sichtweisen zu modifizieren und den Problemdruck zu reduzieren (Glinka 2005, 212). Methodisch stehen die Paraphrase, hypothetische Deutungen lebensgeschichtlicher Zusammenhänge, Herausforderungen und Konfrontationen und der im Empowermentansatz entwickelte Kompetenzdialog mit dem Reframing im Vordergrund (Ansen 2006, 180f). Diese Beratungsstrategien sind besonders geeignet, Denkroutinen zu unterbrechen und einen Veränderungsprozess einzuleiten. Sie entfalten eine stressreduzierende Wirkung, wenn sie an die Veränderungsmöglichkeiten der Ratsuchenden anschließen und von ihren alltäglichen Problemen und Sichtweisen ausgehen.

4 Ausblick

In den Theorien der Sozialen Arbeit ist das Thema Männer und Männlichkeit unterbelichtet. Diese Lücke führt dazu, dass die Methoden der Sozialen Arbeit über weite Strecken auf dieses sehr relevante Thema so gut wie gar nicht ausgerichtet sind. Die skizzierten Aspekte der Sozialen Beratung für Männer sind auf eine Weiterentwicklung angewiesen. Möglicherweise trägt die Vernachlässigung der Männerperspektive dazu bei, dass Beratungsprozesse unter ihren Möglichkeiten bleiben. In der inhaltlichen Bereicherung der Sozialen Beratung um die Gender-Perspektive liegt die

Chance, Ratsuchenden umfassender als bisher gerecht werden zu können. Das Scheitern an unreflektierten Männlichkeitsvorstellungen erzeugt Leid, das sich in weiteren sozialen Problemen äußert. Die Berücksichtigung des Themas Männer würde durch ein erweitertes Problemverständnis und differenziertere Interventionen die Wirksamkeit der Sozialen Beratung verbessern. Allerdings sind die Möglichkeiten der Sozialen Beratung durch gesellschaftlich verfestigte Männlichkeitsvorstellungen begrenzt. Erst wenn auch diese Dimension verändert wird, verbessern sich die Möglichkeiten der Sozialen Beratung, mit Männern, die an wirtschaftlichen und sozialen Aufgaben scheitern, attraktive Lebensperspektiven zu erarbeiten.

Literatur

Ansen, H. (2006): Soziale Beratung bei Armut. Reinhardt, München

Böhnisch, L. (2002): Lebensbewältigung. In: Thole, W. (Hrsg.): Grundriss Soziale Arbeit. Leske und Budrich, Opladen, 199–215

Dewe, B. (2001): Jenseits der „Belehrung": Das pädagogische Phänomen „Beratung". In: Ethik und Sozialwissenschaften, 12. Jg. 3/2001, 369–371

Finke, J. (1999): Beziehung und Intervention. Thieme, Stuttgart

Giesecke, H. (1997): Pädagogik als Beruf. Juventa, Weinheim/München

Glinka, H.-J. (2005): Biographie. In: Otto, H.U., Thiersch, H. (Hrsg.): Handbuch Sozialarbeit Sozialpädagogik. Luchterhand, Neuwied, 207–221

Kunz, S., Scheuermann, U., Schürmann, I. (2004): Krisenintervention. Juventa, Weinheim/München

Mollenhauer, K. (1964): Einführung in die Sozialpädagogik. Juventa, Weinheim/Basel

Pallasch, W., Kölln, D. (2002): Pädagogisches Gesprächstraining. Juventa, Weinheim/München

Rechtien, W. (1998): Beratung – Theorien, Modelle, Methoden. Profil-Verlag, München

Scherr, A. (2002): „Männer" als Adressatengruppe und Berufsgruppe in der Sozialen Arbeit. In: Thole, W. (Hrsg.): Grundriss Soziale Arbeit. Leske und Budrich, Opladen, 379–387

Stecklina, G., Böhnisch, L. (2004): Beratung von Männern. In: Nestmann, F., Engel, F., Sickendiek, U. (Hrsg.): Das Handbuch der Beratung, Bd. 1. Dgvt, Tübingen, 219–230

Tatschmurat, C. (2004): Gender Troubles in der Beratung. In: Nestmann, F., Engel, F., Sickendiek, U. (Hrsg.): Das Handbuch der Beratung, Bd. 1. Dgvt, Tübingen, 231–244

Thiersch, H. (2005): Lebensweltorientierte Soziale Arbeit. Juventa, Weinheim/München

Winter, R. (2005): Männer. In: Otto, H.U., Thiersch, H. (Hrsg.): Handbuch Sozialarbeit Sozialpädagogik. Luchterhand, Neuwied, 1160–1168

Männergesundheit und Gesundheitsförderung

von Matthias Stiehler

Männergesundheit ist ein zentrales Thema im Bereich der Männerarbeit. Die Not vieler Männer wird hier besonders deutlich. Doch trotz gegenüber den Frauen deutlich höherer Mortalitäts- und Morbiditätsraten (Statistisches Bundesamt 2005), ist es schwer, Männer zu einem gesünderen Lebenswandel zu bewegen, ja für das Gesundheitsthema auch nur zu interessieren. Ärzte klagen, dass Männer zu selten zu Vorsorgeuntersuchungen gehen (Jacobi 2002, 107). Angebote, bei denen Männer im Sinne eines umfassenden Verständnisses von Gesundheitsförderung (Charta der 1. Internationalen Konferenz zur Gesundheitsförderung 1986) zur Auseinandersetzung mit ihrem Leben angehalten werden, werden vergleichsweise selten in Anspruch genommen. Außerdem wird Männern eine geringe Veränderungsbereitschaft attestiert (Neumann/Süfke 2004, 109ff). Und ich sehe noch weitere Aspekte des Themas Männergesundheit, die präventive Angebote für Männer zentral beeinflussen:

1. Das Gesundheitsthema gehört zu den wenigen Bereichen, in denen männliche Not offenkundig wird. Das heißt, erst dort, wo existentielle Krisen auftreten, zerbricht die Maske des Mannes, zerbricht sein Glaube, dass er alles im Griff hat (Stiehler 2005, 6).
2. Beim Thema Männergesundheit wird die innere Haltlosigkeit vieler Männer deutlich (Koch 2004).

Als Ursache für diesen problematischen Befund wird die männliche Sozialisation gesehen, also das durch die Ursprungsfamilien und vor allem durch die Gesellschaft bestimmte Aufwachsen von Jungen, das sie in Außenorientierung, Körperferne, Risikobereitschaft, Einzelkämpfertum, Gefühlshemmung und Sprachlosigkeit bringt (Böhnisch/Winter 1994, 128ff).

Diese vier Punkte: existentielle Not, Veränderungsresistenz, schwierige Ansprechbarkeit und innere Haltlosigkeit, eröffnen das komplizierte Praxisfeld, auf dem sich Männergesundheitsangebote bewegen. Die Gefahr der Praxisangebote besteht nun darin, dass entweder über die „uneinsichtigen Männer“ geschimpft wird, die die wohlmeinenden Ratschläge und Expertenmeinungen nicht annehmen (Zeller 2003, 1114). Oder es wird nach immer neuen Konzepten gesucht, die dann die Männer „wirklich“ erreichen sollen. Oft ist die Enttäuschung groß, wenn das neue Angebot – noch niedrigschwelliger und noch freundlicher – ebenso wenig funktioniert wie die vorhergehenden.

Auch in meiner Praxis bestätigt sich die Verankerung männlicher Identität in der Sozialisation. Jedoch greifen die Sozialisationstheorien zu kurz, wenn sie sich auf das beziehen, was im Bewusstsein der Männer verankert ist, was also an bewussten Erinnerungen zugänglich und in wissenschaftlichen Interviews als auch in Workshoparbeiten unmittelbar geäußert wird. Vielmehr werden wir auf die Ebene der Persönlichkeitsstrukturentwicklung verwiesen, auf die Zeit also, in der sich die Persönlichkeit in ihren Grundzügen entwickelt, das heißt, auf die ersten drei Lebensjahre (Roth 2003, 406f). Problematisch für die präventive Arbeit ist, dass diese Zeit dem Bewusstsein nur schwer zugänglich ist und eine Veränderung dieser frühen Prägungen schon hirnphysiologisch nur begrenzt möglich sind. Zwar gibt es noch zu wenig fundierte Forschung über die Bildung der Geschlechtsidentität in den ersten drei Lebensjahren, sodass über die konkreten Sozialisationsbedingungen noch zu wenig bekannt ist. Bisherige Forschungsergebnisse legen jedoch nahe, dass sich die Geschlechtsidentität beginnend in der Individualisierung-Differenzierungsphase, also ab dem zweiten Lebensjahr herausbildet und in ihrem Gelingen entscheidend von der triadischen Kompetenz der Eltern abhängt (Klitzing 2002, 881f).

Wenn wir also vom komplizierten Feld der Männergesundheitsprävention sprechen, dann liegt das Schwierige nicht an der Uneinsichtigkeit der Männer und auch nicht daran, dass wir in Theorie und Praxis nur noch nicht die richtige Methode entwickelt haben. Zuallererst liegt es daran, dass in der Männergesundheitsdiskussion Ebenen der Geschlechtsidentität angesprochen sind, die sich einer einfachen Veränderbarkeit entziehen. Die Frage ist nun, ob Präventionsarbeit trotzdem mehr bewirken kann als das gute Gefühl des Präventionsarbeiters, überhaupt etwas getan zu haben.

Es lassen sich drei Strategien präventiven Handelns im Bereich der Männergesundheit aufzeigen.

Erstens: *Der ressourcenorientierte Ansatz* orientiert sich am Vorhandenen. Ziel ist nicht, Männer zu grundlegenden Veränderungen zu bewegen. Es geht vielmehr darum, die vorhandenen Möglichkeiten dahingehend zu prüfen, ob sie als Ressourcen für Gesundheitshandeln zu nutzen sind. So setzt sich beispielsweise die Schweizer Ernährungsberaterin Christen-Hess mit der Frage auseinander, wie Männer zu einem gesünderen Ernährungsverhalten gebracht werden können (Christen-Hess 2003). Als entscheidend nennt sie Aspekte allgemeinen männlichen Selbstverständnisses, die den Weg zu einer gesunden Ernährung ebnen könnten:

- Die körperliche Dimension und die Leistungsfähigkeit haben für Männer eine sehr hohe Bedeutung.

- Männer haben ein hohes Selbstwertgefühl und wissen allgemein, was sie wollen und was nicht. Sie sind sehr schnell der Selbstaufforderung zugänglich, „das schaffe ich schon".
- Männer sind keine abhängigen Klienten. Sie entwickeln eigene Umsetzungsideen.

Sicher handelt es sich hier – beispielsweise bei der Einschätzung des Selbstwertgefühls – um eine oberflächliche Betrachtung. Trotzdem ist der ressourcenorientierte Ansatz dort sinnvoll, wo niedrigschwellig präventiv aus der Erkenntnis heraus gearbeitet wird, dass gewisse Verhaltensumstellungen sinnvoll sind, aber ein Veränderungsdruck für die Männer selbst nicht besteht. Begrenzt sind diese Ansätze jedoch schon dadurch, dass es bei der Frage der Männergesundheit eher um grundlegende Verhaltensweisen und entsprechende Veränderungen geht, also nicht so sehr um den Erhalt des Status quo. Und diese Änderungen rühren fast zwangsläufig an den angesprochenen grundlegenden Persönlichkeitsaspekten. Wenn wir den ressourcenorientierten Ansatz verfolgen, sollten wir also nicht zu viel erwarten, um dann nicht in eine reaktive Enttäuschung zu geraten.

Zweitens: *Der krisenorientierte Ansatz* bezieht sich auf die Erkenntnis, dass Änderungen nur dann in einer tiefer gehenden Weise vollzogen werden können, wenn die bisherigen Verhaltensweisen zur Lebensbewältigung nicht mehr ausreichen. Es geht dann darum, eine neue Sichtweise zu entwickeln und veränderte Verhaltensweisen einzuüben. Der krisenorientierte Präventionsansatz fokussiert daher nicht objektive Erfordernisse, also eine vom Individuum unabhängige Beschreibung, etwa wie ein Mann sich verhalten sollte, um nicht krank zu werden. Vielmehr steht der konkrete Mann mit seinem ganz individuellen Leben im Mittelpunkt. Es kann dann um unmittelbare Krankheitsprävention gehen, beispielsweise den Verzicht auf das Rauchen nach operiertem Kehlkopfkrebs. In meiner Praxis spielt jedoch häufiger die Unzufriedenheit mit der eigenen Lebenssituation eine Rolle. Diese kann sich an der beruflichen Situation entzünden, öfter noch an Beziehungsproblemen, also an Partner- oder Vaterschaft. Der Männergesundheitsaspekt betrifft dann mehr das grundlegende Verhalten, um das es sowohl in der Krisensituation als auch bei Entstehung bestimmter Krankheiten geht.

Ich möchte diesen gesundheitsfördernden Präventionsansatz am Beispiel der von mir geleiteten Männergruppe darstellen: Mitglieder dieser Gruppe sind Männer, die entweder durch immer manifester auftretende Depressionen oder auf Grund von Beziehungsschwierigkeiten psychotherapeutische Behandlung aufsuchten. Hier wurde ihnen die Verflochtenheit von Beziehungsgestaltung und emotionaler Reaktion deutlich und ihnen wurde bewusst, wie sehr sie durch ihre eigene Lebensgestaltung zur Entwicklung der psychischen Erkrankungen beitrugen.

In der Männergruppe, die parallel bzw. im Anschluss an die Psychotherapie stattfindet, geht es nun darum, eine neue Lebensgestaltung aufzubauen, im Rahmen einer solidarischen Männergruppe zu festigen und zugleich sich gegenseitig in die Pflicht zu nehmen. So wird beispielsweise die jeweils eigene Beziehungsgestaltung thematisiert. Dabei zeigt sich bei jedem der Männer im Gruppengespräch eine fast körperlich zu spürende schmerzliche Not, eigene Bedürfnisse in der Partnerschaft wahrzunehmen und zu vertreten. Viel leichter war es ihnen zu erspüren, was von ihnen erwartet wird (Stiehler/Stiehler 2006). Viel leichter war es für die Männer auch, in die Entwertung des anderen zu gehen („Die sagt ja auch nicht, was sie will.") oder die eigene Bedürfnislosigkeit zu propagieren. Es war eine intensive Arbeit der Männer notwendig, dass sie in Kontakt mit sich kamen und es ihnen möglich wurde, die eigenen Bedürfnisse zu vertreten.

Dieses Beispiel soll deutlich machen, dass es sich auch beim krisenorientierten Ansatz um ein „mühevolles Geschäft" handelt und Veränderungen nur in kleinen Schritten möglich sind. Es gibt viele Männer (und auch Frauen), für die dieser mühevolle Lernprozess zu anstrengend ist und die lieber Beziehungsstress und Krankheiten in Kauf nehmen. Lohnenswert ist dieser Präventionsansatz aber, weil sich dadurch ein zufriedenstellenderes Leben eröffnet und damit sowohl bestimmte Risiken vermieden als auch protektive Faktoren verstärkt werden.

Drittens: Neben den individuellen Schwierigkeiten gibt es jedoch auch gesellschaftliche Widerstände gegen das Thema Männergesundheit, wobei sich diese weniger gegen gesundheitsbewusstes Verhalten von Männern an sich richten als mehr gegen das mit dem Thema einhergehende veränderte Bild von Männern in unserer Gesellschaft. Zwei Punkte sind hier entscheidend:

1. Männer sind mehr in Not als sie es sich selbst eingestehen, aber auch als es ihnen die Gesellschaft insgesamt zugesteht.
2. Starke Männlichkeit hat nichts mit Machogebahren, aber auch nichts mit Larmoyanz zu tun. Jedoch bietet unsere Gesellschaft kaum ein wirkliches Verständnis von positiver Männlichkeit.

Ebenso wie im individuellen Bereich ist ein mühsamer *gesellschaftlicher Veränderungsprozess* zu initiieren. So wie Gesundheitswissenschaftlerinnen und Gesundheitswissenschaftler erst allmählich die männliche Not auch im gesellschaftlichen Kontext ernst nehmen, tut sich die Politik schwer, diesen Aspekt überhaupt zu erkennen. Sachlich jedenfalls ist es nicht zu begründen, dass es einen bundesdeutschen Frauengesundheitsbericht gibt, ein entsprechendes Pendant für die Männer nicht (BMFSFJ 2001). Dabei geht es weniger um Statistiken, die für viele Bereiche auch schon vorliegen. Es geht – ebenso, wie es die Frauen in ihrem Bericht versucht haben – um die Hintergründe der männlichen Gesundheitsproblematik, die erst allmählich aufgedeckt werden (Stiehler 2004). Ein Männergesundheitsbericht könnte hier eine gute öffentlichkeitswirksame Arbeit leisten und damit eine größere Offenheit für männliche Probleme bewirken.

Zusammenfassend sollen drei Punkte genannt sein, die im gesellschaftlichen Geschlechterdiskurs eine wichtige Rolle spielen und die durch das Männergesundheitsthema besonders deutlich werden. Umgekehrt können Veränderungen in diesen Punkten positiven Einfluss auf die Gesundheit von Männern haben:

- Männer sind von einseitigen Schuldzuschreibungen zu entlasten, die in der Gesellschaft noch oft anzutreffen sind. Zu fragen ist zum Beispiel, ob es neben „hegemonialer Männlichkeit" auch eine „hegemoniale Weiblichkeit", neben „patriarchaler Dividende" auch eine „mütterliche" gibt?
- Sie bedürfen gesellschaftlicher Unterstützung, um ein positives Selbstbild aufzubauen, in dem sie ihre Interessen offen vertreten können, ohne sich beispielsweise über Frauenhass oder Frauenverständnis zu stabilisieren.
- Und es ist sehr wichtig, Partnerschaftlichkeit zu entwickeln, um im Miteinander bessere Wege zu finden. Bei aller Unterschiedlichkeit sind Frauengesundheit und Männergesundheit letztlich sich bedingende Felder.

Literatur

Böhnisch, L., Winter, R. (1994): Männliche Sozialisation. Juventa, Weinheim

Bundesministerium für Familie, Senioren, Frauen und Jugend (BMFSFJ) (2001): Bericht zur gesundheitlichen Situation von Frauen in Deutschland. Verlag W. Kohlhammer, Berlin

Charta der 1. Internationalen Konferenz zur Gesundheitsförderung, Ottawa (1986). In: Franzkowiak, P., Sabo, P. (1998): Dokumente der Gesundheitsförderung. Verlag Peter Sabo, Mainz

Christen-Hess, B. (2003): Ernährungsberatung von übergewichtigen Männern. Vortrag zur UGB Tagung 2003. In: „Männer und Gesundheit" CD zum 2. Hamburger Männergesundheitstag 8.9.2005

Jacobi, G. (2002): Männergesundheit. Schnetztor-Verlag, Konstanz

Klitzing, K. v. (2002): Frühe Entwicklung im Längsschnitt: Von der Beziehungswelt der Eltern zur Vorstellungswelt des Kindes. Psyche 9/10/2002, 863–887

Koch, T. (2004): Männliche Muster von Behinderungen und Beförderungen in der Therapie. Vortrag auf der 2. Tagung der DGAPT-Sektion „Männliche Identität in Psychotherapie und Gesellschaft" 24.–26.09.2004, www.dgapt.de/doku/dokmae/Vortrag Koch.pdf

Neumann, W., Süfke, B. (2004): Den Mann zur Sprache bringen. dgvt-Verlag, Tübingen

Roth. G. (2003): Fühlen, Denken, Handeln. Wie das Gehirn unser Verhalten steuert. Suhrkamp, Frankfurt a. M.

Statistisches Bundesamt (2005): Fachserie 12/Reihe 4. Gesundheitswesen. Todesursachen in Deutschland 2003. www.destatis.de

Stiehler, M. (2004): Das Kreuz mit der Geschlechterdifferenzierung in der Gesundheitsberichterstattung In: Österreichisches Bundesministerium für soziale Sicherheit, Generationen und Konsumentenschutz (Hrsg.): Psychosoziale und ethische Aspekte der Männergesundheit. Eigenverlag, Wien, 15–22

– (2005): Kranke Männergesundheit. Switchboard 171/2005, 4–7

Stiehler, M., Stiehler, S. (2006): Als Paar Paarberatung anbieten. Vortrag auf den 4. Psychotherapietagen der DGAPT, 18.–21.05.2006, www.dieg.org/Wissenschaft/pdf/Paarberatung.pdf

Zeller, I. (2003): Männergesundheit: Besser Rollenverhalten ablegen. Deutsches Ärzteblatt 14/2003, 1114

Männer-Wohn-Hilfe

von Wolfgang Rosenthal

Im Jahr 2000 haben sechs Männer in Oldenburg den Verein Männer-Wohn-Hilfe e. V. gegründet. Der Verein bietet seit März 2001 Männern eine kurzfristig verfügbare Wohnmöglichkeit, um die Folgen oder Verläufe partnerschaftlicher Krisen abzumildern. Er versteht sich nicht als therapeutische Einrichtung, d. h., der Betroffene muss in der Lage sein, seinen Alltag selbst zu bewältigen. Er muss mindestens 25 Jahre alt sein. Es darf keine Suchtkrankheit, keine Suizidgefährdung oder eine andere Einschränkungen vorliegen, die einer kontinuierlichen therapeutischen Begleitung bedarf. Der Mann muss seinen Lebensmittelpunkt in Oldenburg haben. Die Wohnung bietet einem Mann mit Kindern bzw. zwei Männern ausreichend Platz. Sie ist ansprechend möbliert, es besteht auch die Möglichkeit, sie mit persönlichen Gegenständen zu bestücken. Die Verweildauer ist auf max. drei Monate befristet. Die Nutzungsentschädigung beträgt 60,– Euro pro angefangener Woche für einen Bewohner.

Ausgangspunkt der Gründungsidee war die Überzeugung, dass Männer bereit sind, für sich selbst und ihre Beziehungen Verantwortung zu übernehmen, wenn sie für sich einen Weg sehen, den sie gehen können. Die Bereitstellung der Wohnung selbst, die Schaffung des Angebots als solches hat den Effekt, dass hier Vorsorge für mögliche Probleme geschaffen wird. Dadurch werden diese Probleme als nicht mehr singulär, als nur persönliches Problem, sondern als ein mögliches prinzipielles Problem männlicher Existenz definiert. Durch die dem Berater zugeschriebene Kompetenz und seiner Zugewandtheit ist die sonst allgemein übliche Situation der Konkurrenz zwischen Männern überwunden. Die eigene Existenz wird wahrgenommen und gesichert. Im Kontakt mit dem Gegenüber kann die eigene Position erlebt und eingeordnet werden, wobei gleichzeitig oft ein lange gehegter Wunsch, als Mann verstanden zu werden, deutlich wird. In diesem Spannungsfeld, zwischen dem Wunsch gesehen und anerkannt zu werden, bietet die Wohnung einen weiteren hilfreichen Aspekt. Sie ist der Rückzugsraum, in dem Mann sich seiner Lage und damit seiner selbst versichern kann. Das Angebot zielt von vornherein auf die Hilfe zur Selbsthilfe ab. Dies geschieht in einem Maße, dass Männer in die Lage kommen, auf einer sicheren Grundlage über eigene Schwächen, Probleme und Nöte reden zu können. Gleichzeitig wird durch die Organisationsform eines Vereins, der auf Ehrenamtlichkeit basiert, der Selbsthilfegedanken nochmals verdeutlicht.

Nach nun vier Jahren des Betriebs der Wohnung können wir erste Daten veröffentlichen. Obgleich wir uns aufgrund der Grundgesamtheit von 25 Männern der Begrenztheit der Aussagekraft bewusst sind, halten wir diese Daten für signifikant. Die Daten zeigen Männer, die selbst nicht desolat sind, sondern sich in desolaten Situationen befinden! In der Mehrzahl haben die Männer, die bei uns gewohnt haben, das traditionelle Konzept von Männlichkeit gelebt: Sie haben nicht nur die individuelle Verantwortung getragen, sondern auch konkret Verantwortung für ihre Familienmitglieder übernommen. Sie befinden sich damit in der ungebrochenen männlichen Tradition, ihre Belastbarkeit zu überschätzen und deswegen zu spät für sich zu sorgen, ihr Leben auf die Unterstützung und „Sicherheit" der Familie auszurichten und kein eigenes soziales Netz aufzubauen.

Meist kamen die Männer in einer Situation einer möglichen Trennung. Dabei spielte der Zugang von Männern über das Gewaltschutzgesetz fast keine Rolle. Nur wenige waren schon vor der Aufnahme in die Wohnung für einige Zeit wohnungslos. Die meisten Männer kamen direkt aus der gemeinsam genutzten Wohnung. Der Beratungsbedarf der Bewohner war sehr unterschiedlich. Neben Beratung haben wir auch vereinzelt eine Begleitung der Männer organisiert, um ein fehlendes soziales Netz für die erste Zeit in der neuen Lebenssituation zu ersetzen. Viele Männer haben ihre schwierige Situation gut meistern können. In den vier Jahren gab es keinerlei Beschwerden von Nachbarn oder anderen Personen über die Bewohner. Die eigene Versorgung konnten die Männer selber gut sicherstellen. Um die Arbeit des Vereins langfristig zu sichern, wurden wir 2005 Mitglied im Paritätischen Niedersachsen. Nach wie vor ist unsere Arbeit abhängig vom Engagement unseres Hauptsponsors, der Wohnungsbaugesellschaft BauBeCon.

Gab es in den ersten beiden Jahre noch einige Tage, in denen die Wohnung unbenutzt war, so war sie 2004 und 2005 ständig belegt, was wir niemals für möglich gehalten hätten – und eine Häufigkeit von Notlagen, die fragen lässt: Wie schaffen es die Männer, in ihrer existenziellen Not ungesehen zu bleiben?

Das durchschnittliche Alter der Wohnungsnutzer betrug 41,8 Jahre. Bei der Formulierung des Angebots war es uns noch wichtig gewesen, die untere Altersgrenze eindeutig zu definieren. Die Grenze bei 25 Jahren war allerdings nicht der Grund, dass die Zahl der 20–30-Jährigen so gering ist, sondern dass es kaum Nachfrage aus diesem Alterssegment gab. Wir deuten dies als Hinweis auf eine höhere Flexibilität der jungen Erwachsenen, die es ihnen erleichtert, vorübergehende „Auszeiten" von der Partnerschaft im Freundes- oder Familienkreis zu überbrücken.

Bei der Verteilung der Schulabschlüsse ist auffällig, dass über die gesamte Zeit der Anteil der Männer mit Hochschulreife konstant hoch war. Hier vermuten wir, dass besser ausgebildete Männer eher bereit sind, eine vorübergehende Trennung als akzeptable Lösung für eine schwierige Lebenssituation anzunehmen, sich auf neue Lebensmodelle einzulassen und sie auszuprobieren. Dies sogar selbst dann, wenn die Möglichkeit eines Scheiterns dadurch erhöht ist. Im Gegensatz zu den Männern mit Abitur waren die Männer mit Hauptschul- oder nicht vorhandenen Schulabschluss fast alle arbeitslos. Die sich verschärfende ökonomische Lage hat im vierjährigen Projektverlauf die Anzahl dieser Männer kontinuierlich ansteigen lassen. Die Diskrepanz zwischen dem Idealbild des Alleinernährers und der zunehmenden Unmöglichkeit diesem Anspruch gerecht zu werden, fördert die krisenhafte Entwicklung von Paarkonflikten.

Auffällig ist, dass unsere Bewohner zu 86 % Väter waren. Ob dies nun für eine höhere Belastung der väterlichen bzw. der elterlichen Beziehungen durch Kinder spricht oder dafür, dass die Väter möglicherweise geringere Außenkontakte (etwa zu Freunden, Bekannten) haben, die es ihnen ansonsten ermöglichen würden, in einer Krise vorübergehend woanders zu leben, können wir anhand unserer Daten nicht klären.

Ein wesentliches Ergebnis ist: Je höher der Bildungsstatus und das Alter, desto später die Krise bzw. ein damit verbundener Verlust der Wohnung. Dies stimmt mit den üblichen Belastungsfaktoren für Familien überein. Die Not von Männern, die versuchen, den vielfältigen Anforderungen an Familie gerecht zu werden, führt immer wieder zu physischen und psychischen Überforderungen. Das Angebot wirkt somit auch gesundheitlich präventiv.

Die durchschnittliche Aufenthaltsdauer der Wohnungsnutzer betrug ca. 56 Tage. Dabei unterscheiden sich zwei Gruppen: Bei der Gruppe von Männern, die die Wohnung bis zu eine Woche nutzten, handelte es sich um eine Notlösung, deren Zielrichtung im Wesentlichen klar war. Bei der zweiten Gruppe handelte es sich um Männer, die in der Beziehung noch etwas klären wollten. Die meisten haben sich danach für eine eigene Wohnung entschieden. Ihr Aufenthalt dauerte ca. ein bis zwei Monate.

Zum Verbleib nach dem Aufenthalt bei uns lässt sich klar feststellen, dass die Männer anschließend eher in eigene Wohnungen wechseln. Aber immerhin ca. ein Drittel geht auch wieder zurück in die vormalige Wohnung, was sich als Indikator für das Fortbestehen der Beziehung interpretieren lässt. Unser Angebot dient somit – wie intendiert – der Klärung von Beziehungsproblematiken und dem Erhalt der Familienbeziehungen.

Deutlich wurde, dass sich die Männer mittleren Alters in der Krise eher in Richtung eines Neuanfangs außerhalb der alten Beziehung orientiert haben. Tendenziell lässt sich damit vermuten, dass sie noch am ehesten eine Chance für einen „Neuanfang“ sehen oder zumindest dieses Wagnis eingehen.

In der Planungsphase war ein wesentlicher Aspekt die Gewalt in Partnerschaften und der angemessene Umgang damit. Unsere Erfahrungen zeigten jedoch: Bei fast 80 % der Aufnahmen gab es keinerlei Gewalt. Bei den Männern, die polizeilich als Täter geführt wurden, konnte dieses

Thema in zwei Fällen nicht wirklich geklärt werden, sodass sie in der von der Polizei festgelegten „Täter“-Kategorie verblieben. Gerade der Bereich der häuslichen Gewalt, insbesondere bei längeren Beziehungen, ist unserer Ansicht nach derart komplex, dass eine Opfer-Täter-Zuschreibung oft nicht möglich ist.

Die Männer haben unseren Ansatz – Nutzung einer Notwohnung für eine Auszeit in individuellen bzw. partnerschaftlichen Krisensituation – bestätigt: Männer übernehmen Verantwortung für sich und die Beziehung, wenn sie einen Weg sehen, dessen Beschreitung ihre Identität als Mann nicht weiter beschädigt. Gerade bei Männern, die später in die Beziehung zurückkehrten, zuvor jedoch länger als andere in der Übergangswohnung blieben, zeigen sich die präventiven Wirkungen unseres Konzeptes: Sie konnten sich die notwendige Zeit nehmen, um zu einer wirklichen Klärung zu kommen und dies, ohne vorschnelle Entscheidungen treffen oder die negativen finanziellen Folgen befürchten zu müssen. Es ist festzustellen, dass die Arbeit der Männer-Wohn-Hilfe e.V. in drei Bereichen präventiv wirkt:

- im Bereich der Achtsamkeit der Männer für sich selbst und damit auch für ihre Gesundheit
- im Bereich von Krisen in Partnerschaften, so können Eskalationen früher beendet werden
- bei der Unterstützung Partnerschaften zu erhalten.

Im Umkehrschluss bedeuten die Erfahrungen, dass die bisherige geringe Nutzung von Beratungsangeboten durch Männer, eher der mangelnden Passung der Angebote als den Männern anzulasten ist.

Wir freuen uns, dass es gelungen ist, alte Vorurteile über Männer anzukratzen und unser grundsätzlich positives Bild von Männern weiter zu verbessern.

Mann und Sucht: Beachtung und Überwindung einer engen Allianz

von Arnulf Vosshagen

Eine männerspezifische Suchtarbeit ist dringend erforderlich, da sich auch in diesem Bereich traditionelle Männlichkeit als Gesundheitsrisiko zeigt, das in seinen genderspezifischen Ursachen hinterfragt und bearbeitet werden muss. Männerspezifische Suchtarbeit hat die Voraussetzung, dass Berater und Therapeuten sich kritisch mit der eigenen Männlichkeit auseinandergesetzt haben. Dies sollte Bestandteil in der Fort- und Weiterbildung von Männern, die genderspezifisch mit Männern arbeiten, sein. Eine männerkritische und gleichermaßen eine männerfreundliche Haltung ist für diese Arbeit, die immer auch ressourcenorientiert sein muss, unabdingbar. Eine weitere Voraussetzung für diese Arbeit ist, dass in Männergruppen jegliche Form von Frauenabwertung zu unterbinden ist und damit eine antisexistische Grundhaltung gegeben sein muss.

Suchtkrankentherapie ist bzw. war schon seit Jahrzehnten an Männern orientiert (Stichwort: Androzentrismus), dabei bedeutet jedoch überwiegend mit Männern zu arbeiten noch lange nicht, gendersensibel mit männlichen Patienten umzugehen. Gendersensibel mit Männern im Suchtbereich zu arbeiten, heißt u.a., offen dafür zu sein, dass es ihnen z.B. schwer fällt, die Kontrollunfähigkeit dem Suchtmittel gegenüber zu akzeptieren, da diese im Widerspruch zum Männerklischee von Unabhängigkeit und Kontrolle steht. Der Abschied vom Alkohol heißt für Männer auch, ein Abschied von Inszenierungen und von der Symbolfunktion von Alkohol. Männliche Patienten fühlen sich häufig durch Versagenserlebnisse, Arbeitslosigkeit, Trennung und Rollenverluste speziell belastet. Zunächst gilt es zu akzeptieren, dass suchtkranke Männer nicht gelernt haben, über sich – vor allem auch nicht mit anderen Männern – zu reden. Sie machen häufig am Therapiebeginn, stärker als Frauen, äußere Umstände für ihre Lebenslage verantwortlich und sind in ihrer Motivation eher extrinsisch.

Männerspezifische Suchtarbeit

Wichtiges Lernziel ist die positive *und* kritische Männersolidarität. Daneben ist die Unabhängigkeit von Frauen besonders gut in reinen Männergruppen erlernbar, da Frauen während des Suchtgeschehens häufig in eine coabhängige Rolle gebracht wurden. Unabdingbar ist die Infragestellung des kulturspezifischen Männerbildes, welches eng mit dem Suchtmittelkonsum verwoben ist. Ein sensibler Umgang mit sich, anderen und der Umwelt ist aufzubauen – eine Versöhnung von idealem und realem Selbstbild.

Gerade für suchtkranke Männer ist z. B. im Rahmen der Sporttherapie ein verändertes Erleben von Körperlichkeit wichtig, nachdem der Körper über Jahre durch das Suchtmittel geschädigt wurde.

Besonders schwer fällt das Erleben und Ausdrücken von Emotionen, die zuvor im Alkohol ertränkt wurden. Hierzu zählt der Umgang mit abgespaltenen Anteilen, die ohne Suchtmittel verarbeitet werden müssen, insbesondere das Erleben von Ohnmacht, Angst, Schmerz, Scham und Versagen. Bei Männern wurde bisher der Zusammenhang zwischen Traumaerfahrungen, die als Opfer erlebt wurden, und Suchtentwicklung zu wenig beachtet (Schäfer 2006).

Vosshagen (1997) wies nach, dass eine Veränderung von engen Genderschemata für die langfristige Aufrechterhaltung von Abstinenz besonders hilfreich ist. Neben dem Zulassen von Schwächen heißt dies aber das Erkennen persönlicher Stärken. Abstinenz in einer alkoholisierten Gesellschaft wird nur der alkoholkranke Mann schaffen, der sich stark und kämpferisch in der Erreichung positiver Ziele erweist.

Zur Männertherapie und der Unabhängigkeit von Frauen gehört, dass im Rahmen der Arbeitstherapie oder durch entsprechende Kurse gelernt wird, traditionell Frauen zugeschriebene Bereiche, wie Hausarbeit, zu übernehmen.

Für Männer ist es besonders wichtig, funktionale Äquivalente zur Sucht bei sich zu entdecken, das heißt, alternative Erfahrungen von Rausch ohne Suchtmittel, da nur eine überwiegend befriedigende und lebendige Abstinenz langfristig aufrecht erhalten wird.

Etablierung männerspezifischer Arbeit im Suchtbereich

Neben verstärkter Aufarbeitung des Themas Mann und Sucht auf Tagungen, in Fortbildungen und in sich langsam entwickelnden Arbeitsgruppen von Therapeuten und Beratern im Suchtbereich ist es wichtig, empirische Forschung zu diesem Thema voran zu treiben. Schon jetzt ist es jedoch nötig, mit praktischer Arbeit in Form von Männergruppen zu beginnen, sich aber auch klar zu machen, dass die umfassende Etablierung dieses Themas Zeit und Geduld erfordern wird.

In den einzelnen Suchteinrichtungen ist es erforderlich, dass zur Implementierung dieses Aspekts genderbezogene Arbeit von der Leitung der Einrichtung gewollt wird. Wenigstens einer der männlichen Mitarbeiter (die inzwischen mit 35 % im Suchtbereich in der Minderheit sind) muss sich diesem Thema verschreiben, in größeren Einrichtungen ist die Bildung einer Projektgruppe sinnvoll.

Erwähnt werden muss, dass ein deutlicher professioneller Gewinn für jede Einrichtung zu erwarten ist, die an dieser Stelle Sucht unter zielgruppengenauen Gesichtspunkten sieht.

Für denjenigen, der sich in der Männerarbeit engagiert, ist jedoch auch ein eigener Gewinn in Bezug auf eine Anreicherung in persönlicher und beruflicher Hinsicht zu erwarten. Suchtkranke Männer müssen noch stärker als andere Männer lernen, sich beispielsweise in Selbsthilfegruppen mit anderen Männern auszutauschen und sich deutlich abzugrenzen von Männern, die fortgesetzt den Suchtmittelkonsum als zentralen Lebensinhalt betrachten. Eine Beachtung von Subgruppen von männlichen Suchtkranken, wie beispielsweise die Gruppe der Migranten (Salmann 2006) oder die Beachtung homosexueller Suchtkranker (nur in Berlin besteht eine spezielle „Schwulensuchtberatung“) steht noch weitgehend aus.

Zentrales Thema für die männlichen Patienten ist es, zu erkennen, dass extremes Trinken u. a. ein Linderungs- und Kompensationsmittel war, um mit Erwartungen und Belastungen der Männerrolle fertig zu werden. Daneben ist es wichtig, in der individuellen Suchtgeschichte zu analysieren, wie das Suchtgeschehen von anderen Männern verstärkt und gefördert wurde („Ein richtiger Kerl verträgt einen gehörigen Stiefel“). Demgegenüber sieht der suchtkranke Mann sich mit einer Situation des Scheiterns und der Enttäuschung konfrontiert, in der er erkennen muss, dass seine u. a. auf das Trinken gebaute Konstruktion eigener Männlichkeit erfolglos ist. Zwangsläufig steht er vor der Aufgabe, zu verarbeiten, dass er dem männlichen Stereotyp von Kontrolle und Unbesiegbarkeit in seiner Unfähigkeit, kontrolliert zu trinken, nicht genügt. An dieser Stelle ist es wichtig, z. B. Abstinenz und Selbstverantwortung als neue positive Ziele von Männlichkeit zu sehen. Folgende Themen spielen in der suchtbezogenen Männergruppenarbeit eine besondere Rolle:

1. Vaterbeziehung

Die Vaterentbehrung betrifft den suchtkranken Mann noch stärker als Männer im Allgemeinen. Eine Aufarbeitung der Vaterbeziehung ist für suchtkranke Männer, insbesondere aber mit dem Ziel der Identitätsfindung sehr wichtig. Da viele unserer Patienten selbst einen trinkenden Vater erlebt haben und sich vorgenommen haben, nie so zu werden, wie er, fällt es vielen sehr schwer, diese Ähnlichkeit zu verarbeiten.

In einer separaten Gruppensitzung oder einer Vätergruppe ist es wichtig, die eigene Rolle als Vater aufzuarbeiten, da Kinder von Suchtkranken in der Regel sehr viel Belastendes erlebt haben. Die erneute Übernahme von väterlicher Verantwortung kann nur dann gelingen, wenn der Patient bereit ist, seine Sucht auch aus Sicht der Kinder zu sehen.

2. Beziehungen zu anderen Männern

Die Beziehung zwischen Männern ist schwierig und von Konkurrenz und Homophobie – als einer vielgesichtigen Angst vor Nähe zu anderen Männern – geprägt. Männer nennen zahlenmäßig ähnlich viele Personen ihre Freunde wie Frauen. Die Männerfreundschaften sind jedoch hauptsächlich durch gemeinsame Aktivitäten geprägt und im Vergleich zu Frauenfreundschaften kaum auf den Austausch von ähnlichen Gefühlen und Problemen ausgerichtet. Dies trifft auf suchtkranke Männer verstärkt zu. Das Fördern der innergeschlechtlichen Kommunikation und das Wecken des Bedürfnisses nach tiefergehenden Männerfreundschaften ist zum Aufbau von sozialer Unterstützung und für das Funktionieren von Selbsthilfegruppen wichtig. Daneben spielt es auch für die Überwindung des Schemas, Frauen als Ort des Trostes und des Ausweinens zu betrachten, eine große Rolle

3. Der alkoholkranke Mann als Partner

Während des Suchtgeschehens übernahm die Partnerin in der Beziehung und Familie des suchtkranken Mannes in der Regel die Hauptverantwortung. Es ist zu einer Machtverschiebung gekommen, die oft nur sehr mühsam wahrgenommen und akzeptiert wird. Der erneute Aufbau von Vertrauen und einer gleichberechtigten Beziehungsform ist eine zentrale Aufgabe. Das setzt jedoch beim suchtkranken Mann Selbstkonfrontation, Empathie, Konfliktfähigkeit und Verantwortungsbereitschaft voraus. Diese Aspekte gilt es zu fördern.

4. Sexualität

Untersuchungen zeigen, dass etwa 75 % der alkoholkranken Männer unter Sexualstörungen ohne organische Ursache leiden, insbesondere Libidomangel und Erektionsstörungen. Dieser Aspekt der Suchterkrankung wird jedoch selten thematisiert und bietet sich für eine geschlechtshomogene Gruppe an. Wenn es dem Therapeuten gelingt, eine Atmosphäre zu schaffen, in der Offenheit darüber möglich ist, dass die meisten Männer sexuelle Versagenserlebnisse kennen, sind intensive Therapiegespräche möglich.

5. Gewalt

Alkohol senkt die Gewaltschwelle – bei einem großen Teil der Gewaltdelikte spielt Alkoholkonsum eine Rolle. Dieses Thema ist jedoch das schwierigste in Männergruppen. Zum einen ist es schwierig, über Erfahrungen als Opfer von Gewalt zu sprechen, was Männern sehr schwer fällt, da es Klischees von Männlichkeit widerspricht Opfer zu sein. Noch schwieriger ist es, über ausgeübte Gewalt in der Familie zu sprechen. Es wäre jedoch ein Kunstfehler, die enge Beziehung zwischen Alkohol und Gewalt in Männergruppen nicht zu thematisieren. Intensivere Nacharbeit ist in Einzelgesprächen oft besser möglich.

Aggressionsmanagement sollte zum Therapieangebot von Suchteinrichtungen gehören, aber auch Traumatherapie unter einer männlichen Genderperspektive.

6. Arbeit(slosigkeit)

Das Thema: *Mann und Arbeit* ist unter der Perspektive einer maskulinen Sozialisationserfahrung zu sehen. Wie bei anderen Männern auch ist das Selbstbewusstsein von suchtkranken Männern stark an den Beruf geknüpft. Viele unserer Patienten verfügen darüber hinaus über wenige Bekräftigungsmöglichkeiten. Da ein erheblicher Teil unserer Patienten arbeitslos ist und trotz großer Anstrengung auch nach der Entlassung aus der Therapie bleibt, ist ein sehr sorgfältiges Vorbereiten und Entwickeln von Copingmechanismen für ein Leben ohne die Erfüllung hegemonialer Männlichkeitsstandards, etwa als der des Familienernährers, dringend erforderlich.

7. Gesundheit/Selbstsorge

Der suchtkranke Mann hat sich lange Zeit nicht mehr um seine Gesundheit gekümmert. Zu fördern ist die Teilnahme an Vorsorgemaßnahmen, wie auch der Zahnarztbesuch etc., Genusstraining und allgemein eine achtsame Haltung sind zur Erreichung einer zufriedenen Abstinenz wichtig.

Männergruppenarbeit ist als ein geschützter Raum zu verstehen, um männliche Verhaltensweisen zu erkennen, zu verarbeiten und zu verändern, mit dem Ziel, zu einem neuen Lebensentwurf ohne Drogen zu gelangen.

Genderspezifische Männerthemen im Suchtbereich warten darauf, beachtet zu werden. Berater und Therapeuten können nicht darauf warten, dass diese Themen von Patienten entdeckt und eingebracht werden. Der Genderaspekt muss von Männern, die im Suchtbereich tätig sind, aktiv in die Therapie eingebaut werden. Das ist eine sehr lohnende Aufgabe, die eine starke emotionale Dichte in Männergruppen möglich machen kann und bewegte und sich bewegende Männer hervorbringt.

Literatur

Salmann, R. (2006): Männliche Migranten im Zwiespalt. In: Jacob, J., Stöver H. (Hrsg.): Sucht und Männlichkeiten. VS Verlag, Wiesbaden, 143–152

Schäfer, I. (2006): Zusammenhänge zwischen Traumaerfahrung und Suchtentwicklung bei Männern. In: Jacob, J., Stöver H. (Hrsg.): Sucht und Männlichkeiten. VS Verlag, Wiesbaden, 69–78

Vosshagen, A. (1997): Geschlechtsspezifische Aspekte der Alkoholabhängigkeit bei Männern. Essen. Unveröffentlichte Dissertation

– (2006): Anmerkung zur Psychologie männlichen Suchtverhaltens. In: Jacob, J., Stöver, H. (Hrsg.): Sucht und Männlichkeiten. VS Verlag, Wiesbaden, 129–142

Männer und Depression

von Xaver Pfister

Aufgrund einer eigenen länger andauernden depressiven Erkrankung und der dabei gemachten Erfahrungen mit mir selbst und mit Mitpatienten versuche ich einige, nicht wissenschaftlich belegte und in Studien erhärtete Beobachtungen zur Form der männlichen Depression und des Umgangs von Männern mit ihren Depressionen vorzulegen. Meine eigenen Erfahrungen habe ich in einem längeren Bericht „Masken des Männlichen, die Geschichte einer Depression" im Jahr 2006 veröffentlicht.

> Dieter kam in der Klinik mit seinem Laptop an. Seine erste Frage galt einem Internetanschluss, denn er wollte auch in der Klinik weiterarbeiten, so gut das möglich wäre. Mit drei Tagen Aufenthalt rechnete er, dann sei er wieder so weit, um an die Arbeit zurückzukehren. Schon länger quälten ihn eigenartige Attacken, die ihn etwa aus dem Konzertsaal trieben. Beim letzten Arztbesuch hatte sein Hausarzt von Angstattacken geredet und ihn aufgefordert, zur Abklärung in die Klinik zu gehen. Nach einer Woche hat er sich damit abgefunden, dass er ein paar Wochen in der Klinik verbringen müsse und ist mit Eifer in das Verhaltenstherapieprogramm eingestiegen.

Ein Kollege, der Polizist ist, kam in eine depressive Krise. Damit war seine Karriere bei der Polizei geknickt. Ein depressiver Polizist, das kann es doch nicht geben. Er wurde gemobbt und arbeitet jetzt stundenweise im Backoffice. Er hat erlebt, dass der Mann von außen und von innen sehr oft über seine ungebrochene Leistungsfähigkeit definiert wird. Aufgrund solcher Erfahrungen hat Dieter sein Arbeitsinstrument mit in die Klinik genommen. Aus der Arbeitswelt aussteigen zu müssen, war für ihn eine zu große Bedrohung. Die Depression ist aber häufig die Rebellion gegen dieses einseitig gelebte Männlichkeitsideal. Sie ist die Quittung für ein am Machermannsbild orientiertes männliches Leben. Dadurch gerät der Mann in der depressiven Krise in eine paradoxe Situation. Sein Männlichkeitsideal hindert ihn daran, die Botschaft der Depression zu verstehen, die ihn gerade von diesem Ideal und seinen zerstörerischen Aspekten befreien will. Zur Maske des Männlichen gehört die Effizienz. Alles muss in der kürzest möglichen Zeit erledigt werden. „Time is money". Deshalb nimmt Dieter seine Arbeit mit in die Klinik. Er will in kürzester Zeit wieder hergestellt werden und seine gewohnte Leistungsfähigkeit wieder erlangen. Das biografische Lernen aber und die Veränderungen des eigenen Selbstbildes, welche die Depression gnadenlos einfordert, sind nicht in kurzer Zeit zu realisieren. Wer sich verändern will, muss sich Zeit lassen können. Der erste entscheidende Schritt in der Verarbeitung der männlichen Depression ist es, diese Zusammenhänge zu erkennen und in ihrem Kontext die eigene Erkrankung zu bearbeiten. Es geht dabei um die Kriseneinsicht und die Bereitschaft, sich selber in dieser Krise wahrzunehmen und die dazu notwendige Hilfe zu beanspruchen. Unwidersprochene Untersuchungen stellen fest, dass Männer bis zu sechs Jahren an etwas leiden, bis sie zu diesem doppelten Schritt bereit sind.

Ich habe an mir selbst erlebt, dass ich auch dann noch die Depression nicht als einen Teil meiner selbst, sondern als eine mir von außen auferlegte Krankheit gedeutet habe: „Ich will diese depressiven Bremsen abschütteln und verlieren. Ich will meine Energie neu entdecken, entdecken, was in dem, was ist, drin steckt, und mich der Anstrengung des Augenblicks nicht entziehen. Dazu will ich lernen, im Wechsel von Spannung und Entspannung zu leben zu. Das Anpacken und das Loslassen, das Planen und das Zulassen, diese unterschiedlichen Phasen im Leben will ich zulassen."

Hier zu diesem Zeitpunkt meiner Krise ist dies mein Bild, das ich mir von meiner Krankheit mache: Die Depression ist wie der Bremsklotz, der mich an der schnellen Fahrt hindert. Die Depression ist mir von außen aufgezwungen. Sie hindert mich, so weiterzuarbeiten, wie ich das bis dahin getan habe. Und meine Vorstellung ist, dass ich diese Depression abstreifen, weglegen und dann auch vergessen kann. Die Depression ist etwas, das mich von außen besetzt hat und mich daran hindert, so zu sein, wie ich schon immer war: schnell im Zupacken und unermüdlich im Arbeiten. Ich lerne im weiteren Verlauf meiner Krise, wie unbrauchbar dieses Bild ist. Es sind nun vier Jahre her, seit ich diesen Tagebucheintrag gemacht habe. Und ich bin zur Überzeugung gekommen, dass ich wirklich erst nach meinem dritten Klinikaufenthalt im März 2004 die Depression als einen aus den Fugen geratenen Teil meiner selbst verstanden habe. Und erst so ist ein anderer, nicht ein kämpferischer, sondern ein liebevoller Umgang mit der Depression möglich.

Zuerst machte mir diese Einsicht große Mühe. Da vertrödelst du drei Jahre deines Lebens, um zu entdecken, was dir wirklich helfen kann. Dann aber wird mir auch mit Hilfe von Frau D. deutlich, dass Lebenshaltungen, die sich über Jahrzehnte in unseren Körper, in unser Lebenssystem eingegraben haben, nicht wirklich in kurzer Zeit verändert werden können. Zeit haben und sich diese Zeit nehmen, das ist eine Grundvoraussetzung dafür, dass Heilung möglich wird. „Kommt Zeit, kommt Rat." „Die Zeit wird Wunden heilen." Das sind so wunderschöne, totschlagende Weisheiten, die einem in solchen Situationen gut gemeint gesagt werden. In ihrer Abstraktheit tun sie nur weh. Sie leuchten nur im Nachhinein ein. Dann nämlich, wenn der Rat eingetroffen oder die Wunde geheilt ist. Vorher helfen sie nur, wenn mir gleichsam im Maßstab eins zu eins gezeigt wird, wie das vor sich geht. Oder dann wenn einer, wie das einige für mich getan haben, neben mir steht und mit mir geht und mich daran erinnert, dass für ihn gilt, was ich selber jetzt nicht glauben kann. Nur in dieser Konkretion sind solche Ratschläge heilsam.

Die Männergruppe in der Klinik war sehr schlecht besucht. Wir waren jeweils drei bis vier Männer mit dem Therapeuten zusammen. Die Männer kamen unregelmäßig. Es entstand keine Solidarität, obwohl viele Männer auf den verschiedenen Klinikstationen anzutreffen waren. Krisen nach Scheidungen, Mobbing am Arbeitsplatz, Alkoholprobleme hatten viele aus der Bahn geworfen. Man sprach aber nicht gerne darüber. Ich denke an Salvatore, der bei Tisch immer den charmanten Guignol spielte, aber in einer schweren Identitätskrise steckte, die er im Alkohol zu ertränken suchte.

Noch einmal das traditionelle Männerbild, das die Mehrheit der Männer prägt und ihnen verbietet Krisen als Krisen zu erleben und zu benennen. Noch einmal die vorgeformten Kommunikationsstrukturen der Männergesellschaft, in der nur Erfolg und Leistung zählt. Mitgefühl, Empathie und das Interesse am leidenden Menschen haben da keinen Platz. Deshalb hat der Mann in manchen Aspekten seines Erlebens keinen Platz im Gespräch unter Männern. Unsicherheit, Irritation, Schwäche und Versagen sind unmännlich. Sie werden kaum angesprochen, ja den Männern fehlt zuweilen die Sprache, um überhaupt davon zu reden. Von daher ist für mich die Feststellung fragwürdig, dass mehr Frauen an Depressionen leiden als Männer. Ich vermute, dass die Männer ihr Erleben nicht in dieser Perspektive wahrnehmen und deuten. Die Kraft, die aus dem Machermännerbild erwächst ist lange, sehr lange ein probates Mitte, um depressive Episoden gar nicht als solche wahrnehmen zu müssen. Ich lese zu Beginn meiner Krise in meinem Tagebuch dies:

> „Was habe ich in diesem mir von meinem Körper aufgezwungenen Time-out zu lernen? Heute beim Spazieren an der Wiese ist in mir das Bild vom Leben als Fluss aufgetaucht. Das Leben fließt wie das Wasser und sucht sich seinen Weg. Ich aber versuche es in Beton zu fassen und so mir verfügbar zu machen. Ich versuche im Voraus alles in den Griff zu bekommen. Alles voraussehen, um nicht unliebsam überrascht zu werden. Aber das Leben fließt anders, es bleibt nicht im Bett. Mein Versuch, das Ufer zu betonieren und so den Fluss in sein Bett zu zwingen, taugt nicht. Das Leben fließt aus lebendigen Händen und Herzen, nicht aus Plänen und Konzepten. Ich spüre, dass ich von dieser Betonmentalität Abschied nehmen und für das überraschende Fließen des Lebens sensibel werden muss.

Sie sind kein sicheres Gehäuse, die zwei Monate, in denen ich nun Distanz nehmen kann vom Alltagsgeschäft in meinem Beruf. Was mache ich mit dieser Zeit? Ich, der ich so in meinem Beruf aufgegangen bin, dass ich keinen Moment mehr außerhalb von ihm lebe? Ich merke etwa, wie ich bei allem – wirklich bei allem –, was ich tue, nach einer beruflichen Verwertbarkeit frage. Was ich gelesen habe, habe ich immer auf diesem Hintergrund gelesen. Zwecklos spielen: das ist eine Dimension des Lebens, die mir abhanden gekommen ist".

Was sage ich meinen Angehörigen, den Geschäftsfreunden und meiner Kundschaft? Felix trug schwer an dieser Frage. Er war nach verschiedenen Operationen und einem geplanten, aber dann doch nicht ausgeführten Selbstmordversuch, nachdem er drei Tage verschwunden und mit dem Auto quer durch Europa gerast war, auf Wunsch seiner Familie in die Klinik eingetreten. Ihn quälte die Vorstellung, dass sein berufliches Umfeld von seinem psychischen Zusammenbruch erfahren würde. Er war davon überzeugt, dass er dann bei allen Kunden und Geschäftsfreunden erledigt sei.

Körperarbeit, Gespräch und kreatives Arbeiten sind wichtige Elemente im Setting des therapeutischen Angebots einer Klinik. Die entsprechenden Angebote werden aber von Männern kaum wahrgenommen. Max hat in der Malgruppe ein Bild eines römischen Brunnens gemalt. Das Wasser ergießt sich von der obersten Schale in ein nächst größere, von da noch einmal in eine Schale. In das überfliessende Wasser hat er abstürzende Männchen gezeichnet. In der Stationssitzung hat er das Bild vorgestellt und erklärt, dass sein Leben aus einer Folge von Krisen besteht, die ihn jeweils aus der Fassung des einen Beckens herausgespült hat. Im Sturz aber hat er gelernt darauf zu vertrauen, in einem nächsten Becken wieder aufgefangen zu werden. Im folgenden Gespräch haben sich auch die Männer immer wieder auf dieses Bild bezogen. Es hat ihnen eine Bildwelt vermittelt, in der sie sich in ihrer aktuellen Situation verstanden fühlten. Dennoch sind kaum Männer in die Malgruppe gegangen.

Konrad musste seinen Handwerksbetrieb aufgeben. Die Arbeit hat ihn aufgefressen, er hat mehrere Herzinfarkte erlitten. Sein Sohn will das Geschäft nicht übernehmen. Wenn er etwa bei Tisch davon berichtet, wirkt seine Geschichte wie eine Heldengeschichte. Es beginnt immer mit seinen Erfolgen bei großen Bauprojekten im fernen Osten. Das Scheitern zu Hause hat er im Griff, die schwersten Rückschläge haben ihm im Kern nichts antun können. Er hat die Krise gleichsam nicht erlitten sondern gut, ja sehr gut gemeistert. Er ist bis jetzt ein Held in unterschiedlichen Szenarien geblieben. Er hat die Depression nicht an sich herangelassen. Sie bleibt verdrängt, im Innern verschlossen.

In meinem Tagebuch lese ich: „Da hängt mir der Satz von C. G. Jung im Kopf, dass die Depression wie eine schwarze Dame sei, die man an den Tisch bitten müsse, um ihre Botschaft zu erfahren. Wird wohl schon stimmen, denke ich mir, aber mit dem Hören ist noch wenig gewonnen. Ich weiß ja, dass ich dieses Macherbild, das aus meiner Tiefe mich vergiftet, verändern sollte. Ich weiß ja, dass ich der Frage nachgehen sollte, was denn Menschsein jenseits des Machens und Eroberns bedeutet. Ich merke, wie ich mit diesen Sätzen in das bedeutungsleere Denken abgleite. Bauchdenken sollte ich und nicht Kopfhirnen. Die Angst vor dem Loslassen am 55. Meilenstein. Vor zehn Tagen bin ich 55 geworden.

Die Gespräche mit G. helfen mir. Sie beruhigen mich und lösen ein Stückchen meine innere Verspannung. Ich merke, wie wichtig es ist, dass ich mir schonungslos Rechenschaft gebe über meinen Zustand. T. hat in der Männergruppe am Donnerstag davon geredet, dass wir Depressiven in der Gesellschaft nicht akzeptiert seien. Sein ‚wir', das mich einschließt, hat einen großen Ärger in mir ausgelöst. Und dann hat er noch hinzugefügt: Und wir brauchen Disziplin, nur so kommen wir durch. Ich gehöre doch da nicht dazu, schoss es in mir hoch. Ich doch nicht. Zusätzlich verwirrt hat mich der Leiter der Gruppe. Ich habe davon erzählt, wie großzügig mein Arbeitsgeber sei, der mir die Zeit lasse, die ich brauche. Und er antwortete darauf: ‚Auch das müssen Sie noch selber managen. Dieser Satz hat mir in Erinnerung gerufen, dass ich nach dem Muster eines Selfmade-Mannes funktioniere, der alles ganz und gar selber machen will und darüber froh ist, nichts aus der Hand geben zu müssen."

Viel später realisiere ich, wie Recht T. hat. Er hat die zwei Grundeinsichten formuliert, gegen die ich mich ständig radikal sperrte. Die Depression ist nicht ein Feind, der dich von außen überfällt, mit dem du kämpfen und den du besiegen und in die Grube werfen kannst. Die Depression ist ein Teil deiner selbst. Sie gehört zu deinem Wesen, ist Teil deiner Existenz. Und du würdest dich verlieren, wenn du gegen sie kämpfen würdest. Der Kampf geht darum, dass nicht sie über dich bestimmt, sondern du sie an der Hand halten kannst. Darum geht es im zweiten Satz von T.: Es braucht Disziplin. Wenn ich am Morgen liegen bleibe, dann hat mich die Depression; wenn ich die Augen verschließe und ihr Wachsen nicht wahrnehme, dann hat sie mich. Ich habe im Verlauf dieser vier Jahre viel über diesen Zusammenhang gelernt. Und ich meine, dass ich über genügend Möglichkeiten verfüge, die Depression an die Hand zu nehmen und mich nicht von ihr in den Griff nehmen zu lassen. Und auch für diese Situation, habe ich die Erfahrung, die mir sagt, was ich dann brauche. Und die Bereitschaft ist da, mir dann auch Hilfe zu holen.

Ich fasse zusammen, was mir wichtig geworden ist:

1. Männer stehen auf Grund traditioneller Rollenbilder in der Gefahr, depressive Episoden zu überspielen, ja nur in verdeckten Gestalten wahrzunehmen. Es wäre wichtig, gerade Männern das Reden über Depressionen zu erleichtern.
2. Wer seine Depressionen unverdeckt zu lässt und sich mit ihrer Botschaft auseinandersetzt, um die Formulierung Jungs aufzunehmen, wird ein neues Verhältnis zu seinem Selbstbild als Mann finden müssen. Für Männer geschieht die Bearbeitung einer Depression im Bruch, der sich in ihrem traditionellen Männerbild auftut.
3. Wichtige Elemente der Therapie mit depressiven Menschen bedienen sich Medien und Mitteln, zu denen Männer schwieriger Zugang finden als Frauen. Ich denke an das Gespräch, Körperübungen, die nicht auf Leistung und Fitness zielen, kreatives Arbeiten und Schreiben. Möglicherweise müssen für Männer männerspezifische Formen entwickelt werden.

Literatur

Pfister, X. (2006): Masken des Männlichen. Die Geschichte einer Depression. Paulusverlag, Fribourg

Mann: Körperlichkeit und Sinnlichkeit

von Peter A. Schröter

Es ist eine traurige Tatsache, dass die meisten Männer wenig Zugang zu ihrer Körperlichkeit und Sinnlichkeit haben. Anstatt eine Differenzierung zwischen Intimität und Sexualität zu machen, werden Körperlichkeit, Umarmungen, das Zulassen von Nähe und Vertrautheit vermieden oder sexualisiert. Die Konsequenz daraus ist eine heillose Verwirrung bezüglich der eigenen Wünsche und die daraus folgende Unfähigkeit, Wünsche zu spüren, zu kommunizieren und zu befriedigen. Und es erstaunt wohl kaum, dass Männer homophob (Angst vor Schwulsein) auf Sinnlichkeit, Nähe, Berührung und Körperlichkeit durch andere Männer reagieren …

Woher kommt das?

Beim Erlernen der Geschlechterrolle stützen sich Jungen und Mädchen auch heute noch auf das Bild vom aktiven Mann und der passiven Frau. So fühlen sich Mädchen noch immer – vereinfacht ausgedrückt – schnell sexuell bedroht und Jungen stehen unter dem Gebot des Aktivseins. Am besten kommen diejenigen Jungen an, die sportlich, rebellisch, lässig und cool sind.

Aus den coolen Jungs werden Männer, denen es um Funktionalität, Macht, intellektuelles Wissen, Schnelligkeit, Schmerzlosigkeit, Leistungsnachweis usw. geht. Oder sie werden Männer, die den Körper vernachlässigen, ihn durch Junk food, Nikotin, Alkohol, Drogen und Bewegungslosigkeit zugrunde richten.

Was mit diesem Verhalten verbaut wird, ist der Zugang zu einer Leiblichkeit. Denn Leiblichkeit bedeutet viel mehr als nur den Körper zu beherrschen. Die sinnlichen Wahrnehmungen, die Signale und die Sprache des eigenen Körpers zu verstehen ist überlebenswichtig. Können Empfindungen und Gefühle wie Müdigkeit, Hunger, Anspannung, Überhitzung und Erschöpftsein nicht wahrgenommen werden, verunfallen Männer, werden süchtig oder krank.

Die wenigsten machen die Erfahrung, dass der Körper ein fein gestimmtes geistig-psycho-physisches Instrument ist. Wir werden in diesem Bereich auch nicht unterstützt oder geschult. So tragen diesem Aspekt beispielsweise die Lehrpläne an den Schulen keine Rechnung. Sport und „Leibesertüchtigung“ sind bekannte Domänen, hingegen wird nirgends Tai Chi,

Chi Gong, Entspannungs-Techniken, Massagen oder Kontaktimprovisation angeboten.

Der Schlüssel zur Leiblichkeit und darüber zu Sinn und Lebenssinn ist aber eine gelebte Sinnlichkeit und das Wahrnehmen der eigenen Körperempfindungen. Das Beschreiten dieses Weges bringt aber auch alte Verletzungen, Verdrängungen, Wut und Ängste hervor, die bearbeitet werden wollen und davor scheuen viele zurück.

Zum Glück gibt es verschiedene Möglichkeiten, um wieder in Kontakt mit der eigenen Sinnlichkeit und Körperlichkeit zu kommen. Nachfolgend zeige ich anhand von einigen Beispielen auf, wie diese zentralen Bereiche wieder zugänglich gemacht werden. Es geht um Übungen, die mit einer direkten Körpererfahrung verbunden sind und die ich mit großem Erfolg in meiner Männerarbeit einsetze.

Bei allen Beispielen verwende ich vier Schlüssel: Bewegung, Atmung, Stimme und Achtsamkeit. Alle sind notwendig, um eine sinnliche Erfahrung zu machen.

Atemritual

Im Kreise stehend geht es darum, sich mit rhytmischem Atmen, verbunden mit Beckenbewegung und Stimme, energetisch aufzuladen. Wir spielen mit variierender Schnelligkeit und Atembetonung und bleiben über einen Augenkontakt auch in Verbindung mit den andern Männern. Teils wird es laut, ein Hecheln, ein Stöhnen, manchmal fällt der Rhythmus auseinander und manchmal fällt alles in eins: es wird leicht, ein Gefühl von Getragensein macht sich breit. Alles ist wie ein Atem, eine Stimme, eine Bewegung – der einzelne verschmilzt mit dem Kreis.

Während der Übung werden die anderen plötzlich über alle Sinne wahrgenommen. Für den Großteil eine vollkommen neue Erfahrung. Eine Erfahrung, die zwei Männern erlaubt, sich vertrauensvoll zu öffnen, nicht konkurrierend sondern einander tragend, spürend, wie sehr gute Freunde.

Im Austausch danach sprechen die Teilnehmer in der Regel die empfundene Intimität und Nähe an, sie sprechen von Glücksgefühlen, aber auch von Hemmungen und einem Tabu, einem Mann so nah zu sein, Lebendigkeit mit einem anderen Mann zu teilen.

Über den Tastsinn zur Berührung

Schauen wir uns am Beispiel des Tastsinns an, welche Bedeutung allein diese Sinneswahrnehmung hat. Einzig der Tastsinn erfasst den ganzen Körper. Und es ist zwischenzeitlich allen bekannt, dass taktiles Stimulieren eine grundlegende und notwendige Erfahrung für die gesunde Entwicklung eines Menschen ist.

Berührung ist die Basis aller Sinnesqualitäten. Es ist die Grundkommunikation per se. Schwierig ist sie deshalb, weil Berührung keine klare Unterscheidung zwischen aktiv und passiv erlaubt. Beim Berühren verschwimmen die Grenzen. Berühren ist immer ein Dialog. Der Akt der aktiven Berührung ist gleichzeitig ein rezeptives Wahrnehmen.

Massieren

Die meisten sehnen sich nach Berührung, haben aber gleichzeitig sehr viel Angst davor. Das stimmt auch mit meinen Erfahrungen in der Männerarbeit überein.

Lassen sich Männer von anderen Männern massieren, tritt häufig eine Hyperwachheit mit starker Kontrolle auf: die Angst eventuell erregt zu werden, Angst vor sexueller Berührung und die damit verbundene Frage nach Abgrenzung.

Aus dieser Angst heraus gehen sie anfangs in den Kopf. Es kommt zum Analysieren, Abdriften, Fantasieren und zur Atemkontrolle.

Doch wenn drei bis vier Händepaare einen Mann massieren, lässt mit der Zeit die Spannung nach, tiefes Atmen bringt das Bewusstsein in die Körperempfindungen, Muskelverkrampfung lösen sich. Manche können klar ihre Wünschen äußern, sei es nach einer spezieller Berührung oder aber nach Abgrenzung.

Berühren sich die Männer gut vorbereitet und sich sicher fühlend, kommen oft Trauer, Lust, Sehnsucht und der Hunger nach dem Vater hoch. Kein Wunder, liegt doch die Identität des Jungen im Körper des Vaters verborgen. Die meisten Väter haben die Jungen nicht wirklich körperlich-seelisch berührt. Diese gefühlte Erkenntnis kann in einem Moment, in dem man so tief berührt ist, mit voller Wucht durchbrechen.

Über das Berühren kommen Fragen hoch wie: Darf ich meine eigene Lebendigkeit, meinen Hunger, meine Lust, meine Trauer, meinen Atem zeigen? Wie tief darf die Berührung gehen? Bis zur Haut, zu den Knochen, der Seele? Wie passiv, rezeptiv oder aktiv bin ich dabei? Sind Abgrenzungen möglich? Nehme ich Grenzen wahr oder werde ich ängstlich, starr und passiv? Sind Grenzverschiebungen möglich? Kann ich wünschen? Ist eine Interaktion zwischen dem Gebenden und Nehmenden möglich: über Töne, Worte, Atem, Bewegung?

Viele Männer wurden noch nie von einem Mann massiert. Sie machen die Erfahrung, dass es unterschiedliche Berührungsqualitäten gibt: neutrale, sinnliche, erotische und sexuelle. Nach einer Massage berichten die Männer oft, dass sie die konkrete, direkte, kräftige aber freundliche Berührung sehr genossen haben. Berührungen von einem Mann seien so anders als die Berührung durch eine Frau – aber ebenso wichtig! Der sexuelle Druck beim Massiertwerden durch eine Frau sei weg und dies erlaube eine nie gefühlte Freiheit, Hingabe, Loslassen.

Das Bedürfnis nach Nähe, Zärtlichkeit und Unterstützung wird von Männern meist nur durch sexuelle Aktivität befriedigt. Der Zugang über nicht-sexuelles, aber subtil erotisches Verhalten ist versperrt. Dieses Bedürfnis, das zwischen Vater-Sohn, Mutter-Kind und in allen echten Freundschaften mitschwingt, wird als weiblich betrachtet und deshalb abgelehnt. Damit wird ein wesentliches Element der seelischen Berührung, ja „Nahrung“ nicht genutzt.

Aggression und Mannsein

Schon Henry Miller sagte, dass Sex wie Kampf und Kampf wie Sex sei. Vielleicht, weil Testosteron das Haupthormon sowohl für Aggression als auch für Sex ist.

Gewalttätigkeit, Wut, Depression, Autismus, Hyperaktivität, Süchte stehen auch in Beziehung zu taktiler Entbehrung – körperliche Lustempfindungen hemmen diese Symptome. Streicheln, Wärme, Kuscheln aktiviert die Hormone Oxytocin und Vasopressin, welche ein Gefühl der Nähe, Vertrautheit, von Vaterinstinkt und Bindung erzeugen.

Aggression und Sexualität gehören zusammen, was sich auch daran zeigt, dass bei jedem sexuellen Zusammensein Aggression mit hineinspielt. Das Zentrale ist jedoch, zwischen Aggression und Gewalt zu unterscheiden. Schneidet sich ein Mann von seiner Aggression ab, schneidet er sich auch von seinen Fähigkeiten ab, im wahrsten Sinne des Wortes seinen Mann zu stehen.

Im Laufe eines Männerlebens geht es darum, einen adäquaten Umgang mit Aggression zu entwickeln. Es gibt viele Möglichkeiten, dies zu lernen. Zum Beispiel auch über viele Kampfsportarten, von denen ich das Boxen herausnehme, um die Vielschichtigkeit von Empfinden und Begegnung aufzuzeigen. Übers Boxen – in einem speziellen Rahmen – können Männer an ihre Kraft kommen und sich kämpferisch miteinander messen.

Boxen ist ein fester Bestandteil in meinen Männerseminaren, weil darüber so viele Facetten aufgezeigt werden. Es geht um eine Erfahrung von Grenzen, um ein Kräftemessen, um sich zeigen und vieles mehr. Damit Männer aber an physische und psychische Grenzen herangehen, brauchen sie in erster Linie einen sicheren Rahmen, klare Regeln und die Gewissheit, sich weder zu blamieren, noch ausgegrenzt oder angegriffen zu werden.

Für die meisten ist das Boxen verbunden mit einer recht hohen Angst- und Schamschwelle: nämlich der Angst zu versagen und/oder verletzt zu werden. Außerdem bedeuten die ungewohnten Bewegungen einen immensen Kraftaufwand.

Schauen wir uns den Ablauf eines Boxkampfes an: Die Aufgabe stellt sich, die eigene Aufmerksamkeit, Kraft und Taktik auf einen Partner auszurichten. Ein hoher Angst- und Aggressionspegel muss austariert werden, damit der Gegner nicht zum Feind gemacht wird, was zu Gewalt, Beziehungsabbruch oder zu Kraftlosigkeit, Zweifel, Angst und Erstarren führt.

Die Angst ist eine doppelte: getroffen zu werden, aber auch zu treffen. Und die Frage stellt sich, wie ich mit einer mir zugefügten Verletzung umgehe. Es ist seltsam, dass einige im Anschluss an den Boxkampf berichten, die eingesteckten Schläge seien wie ein Schluck guten Weines.

Im Film Fight Club, in dem Männer sehr harte Boxkämpfe austragen und sich auch verletzen, wird gezeigt, dass dabei auch Nähe, Freundschaft, ja Intimität entsteht.

Das deckt sich mit meinen Beobachtungen.

Doch das Wichtigste kommt noch. Nach dem Kampf werden die Boxhandschuhe ausgezogen. Die „Kämpfer“ gehen langsam aufeinander zu, im Augenkontakt, bis sich ihre schweißtriefenden Körper in einer Umarmung berühren. Kein schnelles Zusammenfinden und schon wieder auseinander gehen – nein! Es braucht viel Zeit, um herauszufinden, wie ich selber entspannt in meinem Zentrum ruhe und gleichzeitig die gemeinsame Umarmung spüre – mit allen Sinnen. Die Aufmerksamkeit auf den Atem ausgerichtet, der mit der Zeit zu einem einzigen Atem wird. Der Mann nimmt den „Gegner“ jetzt als ein ebenso verletzliches Wesen wie sich selbst wahr. Beide sind hellwach, alle Sinne sind geöffnet und dann die plötzliche Stille, Bewegungslosigkeit, der Augenkontakt. All das bei hoher energetischer Aufladung und gleichzeitiger Entspannung. Gefühle die plötzlich wahrgenommen werden, oft Tränen, Freude, Dankbarkeit, ja Liebe.

Natürlich wird in einem anschließenden Feedback der Kampf ausführlich besprochen. Und es erstaunt kaum, dass die abschliessende Umarmung von den meisten schnell wieder verdrängt wird. Erst beim Nachfragen werden sich die Männer der feinen Empfindungen wie schmelzen, zu einem Atem werden, sich völlig in eine Umarmung hinein zu entspannen, sich geliebt und genährt fühlen, bewusst.

In meiner Männerarbeit wird viel Wert darauf gelegt, dass die Teilnehmer ihre Sinnlichkeit und Körperlichkeit über verschiedene Berührungsarten (Augenkontakt, Atmen, Boxen, Umarmen, Massieren) entdecken. Die damit verbundenen schwierigen Aspekte wie Angst, Aggression, Stummheit, Protzen, Homophobie, Einsamkeit, Abhängigkeit werden berührt, bewusst gemacht und integriert. Durch das Miteinander in einer Gruppe von Männern werden diese „Schatten“ erhellt, erkannt und losgelassen. Eine neue verbundene, sinnlich-tiefe Männlichkeit entsteht.

Arbeit mit gewalttätigen Männern

von Dieter Schmoll

Als ich vor vielen Jahren mit einem in Österreich bekannten und erfahrenen Familientherapeuten bei einer Veranstaltung zum Thema „Gewalt in der Familie" am Podium diskutierte, meinte dieser, gewalttätige Männer kämen in seiner Praxis nicht vor. Vielleicht wollte der Therapeut damit ausdrücken, dass Männer im Beratungs- und Therapiekontext von eigener Gewaltausübung selten oder gar nicht sprechen. Bei näherer Betrachtung lassen sich einige Mechanismen ausfindig machen, die für den Umgang mit (Beziehungs-)Gewalt typisch sind und vor denen auch BeraterInnen und TherapeutInnen nicht gefeit sind: Gewalt wird verleugnet, bagatellisiert, pathologisiert und damit ausgegrenzt; das Gewaltproblem wird marginalisiert oder eigene Gewaltanteile auf den Anderen (z.B. den Klienten) projiziert. Es liegt eben auch in der Person des Beraters und der Beraterin, ob und wie Gewaltthemen zum Gegenstand der Beratung werden.

Gewalttätige Männer sprechen meist erst dann von sich aus über eigene Gewaltausübung, wenn ein Nachteil oder Verlust damit verbunden ist: der Verlust der Partnerin bzw. der Familie, der Verlust von Freiheit oder der Verlust von Ansehen. Da in früheren Jahren in vielen Fällen Freiheit oder Ansehen wenig bedroht waren, kamen gewalttätige Männer erst dann in Beratungsstellen, wenn die Partnerin sich infolge der meist wiederholten Gewaltausübung trennen wollte oder sich schon getrennt hatte. Das Ziel dieser Klienten war dann primär, die Beziehung wiederherzustellen und nicht, die Gewalt zu beenden, und sie brachen die Beratung ab, wenn sie sich wieder sicher waren, dass die Partnerin die Beziehung mit ihnen fortsetzen würde.

Mittlerweile hat sich im gesellschaftlichen und rechtsstaatlichen Umgang mit Gewalt in Beziehungen einiges verändert. Gewalt von Männern in Partnerschaften ist, wie KriminalsoziologInnen, Exekutive und Politik nun einhellig feststellen, eines der größten Sicherheitsprobleme westlicher Gesellschaften. Zwei Drittel aller Morde werden im Familienkreis begangen, in den meisten Fällen sind die Opfer Frauen oder Kinder. In Österreich wird jeder 4. Einsatz der Polizei infolge von Gewalt in Beziehungen durchgeführt. Gewalt von Männern an Frauen im privaten Kontext stellt – neben der Gewalt von Erwachsenen an Kindern – die größte homogene Menge an Gewaltkriminalität in unserer Gesellschaft dar (Dearing 2000, 15).

Während früher die Haltung der Behörden darin bestand, Gewalttaten an Frauen in der Familie (außer in schweren Fällen) als privates oder soziales Problem zu betrachten, das eigentlich nicht zu den Aufgaben der Polizei gehört (Egger u. a. 1995), haben neue Gesetze (z. B. das österreichische Gesetz zum Schutz vor Gewalt in der Familie 1997) oder die Anwendung bestehender Gesetze auf Gewalt in Beziehungen (z. B. die Ausdehnung des Platzverweises auf häusliche Gewalt in Baden-Württemberg) Veränderungen für Opfer und Täter gebracht. So werden z. B. in Wien monatlich rund 120 Männer der Wohnung verwiesen, weil ein Weiterverbleib in der Wohnung die Partnerin gefährden würde (Interventionsstelle Wien, Tätigkeitsbericht 2005).

Möglichkeiten und Maßnahmen zur Eindämmung von Gewalt

Gewaltprävention im Kontext der familiären Gewalt heißt in den allermeisten Fällen, Männer davon abzuhalten, Gewalt gegen Frauen und Kinder auszuüben, bzw. sie davon abzuhalten, ein weiteres Mal die Partnerin oder die Kinder zu bedrohen, zu verletzen oder sonst wie in ihrer körperlichen Integrität zu gefährden. Dieses Ziel ist bekannterweise schwer zu erreichen, handelt es sich doch – auch kriminalstatistisch – um das Wiederholungsdelikt schlechthin. Gewalt wird von Männer nicht nur einmal – etwa infolge eines Konfliktes – ausgeübt, sondern wiederholt (mit steigender Häufigkeit und wachsendem Schweregrad), sowohl in der aktuellen Beziehung, als auch in weiteren Beziehungen. Seit ungefähr vier Jahrzehnten liefert die Jungen- und Männerarbeit eine Vielzahl von Beiträgen zur Gewaltprävention (Primär-, Sekundär-, Tertiärprävention[1]), insbesondere auf folgenden Ebenen:

- Kampagnen gegen Gewalt von Männer im sozialen Nahraum (z. B. White Ribbon Kampagne, „Bierdeckel-Kampagne gegen sexistische Gewalt“ Göttingen)
- Gewaltpräventive Arbeit mit Jungen (siehe www.mannlinker.de)
- Arbeit mit gewalttätigen Männern (z. B. Männer gegen Männergewalt; Hannover'sches Interventionsprojekt gegen Männergewalt in der Familie)

Arbeit mit gewalttätigen Männern

Aus verschiedensten Gründen sind Gesetze – trotz ihrer normverdeutlichenden Wirkung – wie auch eine Verurteilung nicht ausreichend, gewalttätige Männer von neuerlichen Übergriffen abzuhalten. Schon die Gründerin des ersten Frauenhauses (1972 in London), Erin Pizzey, hatte vor diesem Hintergrund eine psychosoziale Arbeit mit gewalttätigen Männern als (tertiär-)präventive Maßnahme vorgeschlagen (Pizzey 1978). In den 70er Jahren wurden in den USA und in Kanada die ersten Projekte zur Arbeit mit gewalttätigen Männern geschaffen; die ersten europäischen Projekte entstanden erst in den 80er Jahren. In den USA zählte man 1984 schon 90 (sogenannte) Service-Center zur Arbeit mit gewalttätigen Männern.

Die verwendeten Konzepte waren und sind einander aber sehr ähnlich. Grundsäulen fast aller Konzepte bilden die Elemente „Verantwortung übernehmen", „Perspektiven Anderer übernehmen", „Auseinandersetzung mit bestimmenden Männlichkeitsbildern" „Ärger und Wut kontrollieren" und „Lernen, Grenzen zu setzen".

Der wesentliche Unterschied liegt im jeweiligen Setting. Vor allem zwei unterschiedliche Ansätze bzw. Ideologien zur Arbeit mit gewalttätigen Männern haben sich über die Jahre herausgebildet:

1 Die Arbeit mit „Hilfesuchenden" („Freiwilligen") unter der Gewährung von Anonymität:

Männer gegen Männergewalt (entstanden 1984 in Hamburg) war das erste Projekt dieser Art, das einen größeren Bekanntheitsgrad erreichte. Männer gegen Männergewalt versteht sich als Angebot für schlagende Männer, die von sich aus eine Veränderung suchen. Anfangs ähnlich wie Selbsthilfegruppen organisiert, arbeitete das Projekt (das Zweigstellen in Deutschland, der Schweiz und Österreich bildete) später mit professionellen Beratern.

2 Die Arbeit mit vom Justizsystem zugewiesenen gewaltausübenden Männern

Vorbild vieler dieser Projekte ist das Domestic Abuse Intervention Project (DAIP), das 1980 in Duluth/Minnesota, einer Stadt im Westen der USA, gegründet wurde. DAIP wurde mit dem Anspruch geschaffen, eine institutionsübergreifende, multidisziplinäre Reaktion auf familiäre Gewalt herzustellen. Das Täterprogramm[2] ist Teil eines Gesamtkonzepts im Umgang von Justizsystem, Opferschutzeinrichtungen, Bewährungshilfe etc. mit Gewalt im sozialen Nahraum.

Die Programme arbeiten in erster Linie mit gerichtlich zugewiesenen Klienten im Gruppensetting. Die Gruppentrainings folgen einem bestimmten Curriculum, das sich aus einzelnen Modulen zusammensetzt, die mit den vermuteten Ursachen gewalttätigen Verhaltens assoziiert sind (z.B. Versuch der Machterhaltung, Frustrationsintoleranz, mangelnde Ärgerkontrolle).

Die Konzepte der meisten Gruppentrainings beinhalten drei Phasen:

- das Erarbeiten eines Sicherheitsplans verbunden mit der Verantwortungsübernahme für die eigene Gewalttätigkeit
- die Erprobung und Überarbeitung des Sicherheitsplans
- die Stabilisierung des gelernten, Gewalt vermeidenden Verhaltens

Die Dauer des Trainings ist festgelegt und beträgt, je nach Programm, 6–12 Monate. Methodisch basieren die Trainingsprogramme vorwiegend auf kognitiven und verhaltenstheoretischen Konzepten.

Als Beispiel für die Inhalte von Täterprogrammen seien hier Module des schottischen Change-Programmes (Wilson, 1998) vorgestellt:

- Entmystifizierung von Gewalt
- Selbstwahrnehmung als Grundlage der Beeinflussung des eigenen Verhaltens
- Frühe Warnsignale
- Erkennen und Identifizieren von Emotionen
- Biografische Einflüsse im Gewaltverhalten
- Time-out Pläne und andere Ärgerunterbrechungstechniken
- Sicherheitsplan
- Förderliches und schädigendes Verhalten in Beziehungen
- Männliche Sozialisation
- Fallstudien
- Macht und Kontrolle
- Eifersucht
- Selbstbehauptung/Aggression/Passivität
- Einfühlen in Andere, Perspektivenübernahme
- Konfliktgespräch, konfliktfreies Gespräch
- Deeskalationstechniken bei Konflikten
- Soziale Fertigkeiten für Gewaltfreiheit
- Entwicklung von neuen Fähigkeiten in der Kommunikation mit Anderen.

Im deutschsprachigen Raum wurden Programme dieser Art in den 90er Jahren realisiert (z. B. Hannoversche Interventionsprojekt – HAIP, Berliner Interventionsprojekt gegen häusliche Gewalt – BIG).

Erfolge von Täterprogrammen

Die wissenschaftliche Evaluierung der Arbeit mit gewalttätigen Männern beschränkt sich fast ausschließlich auf (Trainings-) Programme mit Zuweisungen aus dem Justizsystem. Freiwilligenprojekte wurden hingegen kaum wissenschaftlich untersucht, da hinsichtlich der Dauer der Beratung/Therapie, den Aufnahmekriterien und den Inhalten keine vergleichbaren Standards bestehen. Zudem fehlt die wahrscheinlich wichtigste Variable zur Beurteilung des Erfolgs, nämlich die Angaben der Partnerinnen.

In den letzten Jahren sind insbesondere die amerikanischen und britischen Programme auf ihren Erfolg hin untersucht worden. Exemplarisch sei hier die Evaluierung des schottischen Change-Programmes (Wilson, 1998) vorgestellt: Die Ergebnisse zeigen, dass nach einer Verurteilung zu Geldbußen oder bedingten Strafen ohne Zuweisung zum Trainingsprogramm, nach drei Monaten in rund 60 % der Fälle erneut Gewalt ausgeübt wurde; nach 12 Monaten verübten nahezu 80 % der Verurteilten neuerliche Gewalttaten. Bei der Zuweisung zum Change-Programme liegt die Rückfallshäufigkeit innerhalb eines Jahres hingegen bei rund 30 %. Einschränkend muss jedoch darauf hingewiesen werden, dass die Drop-Out Rate – vor allem am Anfang des Programms – sehr hoch ist (zwischen 30 und 70 %). Außerdem liegen keine Längsschnittsstudien vor, die über die Art und Dauer der Veränderungen Auskunft geben könnten.

Neue Herausforderungen in der Arbeit mit gewalttätigen Männern

Die neuen rechtlichen Maßnahmen eröffnen auch für die sozialen Berufe neue Arbeitsfelder. Die Wegweisung sowie der Platzverweis bieten die Chance[3], Gewalt ausübende Männer mit ihrem Verhalten zu konfrontieren und Unterstützung hinsichtlich eines zukünftigen gewaltfreien Umgangs anzubieten. Die Strafgerichte weisen bei entsprechenden rechtlichen Möglichkeiten Gewalt ausübende Männer „Anti-Gewalt-Programmen" zu. Die stärkere Sanktionierung – etwa der Verlust der Wohnung und die Aussicht auf einen Strafprozess – erhöhen die Bereitschaft Gewalt ausübender Männer, entsprechende Beratungsstellen (z. B. Männerberatungen) aufzusuchen. Aufgrund der veränderten Situation wurden in das Lehrprogramm sozialer Berufe neue Unterrichtsgegenstände aufgenommen („Täterarbeit"), die den StudentInnen etwa die Möglichkeiten im Erstgespräch nach einer Wegweisung näher bringen sollen.

Die Arbeit mit gewalttätigen Männern ist mit dem erhöhten öffentlichen Interesse auch mit dem Anspruch auf Professionalität konfrontiert. Während die jahrelangen Erfahrungen in Einzel- und Gruppenarbeit nun ein gutes Fundament für künftige Generationen von SozialarbeiterInnen, PsychologInnen oder PsychotherapeutInnen bieten, befinden sich etwa Diagnostik, Risikoprognostik und Evaluation in der Arbeit mit gewalttätigen Männern noch in einem frühen Entwicklungsstadium. Auch die weitere Implementierung der gewaltpräventiven Arbeit in öffentlichen Bereichen wie dem Kinder- und Jugendschutz (Arbeit mit Gewalt ausübenden Vätern und Stiefvätern) oder im Justizsystem (z. B. im Strafvollzug) sind interessante und wichtige Aufgaben der Gegenwart und Zukunft.

Anmerkungen

1 Unter Primärprävention werden Maßnahmen verstanden, die schon im Vorfeld der Entstehung eines Problems ansetzen. Die Sekundärprävention zielt auf Risikogruppen; als Tertiärprävention kann die Arbeit mit gewalttätigen Männern verstanden werden.

2 Projekte dieser Art benutzen stets die Begriffe „Täterarbeit“ wie auch „Programm“, u. a., um eine Abgrenzung von „Therapien“ vorzunehmen, welche sich vorrangig an den Bedürfnissen der Klienten orientieren und der Schweigepflicht unterliegen.

3 je nach gesetzlicher Situation. Seit Jahren wird diskutiert, gewalttätige Männer nach einem Platzverweis zu zumindest einem Beratungsgespräch zu verpflichten.

Literatur

Dearing, A. (2000). Das Österreichische Gewaltschutzgesetz. Verlag Österreich, Wien

Egger, R., Fröschl, E., Lercher, L., Logar, R., Sieder, H. (1995): Gewalt gegen Frauen in der Familie. Verlag für Gesellschaftskritik, Wien

Interventionsstelle Wien (2006): Tätigkeitsbericht 2005. Wien. http://www.interventionsstelle-wien.at/files/TatBer2005-Final.pdf (9.2.2007)

Morran, D., Wilson, W. (1997): Men Who are Violent to Women. Russel House Publishing

Pizzey, E. (1978): Schrei leise. Misshandlungen in der Familie. Fischer, Frankfurt a. M.

Prävention schwerer Gewaltdelinquenz vor dem Hintergrund der Rolle von Männlichkeit

von Heinz Cornel

Nach einer Häufung fremdenfeindlicher schwerer Gewaltdelikte in ganz Deutschland, vor allem aber auch in Brandenburg und anderen neuen Bundesländern wurde im Auftrag des Brandenburger Ministeriums für Bildung, Jugend und Sport 1997/98 die „Schwere Gewaltkriminalität durch junge Täter in Brandenburg" untersucht, um Präventionsvorschläge entwickeln zu können. Es sollte laut Auftrag von in Brandenburg inhaftierten Gewalttätern ausgegangen werden, die ihre Taten als Strafmündige bis zum Alter von 25 Jahren begangen hatten. Mit Bedacht wurde darauf verzichtet, fremdenfeindliche Motivationen von Beginn an als entscheidendes Kriterium in den Mittelpunkt zu stellen, weil solche nach Aktenlage nach einem justizförmigen Verfahren nicht immer zu erkennen sind und weil die Studie selbst erst differenziert ermitteln wollte, was Motivation und was hässliches austauschbares Beiwerk ist. Es wurden sowohl Probleme der Nachwendezeit als auch Alkohol- und Gruppenkontexte in ihrer Relevanz für das Tatgeschehen erfasst. Im Vordergrund standen individualpsychologisches Verstehen und die Herausarbeitung beispielhafter individueller Profile – aber auch eine interaktionistische Perspektive.

Der Untersuchungsgegenstand der Studie waren Täter schwerer Gewaltdelikte, bei denen eine rechtskräftige Verurteilung vorlag, die von jungen Menschen bis zum Alter von 25 Jahren begangen wurden, die keine Beziehungsdelikte in dem Sinne waren, dass Täter und Opfer eine längere gemeinsame Vorgeschichte hatten, die nicht vornehmlich Sexualdelikte waren und bei denen keine Bereicherungsabsicht im Vordergrund stand.

Die Untersuchungshypothese ging darüber hinaus davon aus, dass bei diesen Delikten häufig gruppendynamische Aspekte eine Rolle spielen, was nicht unbedingt mehrere Täter mit sich bringt, die Opfer oft von den Tätern als fremd, andersartig oder als Minderheit definiert bzw. wahrgenommen werden und ein die allgemeinen Menschenrechte ignorierendes Gedankengut als Neutralisationstechnik feststellbar ist.

Die Daten und Informationen zu Tätern und Taten wurden mittels unterschiedlicher qualitativer Erkenntnisverfahren ermittelt und verknüpft, sowie vor dem Hintergrund einer Analyse der durch die Brandenburger Polizei 1995 bis 1997 (April) registrierten einschlägigen Straftaten und individualpsychologischen, psychoanalytischen und forensisch-psychiatrischen Wissens interpretiert, zusammengefasst und zu Fallgeschichten verdichtet.

Die Ergebnisse und Präventionsvorschläge wurden in einem fast 600-seitigen Bericht dem Ministerium vorgelegt, in Kurzfassungen publiziert (Cornel 1999a, 1999b) und seither mehrfach öffentlich vorgestellt und diskutiert.

Die Studie hat unter anderem gezeigt, dass die Biografien der Täter bei aller Ungeheuerlichkeiten der Taten doch verstehbar und erklärbar sind in dem Sinne, dass die Psychodynamik, die im Zusammenhang mit dem Delikt eine Rolle spielte, erkennbar Produkt der kindlichen Entwicklung war. Deshalb versprechen weitere diesbezügliche individualpsychologische, forensisch-psychiatrische und sozialpädagogische Forschungen eine bessere Erkennbarkeit von Risikokonstellationen und damit bessere Chancen der Prävention von Gewalttätigkeiten.

Im Folgenden seien einige der spezifischen Ergebnisse zusammengefasst dargestellt:

Fremdenfeindliche Gewalt ist vor allem Männergewalt. Im Brandenburger Strafvollzug wurde keine einzige Frau bis zum 25. Lebensjahr wegen einer schweren Gewalttat entsprechend der Definition des Auftrages gefunden. Diese Beobachtung ist aber letztlich trivial und quantitativ nicht besonders auffällig – daran hätte auch die Tatsache nichts geändert, wenn 5 oder 10 % der TäterInnen Frauen gewesen wären. Entsprechende Daten hätte man aus der Polizeilichen Kriminalstatistik und der Verurteiltenstatistik ermitteln können.

Wichtiger ist die Bedeutung des Männerbildes dieser Täter für deren Selbstbild und in seiner Relevanz für die Tat. Fast regelmäßig war Hintergrund der Gewalttaten eine „saufende Männerhorde“, die sich über Wochen und Monate mit unterschiedlichen Konturen und eher schwach ausgebildeten Organisationsstrukturen traf, eine ominöse Kameradschaft beschwor, der letztlich kaum einer über den Weg traute, die aber doch unter gruppendynamischen Gesichtspunkten für die Delikte von entscheidender Bedeutung war. Männerriten des gemeinsamen Saufens, des Beschwörens des Starken-Mann-Seins und Verächtlichmachung alles anderen und fremden, wie z. B. der Fremdaussehenden, der Homosexuellen, der Behinderten und selbst der Frauen spielten eine große Rolle. Dieser Hintergrund ist keiner, der sich auf eine kleine Gruppe potentieller Delinquenten bezieht, sondern ein weit verbreiteter. Es erscheint dann häufig fast zufällig, wann der Alkoholpegel besonders hoch ist, die Situation besonders unstrukturiert, ein spezielles Motiv oder ein Gefährlichkeitsszenario sich verdichtet und dann ein beliebiger Anlass in Form eines Fremden hinzukommt. Nicht zufällig ist sicherlich, dass die Gewaltdelikte von Männern ausgehen, die ansonsten keine hohe gesellschaftliche Akzeptanz und Machtstellung haben.

Im Vorfeld der Taten und des Umfeldes der Täter spielten Gewaltsignale häufig eine große Rolle als Zeichen eines männlich-kämpferischen Stils – die Provokationen und Einschüchterungen waren regelmäßig gewünschte Produkte der zelebrierten Männlichkeitsbeweise. Dass damit bestenfalls an

Attributen männlicher Stärke im Arbeitsleben des 19. Jahrhunderts angeknüpft wurde und sich im (Gruppen)Verhalten eher Marginalisierung und Ergebnisse der Exklusion widerspiegelten, ist ihrer eigenen Wahrnehmung kaum zugänglich.

In der Studie konnte auch aufgezeigt werden, dass diese Täter keinesfalls aus der Mitte der Gesellschaft kamen, dass ihre kriminelle Karriere meist schon früh begann und nicht in direktem ursächlichen Zusammenhang mit der Wende und dem Ende der DDR stand, selbst wenn nachgezeichnet werden konnte, wie unterstützende Ressourcen in ihrer Biografie wegbrachen, und dass trotz weit verbreiteter Arbeitslosigkeit, diese keine große Relevanz für die spezifische Gewaltkriminalität hatte. Es sei auch darauf hingewiesen, dass ein großer Teil der untersuchten Täter körperliche Gewalt in der Familie erlebt hatte und dass 80 % der untersuchten Delikte alkoholisiert begangen wurden.

Als Ursache für das Ausmaß fremdenfeindlicher Gewalt seit 1992 kam nicht vorrangig ein Anwachsen fremdenfeindlicher Einstellungen in der Bevölkerung in Frage, denn solche Einstellungen waren damals im langjährigen Mittel eher gesunken. Bei den interviewten 23 Tätern zeigte sich selten ein geschlossenes rechtes Weltbild im Sinne weitgehend uneingeschränkter Akzeptanz des historischen Faschismus, aber die Umgebung (Familie, Freundeskreis) war häufig rechtsorientiert. Die untersuchten Täter waren weitgehend ortsgebunden und ihre Subkultur war wenig abgeschottet. Die Gruppen waren offen, hatten keine fest gefügte Binnenstruktur und die Treffen fanden meist im öffentlichen Raum statt, was teils besonders provozierend und einschüchternd erlebt wird. Die bei weitem meisten der hier untersuchten Taten fanden allerdings als Eskalation des Geschehens nicht öffentlich demonstrativ statt. Dies alles sei hier nur kurz erwähnt, weil kurzschlüssige Erklärungsmuster in den 90er Jahren zum Teil genau das Gegenteil behaupteten.

All diese Erkenntnisse können zwar einige oberflächliche Erklärungsmodelle der politischen und Fachdebatte widerlegen, sie selbst sind aber zunächst doch eher deskriptiv und erklären noch wenig. Soweit dies in der Studie und insbesondere in den Fallgeschichten vertieft wurde, kann das hier aus Platzgründen nicht weiter erörtert werden. Es wird aber schon an dieser Stelle deutlich, dass es einer entwickelten Genderkompetenz der Fachkräfte bedarf, um diesen Diskurs zu führen, was zunächst häufig auf Unverständnis stieß.

Die Studie war von Beginn an unter präventiven Aspekten in Auftrag gegeben und erstellt worden. In den 120 Präventionsvorschlägen, die auf der Basis der Untersuchungsergebnisse durch ein mehrtägiges Expertenhearing entstanden, wurde auf allgemeine Vorbeugung im Sinne primärer Prävention, Opferschutz in der Tatsituation sowie tertiäre Kriminalprävention hinsichtlich hochaggressiver Täter eingegangen. Hinsichtlich der primären

Prävention wurde untergliedert in Bezug auf die Fremdenfeindlichkeit, die Gewalttätigkeit, den Umgang mit Männlichkeit und den Alkoholmissbrauch. Hier soll im Folgenden entsprechend dem Schwerpunkt dieses Beitrags nur auf die Vorschläge zur Männlichkeit eingegangen werden:

1. Da gerade in den Jugendkulturen unterprivilegierter junger Männer klassische Männerbilder in patriarchalischen Rollen vorherrschen, bei denen Deutschtum, Trinkfestigkeit und körperliche Stärke eine zentrale Rolle spielen, müssen Präventionsstrategien sich auch darauf beziehen. Dies gilt selbstverständlich nicht isoliert für diese Tätergruppe, sondern muss in einen gesamtgesellschaftlichen Prozess des kritischen Auseinandersetzens eingebettet sein, muss sowohl das Anachronistische aufzeigen als auch den Tätern Chancen geben, auf anderes stolz zu sein und ihre Identität anders befriedigend zu erleben. Dies ist sowohl gesamtgesellschaftlich wie auch individuell ein sehr langfristiger Prozess, der früh begonnen werden muss. Je weniger erwartet werden kann, dass das in den Herkunftsfamilien stattfindet, umso mehr muss es öffentlich betrieben und unterstützt werden.
2. Soweit Fachkräfte der Sozialen Arbeit spezifische Männerarbeit leisten sollen, benötigen sie schon bei der Problemdiagnose und – analyse eine entwickelte Genderkompetenz, die man keinesfalls voraussetzen kann. Es wird deshalb darauf ankommen, diese in den Curricula der Hochschulen allgemein zu verankern. In der Alice-Salomon-Hochschule Berlin enthält inzwischen jede Modulbeschreibung verbindliche Angaben, wie in den einzelnen Lehrveranstaltungen die Genderkompetenz vermittelt werden soll.
3. Schule und andere Institutionen müssen verstärkt die geschlechterspezifischen Rollen thematisieren. Dies sollte nicht nur in der Mädchenarbeit geschehen, sondern auch in der Arbeit mit Jungen. Offene Jugendarbeit mit Jungen sind nicht nur Sportangebote. Frauen- und Männerrollen sollten in unterschiedlichen Formen als offene Themen gestaltet bzw. zur Diskussion gestellt werden. Dabei sollte die Definition von Männlichkeit selbst in Einzel- und Gruppenarbeit thematisiert werden.
4. Die Väter müssen näher in das Blickfeld gerückt werden. Diesbezüglich gibt es kaum konzeptionelle Überlegungen. Selbst in der Elternarbeit zeigen sich Väter von Jugendlichen nur selten. Möglicherweise könnte man über die Väter Jugendliche und Kinder im Alter von 12 bis 16 Jahren noch erreichen.
5. Männlichkeitsbilder sollten schon im vorschulischen Bereich, in Elternbriefen und im Schulunterricht Thema sein. Dabei muss natürlich einerseits an die Lebenswelt der Kinder angeknüpft werden, aber zugleich andererseits Gendersensibilität und die Werteentscheidung für Gleichberechtigung vermittelt werden.

6. Männliche Jugendliche und junge Männer sollten kompetente Frauen in Entscheidungs- und Leitungsfunktionen alltäglich erfahren. Deshalb ist die Einrichtung von Jugendräumen und kulturellen Einrichtungen unter der Leitung von Mädchen zu fördern.
7. Es sind mehr spezielle Ansätze in der offenen Arbeit mit männlichen Jugendlichen zu entwickeln, um die beschriebene Gruppe zu erreichen. Die Kürzungen in den kommunalen Haushalten haben mit dazu beigetragen, dass man diese jungen Männer vorzugsweise an Buswartehäuschen, Bahnhofsvorplätzen und am Rande von Fußgängerzonen antrifft.
8. Dringend notwendig sind Angebote positiver männlicher Identifikationsmodelle für Kinder und Jugendliche. Es ist klar, dass dies nicht per Beschluss geschehen kann und nicht überall stehen beispielsweise erfolgreiche Sportler mit besonderen Fähigkeiten in der Jugendarbeit und entsprechendem Interesse und Zeit zur Verfügung. Aber die Thematisierung dieses Aspektes lohnt allemal.
9. Da viele junge Männer nicht nur einem sehr traditionellen patriarchalistischen Männerbild verhaftet sind, sondern dieses offensichtlich auch krückenhaft nutzen und wenig Alternativen kennen, geschweige denn, dass sie diese vorgelebt bekämen, ist Thematisierung anderer Inhalte von Stärke zu fördern: „Wer stark ist, geht Gewalt aus dem Weg“. Diesbezüglich kann beispielsweise an einige Kampfsportarten angeknüpft und diese mit sozialem Training verbunden werden. Viele dieser Sportarten ermöglichen die Wahrnehmung von Gefühlen, Entspannung sowie die Förderung der sozialen Kompetenzen und der Selbstsicherheit.

Diese Liste ist sicher nicht vollständig und kann 7 Jahre nach Vorlage der Studie weiterentwickelt werden. Insbesondere aber bedarf es des politischen Willens, entwickelte Vorschläge umzusetzen.

Literatur

Cornel, H. (1999a): Schwere Gewaltkriminalität durch junge Täter in Brandenburg. Camino, Potsdam/Berlin

Cornel, H. (1999b): Präventionskonzepte gegen Jugendgewalt in Brandenburg. In: Widmann, P., Erb, R., Benz, W. (Hrsg.): Gewalt ohne Ausweg. Verlag Friedrich Veitl, Berlin, 373 ff

Timeout statt Burnout. Erholungskompetenz für Männer im Spannungsfeld Beruf – Privatleben

von Martin Buchmann und Christoph Walser

Grundidee und Entstehung

Am Anfang stand unsere Grundidee: Männerbildung nicht nur als Freizeitangebot, sondern mitten in der Arbeitswelt. Denn viele Männer sagten uns in der Seminar- und Beratungsarbeit, dass sie bei dem täglichen Druck von allen Seiten kaum mehr Zeit fänden für sich selbst, vor lauter Verpflichtungen kaum mehr dazu kämen, über ihre Rolle als Mann nachzudenken, geschweige denn konkrete Veränderungen anzugehen. Sie erzählten vom Grundgefühl „gelebt zu werden, statt zu leben". Uns wurde dadurch klar: was vielen Männern fehlt, sind Freiräume, in denen der ständige Druck für einmal wegfällt, Freiräume, um sich wieder besser wahrzunehmen, zu Kräften zu kommen und herauszufinden, was sie selbst im Leben wollen. Weg von Fremdbestimmung und Leistungsfixierung, hin zu männlichem Eigensinn und zu einer neuen Kreativität und Präsenz in Beziehungen.

Doch wie konnte es gelingen, mit diesen Ideen in der Arbeitswelt Fuß zu fassen? Durch den Kontakt zur Leiterin Personalentwicklung/Bildung einer großen Detailhandelskette erfuhren wir, dass sie einige spezifische Angebote für Frauen in Führungspositionen im Programm habe, gleichzeitig aber die über 90 % Männer in Führungspositionen zu wenig erreichen könne, für die Burnout sehr wohl ein Thema sei, und: wie denn das wäre, mal was nur für diese Männer anzubieten? So kam es 1998 zur Erarbeitung eines Konzepts und zur ersten Durchführung von Seminarmodulen für „führende Männer".[1]

Timeout statt Burnout – ein Name als Einfall und Glücksfall. Deswegen wohl wurde er seither unzählige Male übernommen. Das Original wird hier beschrieben. Mit dem allseits bekannten Begriff Timeout aus dem Sport konnten wir den verbreiteten männlichen Widerstand gegen eine zu psychologische Sprache umgehen und unsere zentrale Botschaft in eine Kurzform fassen. Entscheidend ist aber, was uns seither die Teilnehmer immer wieder bestätigten: mit dem Begriff Timeout geben wir den Männern ein positiv gefülltes Bild und damit eine unterstützende Sprache für die stets schwierige Herausforderung, sich Freiräume zu gönnen. Dazu aus unserer Ausschreibung: „Timeout (im Sport) heißt: Spielunterbruch zur Standortbestimmung – Verschnaufpause, bevor die Kräfte ausgehen – Besinnung auf die eigenen Stärken und Schwächen – Entwickeln neuer Zielvorstellungen und Strategien." „... die Herausforderung für uns Männer besteht heute vor allem darin, eine persönliche „Timeout-Kultur" zu entwickeln. Regelmäßige Auszeiten und die Balance zwischen Arbeit und Privatleben sind die Grundlage für die eigene Gesundheit und damit auch für die Präsenz und Leistungsfähigkeit im Arbeitsalltag."

In manchen Firmen wird heute durchgearbeitet, das heißt, das Gefäß der gemeinsamen Pause gibt es nicht mehr. Die Gefahr ist, dass damit die Pause nur mehr als individuelles Bedürfnis eingestuft und nicht als ein Recht oder sogar eine Pflicht der Arbeitnehmenden zur Erhaltung der eigenen Gesundheit gesehen wird. Männliche Leistungsorientierung neigt zudem dazu, Pause als unproduktive Zeit abzuwerten. In dieser Situation braucht es Bilder und Begriffe, die es Männern ermöglichen, Pausen positiv zu werten und zu erfahren. So erzählen uns Teilnehmer, dass ihnen das Wort Timeout hilft, ihre unverplanten Eigenzeiten als solche überhaupt wahrzunehmen und entsprechend mehr zu genießen: ein persönliches Timeout bringt allen etwas, und es ist notwendig für die Erhaltung der Motivation und Leistungsfähigkeit. „Sich erholen" wird deshalb eine zunehmend wichtige männliche Sozialkompetenz in der 24-Stunden-Gesellschaft.

Zielgruppen und Angebote

Seither haben wir in verschiedenen Firmen, Verwaltungen, Fachhochschulen und bei weiteren Veranstaltern Referate gehalten, Informationsveranstaltungen, Seminare, Workshops und Coachings durchgeführt.[2] Wir haben unser Wissen aus Forschung und Erfahrung männlicher Alltagsrealitäten in Führungsausbildungen und Weiterbildungen eingebracht, Einzelberatungen und Coaching-Gruppen, Kriseninterventionen und aufgrund der Nachfrage auch Seminare für Männer und Frauen (mit gemischter Leitung) durchgeführt. In einem ersten Kontaktgespräch eruieren wir jeweils die genauen Bedürfnisse der Kunden und erarbeiten dann das konkrete Angebot. Wir richten Inhalte und Methoden auf die jeweiligen männlichen Milieus und Betriebskulturen aus.

Burnout-Prävention – männerspezifisch

Unser Ansatz ist **männerspezifisch**. Das heißt, dass er für konkrete Zielgruppen von Männern konzipiert und mit ihnen mehrmals durchgeführt wurde. Wir begründen das Männerspezifische nicht in Abgrenzung zum Frauenspezifischen. Es ist gut denkbar, dass mit einem ähnlichen Ansatz auch mit Frauengruppen gearbeitet werden kann, erste Erfahrungen haben wir mit gemischten Gruppen gemacht. Männerspezifisch ist das Projekt dadurch, dass Inhalte und Methoden auf Männer zugeschnitten sind und dass die geschlechtshomogene Gruppe für die Optimierung des Lernverhaltens von Männern bewusst genutzt und thematisiert wird. Die persönlichen Themen, welche Männer ansprechen, stammen aus ihren Lebenswelten des Alltags, sie sind von männlichem Erleben und Deuten bestimmt.[3] Als Beispiele seien genannt: die spezifisch hohe Leistungsorientierung, welche aus dem komplexen Zusammenspiel von äußerem Druck und inneren Antreibern entsteht; Männer haben häufig einen instrumentellen Zugang zum Körper, sie „funktionieren“, schauen nicht gut oder spät auf die eigene Gesundheit; viele Männer denken lösungsorientiert und unterschätzen den Prozess und die Emotionen. Einseitiges männliches Verhalten kann einerseits als Schwäche bewusst gemacht werden, wir nutzen es aber auch als Stärke zur Bewältigung von Stress und Burnout.

Im Unterschied zu manchen Konzepten von „Work-Life-Balance“ ist für uns das **Dreieck der Lebenswelten** im Alltag maßgebend: Arbeitswelt – Familienwelt – Eigenwelt. Eigenwelt ist der „Raum für sich selbst und andere(s)“. Sie ist gleichzeitig Innen- und Außenwelt und beinhaltet zum Beispiel auch Freundschaften, kreative Tätigkeiten, Hobbys, Sport, Bewegung, Sinnlichkeit, Aufenthalt in der Natur, Formen der Spiritualität, Ferien u. v. m. Die Eigenwelt hat für uns eine zentrale Bedeutung in den Fragen der Erholung, Orientierung und Sinnfindung. Es geht nicht nur darum, möglichst optimal zwischen Arbeitswelt und Familienwelt zu funktionieren, sondern selbstverantwortlich mit den eigenen Ressourcen umzugehen. Dafür ist es sehr wichtig, neben dem Lebensraum Arbeit und dem Zuhause den dritten, weitgehend selbst bestimmten Lebensraum zu kreieren und zu pflegen. Entgegen verbreiteten Vorurteilen scheint dies auch der Bereich zu sein, der unter Zeitdruck von Männern am häufigsten vernachlässigt wird. Da Männer in Mitteleuropa ihren Selbstwert nach wie vor primär aus der Arbeitswelt schöpfen, konzentrieren sie sich energetisch darauf und unterschätzen tendenziell die Belastungen im gesamten Alltag, zum Beispiel durch die neuen Anforderungen an moderne Männer als Partner, Väter, sozial Engagierte und „Freizeitmänner“. Deshalb haben wir als Ergänzung zu Zeitmanagement den Begriff Kräftemanagement geprägt: die Fähigkeit, auf die Balance der drei Lebenswelten zu achten und sie zu realisieren.

Burnout wurde bisher in der Forschung vor allem im Zusammenhang mit der Arbeitswelt untersucht. Und: es gibt unterdessen viele Analysen, aber wenig präventive Ansätze. Modernes Mannsein bewegt sich im Hin und Her zwischen den oben genannten Lebenswelten. Deshalb ist unsere These, dass Ausbrennen gerade im Spannungsfeld zwischen Arbeitswelt und Privatleben entsteht. Es gibt eine aktuelle Forschungsdebatte zur Diagnose Burnout[4], aber keine uns bekannten männerspezifischen Untersuchungen. In unserer Arbeit mit Männern hat sich der Begriff **Erschöpfung**

als hilfreicher erwiesen. Erschöpfung ist auch als kollektives Phänomen der Gesellschaft zu sehen. Der Begriff Burnout ist nicht nur als Diagnose unscharf, er fördert zum Teil auch die Gefahr einer Pathologisierung und Individualisierung. Wenn ein Mann im Betrieb dieses Etikett bekommt, so kann das Problem an ihn delegiert und einseitig nur an ihm verwaltet werden. Und in Betrieben kann damit auch eine Tabuisierung fortgesetzt werden, obwohl über Burnout heute öffentlich breit diskutiert wird. So betonen wir, dass Burnout nicht eine Krankheit im üblichen Sinn ist, sondern ein persönliches, mehr oder weniger großes Leiden an der kollektiven Erschöpfung. Dies entlastet Betroffene und fördert systemische Bewältigungsstrategien, die neben individueller Bewusstseinsbildung auch die interpersonale Ebene, die Betriebskultur und strukturelle Aspekte einbeziehen. Im Rahmen der innerbetrieblichen Aus- und Fortbildung ist dies deshalb sehr wichtig, weil die Gefahr der Tabuisierung weniger groß ist, wenn es Männern im Betrieb erlaubt ist, über die Thematik offen zu reden. Gleichzeitig reden sie damit nicht nur über Arbeit, sondern über ihr Männerleben im ganzen Alltag.

Erholung will gelernt sein. Es geht um eine zu erlernende aktiv-wache Haltung, die im Wort enthalten ist: sich etwas holen. Als wichtige Kompetenzen für eine wirksame Erholung bezeichnen wir: sich erinnern, welche Erfahrungen im eigenen Leben erholend und stärkend waren, Körpersignale früher wahrnehmen, die eigenen körperlichen und seelischen Bedürfnisse und Grenzen ernst nehmen, auf das Verhältnis von Kraftspendern und Kraftfressern im Alltag achten und sich regelmäßig Freiräume zur Erholung gönnen. Es ist der Impuls der Lust und der Freude am Leben, der Männer motiviert, mehr vom Leben zu wollen, als nur zu funktionieren. So ist die Sammlung von Timeout-Ideen in einer Gruppe jeweils sehr inspirierend. Ideen und Erlebnisse der andern motivieren, die eigene Abenteuerlust zu wecken und sich mehr Auszeiten zu gönnen. Wir motivieren die Männer, sich kleinere und größere Auszeiten in der Agenda (Timeout = 3 Minuten – 3 Tage) zu sichern, bei denen klar ist: das sind geschützte Räume zur Erholung, ohne Verpflichtungen, Zeit- und Produktionsdruck. Es sind Freiräume, in denen Erholung an Körper, Seele und Geist zum wichtigsten Wert erhoben wird.

Inhalte und Methoden unserer Seminar- und Beratungstätigkeit werden in der Evaluation von Radix Gesundheitsförderung Schweiz im Detail dargestellt.[5] Dazu hier nur in Kürze: die Methoden orientieren sich an einer ganzheitlichen emanzipatorischen Männerbildung. Eine organische Verbindung der gewählten Methoden mit dem Gruppenprozess und die Wahl eines den Inhalten entsprechenden Ortes (außerhalb von Arbeits- und Familienwelt, naturnah, öfters in Klöstern) unterstützen die Zielsetzungen.

Aktuelle Herausforderung

Burnout ist ein aktuelles Risiko für Beschäftigte und Betriebe, dessen Bedeutung noch zu wenig (an)erkannt wird, denn Erschöpfung passt weder zum Selbstbild des dynamischen und leistungsfähigen Mannes, noch zum Image des modernen Unternehmens. Immerhin: Burnout wird zunehmend öffentlich diskutiert, jedoch mit der Gefahr der Medizinalisierung und Individualisierung. Dies zeigt sich uns in der Zunahme von persönlichen Coachings und Seminarbesuchen im Freizeitbereich zum Thema „Timeout statt burnout". Gleichzeitig werden in der betrieblichen Aus- und Fortbildung in Zeiten von Umstrukturierung und Geldmangel Angebote im Bereich der Sozialkompetenz und Gesundheitsförderung zuerst gestrichen.

Die Herausforderung bleibt: wie schaffen wir Männer es, trotz zunehmendem Druck, uns gut zu erholen, statt nur zu funktionieren, unser Leben zu leben, statt „gelebt zu werden"?

Anmerkungen

1 Dossier als Download auf unserer Homepage: www.timeout-statt-burnout.ch
2 Vgl. dazu das Info-Blatt 2005/06, Zeitungsartikel und den Filmbeitrag zum Projekt des Schweizer Fernsehens auf unserer Homepage
3 Vgl. dazu zusammenfassend die Theorien- und Methodendiskussion rundum Männerbildung in: Prömper, H. (2003): Emanzipatorische Männerbildung. Schwabenverlag, Ostfildern, 287–311
4 Vgl. dazu das Projekt der Uni Hamburg (Prof. M. Burisch) zur Abgrenzung des Burnout-Syndroms (ADBUSY) und weitere Infos auf www.swissburnout.ch
5 Bern (2005), Download auf unserer Homepage: www.timeout-statt-burnout.ch

Scheidungsberatung für Männer. Zwischen Parteilichkeit und Systemorientierung

von Lu Decurtins

Scheidung hat heute durch das größere emotionale und oft auch praktische Engagement des Vaters in der Familie eine neue Bedeutung erlangt. Zog sich der Mann früher zurück und überließ die Vaterrolle einem Anderen, so nimmt er heute auch nach der Scheidung noch eine zentrale Rolle in der Familie ein. Dies konfrontiert die Soziale Arbeit mit neuen, vielschichtigen Problemen. Der vorliegende Text soll aufzeigen, wie Männer bei der Bearbeitung der spezifischen Probleme von Vätern in Scheidung und Trennung unterstützt werden können.

Männer haben Probleme

Männer setzen sich während der Ehe meist noch nicht mit der Situation nach einer möglichen Scheidung auseinander. Nachgefragt beunruhigt sie eine allfällige Scheidung bzw. die Rolle danach (Alimentenzahlung, Besuchsvater etc.) wenig – allenfalls ist das spätere Sorgerecht ein Thema (Decurtins/Meyer 2000). Nach der Scheidung entbrennt dann oft ein Kampf um Alimente und Besuchsrecht, obwohl es in erster Linie um Gefühle wie Kränkung, Ohnmacht und Angst geht. Weil sie nicht der gängigen Männerrolle entsprechen, werden diese Symptome aber zu spät oder gar nicht wahrgenommen. Folgende Probleme treten bei geschiedenen Männern immer wieder auf:

- Fehlende Soziale Vernetzung: Weil Männer oft ihre Freunde im Verlauf der Ehe vernachlässigen, bleibt nach der Trennung ein emotionales Loch. Was auf den ersten Blick als „ja zur Familie“ positiv gewertet wird, ist in Wirklichkeit ein fahrlässiger Umgang mit eigenen Ressourcen.
- Kinderentzug: Zwei Wochen verstreichen zu lassen, ohne die Kinder zu sehen, evtl. ganz ohne Kontakt ist für manchen Vater eine Ewigkeit. Regelmäßige Tätigkeiten mit den Kindern während der Woche (Basteln, Fußball) fallen abrupt weg.
- Machtlosigkeit: Viele Männer erleben zum ersten Mal in ihrem Leben ein Gefühl der totalen Ohnmacht und des Ausgeliefertseins. Diese dem traditionellen Männerbild widersprechenden Gefühle können nur schwer zugelassen werden.
- Finanzielle Probleme: Viele Männer bewegen sich nach der Scheidung

am Rande des Existenzminimums. Es fällt ihnen schwer, dies zuzugeben. Sozialhilfe anzunehmen wäre für sie gleichbedeutend mit dem definitiven Scheitern und verbunden mit noch größerer Machtlosigkeit. Zudem: Die monatliche Alimentenzahlung wiegt gefühlsmäßig deutlich schwerer als zuvor die Ernährung der Familie. Wer würde sich heute – angesichts der immensen Kosten – freiwillig für Wochenendkinder entscheiden?

Um von ihrem eigenen Leiden abzulenken, und das unerträgliche Gefühl der Ohnmacht loszuwerden, verursachen viele gekränkte Männer Probleme. Dies bekommen vor allem geschiedene Frauen und Fachstellen zu spüren. Bedrohungen, Verweigerung der Alimentenzahlungen, Gewalt, Schädigung des Eigentums der Expartnerin, Kindesentführung etc. sind Gegenschläge, die in den allermeisten Fällen nicht zuletzt selbstschädigend sind und in noch größerer Ohmacht des Mannes enden. Konflikthafte Scheidungen können die Gesundheit geschiedener Väter noch Jahre nach der Scheidung beeinflussen. Dabei kommt es aber weniger darauf an, wie strittig die Zeit der Scheidung objektiv war, sondern vielmehr auf das subjektive Empfinden bzw. die Verarbeitung dieses einschneidenden Lebensereignisses. Wenn der Mann das Gefühl hat, den „Kürzeren gezogen zu haben", benachteiligt worden zu sein, so hat das körperliche und psychische Beschwerden zur Folge (Decurtins/Meyer 2000).

Was hilft?

Allein der Faktor Zeit trägt nach einer Scheidung nicht zur Besserung der Situation der Männer bei. Zeit heilt nicht – wie viele Männer hoffen – alle Wunden. Oft äußert sich unverarbeiteter Schmerz in Form von Verbitterung oder gar Hass. Auftreten von übermäßiger Ironie oder Zynismus sind sichere Anzeichen dafür.

Paar- und Familienberatung, Mediationsstellen und andere psychosoziale Stellen, die dem Mann helfen sollten, die Scheidung durchzustehen, werden vom Mann oft als abweisend und männerfeindlich wahrgenommen. Männer fühlen sich fehl am Platz und unverstanden. Vielen Männern sind Beratungsstellen im psychosozialen Bereich fremd und sie haben Angst davor, mit ihrer Art nicht verstanden zu werden.

Wie kommen Männer in die Beratung?

Will man Männer für Beratung gewinnen, so muss man Ängste abbauen, und spezifische Räume schaffen, in denen Vertrautes angeboten wird! Um Männer für eine Beratung motivieren zu können, soll transparent gemacht werden, was ihnen auf welche Art Nutzen bringen soll. Dabei sollte in erster Linie auf Fakten Wert gelegt werden. Entlastung durch „sich aussprechen können" ist dabei zu wenig griffig – also für die meisten unverständlich. Viele Männer suchen konfrontierende Gespräche. So wünschen sich Männer in der Beratung nur selten einen ‚verständnisvollen' wohl aber nach einem ‚harten', ‚konfrontierenden' Therapeuten. Männer suchen also zuerst einmal Widerstand, sie wollen wissen, wo das Gegenüber steht, wie es sich definiert.

Um Ängste abzubauen, um Männer für die Gespräche mit der Partnerin fit zu machen, brauchen sie Training – am besten bei einem Mann!

Einem parteilichen männlichen Berater, der grundsätzlich auf seiner Seite steht, kann der Mann eher Unsicherheiten und Schwächen eingestehen. Der Klient akzeptiert auch unangenehme Rückmeldungen und kann unter Umständen auch eine Niederlage eingestehen. In der männerspezifischen Beratungsarbeit wird von der Position des Mannes auf das „System Familie" angeschaut. Sorgfältig wird auf der emotionalen wie auch auf der rationalen Ebene über Folgen der einzelnen Entscheidungen gesprochen. Die einzelnen Folgen sollen wirken, dann geprüft und in ihrer Bedeutung gewichtet werden. Die Lösung für den Mann ist meist auch eine Handlung *für* das System – die Lösung gegen die Frau eine Handlung *gegen* das System.

Männerspezifische Beratung kann dem Mann helfen, den Vorsprung der Frau aufzuholen (oft hat sie sich bereits beraten lassen). Der Mann kann sich zuerst einmal über den Vorgang einer Scheidung und die rechtliche Situation informieren. Manchmal dient die männerspezifische Beratung auch als letzter Check vor der Unterzeichnung einer Vereinbarung oder Konvention.

Männerspezifische Beratung stellt keine Konkurrenz zu anderen deeskalierenden Angeboten dar, sondern ist vielmehr als „Coaching" des Mannes während der Scheidungsphase zu verstehen. Die Männerberater verpflichten sich nicht dem Sieg (AnwältInnen), der Gerechtigkeit (RichterInnen), sondern vielmehr dem Mann und seiner längerfristigen Befindlichkeit. Der Berater macht dem Mann selbstschädigende Anteile seiner Handlungsideen bewusst, gemeinsam überprüfen sie Kosten und Nutzen von Handlungsalternativen. Der Erfolg der Scheidungsverarbeitung hängt nicht von „objektiver" Gerechtigkeit, Höhe der Alimentenzahlungen etc. ab, sondern davon, ob der Mann bei der Entscheidung als Akteur mitbeteiligt war oder sie zumindest nachvollziehen kann (Decurlins/Meyer 2000).

Männerspezifische Beratung

Männer suchen die Beratungsstelle auf, die sie anspricht. Eine Beratungsstelle für Männer darf nicht aussehen wie die Praxis eines Therapeuten. Sie muss offen gestaltet sein, Sachlichkeit und gleichzeitig Wärme ausstrahlen.

Der Mann muss sich in einer annähernd gewohnten Umgebung gestützt und sicher fühlen. In einer Situation der Krise, hilft ihm die klar strukturierte Einrichtung in einem offenen Raum, der Fluchtwege für Blicke und Gedanken zulässt. Die Scheidungsberatung selbst folgt in der Regel den folgenden Schritten:

- Um was geht es? Für Männer ist es wichtig, zu erkennen, dass das momentane Problem in einem größeren Zusammenhang steht. Man sollte ihnen daher Zeit geben, den Ablauf darzustellen, und helfen bewusst zu machen, was zur jetzigen Situation führte und wie sich die einzelnen Wendepunkte manifestierten.

  Gezieltes Nachfragen des Beraters kann dazu dienen, neue Erkenntnisse über das eigene Verhalten zu gewinnen. Schon zu diesem Zeitpunkt ist es wichtig, dass der Berater die emotionalen Aspekte (Trauer, Ärger, Ohnmacht) direkt und selbstverständlich anspricht.
- Was will ich erreichen? Die erste Beratungseinheit sollte ein gegenseitiges Einverständnis und Klarheit darüber geben, was der Klient erreichen will. Dies kann sich nicht in einem Satz erschöpfen, sondern sollte durch Rückfragen präzisiert und der Realität angepasst werden. Also: „Ich möchte verhindern, dass sich meine Frau scheidet“ provoziert die Frage: „Angenommen, sie können dies nicht verhindern, was müssen Sie getan haben, damit sie sich keine Vorwürfe machen?“
- Wie geht es mir? Vor lauter Aktionismus kann vergessen gehen den Mann zu fragen, wie es ihm eigentlich wirklich geht und vor allem, was ihm helfen könnte. Vielleicht braucht auch der Mann eine Verschnaufpause. Vielleicht braucht auch er Zeit, sich zu besinnen, seine Bedürfnisse wahrzunehmen und auszusprechen. Der Berater sollte auch männliches Schweigen aushalten können.
- Wie werde ich die nächste Zeit bewältigen? Oft pendeln Männer hin und her zwischen Krise und Verdrängung. Im Moment des Verdrängens kann nicht geplant werden, wie mit der nächsten Krise umgegangen werden könnte. In der Krise schon gar nicht. Der Berater versucht, mit dem Mann vergessene Möglichkeiten und Ressourcen hervorzuholen die ihm helfen, in einem Moment der Krise Boden unter die Füße zu bekommen: Der alte Wanderfreund, ein Openairbesuch, ein vergessenes Hobby …
- Wo will ich in zehn Jahren sein? Oft wird im Kleinkrieg um Kinderkontakt und Alimente die große Ausrichtung vergessen. Das Hervorrufen eines Bildes von der Wunschsituation kann den großen Rahmen wieder ins Bewusstsein rufen. Die kleinen Streitpunkte werden relativiert neben zum Beispiel der Frage nach der Beziehung, welche die Kinder zum Vater dann haben, oder welches Bild sie von ihm mit sich tragen werden. Langfristige Ausrichtung hilft, kleinere Niederlagen zu ertragen.

- Die Interessen abwägen (Kinder – Frau – Ich) (Geld ist nicht gleich Kosten). Oft werden nur die finanziellen Auswirkungen in Erwägung gezogen, obwohl unter Umständen anderes weit mehr schmerzt. Vielleicht geht es bei dem ausgelegten Geld für das nicht „mitgelieferte" zweite Paar Unterhosen eher um Missachtung der eigenen Bedürfnisse.
- Welche Stellen können mir weiterhelfen? Gemeinsam wird abgeklärt, welche Unterstützung aus dem professionellen Netz der Mann nebst derjenigen aus dem sozialen Umfeld bekommen kann.
- Alternative Möglichkeiten durchspielen: Unter Umständen muss man mal eine „verrückte" Lösung wagen. Ein Problem mal aus einer anderen Sicht ausleuchten. Die so gewonnenen Erkenntnisse können Wichtiges zur Klärung beitragen.
- Vom hohen Ross herunterkommen: Der Mann fühlt sich oft machtlos gegenüber der Frau, sieht sie auf dem „hohen Ross", gezielt Pfeile auf ihn abschießen. Da fällt die Vorstellung schwer, dass man selbst auch auf einem solchen Ross sitzen könnte – aus der Perspektive der Frau. Eine solche Situation lässt sich nur dadurch auflösen, dass sich jemand vom Ross begibt. Hier muss der Mann motiviert werden, den aktiven Teil der ‚Abrüstung' übernehmen – andernfalls überlässt er das Zepter voll und ganz der Partnerin (Im Bereich der ‚Aufrüstung' ist sie nicht zu schlagen).
- Wie erreiche ich die Frau? Gemeinsam wird erarbeitet, wie der Mann den Kontakt mit der Ex-Partnerin gestalten kann. Es wird erörtert, welcher Rahmen dazu dienlich ist, und wie er sich verhalten soll, wenn die Situation eskaliert. Mögliche Szenarien werden durchgespielt und ausgewertet.

Dies sind ein paar Anregungen aus einem noch weitgehend unbekannten und wenig institutionalisierten Bereich der Männerarbeit. Die männerspezifische Scheidungsberatung wurde bislang noch wenig wahrgenommen – oder als frauenfeindlich und reaktionär abgestempelt. Dieser Bericht aus der Praxis hilft hoffentlich zu erkennen, dass Männerberatung auch dem System dienen kann im Sinne einer *geschlechtsbezogenen Reflexionshilfe, im Sinne eines* unterstützenden Coachings für den Mann und nicht gegen die Frau und schon gar nicht gegen die Kinder. Für die Zukunft ist zu hoffen, dass es mehr männerspezifische Angebote gibt (sowohl eigenständig als auch im Rahmen einer Institution), die Männer noch *vor* den ersten Ehekonflikten erreichen.

Literatur

Decurtins, L., Meyer P. (Hrsg.)(2000): Entschieden Geschieden. Was Trennung und Scheidung für Väter bedeutet. Rüegger, Zürich

„Älter werden wir später"

von Hans Stapelfeld

So lautet der Titel eines Buches über die Lebenssituation von Frauen über 50, der die Thematik des Älterwerdens und die Verschiebung der Selbstreflexion in eine unbestimmte Zukunft prägnant zum Ausdruck bringt (Solheim 1993). Es sind vor allem große Ängste vor dem krank, hinfällig und pflegebedürftig werden, die sich der pädagogischen Absicht, Männer auf die Situation des Älterwerdens vorzubereiten, entgegenstellen. Dennoch kommt die Frage nach dem Sinn des eigenen Lebens angesichts des nahenden Alters, von plötzlichen Erkrankungen oder Todesfällen in der Familie immer wieder vor.

Der folgende Erfahrungsbericht stützt sich auf eine über 10-jährige Arbeit mit einer gruppenanalytisch orientierten Selbsterfahrungsgruppe für Männer in einer kirchlichen Bildungseinrichtung. In der gruppenanalytischen Arbeit werden Themen wie Älterwerden nicht vorgegeben oder im Sinne eines Lehrplans behandelt. Sie werden vielmehr besprochen, wenn sie sich in der Gruppe zeigen.

> Heinz, der aus leitender Stellung mit einer hohen Abfindung vorzeitig aus dem Arbeitsleben ausgeschieden ist, fragt sich: „Welchen Sinn hat es für mich gehabt, dass ich mein ganzes bisheriges Leben dem Konkurrenzkampf in der Berufswelt gewidmet habe? Erst jetzt fällt mir auf, was ich darüber versäumt habe: für meine Partnerin war ich nur selten ansprechbar. Meistens brauchte ich sie zur Entlastung vom Berufsstress. Auch für die Kinder war ich meistens nicht erreichbar. Heute muss ich zur Kenntnis nehmen, dass die sich enttäuscht von mir abgewandt haben und ihre eigenen Wege gehen und nur noch zur Mutter Verbindung halten. Das Eigenheim mit Garten konnte ich abbezahlen, doch war es das wert? Seitdem ich tagsüber zu Hause bin, gibt es vermehrt Streit mit meiner Frau. Sie ist kaum bereit, ihren Alltag und Tagesablauf zu verändern."

Das Ende des Arbeitslebens kann sehr unterschiedlich erlebt werden, je nach Stärke der Bindung an die Berufswelt. Für manche ist es die Befreiung von der Last des fremdbestimmten Arbeitens, für andere ein großer Verlust an Anerkennung und Befriedigung. In jedem Fall tritt man aus der Rolle des Berufsmenschen heraus und verlässt den Kreis der Kollegen oder Konkurrenten. Wie der Abschied vom Berufsleben erlebt wird, hängt auch davon ab, was danach erwartet wird. Ob es eine Zeit größerer Selbstbestimmung und kreativer Lebensgestaltung wird, ob mehr Zeit für alte oder neue Hobbys entsteht: dies sind nur einige der Wahlmöglichkeit, vor die sich Männer nach dem Arbeitsleben gestellt sehen.

Andere Lebensaktivitäten die sich nicht am Muster der Berufsarbeit orientieren, können sich Männer, wenn ihre Identität bisher primär durch Arbeitsleistung und Konkurrenz bestimmt gewesen ist, oft nur schwer vorstellen.

Viele Männer, die bisher nicht von der Ehefrau verlassen wurden, gehen recht selbstverständlich davon aus, mit der Partnerin alt zu werden. Wie sie das gestalten könnten, macht ihnen, so lange sie arbeiten, wenig Sorge, denn „älter werden wir später". Erst wenn sie nach dem Ende der Berufstätigkeit die Konflikte mit der Partnerin in der Rollenverteilung im Alltag bemerken, sind sie bestürzt.

Oder die Partnerin überrascht den Mann mit dem Wunsch, das gemeinsame Haus zu verlassen, um allein zu leben und einen Neuanfang zu versuchen. Sie kann sich nicht mehr vorstellen, mit dem Mann alt zu werden, da sie seit langem unzufrieden mit dem Beziehungsleben ist. Für Männer kommt eine solche Trennung im fortgeschrittenen Alter einer Katastrophe gleich, da sie sich häufig ihrer Abhängigkeit von der Partnerin nicht bewusst sind und sich allein nicht zu helfen wissen. Meistens schauen sie dann schnell nach einer neuen Partnerin.

> Bertold teilt der Gruppe am Beginn einer Sitzung mit: „Ich habe festgestellt, dass meine ‚Morgenlatte' auch nicht mehr so ist wie früher". Während die Gruppe noch erstaunt zu sein scheint, dass jemand bereit ist, dieses Thema zur Sprache zu bringen, berichtet Joachim, dass ihn das Ergebnis einer Vorsorgeuntersuchung beunruhigt, bei der ein erhöhter PSA-Wert festgestellt und ihm eine weitere Untersuchung durch einen Urologen empfohlen wurde.

Die altersgemäßen Veränderungen der Sexualität zur Kenntnis zu nehmen, fällt vielen Männern gar nicht leicht. Bisher fühlten sie sich stets stark und einsatzbereit. Die mit zunehmendem Alter größer werdende Angewiesenheit auf äußere Stimulation durch die Partnerin lässt sie eine Abhängigkeit spüren, die ihnen bisher verborgen geblieben war. Andererseits liegen hier auch Chancen für neue und genussreiche Erfahrungen mit der Partnerin, wenn eine größere Empfänglichkeit für Zärtlichkeit entsteht.

> Tim, ein Architekt, berichtet der Gruppe über die Fortschritte eines Projekts, in dem ein gemeinsames Wohnen auf Mietbasis angestrebt wird. Schon seit zehn Jahren ist er mit seiner Partnerin und anderen Interessenten mit den Vorarbeiten beschäftigt. Innerhalb einer bestehenden Sied-

lung soll am Rande der Stadt ein großes neues Haus gebaut werden mit Wohnungen nach dem Bedarf der Projektteilnehmer. Das Zusammenleben von Familien, Paaren und Singles und die Integration in die Siedlung sind Ziele des Projekts. Eine große Dachterrasse wird als kommunikativer Raum für alle geplant. Dort kann man sich zusammensetzen, um zu feiern, oder einfach nur um zusammen zu sein o. ä. Ein anderer Mann aus der Gruppe schließt sich nach einer schwierigen Trennung von seiner langjährigen Partnerin dem Projekt an und findet so einen neuen Lebenszusammenhang. Das Fernsehen bringt einen Film, der zeigt, wie die fertigen Wohnungen bezogen werden und welche Erfahrungen nach einem Jahr mit dem zusammen Leben und Wohnen vorliegen.

Die meisten älteren Männer leben in ihrer eigenen Wohnung mit ihrer Partnerin oder allein und wollen, solange es geht, ihr Leben selbst bestimmen. Demgegenüber ist ein Leben im Alters- oder Pflegeheim mit der Vorstellung von Fremdbestimmung oder entwürdigendem Umgang verbunden. Da das Zusammenleben mit Kindern und Enkelkindern seltener geworden ist, stellt sich vielen Älteren die Frage, was sie in diesem Lebensabschnitt erwartet? Früher starben die Menschen im Umkreis ihrer Familienangehörigen, heute überwiegend allein zu Hause oder in der Anonymität des Krankenhauses. Auffallend ist, dass manche Ältere dem vorzubeugen suchen, indem sie sich auf die Suche nach neuen Wohn- und Lebensformen begeben. Sie hoffen darin unter Gleichgesinnten auf gegenseitige Hilfe, wie sie früher in der Nachbarschaft oder in der Familie bestanden hat.

Auch die Lebensform des Zusammenlebens und Getrenntwohnens hat nicht nur unter jungen Leuten sondern auch unter Älteren viele Anhänger. Wenn beide Partner während der Zeit der Berufstätigkeit in einem eigenen Haushalt lebten, werden sie es im fortgeschrittenen Alter oder in einer neuen Partnerschaft keineswegs selbstverständlich finden, mit der Partnerin zusammen zu ziehen. Das würde entweder zur Aufgabe der bisherigen Selbstständigkeit zwingen oder nicht leicht lösbare Diskussionen über die neue Rollen- und Arbeitsteilung im gemeinsamen Haushalt mit sich bringen.

Lange vor Eintritt des Alters kann bei Männern die Angst entstehen, im Alter zu vereinsamen und auf die Hilfe von Anderen angewiesen zu sein. Um Anderen nicht zur Last zu fallen, kommt bei Männern die Vorstellung der Selbsttötung nicht selten vor. Alt, krank und pflegebedürftig werden, geht mit einer Kränkung des Selbstwertgefühls einher. Die Ängste davor werden umso heftiger sein, je stärker ein Mann seine Identität auf traditionelle Vorstellungen von Männlichkeit wie Stärke und Autonomie stützt.

Irgendwann zwischen 40 und 50 erleben Männer eine Phase der Veränderung. In der „Lebensmittekrise" genannten Bilanzsituation fällt vielen Männern auf, dass sie bisher in einer gewissen Zeitlosigkeit gelebt haben, ohne all zu oft an die Begrenzungen der eigenen Lebensgeschichte zu denken. Nun wird zumindest denen, die in der Krise die Chance zum Nachdenken nutzen, bewusster, dass man sich in der ersten Lebenshälfte überwiegend an den Erwartungen anderer ausgerichtet und dass der Erfolg dieser Anpassung nicht voll befriedigt hat. Anpassung und Konkurrenzkampf mögen der Karriere förderlich gewesen sein, werden jedoch häufig mit einer beträchtlichen inneren Leere bezahlt, die in der Lebensmitte deutlicher empfunden wird. Das Verrinnen der Lebenszeit wird bewusster und viele ungewohnte Fragen tauchen auf. Es entsteht ein Spielraum für Neues und für Veränderungen.

Männer weichen diesen Fragen gegenüber häufig aus, indem sie z. B. Sport treiben (Joggen, Fahrradfahren), besonders auf Ernährungsfragen achten, länger im Bad vor dem Spiegel stehen, mehr für ihre Kleidung und äußere Erscheinung tun, sich einen Sportwagen oder ein Motorrad zulegen oder eine wesentlich jüngere Frau suchen.

Die verbleibende Lebenszeit exzessiv zu nutzen und sich dem näherrückenden Lebensende durch Leistungen entgegenzustellen, finden viele Männer attraktiver als das eigene Leben in der zeitlichen Begrenzung und sich selbst und die eigene Endlichkeit anzunehmen. Arbeit war bisher das Medium, in dem sich die Männer bewegt und bewährt haben. Daher finden sie es naheliegend, auch dem Älterwerden mit Arbeit zu begegnen, die das Älterwerden abwenden, hinausschieben oder unerkennbar werden lassen soll. Erst wenn die Frage auftaucht, ob es denn überhaupt noch etwas anderes als Arbeit gibt, entsteht die Aussicht auf einen Wechsel der Perspektive. Den eigenen Empfindungen, Bedürfnissen und Gefühlen in einer Gruppe nachzuspüren kann zu einer anderen Orientierung führen, die das Leben in einem viel umfassenderen Sinne als lebenswert und sinnvoll erscheinen lässt (Arndt 2004). Die Teilnahme an einer Männergruppe kann helfen, sich von männlichen Größenfantasien zu trennen, beziehungsfähiger zu werden und abschiedlich leben zu lernen (Kast 1982). Darüber hinaus ermöglicht die Gruppenteilnahme, Kontakt zu anderen aufzunehmen, vielleicht mit der Hoffnung, neue Freunde zu finden, was im fortgeschrittenen Lebensalter gar nicht so leicht ist.

Literatur

Arndt, M. (2004): Mit Gewinn alt werden. Via Nova, Petersberg

Kast, V. (1982): Trauern. Phasen und Chancen des psychischen Prozesses. Kreuz-Verlag, Stuttgart

Solheim, E. M. (1993): Älter werden wir später. Frauen um 50. Droemer-Knaur, München

Ausblick

Das integrierte Geschlecht – Voraussetzungen und Vorschläge zur Integration von Jungen, Männern und Männlichkeit in Wissenschaft, Ausbildung und Praxis der Sozialen Arbeit

von Michael Matzner und Walter Hollstein

In den Beiträgen wurde sichtbar, dass mitunter eklatante Unterschiede zwischen Jungen, Männern, Mädchen und Frauen existieren, was den quantitativen und qualitativen Bedarf an Unterstützung, Erziehung, Bildung und Therapie betrifft. Darüber hinaus konnte aufgezeigt werden, dass sich Jungen und Männer bezüglich des Umgangs mit kritischen Lebenssituationen, Problemen und Entwicklungsaufgaben häufig von Mädchen und Frauen unterscheiden.

Wie bereits im ersten Kapitel ausgeführt, hat sich die Soziale Arbeit als Wissenschaft und Profession bislang eher am Rande mit der Thematik des geschlechtsspezifischen Hilfebedarfs von Jungen und Männern auseinandergesetzt. Die Praxisbeispiele in unserem Buch sind Solitäre und Leuchttürme. Analog zur mangelnden theoretischen Fundierung stehen für die potentiellen männlichen Problembereiche in vielen Regionen des deutschsprachigen Raumes sehr wenige oder gar keine Angebote und Hilfen zur Verfügung, zumal solche, die das Geschlecht der Betroffenen professionell und damit theoretisch, methodisch und praktisch einbeziehen.

Überhaupt – und damit auch aus der Perspektive von Mädchen und Frauen – wird allgemein in Wissenschaft und Praxis Sozialer Arbeit dem Zusammenhang von Geschlecht und Hilfebedarf häufig wenig Bedeutung zugemessen. Außerhalb von Frauen-, Männer-, Mädchen- und Jungenarbeit wird in den diversen Handlungsfeldern eher selten professionell geschlechtsbezogen reflektiert und agiert. Ganz besonders betrifft dies Männer.

Nimmt man die verpflichtende politische Vorgabe des Prinzips des Gender Mainstreamings wirklich ernst, so bedeutet dies für die Zukunft der Sozialen Arbeit, dass Jungen, Mädchen, Frauen und Männer jeweils eine ansprechende Infrastruktur von Angeboten vorfinden sollten, sodass ihnen in gleicher Weise Ressourcen und Aufmerksamkeit zukommen würden.

Fundiertes empirisches Wissen über Jungen, Männer, Mädchen und Frauen als Voraussetzung geschlechtsbezogener Theorie und Praxis Sozialer Arbeit

In Theorie, Ausbildung und Praxis kommt es darauf an, dass wir in Zukunft über ausreichendes, aktuelles und valides empirisches Wissen über Jungen,

Mädchen, Frauen und Männer verfügen. Fehlt ein solches Wissen, so besteht die Gefahr, dass Lehrende und Fachkräfte sich verständlicherweise auf ihr Alltagswissen stützen müssen. Wir benötigen geschlechtsbezogene Informationen und Daten über Lebenslagen, Bedürfnisse, Problembelastungen, Bedarf an Hilfe, Erziehung, Therapie und Bildung sowie geschlechtsspezifische Bewältigungsstrategien. Die Wissenschaft Sozialer Arbeit sollte dabei nicht nur auf die Forschungsergebnisse und -erkenntnisse anderer Disziplinen angewiesen sein, sondern im Zuge der sich allmählich etablierenden Sozialarbeitsforschung ihre Forschungsbemühungen auch selbst auf Geschlechterfragen und damit auch auf Jungen und Männer ausrichten.

Auch in der Männerforschung wurden Dimensionen wie Hilfebedürftigkeit, Misserfolge, Arbeitslosigkeit oder Alter bislang eher vernachlässigt – wohl auch deswegen, weil sich viele Männerforscher/innen eng an Connells Theorem der hegemonialen Männlichkeit orientieren und sich damit eher auf theorieaffine Dimensionen von Männlichkeit wie Macht oder Gewalt konzentrieren.

Wir brauchen eine Männer-, Frauen- und Geschlechterforschung im Kontext einer Sozialarbeitsforschung, die beide Geschlechter als Hilfebedürftige und Helfende sowie Männlichkeit und Weiblichkeit als wichtige Bedingungen von Hilfe- und Bildungsprozessen versteht. Gehaltvolle empirische Studien hätten dazu beizutragen, über noch immer verbreitete, auf undifferenzierten Mittelwerten basierende Erkenntnisse über „die“ Frauen, Jungen, Mädchen und Männer hinaus zu kommen.

Als aktuelles negatives Beispiel nennen wir stellvertretend einen Aufsatz von Fröschl und Gruber (2005, 233) mit dem Titel „Sozialer Ausschluss hat ein Geschlecht“ – hier natürlich das weibliche. Die Autorinnen behaupten, dass „Frauen (...) in der Gesellschaft durch sozialen Ausschluss benachteiligt“ seien und demzufolge würden „mehr Frauen zu Klientinnen der Sozialarbeit als Männer“. Eine solche, recht pauschale und einseitige Zugangsweise soll implizieren, dass das „andere Geschlecht“, also „die“ Männer nicht aufgrund ihres Geschlechts von sozialem Ausschluss betroffen sind und sogar für den Ausschluss „der“ Frauen verantwortlich sind. Tatsächlich sieht die Realität differenzierter aus, wie die solide Studie von Böhnke (2006, 150) belegt. Demnach sind sowohl Männer als auch Frauen von sozialer Ausgrenzung betroffen, wobei „arbeitslose oder arme Frauen (...) darüber hinaus stärker von zur Verfügung stehenden sozialen Unterstützungsnetzwerken“ profitierten.

Ein Mix etablierter quantitativer und qualitativer Forschungsmethoden auf Makro- und Mikroebene hätte beispielsweise den Umfang von Hilfebedarf und Problemlagen von Mädchen, Jungen, Männern und Frauen in verschiedenen biografischen Phasen, Lebenslagen, Milieus und Ethnien zu erforschen. Beim Erklären und Verstehen männlichen und weiblichen Handelns und Bewältigungsverhaltens im Kontext von Hilfeprozessen ließen sich gerade auch durch qualitative Designs erhebliche Erkenntnisgewinne erzielen. Ein Beispiel: Warum sind Jungen und männliche Jugendliche in den Hilfen zur Erziehung sowie in Förder- und Sonderschulen stark überrepräsentiert? Die Erforschung dieser Problematiken auf der Makro- und Mikroebene steht – wie viele andere – noch weitgehend aus.

Bereitstellung von Ressourcen für eine geschlechtsbezogene Lehre, Ausbildung und Forschung

Damit stellt sich die Frage, wer die Forschungsarbeit leisten soll. Die universitäre und zumal die fachhochschulische Sozialarbeitsforschung verfügen über sehr begrenzte Ressourcen, die im Moment, was die Geschlechterthematik betrifft, einseitig auf das weibliche Geschlecht ausgerichtet sind. Dies hängt auch damit zusammen, dass Geschlechterforschung im Kontext der Sozialarbeit bislang überwiegend von Frauen betrieben wurde, die sich – gut nachvollziehbar – vor allem mit dem eigenen Geschlecht auseinandergesetzt haben bzw. Männlichkeit im Kontext der Benachteiligung von Mädchen und Frauen fokussiert haben.

Darüber hinaus darf man nicht ignorieren, dass es berufsstrategisch nicht besonders sinnvoll ist, sich auf die Erforschung des männlichen Geschlechts zu konzentrieren, da keine korrespondierenden Stellen in Mittelbau und Professorenschaft sowie Forschungsmittel etc. existieren. Denominationen zum Themenkomplex Geschlecht (in der Sozialen Arbeit) waren und sind offen oder subtil so ausgerichtet, dass Männer nahezu immer implizit ausgeschlossen sind. Insofern waren und sind gerade Männer, die eine akademische Laufbahn anstreben und noch nicht über eine unbefristete Stelle verfügen, schlecht beraten, wenn sie sich auf das Thema Männlichkeit konzentrieren. Außerdem halten unseres Erachtens die herrschenden Diskurse, Diskursformen und Machtverhältnisse beim Themenkomplex Geschlecht/Männlichkeit/Weiblichkeit innerhalb der Sozialen Arbeit sowie anderer Sozialwissenschaften manche Kollegen wohl eher davon ab, sich diesen Gegenstandsbereichen zuzuwenden – außer sie sind profeministisch orientiert.

Förderung der Zusammenarbeit zwischen Männern und Frauen sowie den verschiedenen „Lagern" als Voraussetzung notwendiger, aber fehlender Theorie und professioneller Praxis

Es mangelt an gehaltvollen und weitgehend anerkannten, auf solider empirischer Forschung basierenden geschlechtsbezogenen sozialarbeitswissenschaftlichen Theorien und daran anknüpfenden professionellen Handlungskonzepten. Vergleichsweise wenige Frauen und noch deutlich weniger Männer engagieren sich in Theorie und Ausbildung für den Gegenstandsbereich. Gleichwohl existiert auf der Basis unterschiedlicher institutioneller Kontexte, persönlicher Erfahrungen, Annahmen und Ziele eine Vielfalt diverser theoretischer, methodischer und praktischer Ansätze. Dies erschwert die allgemeine Akzeptanz und damit die Institutionalisierung in Lehre, Ausbildung und Forschung. Beispielsweise ist unklar, welche geschlechtsbezogenen Qualifikationen die Fachkräfte überhaupt benötigen und wie diese erworben werden sollen. Es ist noch offen, wie die Geschlechterperspektive als „Mainstream" in den vielfältigen Handlungsfeldern der Sozialen Arbeit theoretisch und praktisch integriert werden soll.

Die existierende profeministische Dominanz im Bereich der „kritischen Männerforschung" sowie der sozialwissenschaftlichen Geschlechterforschung sollte bereichert werden durch Beiträge von Kollegen und Kolleginnen mit alternativen wissenschafts- und erkenntnistheoretischen Bezügen. In Zukunft sollten die Diskussionen unbefangener mit Blick nach vorne konstruktiv zwischen Männern und Frauen aus diversen „Lagern" geführt werden, wobei weniger die subjektiven Erfahrungen und Befindlichkeiten der Akteurinnen und Akteure, sondern vielmehr der konkrete Problem- und Handlungsbedarf von Frauen und Männern den intellektuellen Austausch sowie das Lehr- und Forschungsengagement dominieren sollte.

Die Zusammenarbeit von Männern und Frauen in Lehre, Forschung, Ausbildung und Praxis ist die Voraussetzung für eine zukünftige Etablierung der Thematik außerhalb der spezialisierten Arbeit mit Mädchen, Frauen, Jungen und Männern.

> „Es geht also seitens der Professionellen darum, sich endlich entgegen zu gehen, Ressentiments und Vorurteile gemeinsam anzuschauen und zu verstehen und als möglichen ersten Schritt die langjährige voneinander isoliert verlaufene Geschichte geschlechtsbezogener Ansätze kollegial und gemeinsam aufzuarbeiten. Dies wäre meines Erachtens ein wichtiger Schritt auf dem Weg zu einer gemeinsamen professionellen Perspektive. Ohne diese Bereitschaft zum Dialog bleiben auch die noch so gut durchdachten Vorstellungen zum Erwerb von Genderkompetenz blanke Makulatur" (Kunert-Zier 2005, 280, 300).

Etablierung des Geschlechtsbezuges in Studium und Ausbildung als Voraussetzung professioneller Praxis

Eine gewisse Chance zur Institutionalisierung des Geschlechterbezugs Sozialer Arbeit besteht in der Neuausrichtung der Studiengänge im Rahmen des Bolognaprozesses. In Verbindung mit der auf Empfehlung des

Fachbereichstages Soziale Arbeit vorzunehmenden Einführung von insgesamt 20 Basismodulen im Rahmen der BA-Studiengänge stellt dies die Fachhochschulen vor die Aufgabe, ihre Studiengänge inhaltlich und strukturell neu zu ordnen und traditionell gewachsene Strukturen und Prozesse zu reflektieren und zu reformieren. Dazu gehört auch, die bisherige Vernachlässigung der geschlechtsbezogenen Qualifikation von Fachkräften zu überwinden. Zu den 20 Basismodulen zählt auch ein Modul „Gender-Studies", wobei die Verbindlichkeit bezüglich des verabschiedeten Modul-Kanons aufgrund der Heterogenität der Interessen und Institutionen im Fachbereichstag nicht allzu hoch einzuschätzen ist. Außerdem fehlen in den weiteren 19 Modulen notwendige geschlechtsspezifische Bezüge.

Damit stellt sich die Frage, ob und wie der Themenkomplex Geschlecht, Männer, Frauen, Männlichkeit und Weiblichkeit in Zukunft im Rahmen des Studiums inhaltlich und strukturell in die vielfältigen Gegenstandsbereiche und Handlungsfeldern eingebunden wird. Bislang werden geschlechtsbezogene Ansätze als Sonderansätze wahrgenommen, die nicht in den Methodenkanon der einzelnen Handlungsfelder integriert sind.

Unabhängig von verschiedenen Realisierungsmöglichkeiten befürworten wir, dass der Aspekt des Geschlechts und damit auch der Männlichkeit nicht als isoliertes Modul, sondern im Sinne einer Querschnittsfunktion in allen zu vermittelnden Problem- und Handlungsbereichen Eingang finden sollte. Darüber hinaus müssten spezielle Lehrveranstaltungen angeboten werden, die sich vertieft der Geschlechter-, Männer-, Jungen-, Mädchen- und Frauenthematik widmen und damit sogenanntes genderbezogenes Wissen mit dem Ziel einer „Gender-Kompetenz" vermitteln. „Gender-Kompetenz" wird mittlerweile als „Kernkompetenz" oder Querschnittsfunktion Sozialer Arbeit verstanden und umfasst in der Sozialen Arbeit neben dem genderbezogenen Wissen (Wissen), genderbezogene Selbstkompetenz (Wollen) und genderbezogene Praxiskompetenz (Können) (ausführlich: Kunert-Zier 2005, 284ff). Auf der Grundlage eines entsprechenden Wissens sowie einer persönlichen Auseinandersetzung mit geschlechtsbezogenen Aspekten sollte die Fachkraft in die Lage versetzt werden, in der Praxis kompetent und damit auch geschlechtsbezogen zu handeln.

Die Realisierung solch sinnvoller Vorschläge ist aber längst nicht so einfach, nicht nur weil die Minderheit der geschlechts- und zumal männersensiblen Akteure und Akteurinnen erst einmal ihre Kolleginnen und Kollegen in Fachöffentlichkeit, Gremien und Kollegien überzeugen müsste. Tatsächlich gibt es kein allgemein in der Fachöffentlichkeit akzeptiertes, universal gültiges ‚Genderwissen', welches nur noch einfach vermittelt werden muss.

Offensive Gewinnung von männlichem Berufsnachwuchs

Ein großes Hindernis für eine innovative Sozialarbeit mit Jungen und Männern besteht vor allem im geringen Männeranteil in der unmittelbaren, personenbezogenen Sozialen Arbeit. Statt dies lediglich immer wieder zu beklagen, sollten sich Träger, Hoch- und Fachschulen offensiv um männlichen Berufsnachwuchs für akademische und nichtakademische Sozialberufe bemühen. Sozial kompetente, empathische und helfende Männer könnten eindimensionale Männlichkeitserfahrungen von Klienten und Klientinnen relativieren. Männliche Bezugspersonen, zumal im Elementarbereich, könnten entscheidend dazu beitragen, dass in Zukunft auf die spezifischen Bedürfnisse von Jungen und Männern besser eingegangen wird. Dazu müssten sich wesentlich mehr Männer als bisher für die Ausübung eines sozialen Berufes entscheiden, und zwar nicht nur als Sozialplaner, Therapeut oder Supervisor, sondern auch als Kinderpfleger, Erzieher im Kindergarten oder Familienhelfer. Dies wäre erst dann der Fall, wenn Männer mit mittleren Bildungsabschlüssen diese Berufe als attraktiv einschätzen würden.

Ein möglicher Ansatzpunkt für mittel- und langfristige Veränderungen besteht demnach darin, soziale Berufe als attraktive Alternative gerade auch für diese Zielgruppe zu eröffnen. Da sich die Einkommensaussichten mittelfristig vermutlich nicht wesentlich verändern werden, käme es ganz entscheidend darauf an, den Beruf als Kinderpfleger oder Erzieher als attraktive persönliche und berufliche Herausforderung für Männer zu entwickeln und offensiv darzustellen. Dies setzt allerdings die Bereitschaft der Professionellen und ihrer Organisationen voraus, sich diesem neuen Potential an Kollegen wirklich öffnen zu wollen. Dazu gehört nach der Erfahrung von befragten männlichen Fachkräften auch die Bereitschaft von weiblichen Fachkräften, zumal solchen, die geschlechtsbezogen arbeiten, ihre Definitionsmacht in Fragen der Geschlechterbeziehungen und der Geschlechterpädagogik aufzugeben und die geschlechtsbezogene Arbeit von Männern anzuerkennen (Kunert-Zier 2005, 278f).

Auch bei entsprechenden Bemühungen muss man davon ausgehen, dass sich der Gender-Bias beim Personal mittelfristig wohl nicht extrem verändern wird, zumal im Elementarbereich. Aufgrund dieses Männermangels sollten in Zukunft auch Frauen jungen- und männerbezogen arbeiten und sich entsprechend fortbilden. Manchmal ist eine Frau für die Arbeit mit Jungen und Männern gerade auch aus deren subjektiver Perspektive heraus geeigneter.

Ausrichtung der Praxis geschlechtsbezogener Sozialer Arbeit an den Lebenslagen, Lebenserfahrungen und Bedürfnissen von Jungen und Männern

Die erfolgreiche Etablierung einer innovativen Sozialen Arbeit mit Jungen und Männern bedarf natürlich vor allem der Akzeptanz und damit der Inanspruchnahme durch die Zielgruppen. Ein entsprechendes valides empirisches Wissen über Jungen und Männer in Lehre, Ausbildung und Praxis erhöht die Wahrscheinlichkeit, dass sich nicht nur die Passung zwischen Angebot und Nachfrage hinsichtlich der Quantität, sondern auch hinsichtlich der Qualität optimiert. Dazu gehört vor allem, dass sich entsprechende Hilfen an den Lebenserfahrungen und Relevanzen der Klientel orientieren. Dies ist eigentlich banal und selbstverständlich, gleichwohl längst nicht immer Realität in den verschiedenen Handlungsfeldern und Institutionen Sozialer Arbeit. Studiert man die Fachliteratur intensiver und gewinnt man zusätzlich einen Einblick in die Praxis geschlechtsbezogener Arbeit mit beiden Geschlechtern, so muss man diesbezüglich teilweise skeptisch sein. Die aufgezeigten Leerstellen in Theorie, Forschung und Ausbildung behindern eine Professionalisierung der Praxis, was im Kontext von „Verstrickungen zwischen politischen Anliegen, persönlichen Befindlichkeiten und professionellen Aufgaben“ (Kunert-Zier 2005, 14) dazu führen könnte, dass an den Bedürfnissen und Interessen von Jungen und Männern vorbei agiert wird bzw. dass ungeeignete Zugänge gewählt werden. Beispielsweise schrecken bestimmte Konzepte der antisexistischen Jungenarbeit oder auch der „Körperarbeit“ die potentielle Klienten – also „normale“ Männer – zumindest anfangs eher ab.

Es ist notwendig, dass sich eine männer- und jungenbezogene Soziale Arbeit zunächst einmal unaufgeregt an „konventionellen“ Männlichkeiten orientiert und dementsprechend Setting, Ziele, Methoden, Interaktionen, Räumlichkeiten etc. daran ausrichtet. Dies setzt auch voraus, dass die Fachkräfte ihre eigene Männlichkeit oder Weiblichkeit reflektieren. Darüber hinaus kommt es – in Anlehnung an Bentheims Ausführungen in diesem Buch – darauf an, dass man einen klaren und empathischen Blick auf alle und einzelne Jungen und Männer hat, über ein ausreichend selbst erprobtes Methodenrepertoire verfügt, um somit eine angemessene Integration der pädagogischen Vorhaben in die Lebenswelten und Bezugssysteme der Jungen und Männer realisieren zu können.

Die vorgängig genannten Problematiken werden sich nur beschränkt in den Arbeitsfeldern der Sozialen Arbeit lösen lassen. Eine grundsätzliche Änderung in der Wahrnehmung und Behandlung von Jungen und Männern im deutschsprachigen Raum verlangt einen prinzipiellen Wechsel in der Geschlechterpolitik.

Auch dort, wo Geschlechterpolitik expressis verbis als Gleichstellungspolitik auftritt, ist sie Frauenpolitik geblieben. Einzig in Österreich gibt es seit dem Regierungswechsel im Jahre 2000 eine politische Abteilung, die sich nun auch der Männer und Jungen annimmt. In der Schweiz gewinnt die Männerproblematik zunehmend an Bedeutung, vor allem auf der Ebene einiger Kantone. In Deutschland gibt es solche Bemühungen bisher nicht.

Dass Männer in der offiziellen Geschlechterpolitik bisher fast nur als Objekt der Kritik ins Visier geraten sind, ist vielfach problematisch. Grundsätzlich läuft es der demokratischen Verfassung eines Staatswesens zuwider, wenn ein ganzes Geschlecht aus politischen Bemühungen ausgespart bleibt. Überdies hat sich diese Praxis auch als kontraproduktiv erweisen, weil Frauenpolitik ohne Männerpolitik nicht wirklich vorankommen kann. Wenn Männer kein Terrain räumen und keine Machtaufgaben mit Frauen teilen, wenn Männer sich nicht auch die Vereinbarkeit von Beruf und Familie zum eigenen Thema machen, dann können sich Frauen nicht wirklich befreien. Diese dialektische Verknüpfung von Frauen- und Männerfrage ist bisher im deutschsprachigen Raum allenfalls ansatzweise geschehen und in Deutschland noch gar nicht.

Was also anstünde, wäre vor allem die Einbeziehung der Männer in geschlechterpolitische Denk- und Praxisansätze. Problembereiche von Männern und Jungen sind bisher noch überhaupt nicht zur Kenntnis genommen worden; das gilt zum Beispiel für Gesundheit, Krankheit und frühere Sterblichkeit. Auch neuere Entwicklungen wie etwa der Bildungsrückstand von Jungen oder die wachsende Arbeitslosigkeit von Männern werden nicht einmal problematisiert, geschweige denn politisch angegangen. Die geschlechterpolitische Optik fokussiert nahezu ausschließlich auf die allfälligen Defizite von und die faktischen Ungerechtigkeiten gegenüber Frauen. Dabei sind habitualisierte Ansichten entstanden, deren Richtigkeit auf der Basis des Gewohnheitsrechts vertreten wird, obwohl der sorgfältige Blick auf die Realität bereits anderes zeigt. Das betrifft inzwischen zum Beispiel die Wahrnehmung männlicher Lebenslagen und die damit verbundene Politik in den Bereichen von Arbeitslosigkeit, Bildung oder Gewalt.

Der einseitige Blick von Frauenpolitik und Politik insgesamt im deutschsprachigen Raum auf die Ungerechtigkeiten zuungunsten von Frauen hat lange Jahre übersehen lassen, dass es (mittlerweile) auch zahlreiche Ungerechtigkeiten zuungunsten von Männern gibt. Dabei kann es nicht darum gehen, nun auf eine männliche Opfertrommel zu schlagen, wie das in gewissen Männerkreisen inzwischen der Fall ist. Männer sind zwar in den genannten Lebenslagen das vernachlässigte Geschlecht; sie sind aber – zu weiten Teilen – in anderen Lebenslagen auch noch immer das privilegierte Geschlecht. Dementsprechend zeigen sich Berufs- und Karrierechancen, Spitzenpositionen, Löhne und Gehälter noch immer ungerecht verteilt. Geschlechtsspezifische Arbeitsmärkte sind nicht abgeschafft, sondern haben sich in den vergangenen Jahren zum Teil sogar noch verfestigt. Zuungunsten der Frauen präsentiert sich auch die geschlechtsspezifische Verteilung in der Politik; weder sind Frauen in den politischen Organen entsprechend ihres quantitativen Anteils in der Bevölkerung vertreten, noch ist ihr qualitativer Anspruch auf entscheidungsintensive Ämter verwirklicht.

So sehr sich die traditionelle Frauenrolle verändert hat, so stabil ist letztendlich die traditionelle Männerrolle geblieben. Das liegt nicht zuletzt daran, dass die Gesellschaft die Veränderung der Frauen fördert, aber parallel dazu nicht jene der Männer. Auch sind gesellschaftliche Institutionen bisher nicht bereit, alternative Rollenmodelle für Männer zu unterstützen.

Quoten und Antidiskriminierungsgesetze sind zwar Drohungen, dass die traditionelle Vormachtstellung der Männer im dritten Jahrtausend nicht mehr gehalten werden kann; doch ihre Umsetzung geschieht nur partiell.

Der positive Weg von Belehrung, Hilfe und Beratung wäre auch sicherlich der Erfolg versprechendere. Doch Konzepte für eine männliche Machtteilung zugunsten der Frauen fehlen in der offiziellen Gleichstellungspolitik grundsätzlich. Auch Überlegungen, wie Männern andere Lebensformen in den Bereichen von Erwerbstätigkeit, Politik und Familie näher gebracht werden könnten, existieren nicht. Ebenso gibt es keinerlei öffentliche Besinnung darüber, was Männern als Äquivalent für ihren Machtverzicht in den öffentlichen Sektoren des Lebens angeboten werden könnte. Das wäre aber eine notwendige Voraussetzung dafür, dass eine neue Arbeitsteilung zwischen den Geschlechtern längerfristig auch demokratisch umgesetzt werden kann. Es reicht nicht aus, den weiblichen Zugang zur Macht zu konzipieren, ohne den männlichen Abgang von der Macht mitzugestalten.

Während die Geschlechterpolitik für Frauen eine weite Palette von Förderungsmaßnahmen, beruflicher Bildung, Umschulung, Information und Orientierung zur Verfügung stellt, ist das Angebot für Männer gering. Das hat sich seit einigen Jahren in Österreich mit der Schaffung der „Männerpolitischen Grundsatzabteilung“ im Bundesministerium für soziale Sicherheit zu ändern begonnen, und auch in der Schweiz sind erste Ansätze einer Männerförderung durch diverse Anstöße sichtbar. In Deutschland gibt es für Jungen und Männer vorläufig nichts Vergleichbares. Als Antwort auf Nachfragen verneint die Gleichstellungsabteilung im BMFSFJ, dass für Männer besondere Politiken geplant sind, so wie das in Österreich der Fall ist.

Einzig in die Politik der Vereinbarkeit von Beruf und Familie werden Männer in der letzten Zeit verstärkt einbezogen. Verfolgt man die damit verbundenen Vorschläge genauer, so wird rasch deutlich, dass es dabei allerdings nicht um eine qualitative Veränderung der Männerrolle geht, sondern allenfalls um die Entlastung der Frauen. So lobenswert dieses Ziel auch sein mag, so sehr ist es eben wieder Frauen- und nicht Geschlechterpolitik.

Diese Ausrichtung von Geschlechterpolitik als Frauenpolitik und der damit verbundene Etikettenschwindel verdeutlicht sich auch bei den konkreten Maßnahmen und in den Förderungskatalogen der Ministerien auf Länder- und Bundesebene. Für Mädchen und Frauen gibt es zum Beispiel in Deutschland zahlreiche spezifische Angebote im Internet. So informiert ein Programm Mädchen über zukünftige Berufsmöglichkeiten; ein anderes versteht sich als Internet-Forum für Lehrerinnen und Lehramtsanwärterinnen; ein weiteres zeigt Mädchen und Frauen „Informationstechnologie zum Anfassen" und ein viertes bietet virtuelle Workshops zur Internetpraxis. Eine ganze Palette von Internetangeboten führen Frauen an die sogenannten Männerberufe heran, um nur einige wenige Beispiele zu nennen. Für Jungen und Männer gibt es keine vergleichbaren Angebote.

Im gesamten deutschsprachigen Raum sind inzwischen an den Hochschulen ca. 220 Lehrstühle für Frauenforschung respektive für Frauen- und Geschlechterforschung eingerichtet worden. Der Begriff der Männerforschung kommt dabei nicht vor. Alle diese Professuren, auch wenn sie für Geschlechterforschung ausgeschrieben wurden, sind mit Frauen besetzt. Weder in Deutschland noch in Österreich oder der Schweiz gibt es auch nur eine einzige Stelle für Männerforschung. Betrachtet man die mittlerweile eingerichteten Studiengänge für die „Gender Studies" an den deutschsprachigen Universitäten, so kommt auch dort das Männerthema nicht vor.

Da Männer gegenüber der Veränderung von Geschlechterrollen und -aufgaben im Durchschnitt wesentlich resistenter sind als Frauen, ist eine gesellschaftliche Auseinandersetzung mit der Männerrolle dringlich. Große Kampagnen, wie es sie in den siebziger Jahren zur Veränderung der traditionellen Frauenrolle gegeben hat, fehlen bisher im deutschsprachigen Raum; damit fehlt auch der öffentliche Rückhalt für Männer, die gerne alternative Lebensmodelle für sich entwickeln würden. Im Gegensatz zu den Frauen steht den Männern auch kein männliches Netz für Unterstützung, Beratung und Selbstverwirklichung zur Verfügung; die wenigen Informationszentren für Männer, die zudem schlecht subventioniert und dementsprechend defizitär ausgestattet sind, reichen dafür nicht aus.

Es fehlt für Männer auch das reichhaltige Angebot, das Frauen an Informationen, Bildungs- und Weiterbildungsmöglichkeiten, Identitäts- und Veränderungsarbeit, Möglichkeiten zur Selbstverwirklichung und Selbstentwicklung zur Verfügung steht. So sind Männer fast ausschließlich auf private und zumeist teure Dienstleistungen von Pädagogen, Therapeuten, Körper- und Bewegungsarbeitern etc. angewiesen.

Eine Veränderung solcher Tatbestände und der damit verbundenen männlichen Verhaltensweisen bedingt eine grundsätzliche Männerförderung. Zu letzterer würde gehören die kritische Aufarbeitung der Männerrolle, die Auseinandersetzung mit den männlichen Defiziten in Bezug auf Körperlichkeit, Gesundheit, Ernährung, den eigenen Emotionen, Problemen und Schwächen, die entstandenen Benachteiligungen z. B. im Bildungswesen und eine Konsolidierung der männlichen Stärken von Erfindungsgabe, Innovation oder Solidarität. Gewalttätige und missbrauchende Männer müssen bestraft, dürfen aber nicht allein gelassen werden. Ihnen muss sozialpädagogische und therapeutische Hilfe zukommen; andernfalls ist die Rückfalltäterschaft vorprogrammiert, wie die gegenwärtigen Verhältnisse ja zureichend dokumentieren.

Männerprojekte wie zum Beispiel die Informationszentren für Männer oder Initiativen für Heranwachsende müssten stärker gefördert werden. Stattdessen passiert momentan – vor allem in Deutschland – das Gegenteil; Mittel werden gekürzt und dementsprechend müssen wichtige Programme eingestellt oder auch ganze Zentren geschlossen werden.

Der Blick nach Skandinavien zeigt eine ganz andere Politik. Schon 1983 hat die schwedische Gleichstellungsministerin eine „Ideengruppe für Fragen der Männerrolle“ eingesetzt. Diese Kommission hatte den Auftrag, Vorschläge zur Veränderung der männlichen Lebensbedingungen zu erarbeiten. Zielsetzung war auch dabei die Förderung der Gleichstellung der Geschlechter. Geschlechterpolitik als Frauen- *und* Männerpolitik ist in den skandinavischen Staaten eine Selbstverständlichkeit. Eine Folge ist, dass die politische und soziale Gleichstellung ein Ausmaß erreicht hat wie sonst nirgendwo in der Welt. In den nordischen Parlamenten übertrifft der Frauenanteil den der deutschsprachigen Länder bei weitem. Auch der Anteil der Ministerinnen liegt schon seit langem über dem in Deutschland, Österreich und der Schweiz. Minister- und Staatspräsidentinnen sind in Skandinavien inzwischen an der Tagesordnung. Ebenfalls ist nicht ungewöhnlich, dass auch ein Minister in den Vaterschaftsurlaub geht.

Schon vor der Etablierung von „Gender Mainstreaming“ haben Gesetze in den nordischen Ländern vorgeschrieben, dass bei der Berufung von Mitgliedern öffentlicher Gremien auf eine ausgeglichene Verteilung von Frauen und Männern zu achten ist. Die Erwerbsbeteiligung von Frauen ist in Skandinavien die höchste in Europa. Insbesondere der Staat hat auf exemplarische Weise Arbeitsplätze und Karrieremöglichkeiten für Frauen geschaffen. Im Gegensatz zu den deutschsprachigen Ländern fördert ein fortschrittliches und geschlechtergerechtes Steuersystem die Erwerbstätigkeit von Frauen und Männern. Das gilt auch für Frauen mit Kindern. Die Höhe der weiblichen Erwerbsquote wird nicht zuletzt dadurch ermöglicht, dass eine vorbildliche Infrastruktur für die Erziehung und Betreuung der Kinder zur Verfügung steht. Fortschrittliche familienpolitische Gesetze ermöglichen die Vereinbarkeit von Beruf und Familie. Für Väter und Mütter gibt es einen gut dotierten Elternurlaub, der auch eine gemeinsame Erziehungszeit erlaubt. Da die skandinavischen Länder seit längerem auch Männer und Väter auf spezifische Weise fördern, liegt die Quote männlicher Teilnahme an Erziehungsaufgaben wesentlich höher als im deutschsprachigen Raum. Auch die Hausarbeit ist gleichberechtigter verteilt; in Dänemark beispielsweise ist die Quote weiblicher und männlicher Hausarbeit fast kongruent.

Was in den skandinavischen Staaten geschlechterpolitisch praktiziert wird, soll nun in der gesamten Europäischen Union verbindlich werden. Unter der finnischen EU-Ratspräsidentschaft wurde im Oktober 2006 in Helsinki konzipiert, dass EU-weit nicht nur eine Politik für Frauen und Mädchen gemacht werden soll, sondern hinfort auch für Männer und Jungen. Im deutschsprachigen Raum würde dies einen revolutionären Perspektivenwechsel bedeuten.

Damit könnte sukzessive der Weg zu dem beschritten werden, was wohlmeinende und fundierte Diskutanten in diesem Feld „Geschlechterdemokratie“ nennen. Das meint ein besseres Gleichgewicht zwischen Frauen und Männern, und das bedeutet vor allem eine andere gesellschaftliche und private Aufgaben- und Arbeitsteilung. Kein Geschlecht soll weiterhin das andere dominieren. Herrschafts- und Abhängigkeitsverhältnisse zwischen Männern und Frauen sind abgeschafft und machen einem freien Spiel von Möglichkeiten und Chancen Platz. Ohne den Begriff „Geschlechterdemokratie“ ausdrücklich zu verwenden, präzisierte die Europäische Kommission in ihrem Leitbild „Gleiche Rechte und Chancen für Frauen und Männer in der Europäischen Union“ (2002), was konkret angestrebt wird. Am Arbeitsplatz ist damit gleiches Entgelt für beide Geschlechter und die grundsätzliche Gleichbehandlung gemeint. Im Bereich der sozialen Sicherheit wird die Gleichbehandlung in den gesetzlichen Systemen ebenso verlangt wie in den betrieblichen Systemen der sozialen Sicherung. Schließlich werden Rechte für berufstätige Eltern eingefordert, die zum Beispiel den Elternurlaub und Urlaub aus dringenden familiären Gründen regulieren. Die Voten von Helsinki vier Jahre später sind ein weiteres Zeichen in dieser Richtung.

Literatur

Böhnke, P. (2006): Am Rande der Gesellschaft – Risiken sozialer Ausgrenzung. Barbara Budrich, Opladen

Fröschl, E., Gruber, C. (2005): Sozialer Ausschluss hat ein Geschlecht. In: Anhorn, R., Bettinger, F. (Hrsg.): Sozialer Ausschluss und Soziale Arbeit. VS Verlag, Wiesbaden, 219–235

Kunert-Zier, M. (2005): Erziehung der Geschlechter. Entwicklungen, Konzepte und Genderkompetenz in sozialpädagogischen Feldern. VS Verlag, Wiesbaden

Rose, L. (2003): Gender Mainstreaming in der Kinder- und Jugendarbeit. Beltz, Weinheim/Basel/Berlin

Autorenverzeichnis

Gerhard Amendt, Prof. Dr., Universität Bremen, Leiter des Instituts für Geschlechter- und Generationenforschung

Harald Ansen, Prof. Dr., Hochschule für Angewandte Wissenschaften Hamburg, Fakultät Soziale Arbeit und Pflege

Alexander Bentheim, Dipl.-Pädagoge, arbeitet freiberuflich als Publizist, Herausgeber der Zeitschrift für Männer und Jungenarbeit „Switchboard", sowie als Gender-Berater und Projektentwickler zu vielen Männer-, Väter- und Jungenthemen

Martin Buchmann, Jg. 1947, Sozialarbeiter und Gestalttherapeut, Coach und Supervisor BSO, Trainer im Präventionsprojekt „Timeout statt burnout", Team- und Organisationsberater, WEG-Praxis in Thun: www.WEG-thun.ch, seit Okt. 2003 Geschäftsleiter der Fach- und Beratungsstelle STOPPMännerGewalt in Bern

Heinz Cornel, Dr. phil., Jurist, Diplom-Pädagoge und Kriminologe. Professor für Jugendrecht, Strafrecht und Kriminologie an der Alice-Salomon-Hochschule Berlin. Arbeitsschwerpunkte: Soziale Arbeit und Delinquenz, Kriminalpolitik, Straffälligenhilfe

Lu Decurtins, Sozialpädagoge, Erwachsenenbildner und Supervisor BSO. Männerberater www.lu-decartins.ch, Mitbegründer des Männerbüros Zürich und Netzwerk Schulische Bubenarbeit www.nwsb.ch. Vater von drei Kindern

Heike Diefenbach, Dr. phil. habil., Soziologin und Ethnologin, Wiss. Mitarbeiterin am Institut für Soziologie der Ludwig-Maximilians-Universität München; Arbeitsschwerpunkte: Bildungsforschung, Familien- und Migrationssoziologie, Methoden der empir. Sozialforschung

Toni Faltermaier, Dipl. Psych., Dr. phil., Professor für Gesundheitsbildung an der Universität Flensburg, Institut für Psychologie, Abt. Gesundheitspsychologie und Gesundheitsbildung. Arbeitsschwerpunkte: Gesundheitspsychologie, Public Health, Salutogenese, Laienkompetenz, Prävention/Gesundheitsförderung, Entwicklungspsychologie des Erwachsenenalters, Qualitative Sozialforschung

Jörg Fichtner, Dr. phil., Diplom-Psychologe und Soziologe; selbstständiger Verhaltenstherapeut, Gendertrainer, Sozialforscher und forensischer Sachverständiger in München; Arbeitsschwerpunkte: Männer- und Genderforschung, soziale Ungleichheit und Hochkonfliktfamilien

Wolfgang Heckmann, geb. 1946, Dr. phil., Diplom-Psychologe, Professor für Sozialpsychologie an der Hochschule Magdeburg-Stendal, Fachbereich Sozial- und Gesundheitswesen. Arbeitsschwerpunkte: Suchtprobleme, HIV/Aids-Prävention, jugendliche Devianz, Risiko-Prävention im Verkehr

Markus Hofer, Dr. phil., Mag. theol., Leiter des Männerbüros der Katholischen Kirche Vorarlberg, Erwachsenenbilder, Trainer, www.maennerbuero.info

Walter Hollstein, Prof. Dr., Professur für politische Soziologie

François Höpflinger, geb. 1948, Prof. Dr., Forschungsdirektion des Universitären Instituts „Alter und Generationen“ (INAG), Sion. Forschungsschwerpunkte: Alternsforschung, Demografie, Generationenbeziehungen, www.hoepflinger.com

Jürgen Mansel, apl. Prof., Dr., Diplom-Soziologe, Universität Bielefeld, Institut für Konflikt- und Gewaltforschung. Arbeitsschwerpunkte: Sozialisation, Erziehung und Bildung, Jugend- und Familiensoziologie, Gesundheit und Stress, Kriminologie und abweichendes Verhalten, Konflikt und Gewalt

Michael Matzner, Dr. phil., Erziehungswissenschaftler und Soziologe, arbeitet im Bereich der Jugendberufshilfe, Lehrbeauftragter, Arbeitsschwerpunkte: Väterforschung, Soziale Arbeit und Geschlecht, Erziehung und Bildung von Jungen, junge Menschen im Übergang von der Schule in den Beruf

Xaver Pfister, geb. 1947, Dr. theol., Theologe, war viele Jahre berufstätig in der katholischen Erwachsenenbildung und der Kirchenverwaltung

Wolfgang Rosenthal, Diplom-Sozialpädagoge, arbeitet in einem Jugendamt, Lehrbeauftragter an der Universität Oldenburg, Mitbegründer der Männer-Wohn-Hilfe e. V.

Dieter Schmoll, Mag., Psychologe, Psychotherapeut, diplomierter Sozialarbeiter. Mitarbeiter der Männerberatung Wien (Einzel- und Gruppenarbeit mit Gewalttätern; Trainingsprogramm für Männer zur Beendigung von gewalttätigem Verhalten in Paarbeziehungen). Lehrtätigkeit mit den Schwerpunkten Therapie, Gender und Gewalt

Peter Schröter, geb. 1949, Diplom-Psychologe FSP, Seminarleiter, Körperpsycho- und Sexualtherapeut, Leiter und Gründer der Lebensschule für Männer, www.scpt.ch

Uwe Sielert, Dr., Professor für Sozialpädagogik an der Universität Kiel. Arbeitsschwerpunkte: Sexual- und Geschlechterpädagogik sowie Pädagogik der Vielfalt, www.sielert.uni-kiel.de

Hans Stapelfeld, Diplom-Pädagoge, Lehrbeauftragter an der Universität Koblenz-Landau, Gruppenanalytiker (DAGG) in eigener Praxis mit dem Schwerpunkt: Selbsterfahrungsgruppen für Frauen und Männer in Trennungssituationen

Matthias Stiehler, Dr. phil., Diplom-Theologe, Psychologischer Berater im Gesundheitsamt Dresden, Vorsitzender des Dresdner Instituts für Erwachsenenbildung und Gesundheitswissenschaft e. V., Vorstandsmitglied der Deutschen Gesellschaft für Mann und Gesundheit, matthias.stiehler@dieg.org

Ahmet Toprak, Dr. phil., Diplom-Pädagoge, Referent für Gewaltprävention bei der Aktion Jugendschutz – Bayern e. V., Lehrbeauftragter an der Universität Eichstätt und der FH München. Arbeits- und Forschungsschwerpunkte: Migration, Gewaltprävention sowie Jungen/Männer und Gewalt im Kontext der Migration

Angela Venth, Dr. phil., M. A., Wissenschaftliche Mitarbeiterin im Programmbereich „Lehren und Lernen“ am Deutschen Institut für Erwachsenenbildung (DIE). Arbeitsschwerpunkte: Lernforschung und Gender-Perspektiven der Erwachsenenbildung

Arnulf Vosshagen, Dr., Psychologischer Psychotherapeut und Leitender Psychologe der Fachklinik Kamillushaus GmbH, einer Suchtfachklinik für alkohol- und/oder medikamentenabhängige Menschen in Essen-Heidhausen. Arbeitsschwerpunkte: Genderaspekte des Männeralkoholismus, Kinder aus suchtbelasteten Familien

Eduard Waidhofer, Dr. phil., Mag. theol., Klinischer Psychologe, Gesundheitspsychologe, Notfallpsychologe, Psychotherapeut (Klientenzentrierte Psychotherapie, Systemische Familientherapie, Traumatherapie), Supervisor, Trainer, Leiter des Familientherapie-Zentrums und der Männerberatung des Landes Oberösterreich

Christoph Walser, Jg. 1961, Theologe, Dipl. Coach (ZiS), Verantwortlicher für Männerarbeit der reformierten Kirche Zürich: www.zh.ref.ch/maenner, Trainer im Präventionsprojekt „Timeout statt burnout" in der Weiterbildung von Firmen, Verwaltungen und in der Lehrerfortbildung, Männerberaten: www.timeout-statt-burnout.ch